Des parlers d'oïl à la francophonie

Beihefte zur Zeitschrift
für romanische Philologie

Herausgegeben von
Claudia Polzin-Haumann und Wolfgang Schweickard

Band 440

Des parlers d'oïl
à la francophonie

Contact, variation et changement linguistiques

Édité par
Andreas Dufter, Klaus Grübl et Thomas Scharinger

DE GRUYTER

ISBN 978-3-11-077676-8
e-ISBN (PDF) 978-3-11-054181-6
e-ISBN (EPUB) 978-3-11-053986-8
ISSN 0084-5396

Library of Congress Control Number: 2019946313

Bibliographic information published by the Deutsche Nationalbibliothek
The Deutsche Nationalbibliothek lists this publication in the Deutsche Nationalbibliografie; detailed bibliographic data are available on the Internet at http://dnb.dnb.de.

© 2021 Walter de Gruyter GmbH, Berlin/Boston
This volume is text- and page-identical with the hardback published in 2019.
Typesetting: Integra Software Services Pvt. Ltd.
Printing and binding: CPI books GmbH, Leck

www.degruyter.com

Table des matières

Andreas Dufter, Klaus Grübl et Thomas Scharinger
Des parlers d'oïl à la francophonie : Réflexions autour de l'expansion historique du français —— 1

Contact, nivellement et (re-)standardisation : De la variation médiévale au français moderne

Zinaïda Geylikman
Tu parli como ber* : Le destin de la forme monosyllabique du substantif *baron* dans la *Geste francor —— 19

Annie Bertin
Réflexions sur un remaniement picardisant de l'*Histoire d'Alexandre* à la fin du 15ᵉ siècle —— 45

Julie Glikman
Les locutions conjonctives *malgré que* et *à cause que* : Normes et usages en diachronie —— 75

Pierre Larrivée
Contextes promoteurs et émergence des questions *in situ* en français —— 97

Expansion du français comme langue seconde ou véhiculaire

Andres Kristol
François Poulain de la Barre et les *Remarques particulières sur la Langue Françoise pour la ville de Genève* (1691) : Les enseignements de la première cacologie connue d'un français régional —— 119

Joachim Steffen
L'entrée dans l'écrit revisitée : Éléments occitans dans les lettres de soldats peu-lettrés du Languedoc-Roussillon (Révolution et Empire) —— 141

Joseph Reisdoerfer
Histoire linguistique *des* français : Éléments pour une histoire du français au grand-duché de Luxembourg —— 165

Clémentine Rubio
Diffusion du français en Palestine ottomane et idéologies linguistiques —— 193

Juhani Härmä
Le français et le suédois dans les correspondances finlandaises des 18ᵉ et 19ᵉ siècles : Contacts de langues —— 209

Continuités et ruptures en français d'Outre-mer et dans l'émergence des langues créoles

Ingrid Neumann-Holzschuh et Julia Mitko
***Tout le monde parle différent mais on se comprend pareil* : Le rôle de l'adjectif-adverbe dans le français nord-américain —— 231**

France Martineau et Wim Remysen
Bouleversements sociaux et normes orthographiques : L'exemple du Régime anglais dans l'histoire du français québécois —— 271

Sibylle Kriegel, Ralph Ludwig et Stefan Pfänder
Dialectes – créolisation – convergence : Quelques hypothèses à partir du berrichon et du poitevin-saintongeais —— 299

Index —— 349

Andreas Dufter, Klaus Grübl et Thomas Scharinger
Des parlers d'oïl à la francophonie
Réflexions autour de l'expansion historique du français

1 Enjeux et objectifs du recueil

Depuis une vingtaine d'années ou plus, la recherche en diachronie du français a connu un formidable essor, grâce avant tout à l'accès à de nouvelles données, dont la forme numérique permet d'explorer de larges corpus sur de longues périodes, sans pour autant que cette infinité de sources porte nécessairement préjudice à la rigueur philologique et au souci d'analyser les contextes historiques dans lesquels s'inscrivent les comportements et les faits linguistiques étudiés.[1] La multiplication des sources disponibles a été très bien accueillie par les diachroniciens, qui y ont vu l'occasion d'étudier des variétés jusque-là traitées en marge ou totalement négligées par l'historiographie linguistique. En vertu

---

[1] Cf., tout d'abord, la base de données *Frantext*, comportant plus de 250 millions de mots à ce jour, corpus entièrement catégorisé et lemmatisé en 2018. *Frantext* couvre l'intégralité de l'histoire documentée du français, en se basant presque exclusivement sur des textes littéraires ou scientifiques. Pour le français d'avant 1500, il faut mentionner la *Base de français médiéval* (BFM), de taille plus modeste certes (environ 4,7 millions de mots), mais avec des possibilités de requête sophistiquées. Le site web de la BFM accueille aussi des corpus confectionnés pour la recherche sur le passage du latin au français, dans la famille des corpus PaLaFra (cf. aussi Carlier/Guillot-Barbance 2018). À ceci s'ajoute la *Base Textes de Français Ancien* (TFA), comprenant plus de 3 millions de mots dans des textes du 12ᵉ au 15ᵉ siècle. Il existe aussi une version numérisée et annotée du *Nouveau corpus d'Amsterdam* (NCA), qui remonte à la base de données élaborée pour l'*Atlas des formes linguistiques des textes littéraires de l'ancien français* (Dees 1987). Un projet exemplaire par l'ambition de présenter une documentation manuscrite à la fois diatopiquement vaste et philologiquement impeccable est constitué par les *Documents linguistiques galloromans* (Glessgen et al. 2016). Pour l'histoire du français moderne et les sources pour la reconstruction des variétés vernaculaires, cf., à titre d'exemples, les corpus suivants : *Paris speech in the past*, élaboré par R. Anthony Lodge, les *Textes français privés des XVIIᵉ et XVIIIᵉ siècles* (Ernst 2019), le *Projet Mazarinades* et le *Corpus du français familier ancien* (Martineau 1995–). Pour le discours métalinguistique, des bases de données comme le *Grand Corpus des grammaires françaises, des remarques et des traités sur la langue (XIVᵉ–XVIIᵉ s.)* constituent des outils de recherche très précieux. Finalement, l'expansion des bibliothèques numériques et des portails mettant à disposition des textes et des matériaux philologiquement validés, comme *Gallica*, ARLIMA ou la BVH, facilitent considérablement le travail de l'historien de la langue au 21ᵉ siècle.

Andreas Dufter, Klaus Grübl, Ludwig-Maximilians-Universität München
Thomas Scharinger, Friedrich-Schiller-Universität Jena

https://doi.org/10.1515/9783110541816-001

de cet élargissement, la recherche se fonde aujourd'hui sur une conception holistique de la langue, tâchant de tenir compte de différents usages sociaux et régionaux dont l'analyse jette souvent une lumière nouvelle et surprenante sur des époques que l'on croyait bien connaître.[2] Cette réorientation n'a pas seulement contribué à préciser nos idées sur bien des problèmes particuliers et d'importants aspects généraux du changement linguistique.[3] Par la négative, la prise en considération de l'évolution linguistique dans toute sa diversité variationnelle a également favorisé l'abandon d'une tradition téléologique qui projetait dans le passé la vision « républicaine » d'une langue centraliste et normative, et qui conditionnait lourdement l'historiographie du français jusque vers le début de ce siècle.[4]

Les efforts ainsi entrepris pour raffiner voire renouveler nos connaissances d'une histoire linguistique désormais millénaire ont porté sur toutes les époques et sur des questions de recherche tout aussi diversifiées. Il en résulte une variété impressionnante de travaux, réalisés à partir d'une vaste documentation textuelle et avec des outils méthodologiques souvent très précis, si bien que le chercheur individuel souhaitant se familiariser avec l'« état de l'art » de sa discipline se voit aujourd'hui rapidement dépassé par la masse des publications et le foisonnement des techniques d'analyse, élaborées au sein de différentes écoles en fonction de la diversité des objectifs poursuivis dans différents sous-domaines de la linguistique historique.[5]

---

[2] Parmi les nombreux ouvrages proposant une vue d'ensemble de l'histoire du français, on ne signale ici que les synthèses récentes de Burdy (2015) et Schmitt (2015). Pour le français médiéval, l'on peut mentionner, parmi beaucoup d'autres, Lusignan (2004) et Duval (2007). La variation diatopique au Moyen Âge est au centre de l'intérêt d'ouvrages tels que Lusignan (2012), Floquet/Giannini (2015) ou Glessgen/Trotter (2016) ; cf. aussi Goebl/Smečka (2017) pour une approche « scriptométrique ». Kremnitz (2013) présente plusieurs chapitres consacrés à l'histoire des dialectes d'oïl jusqu'à l'âge moderne ; cf. aussi Simoni-Aurembou (1999). Pour le 16e siècle, cf., par ex., Clerico (1999) ; Demaizière (2008) ; Scharinger (2018a). Ayres-Bennett (2004) offre un vaste panorama de la variation linguistique au siècle classique. Pour une vue d'ensemble de la recherche sur la variation du français en diachronie, cf. Ernst (2015).
[3] Que l'on pense ici, par ex., au renouveau d'intérêt pour le rôle de la pragmatique dans le changement grammatical ; cf. Detges/Waltereit (2016).
[4] Cf., pour le débat autour du « francien » et du rôle de Paris dans la formation du français standard, Wüest (1985) ; Kristol (1989) ; Cerquiglini (1991) ; Lodge (2004) ; Lebsanft (2005) ; Völker (2011) ; Grübl (2014, 45–195) ; Videsott (2015) ; Glessgen (2017).
[5] Nous nous bornerons ici à ne citer que deux exemples de cette diversification des approches qui risque, à nos yeux, de créer un éloignement, voire un clivage, entre les théoriciens des sciences du langage et les diachroniciens. Ce n'est certainement pas tâche facile d'apprécier, par exemple, les analyses diachroniques en phonologie formulées dans les nouveaux courants de la Théorie de l'Optimalité, comme celui des *Multilevel Parallel Constraint Grammars* (Boersma/van Leussen 2017). Même chose en syntaxe où les nouvelles approches cartographiques, aboutissant à

Si, devant cette richesse à la fois déconcertante et extrêmement stimulante, le présent volume réunit une sélection de travaux dont les sujets s'étalent sur un arc temporel de quelque neuf siècles – depuis l'époque médiévale jusqu'aux variétés contemporaines du français parlé en Amérique –, ce choix éditorial, qui peut sembler audacieux, repose sur une approche cherchant à mettre en relief certains éléments caractéristiques d'une histoire linguistique marquée essentiellement par l'expansion culturelle et géographique. L'on ne saurait en effet assimiler l'évolution du français à celle d'une quelconque langue « naturelle » sans insister sur la part capitale qui revient dans cette histoire aux éléments suivants :

- la mise par écrit précoce et l'élaboration (*Ausbau* ; cf. Kloss 1978), d'abord littéraire, puis juridique et scientifique d'une langue d'envergure supra-régionale voire internationale (cf. Frank 1998 ; Lusignan 1999 ; 2011) ;
- les tendances à la standardisation également précoces, suscitées par la rencontre de différentes variétés régionales du français écrit dès le Moyen Âge (cf. Greub 2007 ; Selig 2008 ; Grübl 2013 ; Trotter 2017) ;
- les divers contacts linguistiques qui ont façonné le français et l'ensemble multiforme de ses variétés diatopiques (cf. Reutner 2017) ; soit « par le haut », sous forme d'emprunts lexicaux ou syntaxiques à des langues de prestige, tels le latin et l'italien (cf. Baum 1995 ; Scharinger 2018b), ou socialement dominantes, tel l'anglais aux États-Unis (cf. Neumann-Holzschuh/Mitko 2018) ; soit « par le bas », sous forme d'influences « autochtones » ou « allochtones » dans les régions où le français, langue de culture associée à la classe dirigeante, est entré en contact avec ses dialectes ou bien avec des langues minoritaires, de type gallo-roman ou non (français régionaux ; cf. Rézeau/Thibault 2007/2008) ; ou encore, sous la forme d'un « mélange dialectal » survenu dans les parlers de colons francophones venus s'installer dans un territoire nouvellement conquis (dialectes « secondaires » selon Coseriu 1988 ; cf. Wolf 1987 ; Simoni-Aurembou 1991 ; Gendron 2007) ;
- la puissante idéologie linguistique et les représentations normatives qui ont présidé, expressément ou de manière implicite, à la diffusion du français par le haut de la hiérarchie sociale, tant dans le domaine d'oïl que dans la francophonie européenne et mondiale (cf. Schmitt 2000 ; Cerquiglini 2007) ;
- enfin, les influences tant idéologiques que proprement linguistiques que le modèle du français a exercées, ne fût-ce que temporairement, sur l'évolution d'autres idiomes ; soit en tant que « langue toit » chapeautant ses propres

---

des analyses « nano-syntaxiques » (cf., par ex., Déchaine/Dufresne/Tremblay 2018), ne sont sans doute pas facilement accessibles à tous ceux qui ont été formés dans une tradition plutôt philologique et descriptive.

dialectes ou ceux d'une autre langue, soit en contexte de bilinguisme plutôt paritaire, ou bien comme la langue véhiculaire d'une élite, sans parler du cas extrême d'« hybridisation » linguistique qui est à l'origine des langues créoles (cf. Rjéoutski/Argent/Offord 2014 ; Gadet/Ludwig 2015).

Tous ces éléments font de l'histoire du français un champ d'études énormément complexe et fascinant. Les vicissitudes « externes » de cette langue en continuelle expansion ont en effet créé des situations de contact toujours nouvelles et singulières, lesquelles, à leur tour, n'ont cessé de déclencher d'importantes restructurations au sein de l'« architecture » variationnelle de la langue, et évidemment aussi dans son système grammatical (ou, pour le moins, dans la grammaire de certaines variétés, en tant que sous-systèmes linguistiques).

« Des parlers d'oïl à la francophonie », tel est donc le chemin que ce livre se propose de retracer ; certes, non pas de manière exhaustive, mais en se focalisant sur des cas de figure exemplaires qui, espérons-nous, seront à même d'illustrer différentes facettes de la variation linguistique et de la dynamique évolutive déployée par divers scénarios de contact au cours d'une histoire qui fait exception.

2 Présentation des contributions

De l'ensemble des douze travaux réunis dans cet ouvrage, trois axes thématiques semblent émerger.

2.1 Contact, nivellement et (re-)standardisation : De la variation médiévale au français moderne

Un premier groupe de contributions aborde l'évolution de la norme du français telle qu'elle se constitue petit à petit dès les premières tentatives de mise par écrit au Moyen Âge. Celle-ci entraîne en effet un nivellement de la variation diatopique, au travers de la formation de traditions écrites régionales (*scriptae*). C'est pourquoi le français médiéval apparaît comme une « langue plurielle » (Lusignan 2011) dont les membres sont en communication et en réorganisation continues. Dès les plus anciens textes, on perçoit ainsi une volonté de « gérer » la diversité diatopique dans la rencontre des différentes variétés de l'écrit : soit en privilégiant des formes communes à plusieurs dialectes, soit en adaptant au propre système linguistique des structures et des formes qui lui sont étrangères, ou bien, à l'inverse, en substituant à celles-ci des choix linguistiques qui affirment une identité culturelle particulière. Toutefois, le rayonnement d'une variété de référence, d'envergure supra-régionale, se fait de plus en plus sentir vers la fin du Moyen Âge. Il est vrai que cette expansion du français (pré-)standard comporte une « invisibilisation » croissante de la variation dans la documentation textuelle, en ce qu'elle relègue à la langue parlée tout ce qui ne correspond pas à l'usage exemplaire. Or, l'uniformisation à l'écrit, et le discours normatif naissant qui s'en fait le gardien, n'empêchent évidemment pas que des variantes désormais stigmatisées restent vivantes à l'oral, y compris les variétés régionales de la langue standard, qui ne sont pas nécessairement ressenties comme diasystématiquement marquées par les locuteurs (dialectes dits « tertiaires » ; Coseriu 1988). N'oublions pas, par ailleurs, que le nivellement dialectal « par le haut », important leitmotiv de l'histoire du français, est en quelque sorte contrebalancé par la « restandardisation » de la norme écrite aux 14e–16e siècles (cf. Eckert 1986 ; Koch 2014), processus par lequel des variantes lexicales et grammaticales novatrices, prototypiques de l'oral, se trouvent promues à la langue écrite, au détriment des formes latinisantes favorisées par la tradition savante de l'écrit médiéval. Et ces adaptations « par le bas » s'observent encore dans l'histoire du français même après la codification de la norme au siècle classique.

Dans une perspective d'histoire textuelle, Zinaïda Geylikman étudie la différenciation sémantique des anciennes formes casuelles du substantif *ber – baron*, en confrontant un corpus de textes en ancien et moyen français à la *Geste francor*, un recueil de chansons de geste rédigées en franco-italien, variété littéraire artificielle élaborée en Italie du Nord afin d'adapter la matière épique française. Cette analyse fait dans un premier temps apparaître que, conformément à l'hypothèse d'une perte précoce du système bicasuel, le clivage paradigmatique entre *ber* et *baron* s'annonce clairement dès les plus anciens textes en français médiéval. Or, la nature progressive de ce changement se distingue nettement du tableau qui ressort de l'analyse de la *Geste francor* : ici, *ber* est en effet employé sans exception comme un lexème adjectival indépendant, souvent en coordination avec un autre terme qualificatif qui semble en préciser la signification. Dans la version francoitalienne des chansons de geste, *ber* apparaît donc comme une expression stéréotypée du discours épique dont les auteurs même ne comprenaient qu'approximativement le sens original, une fois que le lien morphologique avec *baron* était rompu. Au total, il semblerait que la poésie épique en franco-italien a achevé en l'empruntant une tendance évolutive déjà largement amorcée dans la langue qui lui servait de modèle littéraire. Cette contribution illustre donc parfaitement le rôle qui revient dans les situations de contact aux normes discursives propres aux genres textuels.

Annie Bertin consacre une étude à la traduction française de l'*Histoire d'Alexandre* par le courtisan portugais Vasque de Lucène (1468) – texte représentatif d'une prose préhumaniste, standardisante et marquée d'influences latines – et à un remaniement picardisant anonyme, conservé en deux manuscrits contemporains. Ce remaniement cherche expressément à rapprocher le texte original de la *maniere de parler* des simples gens, non pas seulement en le colorant de traits dialectaux picards, mais aussi en procédant à une délatinisation systématique de la syntaxe et du lexique. Le remaniement représente ainsi un témoignage extraordinaire de l'évolution linguistique en cours au 15e siècle. D'un côté, la « restandardisation » opérée au niveau des structures syntaxiques et des choix lexicaux prélude pour ainsi dire la norme du français moderne, qui finira par se débarrasser largement de la tradition savante des époques précédentes pour mettre en place un modèle linguistique plus naturel et plus proche de l'oral. Mais, de l'autre, l'affirmation identitaire réalisée au travers de la picardisation du texte va fatalement à l'encontre du mouvement de l'histoire, puisque la norme scripturale centrale, propagée dès la fin du 13e siècle par les institutions royales, finira bientôt par évincer définitivement en France les traditions régionales de l'écrit.

Dans une étude proprement diachronique, Julie Glikman s'attache à retracer la trajectoire de deux locutions conjonctives aujourd'hui considérées comme fautives, mais qui sont bien attestées en français depuis le 18e et le 15e siècle respectivement : *à cause que* et *malgré que*. L'évolution de ces items illustre parfaitement la relation paradoxale, et fluctuante, qui peut exister dans l'histoire linguistique entre jugements prescriptifs et usages réels. En effet, l'étude sur corpus fait apparaître que *malgré que*, locution rejetée par la norme dès son émergence au 18e siècle, se maintient constamment dans l'usage jusqu'à nos jours. Par contre, *à cause que* s'avère comme étant une variante explicitement recommandée dans le discours métalinguistique aux 16e et 17e siècles ; néanmoins, son usage réel a brusquement diminué dans les siècles suivants, jusqu'à être largement stigmatisé de nos jours. Une enquête sur la conscience linguistique actuelle, menée auprès de locuteurs francophones de différents pays, confirme toutefois que le rejet des deux locutions est aujourd'hui plus net en France, tandis qu'en français régional de Belgique, de Suisse et du Luxembourg, les taux d'acceptation sont généralement plus hauts.

En clôture de cette section, Pierre Larrivée étudie la diachronie des questions partielles *in situ*, afin d'identifier les contextes promoteurs de cette innovation syntaxique. L'exploration des corpus lui permet de déterminer que la construction a émergé de l'« immédiat communicatif » (cf. Koch/Oesterreicher 2001), à savoir de l'oral représenté des textes littéraires. Quant à la chronologie, l'auteur met en évidence que les questions *in situ* – à part quelques occurrences isolées qu'on trouve déjà au 15e siècle – ne s'établissent qu'au 18e siècle dans la documentation écrite. Il semble d'ailleurs que leur émergence ait été promue par une autre construction, dite « interrogation retardée » ; celle-ci est en effet attestée plus tôt et en plus grand nombre, mais dans des contextes semblables à ceux où apparaissent subséquemment les interrogatives *in situ*.

2.2 Expansion du français comme langue seconde ou véhiculaire

La propagation d'une variété de référence, basée en grande partie sur l'écrit, et l'impact des idéologies linguistiques dans cette diffusion à travers l'espace social et géographique apparaissent comme un deuxième leitmotiv du présent volume. Dans cette section, il s'agit donc d'explorer et de mettre en contraste différents contextes territoriaux, politiques et culturels où le français a été « importé » en tant que langue seconde ou véhiculaire. Comme nous le verrons, cette expansion a créé des scénarios de contact les plus divers. Par leur pluralité et par la richesse des sources qui en sont issues, ceux-ci représentent un champ de recherche très fécond pour l'étude de questions telles que l'histoire du discours normatif, l'écriture peu-lettrée, les idéologies sous-jacentes à l'élitisme linguistique et à l'impérialisme culturel, ou encore les enjeux politiques actuels du plurilinguisme européen.

Dans la première contribution de ce volet, Andres Kristol attire notre attention sur l'intérêt des *Remarques particulières sur la Langue Française pour la ville de Genève* (1691) de François Poulain de la Barre pour l'étude de l'implantation du français en domaine francoprovençal. L'analyse de cette source jusqu'ici peu exploitée par les diachroniciens non seulement relève nombre de particularités du français régional genevois à la fin du 17e siècle, mais laisse également entrevoir l'idéologie normative de l'auteur : en effet, pour juger si une forme est correcte ou non, celui-ci s'appuie dans bien des cas sur le *Dictionnaire françois* de Richelet (1680). Le livre de Poulain de la Barre illustre donc le succès précoce que la norme élaborée dans les cercles puristes parisiens du siècle classique a rencontré hors du domaine d'oïl.

Vient ensuite une contribution qui porte sur la pénétration du français dans le sud de la France, à savoir dans le domaine d'oc. En s'appuyant sur le *Corpus Historique du Substandard Français* (CHSF ; cf. Thun 2011), Joachim Steffen examine 60 lettres écrites par des soldats peu-lettrés du Languedoc-Roussillon aux 18e et 19e siècles. Si de nombreuses graphies qu'on repère dans les documents analysés, comme par exemple <vatalle> 'bataille', montrent, tout comme la confusion entre les auxiliaires *avoir* et *être* dans les formes du passé composé, que les occitanophones avaient d'abord du mal à écrire en français, les lettres mettent néanmoins en évidence que la diffusion du français standard dans le Midi a commencé longtemps avant l'école républicaine de Jules Ferry.

Joseph Reisdoerfer adopte une perspective de diachronie large pour l'histoire du français au Luxembourg. Celle-ci commence avec l'acquisition de territoires romanophones au 12e siècle et l'introduction du français comme langue judiciaire et administrative par la maison de Luxembourg. Dès lors s'installe un bilinguisme allemand-français, « superposé » dans la mesure où le français y occupera toujours une place privilégiée, en tant que langue écrite d'une élite politique et culturelle et, à partir du 19e siècle, en tant que langue de l'enseignement secondaire. Au quotidien, par contre, le luxembourgeois a toujours été la langue très majoritairement employée à l'oral, tandis que l'allemand standard joue un rôle important dans l'enseignement primaire et dans les médias. En conclusion, l'auteur pose la question du rôle futur du français au Grand-Duché. Aujourd'hui, il se voit en effet concurrencé par le luxembourgeois – langue nationale en voie d'élaboration dont les locuteurs revendiquent l'emploi dans la vie publique –, mais aussi par l'anglais et l'allemand, qui s'affirment dans l'enseignement bilingue et sur le marché du travail international.

Juhani Härmä étend nos connaissances sur une « Europe qui parlait français » (Fumaroli 2001 ; cf. également Brunot 1934/1935 ; Rjéoutski/Argent/Offord 2014), en présentant une étude de cas portant sur le rôle que jouait le français à côté du suédois en tant que langue épistolaire dans la Finlande des 18e et 19e siècles. Le choix du français dans la correspondance entre notables qui avaient une langue maternelle autre que le français relève certes avant tout du prestige dont jouissait celui-ci comme « langue universelle » à l'époque. En même temps, ce choix linguistique pourrait aussi découler du rattachement continu de la Finlande à la Suède, pays fortement imprégné par la langue et la culture françaises depuis le 17e siècle (cf. Maber 2017). Il convient de rappeler dans ce contexte que de 1809 à 1917, la Finlande était annexée par la Russie impériale, pays où le français allait s'imposer comme langue des élites de façon quelque peu retardée par rapport au reste de l'Europe (cf. Offord/Rjéoutski/Argent 2018).

Finalement, la valeur symbolique que peut assumer le choix du français est aussi mise en avant par Clémentine Rubio, dans une contribution sur l'enseignement du français en Palestine ottomane dans la deuxième moitié du 19e et au début du 20e siècle. Ici encore, le français apparaît comme le véhicule d'une puissante idéologie selon laquelle la diffusion de cette langue irait de pair avec la propagation d'une culture « civilisatrice », faisant des jeunes élèves en Palestine des « français de cœur » voire des « français de race ». Basée sur l'analyse de sources jusqu'ici négligées par les historiens de la langue, à savoir des documents diplomatiques émanant du consulat général de France à Jérusalem, la contribution de Rubio a d'ailleurs le mérite d'attirer notre attention sur un corpus original qui pourrait être d'un grand intérêt pour de futures études sur le « français au Levant » (Aslanov 2006 ; cf. aussi Minervini 2018), région où l'italien jouait également un rôle important comme langue véhiculaire, voire « universelle », à la même époque.

2.3 Continuités et ruptures en français d'Outre-mer et dans l'émergence des langues créoles

La dernière section du volume est consacrée aux français d'Outre-mer et aux langues créoles à base française, donc à des variétés dont l'émergence est essentiellement due au « mélange » de différents systèmes ou sous-systèmes linguistiques. Certes, étant donné que les langues créoles sont le produit d'un contact asymétrique de langues typologiquement très différentes, la créolisation représente un cas de figure beaucoup plus extrême que la formation d'un dialecte « secondaire » à partir d'une langue standardisée et ses dialectes anciens. Or, ce qui se dégage des trois contributions de ce volet, c'est que, pour les deux formes du contact linguistique, la question des continuités et des ruptures par rapport aux parlers d'oïl s'avère capitale pour la description linguistique. L'étude contrastive permet en effet d'identifier les traits que les variétés d'Outre-mer et les langues créoles ont conservés de leurs « parents » oïliques et de déterminer, en revanche, la part d'innovation qui explique leur formation. Cette approche, on le verra, peut apporter également des indices pour éclairer les conditions historiques et sociales de l'évolution linguistique en contexte colonial.

France Martineau et Wim Remysen étudient les pratiques langagières du français au Québec pendant le Régime anglais (1760–1867), en examinant la correspondance privée de certains membres des couches supérieures de la société canadienne-française de l'époque. Ces lettres proviennent de différents fonds d'archives québécois et français et certains de ces documents ont été intégrés au *Corpus de français familier ancien* (Martineau 1995–). Dans leur analyse, les auteurs observent un certain nombre d'innovations dans les pratiques orthographiques (par ex. <ai> au lieu de <oi> pour rendre [ɛ]) qui reflètent des innovations qui se répandent dans le même temps dans l'Hexagone. Cette étude invite donc à repenser les affirmations traditionnelles de l'historiographie du français québécois selon laquelle la période en question se caractérisait par un net conservatisme dû à la rupture avec la métropole dès le début de la domination anglaise.

La contribution de Ingrid Neumann-Holzschuh et Julia Mitko traite de la variation, dans le français parlé au Canada et aux États-Unis, entre adjectifs en fonction adverbiale (par ex. *je vais aller direct*) et adverbes avec marquage morphologique (*je vais aller directement*). Alors que le premier type est aujourd'hui largement exclu de la langue standard, il semble représenter un usage ancien qui persiste à l'oral notamment dans les variétés romanes du Nouveau Monde, traditionnellement moins exposées à la pression normative que les variétés parlées en Europe. Au total, l'hypothèse de la prédominance des formes sans -*ment* en français d'Amérique est pleinement confirmée par le dépouillement des corpus. En outre, les résultats font apparaître de claires tendances variationnelles à l'intérieur des parlers étudiés. En effet, plus les locuteurs sont âgés, et plus ils préfèrent généralement les formes adjectivales aux formes en -*ment* ; d'ailleurs, en français québécois, les formes en -*ment* s'avèrent plus courantes que dans les variétés acadiennes et louisianaises, différence qui s'explique sans doute par la longue tradition de la scolarisation en français au Québec. Les français « périphériques » étudiés dans cette contribution semblent donc répéter, quoiqu'avec un certain décalage, la diffusion des marques adverbiales à travers le diasystème du français européen.

Finalement, Sibylle Kriegel, Ralph Ludwig et Stefan Pfänder reviennent sur le débat autour de la formation des langues créoles à base française, et en particulier sur l'antagonisme dans la recherche entre les scénarios de continuité et de rupture par rapport au français. En se focalisant sur l'exemple du berrichon et du poitevin-saintongeais, les auteurs mettent en évidence que l'héritage dialectal joue effectivement un rôle capital dans la créolisation. L'ampleur de cette parenté typologique passe évidemment inaperçue dans les approches à partir du français standard, puisque de nombreux traits grammaticaux que les dialectes d'oïl ont en commun avec l'ancien et le moyen français, d'une part, et avec les langues créoles, d'autre part, se sont perdus dans l'élaboration de la variété standard, qui était par ailleurs encore peu répandue dans la langue parlée aux 17e et 18e siècles. Toutefois, il est manifeste que l'évolution des langues créoles se caractérise également par des changements (comme, par ex., la perte de la morphologie flexionnelle) dont la radicalité ne s'explique effectivement qu'en tenant compte des conditions sociales et de l'extrême rapidité de la créolisation. Néanmoins, les auteurs soulignent que les « cascades » évolutives qu'ont subies les langues créoles dans leur émergence ne font souvent qu'accélérer des tendances non ou peu grammaticalisées dans les dialectes. En ce sens, les scénarios de continuité et de rupture apparaissent au final plus facilement réconciliables qu'il ne semble au premier abord.

3 Remerciements

L'idée du présent volume remonte à une rencontre scientifique qui s'est tenue à l'université de Munich les 7 et 8 avril 2016, dans le cadre des colloques « Repenser l'histoire du français ». Cette série a été inaugurée en 2007 à Innsbruck sous les auspices de Maria Iliescu et David A. Trotter, puis continuée à Chambéry (2011) et à Neuchâtel (2014) (cf. les recueils édités par Lagorgette 2014 et Kristol 2017).

Nous sommes infiniment reconnaissants aux deux éminents fondateurs du colloque de nous avoir confié l'organisation de sa quatrième édition à Munich, et c'est avec grande tristesse que nous avons appris, en août 2015, la disparition prématurée de David A. Trotter, avant même que la rencontre qu'il avait tant encouragée ait lieu.

Nous tenons à remercier aussi, pour leur soutien dans l'organisation, l'école doctorale « Graduate School of Language and Literature » de l'Université de Munich et l'Internationales Begegnungszentrum für Wissenschaft München e.V. (IBZ), qui nous a accueillis dans ses locaux pendant le colloque.

Tout au long de la préparation de ce volume, nous avons profité d'un soutien extrêmement efficace et encourageant de la part de la maison d'édition De Gruyter ; nous en remercions tout particulièrement Ulrike Krauß et Gabrielle Cornefert. Nous remercions non moins sincèrement Claudia Polzin-Haumann et Wolfgang Schweickard d'avoir accepté le recueil pour la collection « Beihefte zur Zeitschrift für romanische Philologie ». Un grand merci va également à Isabel Geiger, Pierre Hermann et Benjamin Massot pour leurs relectures minutieuses, et à pas moins de quatorze rapporteurs anonymes en France, Belgique, Allemagne et Italie qui ont aimablement pris en charge l'évaluation des manuscrits soumis.

Il nous reste à remercier très chaleureusement tous les intervenants pour leur participation au colloque de Munich et pour l'excellente atmosphère qui a caractérisé les débats. Enfin, c'est aux contributeurs de ce volume que nous tenons à exprimer notre profonde reconnaissance. Il va sans dire que ce livre n'aurait pas vu le jour sans leur collaboration et sans leur patience dans la révision des manuscrits.

4 Bibliographie

4.1 Sources et dictionnaires

ARLIMA = *Les Archives de littérature du Moyen Âge*. <https://www.arlima.net/> [dernière consultation : 26.08.2019].
BFM = *Base de français médiéval*. <http://txm.bfm-corpus.org> [dernière consultation : 26.08.2019].
BVH = *Les Bibliothèques Virtuelles Humanistes*. <http://www.bvh.univ-tours.fr/> [dernière consultation : 26.08.2019].
Frantext. <http://www.frantext.fr/ctlf/> [dernière consultation : 26.08.2019].

Gallica = Site Gallica, Bibliothèque Nationale de France. <https://gallica.bnf.fr/> [dernière consultation : 26.08.2019].

Glessgen, Martin, et al. (edd.), *Documents linguistiques galloromans*, ³2016. <http://www.rose.uzh.ch/docling/> [dernière consultation : 26.08.2019].

Grand Corpus des grammaires françaises, des remarques et des traités sur la langue (XIVe–XVIIe s.). <https://www.classiques-garnier.com/numerique/> [dernière consultation : 26.08.2019].

Martineau, France (ed.), *Corpus de français familier ancien*, Université d'Ottawa, 1995–. <www.polyphonies.uottawa.ca> [dernière consultation : 26.08.2019].

NCA = *Nouveau Corpus d'Amsterdam*. <http://stella.atilf.fr/gsouvay/nca/> [dernière consultation : 26.08.2019].

PaLaFra = Corpus *Passage du latin au français*. <http://palafra.org> [dernière consultation : 26.08.2019].

Paris speech in the past, in : The Oxford Text Archive. <http://purl.ox.ac.uk/ota/2423> [dernière consultation : 26.08.2019].

Projet Mazarinades. Corpus textuel préparé par l'équipe R.I.M. <mazarinades.org> [dernière consultation : 26.08.2019].

TFA = *Base Textes de français ancien*. <http://artfl-project.uchicago.edu/content/tfa> [dernière consultation : 26.08.2019].

4.2 Études

Aslanov, Cyril, *Le français au Levant, jadis et naguère : à la recherche d'une langue perdue*, Paris, Champion, 2006.

Ayres-Bennett, Wendy, *Sociolinguistic variation in seventeenth-century France*, Cambridge, Cambridge University Press, 2004.

Baum, Richard, *Die Geburt des Französischen aus dem Geist der Übersetzung*, in : Hirdt, Willi (ed.), *Übersetzen im Wandel der Zeit. Probleme und Perspektiven des deutsch-französischen Literaturaustauschs*, Tübingen, Stauffenburg, 1995, 21–63.

Boersma, Paul/van Leussen, Jan-Willem, *Efficient evaluation and learning in Multilevel Parallel Constraint Grammars*, Linguistic Inquiry 48 (2017), 349–388.

Brunot, Ferdinand, *Histoire de la langue française des origines à 1900*, vol. 8 : *Le français hors de France au XVIIIe siècle*, 2 parties, Paris, Colin, 1934/1935.

Burdy, Philipp, *Le français dans l'histoire : depuis ses origines jusqu'au XVIe siècle*, in : Polzin-Haumann, Claudia/Schweickard, Wolfgang (edd.), *Manuel de linguistique française*, Berlin/Boston, De Gruyter, 2015, 11–38.

Carlier, Anne/Guillot-Barbance, Céline (edd.), *Latin tardif, français ancien : continuités et ruptures*, Berlin/Boston, De Gruyter, 2018.

Cerquiglini, Bernard, *La naissance du français*, Paris, Presses Universitaires de France, 1991.

Cerquiglini, Bernard, *Une langue orpheline*, Paris, Éditions de Minuit, 2007.

Clerico, Geneviève, *Le français au XVIe siècle*, in : Chaurand, Jacques (ed.), *Nouvelle histoire de la langue française*, Paris, Seuil, 1999, 145–224.

Coseriu, Eugenio, *« Historische Sprache » und « Dialekt »*, in : Albrecht, Jörn/Lüdtke, Jens/Thun, Harald (edd.), *Energeia und Ergon. Sprachliche Variation, Sprachgeschichte,*

Sprachtypologie. Studia in honorem Eugenio Coseriu, Tübingen, Narr, 1988, ¹1980, vol. 1, 45–61.

Déchaine, Rose-Marie/Dufresne, Monique/Tremblay, Mireille, *The trajectory of φ-features on Old French D and n*, in : Canadian Journal of Linguistics/Revue canadienne de linguistique 63 (2018), 167–193.

Dees, Antonij, *Atlas des formes linguistiques des textes littéraires de l'ancien français*, Tübingen, Niemeyer, 1987.

Demaizière, Colette, *La grammaire française au XVIe siècle : les grammairiens picards*, Paris, Champion, 2008.

Detges, Ulrich/Waltereit, Richard, *Grammaticalization and pragmaticalization*, in : Fischer, Susann/Gabriel, Christoph (edd.), *Manual of grammatical interfaces in Romance*, Berlin/Boston, De Gruyter, 635–658.

Duval, Frédéric, *Le Moyen Âge*, in : Rey, Alain/Duval, Frédéric/Siouffi, Gilles (edd.), *Mille ans de langue française : histoire d'une passion*, Paris, Perrin, 2007, 11–454.

Eckert, Gabriele, *Sprachtypus und Geschichte. Untersuchungen zum typologischen Wandel des Französischen*, Tübingen, Narr, 1986.

Ernst, Gerhard, *La diachronie dans la linguistique variationnelle du français*, in : Polzin-Haumann, Claudia/Schweickard, Wolfgang (edd.), *Manuel de linguistique française*, Berlin/Boston, De Gruyter, 2015, 72–107.

Ernst, Gerhard, *Textes français privés des XVIIe et XVIIIe siècles*, 2 vol., Berlin/Boston, De Gruyter, 2019, ¹2005.

Floquet, Oreste/Giannini, Gabriele (edd.), *Anglo-français. Philologie et linguistique*, Paris, Classiques Garnier, 2015.

Frank, Barbara, *Untersuchungen zum schriftkulturellen Ausbau des Französischen (9. bis 13. Jahrhundert)*, thèse d'habilitation non publiée, Fribourg-en-Brisgau, 1998. <http://www.barbara-job.de/publik/Habil-Final.pdf> [dernière consultation : 16.12.2018].

Fumaroli, Marc, *Quand l'Europe parlait français*, Paris, Éditions de Fallois, 2001.

Gadet, Françoise/Ludwig, Ralph, *Le français au contact d'autres langues*, Paris, Ophrys, 2015.

Gendron, Jean-Denis (2007), *D'où vient l'accent des Québécois ? Et celui des Parisiens ? Essai sur l'origine des accents. Contribution à l'histoire de la prononciation du français moderne*, Québec, Presses de l'Université Laval.

Glessgen, Martin, *La genèse d'une norme en français au Moyen Âge. Mythe et réalité du francien*, in : Revue de Linguistique Romane 81 (2017), 313–397.

Glessgen, Martin/Trotter, David (edd.), *La régionalité lexicale du français au Moyen Âge*, Strasbourg, Éditions de Linguistique et de Philologie, 2016.

Goebl, Hans/Smečka, Pavel, *Trois regards dialectométriques sur l'aménagement géolinguistique du domaine d'oïl, basés sur une synthèse des données médiévales réunies par Antonij Dees en 1980 et 1983, et celles de l'ALF*, in : Kristol, Andres (ed.), *La mise à l'écrit et ses conséquences. Actes du troisième colloque « Repenser l'histoire du français », Université de Neuchâtel, 5–6 juin 2014*, Tübingen, Francke, 2017, 15–49.

Greub, Yan, *Sur un mécanisme de la préstandardisation de la langue d'oïl*, in : Bulletin de la Société de Linguistique de Paris 102 (2007), 429–434.

Grübl, Klaus, *La standardisation du français au Moyen Âge : point de vue scriptologique*, in : Revue de Linguistique Romane 77 (2013), 343–383.

Grübl, Klaus, *Varietätenkontakt und Standardisierung im mittelalterlichen Französisch. Theorie, Forschungsgeschichte und Untersuchung eines Urkundenkorpus aus Beauvais (1241–1455)*, Tübingen, Narr, 2014.

Kloss, Heinz, *Die Entwicklung neuer germanischer Kultursprachen seit 1800*, Düsseldorf, Schwann, ²1978.

Koch, Peter, *Phases et charnières. Modéliser l'histoire de la langue. Élaboration – standardisation – coiffure – régression*, in : Ayres-Bennett, Wendy/Rainsford, Thomas M. (edd.), *L'histoire du français. État des lieux et perspectives*, Paris, Classiques Garnier, 2014, 321–355.

Koch, Peter/Oesterreicher, Wulf, *Gesprochene Sprache und geschriebene Sprache – Langage parlé et langage écrit*, in : Holtus, Günter/Metzeltin, Michael/Schmitt, Christian (edd.), *Lexikon der Romanistischen Linguistik*, vol. 1/2, Tübingen, Niemeyer, 2001, 584–627.

Kremnitz, Georg (ed.), *Histoire sociale des langues de France*, Rennes, Presses Universitaires de Rennes, 2013.

Kristol, Andres, *Le début du rayonnement parisien et l'unité du français au Moyen Âge. Le témoignage des manuels d'enseignement du français écrits en Angleterre entre le XIIIe et le début du XVe siècle*, in : Revue de Linguistique Romane 53 (1989), 335–367.

Kristol, Andres (ed.), *La mise à l'écrit et ses conséquences. Actes du troisième colloque « Repenser l'histoire du français », Université de Neuchâtel, 5–6 juin 2014*, Tübingen, Francke, 2017.

Lagorgette, Dominique (ed.), *Repenser l'histoire du français*, Chambéry, Université de Savoie, 2014.

Le Bidois, Georges/Le Bidois, Robert, *Syntaxe du français moderne*, Paris, Picard, 1967.

Lebsanft, Franz, *Ein Baustein zur Frühgeschichte des Varietätengefüges des Französischen. « Langage de Picardie » vs. « langage de France »*, in : Gärtner, Kurt/Holtus, Günter (edd.), *Überlieferungs- und Aneignungsprozesse im 13. und 14. Jahrhundert auf dem Gebiet der westmitteldeutschen und ostfranzösischen Urkunden- und Literatursprachen. Beiträge zum Kolloquium vom 20. bis 22. Juni 2001 in Trier*, Trèves, Kliomedia, 2005, 359–368.

Lodge, R. Anthony, *A sociolinguistic history of Parisian French*, Cambridge, Cambridge University Press, 2004.

Lusignan, Serge, *Langue française et société du XIIIe au XVe siècle. Une langue en expansion*, in : Chaurand, Jacques (ed.), *Nouvelle histoire de la langue française*, Paris, Seuil, 1999, 91–143.

Lusignan, Serge, *La langue des rois au Moyen Âge. Le français en France et en Angleterre*, Paris, Presses Universitaires de France, 2004.

Lusignan, Serge, *Le français médiéval : perspectives historiques sur une langue plurielle*, in : Lusignan, Serge, et al., *L'introuvable unité du français. Contacts et variations linguistiques en Europe et en Amérique (XIIe–XVIIIe siècle)*, Québec, Presses de l'Université Laval, 2011, 5–107.

Lusignan, Serge, *Essai d'histoire sociolinguistique : le français picard au Moyen Âge*, Paris, Classiques Garnier, 2012.

Maber, Richard (ed.), *La France et l'Europe du Nord au XVIIe siècle : de l'Irlande à la Russie*, Tübingen, Narr, 2017.

Minervini, Laura, *What we know and don't yet know about Outremer French*, in : Morreale, Laura K./Paul, Nicholas L. (edd.), *The French of Outremer. Communities and communications in the crusading Mediterranean*, New York, Fordham University Press, 2018, 15–29.

Neumann-Holzschuh, Ingrid/Mitko, Julia, *Grammaire comparée des français d'Acadie et de Louisiane. Avec un aperçu sur Terre-Neuve*, Berlin/Boston, De Gruyter, 2018.

Offord, Derek/Rjéoutski, Vladislav/Argent, Gesine, *The French language in Russia. A social, political, cultural, and literary history*, Amsterdam, Amsterdam University Press, 2018.

Reutner, Ursula (ed.), *Manuel des francophonies*, Berlin/Boston, De Gruyter, 2017.

Rézeau, Pierre/Thibault, Alain (edd.), *Richesses du français et géographie linguistique*, 2 vol., Bruxelles, De Boeck, 2007/2008.

Rjéoutski, Vladislav/Argent, Gesine/Offord, Derek (edd.), *European Francophonie. The social, political and cultural history of an international prestige language*, Berne et al., Lang, 2014.

Scharinger, Thomas, *Mehrsprachigkeit im Frankreich der Frühen Neuzeit. Zur Präsenz des Italienischen, seinem Einfluss auf das Französische und zur Diskussion um das « françois italianizé »*, Tübingen, Narr, 2018 (= 2018a).

Scharinger, Thomas, *Les lettres de Catherine de Médicis. Une source négligée par les historiographes de la langue française*, in : Ayres-Bennett, Wendy, et al. (edd.), *Nouvelles voies d'accès au changement linguistique*, Paris, Classiques Garnier, 2018, 39–53 (= 2018b).

Schmitt, Christian, *« Nation » und « Sprache » : das Französische*, in : Gardt, Andreas (ed.), *Nation und Sprache : die Diskussion ihres Verhältnisses in Geschichte und Gegenwart*, Berlin/New York, De Gruyter, 2000, 673–745.

Schmitt, Christian, *Le français dans l'histoire : du XVIIe siècle à nos jours*, in : Polzin-Haumann, Claudia/Schweickard, Wolfgang (edd.), *Manuel de linguistique française*, Berlin/Boston, De Gruyter, 2015, 39–71.

Selig, Maria, *Koineisierung im Altfranzösischen ? Dialektmischung, Verschriftlichung und Überdachung im französischen Mittelalter*, in : Heinemann, Sabine (ed.), *Sprachwandel und (Dis-)Kontinuität in der Romania*, avec la collaboration de Paul Videsott, Tübingen, Niemeyer, 2008, 71–85.

Simoni-Aurembou, Marie-Rose, *Mirages génétiques*, in : Horiot, Brigitte (ed.), *Français au Canada – français de France. Actes du deuxième Colloque international de Cognac du 27 au 30 septembre 1988*, Tübingen, Niemeyer, 1991, 69–76.

Simoni-Aurembou, Marie-Rose, *Le français et ses patois*, in : Chaurand, Jacques (ed.), *Nouvelle histoire de la langue française*, Paris, Seuil, 1999, 545–580.

Thun, Harald, *Die diachrone Erforschung der « français régionaux » auf der Grundlage des « Corpus Historique du Substandard Français »*, in : Schlaak, Claudia/Busse, Lena (edd.), *Sprachkontakte, Sprachvariation und Sprachwandel. Festschrift für Thomas Stehl zum 60. Geburtstag*, Tübingen, Narr, 2011, 359–394.

Trotter, David, *Mise par écrit et standarisation. Les cas de l'ancien français et de l'anglo-normand*, in : Kristol, Andres (ed.), *La mise à l'écrit et ses conséquences. Actes du troisième colloque « Repenser l'histoire du français »*, Université de Neuchâtel, 5–6 juin 2014, Tübingen, Francke, 2017, 51–65.

Videsott, Paul, *Les plus anciens documents en français de la chancellerie royale capétienne (1241–1300). Présentation et édition*, Strasbourg, Éditions de Linguistique et de Philologie, 2015.

Völker, Harald, *Implizites in der linguistischen Fachprosa. Die empirischen und theoretischen Bezüge von Hypothesen zum Ursprung der französischen Standardvarietät*, in : Dessì Schmid, Sarah/Hafner, Jochen/Heinemann, Sabine (edd.), *Koineisierung und Standardisierung in der Romania*, Heidelberg, Winter, 2011, 81–110.

Wolf, Lothar, *Französische Sprache in Kanada*, Munich, Vögel, 1987.

Wüest, Jakob, *Le « patois de Paris » et l'histoire du français*, Vox Romanica 44 (1985), 234–258.

**Contact, nivellement et (re-)standardisation :
De la variation médiévale au français moderne**

Zinaïda Geylikman
Tu parli como ber
Le destin de la forme monosyllabique du substantif *baron* dans la *Geste francor*

Résumé : Dans les chansons de geste en français médiéval, on observe une différenciation progressive des formes monosyllabiques et bisyllabiques du substantif *ber/baron*. Le présent article étudie les occurrences des formes en question dans un recueil de chansons de geste dénommé la *Geste francor*, rédigé dans la première moitié du 14ᵉ siècle en franco-italien. Le franco-italien est une langue littéraire artificielle, élaborée afin d'adapter la matière épique française pour les auditeurs et lecteurs de l'Italie septentrionale. Par le biais de l'analyse des occurrences des formes de *baron* dans la *Geste francor*, confrontées aux exemples tirés des textes épiques en français médiéval, nous montrerons qu'au moment du passage entre les deux langues, la différenciation des formes devient complète : *ber* est employé comme un lexème à part sans lien avec *baron*. Par ailleurs, dans le cas de la forme monosyllabique *ber*, il ne s'agit plus d'un substantif, mais d'un adjectif. Enfin, on observe un élargissement du sens lors du passage de la forme d'un domaine linguistique à l'autre : cela est dû à la rupture du lien morphologique entre *ber* et *baron* et à une compréhension approximative de la valeur sémantique de *ber* par les auteurs italiens. L'article étudiera donc un aspect de l'adaptation de la langue française médiévale, perçue comme langue internationale des chansons de geste, à un autre système linguistique.

Mots-clés : lexicologie historique, franco-italien, chanson de geste

1 Introduction

Le genre épique de la littérature française médiévale représente un terrain de recherche très riche pour les études sémantiques et lexicales. AndrieuxReix (1997, 21–29) met en évidence le caractère conservateur du lexique des chansons de geste qui est, entre autres, favorisé par le style formulaire, caractéristique du genre en question. Les études sémantiques sur plusieurs dénominations féodales que nous avons menées dans le cadre de notre travail

Zinaïda Geylikman, École Pratique des Hautes Études

https://doi.org/10.1515/9783110541816-002

de thèse[1] indiquent que l'univers de discours épique[2] fait apparaître plusieurs phénomènes linguistiques propres à l'univers de discours en question et absents des autres genres textuels. Le substantif *baron* en présente un excellent exemple.

En ancien français, cet item lexical représente un substantif masculin à radical variable (Buridant 2000, 66s.) dont le paradigme est le suivant : *ber* (cas sujet singulier = CSS) – *baron* (cas régime singulier = CRS) – *baron* (cas sujet pluriel = CSP) – *barons* (cas régime pluriel = CRP). Or, à partir de la *Chanson de Roland* du début du 12e siècle, l'un des plus anciens textes de la littérature médiévale française, on observe une différenciation sémantique entre les formes monosyllabiques et les formes bisyllabiques qui s'accentue au fil des siècles. Cette évolution donne lieu à l'émergence d'une nouvelle acception sémantique et entraîne le changement de catégorie pour les formes monosyllabiques. En considérant la totalité des textes de notre corpus de thèse,[3] il apparaît que cette différenciation est valable uniquement pour les chansons de geste : dans les chroniques et les textes documentaires, elle n'est pas observable, alors que dans les romans du 12e siècle, on n'en relève que quelques traces, que nous considérons comme un emprunt à l'univers de discours épique.

Dans le présent article, nous analyserons les occurrences des deux types de formes dans la *Geste francor*, un recueil de chansons de geste en franco-italien datant de la première moitié du 14e siècle (RIALFrI). Le but de notre étude est de déterminer si la différenciation sémantique des formes observée en français médiéval concerne également les textes en franco-italien. Le cas échéant, nous tâcherons de déterminer la valeur sémantique de la forme monosyllabique. Il s'agira de voir, par ailleurs, ce que la distribution de ces formes en franco-italien peut nous apprendre sur le degré de différenciation fonctionnelle entre *ber* et *baron* en français médiéval.

Pour ce faire, nous présenterons d'abord brièvement les résultats de notre recherche sur *baron* dans les chansons de geste en français médiéval (Section 2), en nous concentrant sur la question de la différenciation des formes. Nous

---

[1] Cf. Geylikman (2017). Il s'agit d'une thèse de doctorat préparée sous la direction de Joëlle Ducos au sein de l'équipe SAPRAT de l'École Pratique des Hautes Études de Paris.

[2] En utilisant le terme « univers de discours », nous nous référons aux travaux de Kerbrat-Orecchioni (2002, 20–35), qui le définit comme une somme de la situation de communication et de certaines contraintes stylistico-thématiques.

[3] Le corpus sur lequel nous nous sommes appuyée est constitué de chansons de geste, romans, chroniques et de textes documentaires du 12e au 15e siècle, ce qui représente plus de cinquante textes. Parmi les chansons de geste, on compte quatorze textes : cinq pour le 12e siècle, cinq pour le 13e, trois pour le 14e et un seul texte pour le 15e siècle. La faible quantité de textes en moyen français s'explique par notre choix de ne pas utiliser de réécritures.

passerons ensuite à une analyse détaillée des formes monosyllabiques et bisyllabiques de l'item étudié dans la *Geste francor* du 14ᵉ siècle (Section 3).[4]

2 La différenciation sémantique entre les formes monosyllabiques et bisyllabiques de *baron* en français médiéval

Les sens et usages du substantif *baron* en français médiéval sur lesquels s'accordent les entrées des dictionnaires Godefroy (Gdf, vol. 1, 589),[5] TL (vol. 1, 847–849) et le *Dictionnaire du Moyen Français* (DMF) sont les suivants :
- 'mari' (Gdf, TL, DMF)
- désignation honorifique d'un homme (Gdf, TL)
- terme employé pour désigner un saint (Gdf, DMF)
- emploi adjectivé ou adjectif : 'valeureux, vaillant' (TL, DMF)

Il est intéressant de remarquer que dans le DMF l'emploi adjectivé, tout en étant présent dans l'article consacré à *baron*, est également signalé dans une entrée indépendante *ber*[6] :
- A. [D'une pers., de son cœur ...] 'Valeureux, vaillant'
- B. [D'une chose] 'De valeur'

À cela s'ajoutent
- 'homme (par opposition au seigneur, chef)' (TL)
- 'capitaine, chef' (TL)
- titre nobiliaire : terme générique s'appliquant à la noblesse (DMF)
- titre nobiliaire : terme désignant une position inférieure à celle d'un duc, comte, vicomte et supérieure à celle de chevalier (DMF)

---

4 Nous avons publié nos premières considérations sur la différenciation sémantique des formes monosyllabiques et bisyllabiques dans la revue russe Древняя и Новая Романия (Drevn'aya i Novaya Romania) ; cf. Geylikman (2015). Nous avons depuis reconsidéré plusieurs questions, concernant notamment la genèse et la datation de la différenciation.
5 Les abréviations se référant aux dictionnaires sont explicitées dans la Bibliographie.
6 Gdf (vol. 1, 623) sépare également *ber* et *baron* ; tous les exemples cités dans l'article en question appartiennent au moyen français. En revanche, comme nous l'avons vu ci-dessus, TL (vol. 1, 847–849) signale la possibilité de l'emploi adjectivé de *baron* sans séparer ce sens dans une entrée à part.

Comme nous l'avons dit, le corpus que nous avons constitué pour notre travail de thèse se compose de textes de plusieurs genres : chansons de geste, romans, chroniques, textes documentaires. L'analyse que nous avons effectuée sur la base de ce corpus montre que, sur toute la période étudiée et au sein de tous les genres textuels, l'acception majoritairement réalisée par le substantif *baron* est 'haut aristocrate'. Cette acception comporte les traits sémantiques [homme], [noble] et [membre de la haute aristocratie].

(1) XII ChGuilM,[7] vv. 2244–2246
Si vus fuissez Willame al curb niés,
Od vus venissent set mile homes armez,
Des Frans de France, des *baruns* naturels ;

Dans toutes les occurrences de cette acception, *baron* a une valeur proprement dénotative et représente une dénomination. D'autres acceptions peuvent également être relevées en fonction du genre et de l'époque de la rédaction du texte. Ainsi, le genre épique, à côté des exemples à valeur dénotative, fait apparaître des occurrences où *baron* et ses formes fléchies expriment une valeur évaluative. La différenciation sémantique des formes monosyllabiques et bisyllabiques, qui nous intéresse particulièrement dans cet article, concerne uniquement les occurrences ayant cette valeur-là. Il convient de remarquer que dans les textes en ancien français,[8] la majorité des occurrences à valeur évaluative sont déjà représentées par des formes monosyllabiques.[9] En moyen français, en revanche, la valeur évaluative peut être exprimée uniquement par les formes monosyllabiques.

2.1 Épithète formulaire

Dans les chansons de geste, *baron* se trouve souvent en position d'épithète formulaire[10] :

---

[7] Les sigles renvoyant aux éditions de textes sont celles du DEAF. Pour les éditions qui ne sont pas signalées dans le DEAF, la référence complète est donnée dans la Bibliographie. Par le chiffre romain, nous indiquons le siècle de la création du texte.
[8] On considère que la limite entre l'ancien et le moyen français se place au début du 14e siècle (Buridant 2000, 23). Ainsi, le DMF choisit la date de 1330 comme la limite chronologique qui sépare les deux états du français (Martin 1998, 962).
[9] En parlant *des* formes monosyllabiques au pluriel, nous entendons la forme analogique *bers* ainsi que plusieurs variantes graphiques : *beir, bier, beur, bez*, etc.
[10] L'épithète formulaire appartient aux formules épiques. Une formule épique peut être définie comme « un patron syntactico-rythmique et sémantique, sous-jacent à diverses réalisations de

(2) XII RolMoign, vv. 671–674
 Sur l'erbe verte estut devant sun tref.
 Rollant i fut e Oliver li *ber*,
 Neimes li dux e des altres asez ;
 Guenes i vint, li fels, li parjurez.

(3) XII ChGuilM, vv. 1182–1185
 Crie e husche le « Aïe ! » de prodom.
 A tant i vint Willame le *barun*,
 Les dis oscist, les vint fuient le munt.
 Dunc vint a Guischard, si l'ad mis a raisun :

(4) XIII HuonRKib, vv. 2502–2505
 Tout droit en France vint son fiez lever,
 Homaige fist Charlemenne le *ber*
 Et si volt estre de doulce France per
 Ou leu Huon qui s'an estoit allér ;

(5) XIV HugCapLb, v. 608
 Ainsy Huëz ly *bers* a son oncle disoit.

(6) XV GesteDucs, vv. 1022–1024
 Et Antennes li *bers* à son père disoit :
 « Chiers sires, yssons là hors, car qui les asauroit
 Bien et hardiement, on les esbahiroit. »

Dans les textes en ancien français, on relève parfois des formes bisyllabiques dans cette fonction ; or, les formes monosyllabiques sont largement majoritaires (12e siècle : 55 occurrences de *ber* contre 4 occurrences de *baron* ; 13e siècle : 73 occurrences de *ber* contre 7 occurrences de *baron*). Le plus souvent, *ber* se trouve alors en postposition au nom propre et en fin de vers pour assurer la rime.[11] L'épithète formulaire se trouvant généralement en fonction du CSS, le

---

surface dites ‹expressions formulaires› » (Andrieux-Reix 1997, 22). L'épithète formulaire, appelée également « épithète de nature », peut être définie comme un « terme ou une expression qui désigne une qualité permanente d'une personne ou d'un objet et qui accompagne la nomination de cette personne ou de cet objet en toute circonstance et en tout endroit du discours » (DLD, 1985, vol. 1, 515).

11 Sur l'importance de la versification dans la conservation du lexique des chansons de geste, cf. Andrieux-Reix (1997).

choix initial de la forme *ber* n'est pas étonnant. Cependant, les exceptions se multiplient : on voit que dans l'exemple (3), la forme *baron* est choisie bien que le nom propre auquel l'item en question est apposé joue le rôle du sujet, alors que dans (4), *ber* est employé bien qu'il s'agisse d'une fonction syntaxique prévoyant le CRS. Dans ces cas-là, le choix de la forme s'explique sans doute par des contraintes de versification ; cependant, cela prouve que le clivage entre les formes n'est pas encore définitif à ce moment-là. En moyen français, en revanche, on relève uniquement les épithètes formulaires contenant des formes monosyllabiques.

Il est vrai que d'autres substantifs, ne pouvant pas avoir de valeur évaluative, sont parfois relevés en position d'épithète formulaire :

(7) XII CourLouisL2, vv. 570–575
Et avuec els Gerins et Engeliers,
Li doze per, qui furent detrenchié,
Et se i fust Aimeris li *guerriers*,
Voz gentilz pere, qui tant fait a preisier,
Et tuit vo frere, qui sont bon chevalier,
Ne l'osereient en bataille aprochier.

Or, dans les cas où l'épithète représente une liste de plusieurs éléments, *ber* se trouve en collocation avec des adjectifs et non des substantifs (une liste de substantifs en fonction d'épithète formulaire est toutefois impossible) :

(8) XII CourLouisL2, vv. 1394–1397
Merci, Guillelmes, por sainte charité,
De Looïs vos est petit membré,
Que morz est Charles, li *gentilz* et li *ber* ;
A Looïs sont les granz eritez.

Ce type d'exemple est relevé à partir du *Couronnement de Louis* dont la date de composition se situe autour de 1130, ce qui permet de supposer que dès la première moitié du 12e siècle, *ber* est déjà compris comme une forme adjectivée indépendante de *baron*.

2.2 *Ber* au sein d'un prédicat nominal

Cet emploi est également relevé sur toute la période étudiée ; dans la majorité des cas, c'est la forme monosyllabique qui est choisie. Le choix de la forme n'est pas étonnant, puisque la fonction syntaxique d'attribut du sujet est traditionnellement réalisée par les formes du CS.

L'emploi de *ber* au sein d'un prédicat nominal n'est pas une preuve en soi de sa valeur évaluative ni de son usage adjectival. Or, tout comme dans le cas de l'épithète formulaire, on relève des exemples où *ber* fait partie d'une liste d'éléments évaluatifs – adjectifs ou participes adjectivés. À la différence de l'épithète formulaire, ces exemples sont relevés dès la *Chanson de Roland* :

(9) XII RolMoign, vv. 3899s.
 Ço dist Tierri : « Pinabel, mult ies *ber*,
 Granz ies e forz e tis cors ben mollez ;

(10) XII CharroiP, vv. 29s.
 Li quens Guillelmes fu molt gentis et *ber* :
 Sa venoison fist a l'ostel porter.

Par ailleurs, dans la majorité des cas, *ber* se trouve accompagné de l'adverbe intensificateur *mult*, ce qui exclut la possibilité d'un emploi dénotatif.

On trouve également des exemples de formes bisyllabiques au sein d'un prédicat nominal :

(11) XII ChGuilM, vv. 468s.
 Il s'asemblerent, le jur furent *barun*,
 En la bataille dous reals cunpaignuns ;

Ils sont toutefois bien moins fréquents que les exemples avec des formes monosyllabiques et sont relevés uniquement en ancien français. Au sein de ces occurrences, *baron* a également une valeur évaluative : le complément de temps indique à chaque fois que ce prédicat nominal n'est pas appelé à indiquer la position sociale des personnages, mais à caractériser leur comportement en question lors du combat. Le choix de la forme bisyllabique est également justifié, dans la mesure où ce prédicat nominal se rapporte toujours à deux personnages et jamais à un seul. En revanche, dans les textes de notre corpus, une forme bisyllabique ne peut jamais se trouver en collocation avec un adjectif au sein d'une liste ni être accompagnée d'un adverbe intensificateur.

L'analyse de ces emplois montre que dès les plus anciens textes, *baron* peut avoir une valeur évaluative. Cette valeur est le plus souvent assurée par les formes monosyllabiques qui fonctionnent vraisemblablement comme des formes adjectivales indépendantes dès la *Chanson de Roland*. Ce n'est pas le cas pour les formes bisyllabiques qui, pourtant, peuvent également être employées en tant qu'éléments évaluatifs. Notre hypothèse est donc que les textes du 12ᵉ siècle font apparaître une différenciation entre les formes qui s'est produite dans la tradition épique antérieure aux premiers textes écrits qui nous soient parvenus.[12] Cela explique le fait que, dès la *Chanson de Roland*, la forme *ber* est employée en tant qu'adjectif : la différenciation des formes est déjà effective à ce moment-là. Mais cela explique également les occurrences de formes bisyllabiques à valeur évaluative qui se raréfient progressivement pendant la période de l'ancien français : il s'agit là de traces de l'étape dans l'évolution sémantique de *baron*, où la valeur évaluative pouvait déjà être réalisée, mais où la forme *ber* ne s'était pas encore détachée du paradigme. La raréfaction de cet emploi est due à l'indépendance croissante de la forme monosyllabique, ressentie comme étant la seule à pouvoir exprimer l'évaluation. En ce qui concerne le contenu sémantique des deux types de formes, nous supposons qu'en ancien français *baron* à valeur évaluative réalise l'acception 'homme valeureux', alors que *ber*, forme adjectivale, réalise déjà l'acception 'de valeur$_{HA}$',[13] applicable uniquement aux guerriers nobles ; la deuxième acception apparaît vraisemblablement plus tardivement que la première.[14]

On serait donc tenté de considérer la forme *ber* en ancien français comme un adjectif indépendant et de ne plus parler d'une différenciation des formes en cours. Deux points nous empêchent pourtant de faire cette séparation définitive : premièrement, le fait que, dans les chansons de geste en ancien français, *ber* peut être appliqué à un seul personnage masculin uniquement, jamais à plusieurs personnages à la fois ni à un personnage féminin (ni, d'ailleurs, à qui que ce soit qui ne soit pas véritablement un « baron », un haut aristocrate). Cela signifie qu'on ne peut pas parler d'un emploi distributif ni d'une parfaite indépendance. En effet, dans la mesure où l'emploi dénotatif de *ber* en tant que forme du CSS est encore possible, *ber* évaluatif garde le lien grammatical avec le substantif *baron*. Par ailleurs, dans les chansons de geste et surtout au sein des autres genres, on

---

[12] Donc, probablement, pendant la période orale de la transmission des textes.
[13] En parlant de l'acception 'valeureux', nous faisons obligatoirement une approximation. En effet, l'analyse que nous menons dans notre travail de thèse montre que la meilleure définition que l'on puisse donner du contenu sémantique de *baron* à valeur évaluative est 'qui possède tout le spectre de qualités associées dans l'univers de croyance des auditeurs du texte épique au meilleur représentant de la catégorie « haut aristocrate (mâle) »'. Ceci dit, nous devons être bien conscients du fait qu'il s'agit d'une interprétation du point de vue moderne dans la mesure où nous n'avons pas accès à l'univers de croyance (Martin 1987) des créateurs et auditeurs des chansons de geste médiévales. Par souci de clarté, nous abrègerons la définition de cette acception par 'de valeur$_{HA}$' où HA renvoie à 'haut aristocrate'.
[14] D'après nos observations, l'emploi de *ber* en position d'épithète formulaire a favorisé le détachement de la forme monosyllabique. N'ayant pas la possibilité d'exposer notre raisonnement dans le présent article, nous nous permettons de renvoyer le lecteur à Geylikman (2017).

relève des occurrences de la forme monosyllabique à valeur dénotative jusqu'à la fin de la période de l'ancien français, ce qui signifie que, dans la conscience linguistique des auteurs[15] et des auditeurs/lecteurs des chansons de geste, la forme *ber* reste une forme du substantif *baron* :

(12)   XII Erec, vv. 1895-1897
       Avoec cez que m'oez nomer
       vint Moloas, uns riches *ber*,
       et li sires de l'Isle Noire.

Il est donc intéressant d'observer qu'en moyen français où, pour la majorité des variétés diatopiques, on observe la disparition du système casuel, *ber* commence à avoir de nouveaux emplois impossibles pour l'ancien français. Les occurrences de ces emplois-là sont minoritaires par rapport à ceux que nous avons décrits plus haut : l'emploi de loin majoritaire pour la forme *ber* reste l'épithète formulaire. Cependant, malgré leur faible fréquence, elles méritent notre attention.

2.3 *Ber* appliqué à des noms de choses dans les textes tardifs

De manière générale, *ber* continue à avoir une fréquence élevée dans les textes en moyen français. Ses emplois connaissent, cependant, une moindre variété : on le retrouve essentiellement en position d'épithète formulaire. Mais parallèlement, on relève plusieurs occurrences où *ber* se trouve appliqué à des noms de choses et non à des noms de personne, ce qui n'était jamais le cas dans les textes en ancien français de notre corpus. Nous allons citer toutes les occurrences, d'autant plus qu'elles ne sont pas nombreuses :

(13)   XIV HugCapLb, vv. 2757-2761
       Se vollenté disoit ly enfez au cuer *ber*,
       Mais ainchois que mais voie le solail esconser,
       Leur fera telle aieüe Richiers au bien fraper
       Qu'au besoing leur fera lez viez respiter
       Et par grande aventure que porez escouter.

---

[15] En parlant d'« auteur », nous faisons, bien évidemment, une approximation. En effet, dans le cas des chansons de geste, l'émetteur du message linguistique est représenté par plusieurs instances potentielles : auteur(s) du texte, copiste(s), jongleur(s).

(14) XV GesteDucs, vv. 1888-1890
Les bans signeurs de France s'en vorent en aller
En la cit [sic] de Paris et au roy raconter
La response dou duc de Bourgogne au cuer *ber*.

(15) XIV EnfancesGarin, v. 5072
Puis moru roy Theiry qui tant ot le cuer *ber*.

(16) XIV HugCapLb, vv. 3751s.
« Damme, ce dist Huon qui moult ot le cors *ber*,
Et vous, de vo partie, y savez qu'amender ? »

(17) XIV HugCapLb, vv. 1003-1005
Quant orent deviset assez a leur plaisance,
Ly bourgois s'en allerent en moult *ber* ordonnance
Cascun en son ostel et en se demorance.

Nous voyons cependant que, même s'il ne s'agit pas de noms de personne, dans quatre occurrences sur cinq (exemples 13 à 16), le syntagme nominal (SN) contenant *ber* est appelé à donner une caractéristique d'un noble guerrier – il s'agit en effet d'un emploi méronymique qui se trouve dans la continuité de l'emploi évaluatif de *ber* en ancien français. L'exemple (17) est différent : *ber* est apposé au substantif *ordonnance* et le SN constitué par ces deux items est appelé à caractériser le comportement d'une collectivité de personnages non nobles.

Il convient de remarquer, cependant, que cette occurrence peut relever d'une erreur du copiste : en effet, si la collocation de *ordonnance* avec *ber* est rare, voire exceptionnelle – le Gdf (vol. 1, 623) et le DMF (entrée « ber ») citent le même exemple que celui que nous avons relevé –, on retrouve en revanche des occurrences de *belle ordonnance* (par ex. JParisW, 8 : « Quant le roy fut près d'Espaigne, il mit ses gens en moult *belle* ordonnance ... »). En même temps, les deux dictionnaires en question citent un autre exemple, tiré de *Ciperis de Vignevaux*, qui ne fait pas partie de notre corpus : « Nous sommes trois contre ung, c'est avantage *ber* » (Cip.Vignevaux W., 1400, v. 153).[16] On n'a pas de raison de supposer une erreur dans ce cas-là, puisque *ber* en fin de vers assure la rime. Par conséquent, indépendamment de la valeur de l'occurrence d'Hugues Capet citée ci-dessus, on voit que l'emploi de *ber* appliqué à un nom qui réfère à un concept abstrait est possible.

---

[16] Nous reproduisons pour cet exemple l'annotation donnée par le DMF.

Nous supposons qu'au sein de ces occurrences-là, *ber* réalise l'acception 'de valeur' sans la condition de se rapporter à un désignateur du concept de GUERRIER NOBLE. Par conséquent, la dimension liée à l'idéal du meilleur représentant de la catégorie HAUTE ARISTOCRATIE est perdue. La possibilité de ce changement confirme notre hypothèse sur le détachement définitif de la forme *ber* en moyen français, d'autant plus que l'état de langue en question n'est plus caractérisé par le système casuel. Ce qui est particulièrement intéressant, c'est la faible fréquence de ces occurrences. Aussi bien dans le Gdf (vol. 1, 623) que dans le DMF (entrée « ber ») nous retrouvons dans les deux entrées, à quelques exceptions près, les mêmes exemples que ceux que nous avons relevés dans notre corpus.

Cela signifie que l'emploi de *ber* apposé à d'autres éléments que les noms de personne référant aux guerriers nobles ne s'est pas généralisé. L'élargissement de sens de 'homme valeureux' vers 'de valeur$_{HA}$' appliqué à un désignateur de NOBLE GUERRIER, puis 'de valeur' dans les collocations avec *cuer* apparaît tout à fait naturel (ce dernier passage s'explique sans doute par une reformulation méronymique de *être ber*). De la même manière, le passage de 'de valeur' caractérisant un personnage noble à 'de valeur' appliqué à des noms de choses – *avantage* et, probablement, *ordonnance* – relève d'un changement de sens par métaphore qui ne contredit pas non plus la logique du changement sémantique. Cependant, étant donnée la fréquence si faible de *ber* caractérisant une chose et non un guerrier noble, on peut se demander s'il est vraiment légitime de parler d'un changement sémantique abouti dans ce cas-là. En effet, étant donné que notre corpus en comporte une occurrence seulement, qui pourrait être une erreur du copiste (collocation avec *ordonnance*), nous pouvons nous baser uniquement sur l'exemple de la collocation de *ber* avec *avantage* cité par Gdf et le DMF. La question de la valeur de ces occurrences reste donc ouverte : nous espérons donc pouvoir déterminer, en examinant un corpus bien plus large, si l'on peut parler d'un changement sémantique accompli ou si ces occurrences doivent être considérées comme des « créations individuelles » des auteurs.

En tout cas, la faible fréquence de ces occurrences, qu'il s'agisse de la collocation avec *cuer* ou de celle avec *avantage*, témoigne d'une indépendance plus importante qu'en ancien français de la forme adjectivale *ber*. Il faut dire que le poids de la tradition est capital pour le discours épique. Or, comme nous l'avons dit plus haut, *ber* en emploi évaluatif a une fréquence très élevée dans les chansons de geste en ancien français, en particulier grâce aux épithètes formulaires. En revanche, en ancien français déjà, il n'est pas caractéristique des autres types de discours[17] et, à partir du 14ᵉ siècle, il peut être relevé uniquement au sein des chansons de geste. Par conséquent, si les auteurs des 14ᵉ et 15ᵉ siècles reprennent cet élément évaluatif, c'est bien sous le poids de la tradition du discours épique. Or, le lien paradigmatique entre *ber* et *baron* s'affaiblissant au 14ᵉ siècle pour disparaître définitivement au 15ᵉ, la condition de l'application à un désignateur de GUERRIER NOBLE n'est plus nécessaire. Les textes épiques des 14ᵉ et 15ᵉ siècles utilisent donc *ber* dans un sens élargi, ce qui explique la possibilité de son emploi en tant qu'adjectif avec des noms d'objet. Cependant, le fait que *ber* reste cloîtré au sein du genre épique empêche la généralisation de cet emploi.

2.4 Premier bilan

Dès les plus anciennes chansons de geste, on observe une différenciation sémantique entre les formes monosyllabiques et les formes bisyllabiques qui prend vraisemblablement source dans la tradition épique antérieure aux premiers textes écrits qui nous soient parvenus. La forme monosyllabique *ber* fonctionne vraisemblablement comme une forme adjectivale indépendante et réalise l'acception 'de valeur$_{HA}$'. Cependant, cet emploi est limité aux cas où *ber* est apposé à un item référant à un seul guerrier noble. Par ailleurs, la valeur évaluative est également possible pour les formes bisyllabiques, même si ces cas sont beaucoup plus rares et que nous n'avons pas d'éléments qui nous permettent de conclure à leur valeur adjectivale. Cela signifie que dans la conscience linguistique des créateurs et des auditeurs des chansons de geste en question le lien paradigmatique et conceptuel entre ces formes subsiste encore.

Dans les textes épiques en moyen français, la valeur évaluative est toujours exprimée par les formes monosyllabiques. La majorité des occurrences représentent les mêmes emplois qu'en ancien français (avec une plus grande proportion de l'épithète formulaire) : *ber* réalise l'acception 'de valeur$_{HA}$' à condition d'être apposé à un désignateur de GUERRIER NOBLE. Cependant, on relève quelques rares exemples de *ber* complètement adjectivé : l'item se trouve alors proprement en fonction d'adjectif-épithète, ce qui n'arrive pas dans les textes en ancien français de notre corpus. Le lien paradigmatique entre les formes *ber* et *baron* est donc moins fort, voire inexistant, dans la conscience linguistique des auteurs et des auditeurs/lecteurs des chansons de geste tardives, d'autant plus qu'il ne s'appuie

---

[17] Du moins, c'est ce que nous pouvons conclure à partir des textes écrits qui nous sont parvenus. Pour un développement plus ample de cette question, appuyé par des données statistiques, nous nous permettons de renvoyer le lecteur à la thèse que nous venons de soutenir.

plus sur le système casuel. La forme *ber*, absente désormais des autres types de discours, est reprise par les auteurs des 14e et 15e siècles sous le poids de la tradition du discours épique. L'item élargit alors son sens vers 'de valeur' sans la condition de désigner un guerrier noble. Cela permet l'emploi méronymique *cuer ber/ cors ber*, ainsi que la possibilité pour *ber* de caractériser d'autres référents que les guerriers nobles. Cependant, étant donnée la très faible fréquence de ce dernier emploi, la question de sa valeur reste ouverte : un plus large corpus sera nécessaire pour déterminer s'il s'agit de productions ponctuelles des auteurs ou d'un phénomène généralisé pour le discours épique.

3 Les formes monosyllabiques dans la *Geste francor*

Avant de passer au cœur de notre analyse, nous devons dire quelques mots sur le phénomène du franco-italien, ainsi que sur le recueil de textes qui nous intéresse, la *Geste francor*.

3.1 Le franco-italien et la *Geste Francor*

Holtus/Wunderli (2005, 20) définissent le franco-italien de la manière suivante :

> « Le terme franco-italien sert d'appellation à un corpus de manuscrits qui furent pour la plupart rédigés en langue française par des Italiens de l'Italie du Nord, pendant la deuxième moitié du 13e siècle, au 14e siècle et pendant la première moitié du 15e siècle, et qui soit imitent consciemment des modèles français, soit manifestent une indépendance plus ou moins volontaire ».

Deux propriétés sont particulièrement importantes pour le franco-italien :
– il s'agit d'une langue artificielle ;
– il s'agit de la langue littéraire des chansons de geste rédigées en Italie du Nord.

Holtus/Wunderli (2005) donnent plusieurs raisons pour le choix des auteurs italiens de rédiger des textes épiques en français :
– on suppose une volonté d'« élever » la langue parlée à la langue écrite ; cette tentative essuiera cependant un échec dû à l'importance croissante du toscan ;

- dans l'Europe médiévale, la langue française est perçue comme la langue de prédilection du genre épique (Holtus/Wunderli 2005, 53) ;
- l'absence d'une tradition épique locale aurait favorisé la réception et l'assimilation de la tradition épique française en Italie du Nord (Holtus/Wunderli 2005, 39).

L'étude des textes en franco-italien, en dehors de représenter un intérêt en soi, est également très importante dans une approche contrastive avec le français médiéval, dans la mesure où l'on peut observer une transposition du discours épique français dans un autre domaine linguistique. Il faut, cependant, prendre en considération que, du moment qu'il s'agit d'une langue artificielle dont les réalisations sont produites par plusieurs locuteurs plus ou moins indépendants, on peut difficilement étendre les conclusions obtenues par l'étude d'un seul recueil sur tout ce système linguistique artificiel.

La *Geste francor* représente un recueil de huit textes réunis dans un seul manuscrit, datant vraisemblablement de la première moitié du 14ᵉ siècle. Dans le présent article, nous utiliserons l'édition de la *Geste francor* par Zarker Morgan (2009), accessible sur le site RIALFrI.[18] Un autre éditeur du recueil, Rossellini (1986, 23), en s'appuyant sur les hypothèses de plusieurs autres chercheurs, conclut que le manuscrit en question représente une copie et non un original :

> « [...] è certo che il ms. che possediamo è una copia e non l'originale. Non è possibile datare con precisione l'originale : esso potrebbe risalire alla fine del XII o all'inizio del XIII secolo, come taluni affermano, o addirittura al XIV secolo, secondo il pensiero di altri. Molto più probable pare a me la prima ipotesi dato che i versi di ‹ ispirazione › dantesca possono benissimo essere considerati interpolati. Interpolazione dovuta all'amanuense cui dobbiamo la copia che ci è pervenuta ; copia che con ogni probabilità è da datarsi intorno alla prima metà del XIV secolo ».

Le recueil reste assez hétérogène du point de vue de la genèse des œuvres. Ainsi, on compte six textes qui sont des reproductions ou des remaniements partiels de textes originaux en français médiéval[19] : *Enfances Bovo d'Antona*, *Berta da li pè grandi*, *Chevalerie Bovo d'Antona*, *Karleto*, *Enfances Ogier le Danois*, *Chevalerie Ogier le Danois*, *Macaire*. Les deux autres textes, en revanche, représentent, du point de vue narratif, des créations originales en franco-italien : *Berta e Milon* et *Rolandin*.

---

18 Pour la référence de la ressource cf. notre bibliographie.
19 La classification est tirée de la ressource RIALFrI.

La question des sources de ce recueil est assez complexe. Holtus (1998, 711) classe les huit textes de la *Geste* parmi les « textes franco-italiens au sens strict qui peuvent être considérés comme étant le produit artificiel et littéraire d'auteurs jouant consciemment avec la langue pour en faire une langue artificielle stylisée et très littéraire ». Cela signifie que même les textes qui s'appuient sur des cycles épiques français représentent des créations originales du point de vue linguistique. Zarker Morgan (2009, vol. 1, 73–254) présente une étude minutieuse des autres versions européennes des chansons de geste contenues dans le manuscrit de la Marciana. Cette étude expose les similitudes et divergences narratives permettant de rapprocher les œuvres de la *Geste* de tel ou tel texte de la tradition française, voire anglaise ou scandinave. Ce qui est pertinent pour notre analyse, c'est qu'il n'y a pas, à notre connaissance, de manuscrits en ancien français qui aient servi de base directe aux textes qui nous intéressent ; d'ailleurs, il n'existe pas en français médiéval de compilation regroupant les mêmes textes, dont le choix revient également au rédacteur italien. Par ailleurs, le recueil est assez homogène du point de vue linguistique et suit une logique particulière de compilation (Zarker Morgan 2009, vol. 1, 242–250). La confrontation avec les sources présumées des chansons existantes en français médiéval ne serait donc pas pertinente du point de vue linguistique. Par conséquent, nous comparerons les réalisations de la *Geste francor* avec les résultats généraux obtenus par l'analyse de notre corpus de chansons de geste (cf. note 3).

3.2 Le substantif *baron* dans la *Geste francor*

Avant de passer à l'analyse des occurrences qui nous intéressent, nous devons apporter quelques détails supplémentaires qui sont nécessaires pour notre raisonnement.

Tout d'abord, il convient de remarquer que le substantif *barone* fait partie du fonds lexical de l'ancien italien. D'après le TLIO, on retrouve en ancien italien le sens de 'haut aristocrate qui reçoit l'investiture directement du roi', ainsi que le sens de 'homme de pouvoir'. Par ailleurs, *barone* peut également désigner un saint. En revanche, l'emploi adjectivé est vraisemblablement impossible en ancien italien. Cela signifie que l'item *baron* en emploi dénotatif devait être transparent pour les locuteurs de l'ancien italien. Par ailleurs, il convient de remarquer qu'en raison des différences dans l'évolution morphologique, on relève uniquement des formes trisyllabiques du substantif *barone* en ancien italien (*barone* au singulier, *baroni* au pluriel).

Cela nous amène à nous poser la question de la réception du système casuel dans les textes de la *Geste francor* : malgré le fait que le recueil date de la première moitié du 14ᵉ siècle, les textes s'appuient vraisemblablement sur les chansons de geste de la période classique en ancien français. D'après les observations de Zarker Morgan (2009, vol. 1, 52) le système casuel n'est pas respecté dans les textes du recueil :

> « We can conclude that, though vestiges of the Old French case system are visible because we see representations of both subject and object case forms, it is not followed in the Franco-Italian of V^{13}.[20] Subject and Object are not distinguished by desinence, and masculine and feminine are frequently also not distinguished ».

En parlant des réalisations des items qui, en ancien français, représentent des substantifs du type III à deux radicaux, on retrouve un passage concernant les formes qui nous intéressent : « For masculine imparisyllabics, the original subject case form has, in somes cases, been detached to form a separate lexeme, a title. One finds similar examples in *ber/barons*. » (Zarker Morgan 2009, vol. 1, 36). Dans le glossaire qui suit l'édition, Zarker Morgan (2009, vol. 2, 1182) classe *ber* dans une entrée indépendante : « *ber* – knightly, noble, valorous ; baron ». Rossellini (1986, 793) voit également la forme *ber* comme un item indépendant, comme il en ressort de son glossaire : « ber : nobile, valoroso, gentiluomo, assennato ». La forme *baron* n'est pas représentée dans le glossaire.

3.2.1 Formes bisyllabiques

Même si le cœur de notre analyse concerne les formes monosyllabiques, nous allons commencer par décrire les réalisations des formes bisyllabiques du substantif *baron* dans la *Geste francor*.

Les occurrences de *baron* et de ses formes graphiques bisyllabiques sont relevées dans les huit textes du recueil étudié : 148 occurrences en tout ont été recensées. On n'observe pas de différences particulières entre les réalisations de ces formes-là dans la *Geste francor* par rapport aux chansons de geste en français médiéval. Ainsi, dans la majorité des cas, *baron* est appelé à désigner une collectivité anonyme d'aristocrates et réalise l'acception 'haut aristocrate' à valeur dénotative :

(18) OgDanAlM, v. 12.036
Plu de mile *baron* par lu si monta.

---

[20] Il s'agit ici d'un autre mode de référence au manuscrit MS. Marc. Fr. XIII (= 256).

(19) KarletoM, vv. 5787s.
>   Segnur *baron* plairoit vos ascolter,
>   Ço qe fe Karleto le petit baçaler …

Une seule occurrence de la forme bisyllabique à valeur évaluative a été relevée ; il s'agit de l'épithète formulaire :

(20) MacaireMo, vv. 16.924s.
>   Adoncha Naimes e Oçer li *baron*
>   Se departent sens nosa e tençon ;

Dans la mesure où les textes réécrits s'appuient sur des textes en ancien français, il n'est pas étonnant de retrouver cette occurrence ; son exclusivité est pourtant assez représentative du fait que la valeur évaluative n'est pas caractéristique des formes bisyllabiques en ancien français.

De manière générale, les réalisations des formes bisyllabiques dans la *Geste francor* sont donc similaires à celles des chansons de geste en français médiéval.

3.2.2 Forme monosyllabique

Nous avons mis le titre de la présente section au singulier, car toutes les occurrences, indépendamment du genre et du nombre, sont représentées par une seule forme graphique (*ber*).

Les données quantitatives apparaissent très intéressantes en soi : on voit que *ber* est relevé uniquement dans les six textes de la *Geste* qui représentent des remaniements de textes originaux en français médiéval, alors que les deux créations originales en franco-italien ne les contiennent pas. Cela prouve que la classification des textes en « textes remaniés » et « créations originales » de RIALFrI est pertinente : l'hypothèse que nous pouvons émettre est que dans les créations originales narratives l'auteur ou les auteurs italiens pratiquent une écriture plus spontanée, réserve faite du caractère artificiel du franco-italien. Par conséquent, l'élément *ber* qui, comme nous le verrons, est assez obscur pour l'auteur/les auteurs italien(s), n'apparaît pas dans les deux créations narratives originales. Nous nous contentons donc de constater cette absence de *ber* dans *Berta e Milon* et *Rolandin* qui pourrait éventuellement être une piste supplémentaire dans la réflexion sur les sources de la *Geste* et le processus de sa rédaction.

Au total, 52 occurrences ont été relevées ; elles peuvent être divisées en trois groupes distincts en fonction de l'emploi, ce qui représente une moindre variation qu'en français médiéval où l'emploi de *ber* est plus hétérogène.

Zarker Morgan (2009, vol. 1, 20) constate une assez grande cohérence linguistique dans les chansons de la *Geste*. En parlant de la langue du manuscrit, elle écrit : « [The language is] consistent through V[13] in that similar formulae appear throughout, though the orthography and verbal reflexes [...] in the formulae may differ ». Un emploi aussi stéréotypé de *ber* pourrait donc participer à cette tendance à l'unité des formules. Nous supposons, cependant, que pour *ber* le côté stéréotypé est particulièrement prononcé : comme nous l'avons dit plus haut, pour les formes bisyllabiques, par exemple, on relève une variété d'emplois similaire à ce qui a été observé dans les textes épiques en ancien français.

Il convient de remarquer, par ailleurs, que dans la majorité des occurrences, 40 sur 52, *ber* se trouve au sein d'une liste d'adjectifs, alors qu'en moyen français ces cas sont minoritaires par rapport aux occurrences de *ber* seul.

3.2.2.1 *Ber* au sein d'un prédicat nominal

Il s'agit de l'emploi le plus fréquent parmi toutes les occurrences de *ber* : 25 exemples ont été relevés. Contrairement aux chansons de geste en français médiéval, dans la *Geste francor* on ne relève pas *ber* au sein du prédicat nominal seul, mais uniquement au sein d'une liste d'adjectifs. Par ailleurs, 22 occurrences sur 25 sont représentées par la séquence *pro e ber*. Dans la *Geste francor* ce prédicat nominal représente vraisemblablement une séquence figée. En français médiéval, cette collocation est théoriquement possible, même si on n'en relève pas d'exemple au sein de notre corpus. En revanche, l'adjectif qui revient souvent en ancien français en collocation avec *ber* est *gentil* : ce couple est relevé au sein des épithètes formulaires (cf. exemple 8) et des prédicats nominaux (exemple 10).

Le prédicat nominal en question peut avoir pour sujet un item référant à un seul personnage masculin – on retrouve alors l'emploi majoritaire de *ber* en français médiéval :

(21) MacarionMo, v. 13.528
 « Ai, sire Machario, vu sì e *pro e ber* ;

(22) EnfOgFrancoitM, vv. 10.243–10.245
 Ço fo le Dainese, qe s'apela Uçer,
 E l'altro fo Çarloto, qe estoit *pro e ber*,
 E si fo filz de Karlo de sa prima muler.

Ce qui est plus intéressant, c'est que le prédicat nominal peut également être mis au pluriel :

(23) CB, vv. 4683s.
>   Bovo s'en vait, le cortois çivaler,
>   Con sa masnea qe sont e *pros e ber* ;

Notons que même si *pro* dans cet exemple obtient le marqueur du pluriel -*s*, ce n'est pas le cas de *ber* dont la forme reste inchangée. Il convient de rappeler que dans notre corpus de chansons de geste en français médiéval nous n'avons pas relevé d'exemples de *ber* au pluriel. On peut donc supposer que le passage de la forme *ber* dans un autre système linguistique favorise sa compréhension comme un item indépendant.

Par ailleurs, dans la *Geste francor* on relève plusieurs occurrences du même prédicat nominal dont le sujet réfère à un personnage féminin :

(24) BueveFrancoitM, vv. 310s.
>   E quelle dama qe tanto fo *pro e ber*,
>   A quel segno lo prist ad aviser.

(25) MacaireMo, vv. 15.176–15.718
>   E cela dame, q'è tanto *pro e ber*,
>   Ven a li rois, conçé a demander,
>   E a la raina, la bela al vis cler ;

En français médiéval, aucune forme de *baron* à valeur évaluative ne se trouve appliquée à un personnage féminin : nous avons dit plus haut que, même si dès les plus anciens textes *ber* est compris comme une forme adjectivale, son indépendance n'est pas complète. En revanche, dans la *Geste francor* ce lien, qui subsiste dans le domaine français jusqu'au 15e siècle, ne semble pas exister. Il convient de rappeler que le franco-italien est une langue artificielle produite par les locuteurs italiens ayant une maîtrise du français ; autrement dit, il s'agit d'une « stylisation » linguistique. La question de la réception des formes de l'ancien français est donc capitale. Ainsi, les auteurs franco-italiens ne perçoivent vraisemblablement pas de lien morphologique entre les formes monosyllabique et bisyllabique. Par conséquent, la condition d'application à un guerrier noble n'est plus valable, ce qui favorise l'élargissement de sens vers 'de valeur'.

Dans trois occurrences seulement, *ber* se trouve en collocation avec d'autres adjectifs que *pro* :

(26) BertaMo, v. 1909
>   E la raina tant fu *cortois e ber* ;

(27) KarletoM, v. 5855
E ò un filz qe tanto è *saço e ber* ;

On peut supposer que l'acception 'de valeur' est réalisée en franco-italien avec la seule restriction que l'item doit être appliqué à un nom de personne, indépendamment du genre et du nombre. Dans la mesure où *ber* exprime une idée très générale de valeur, les adjectifs qui lui sont associés dans les prédicats nominaux sont appelés à expliciter la nature de la valeur. En effet, l'idée de la conformité à l'idéal d'un membre de la haute aristocratie guerrière contenue dans la référence de *ber* en ancien français est perdue en franco-italien en raison de la rupture du lien morphologique entre *ber* et *baron*. Toutefois, nous insistons sur le fait qu'il ne s'agit pas d'une production spontanée à proprement parler : les auteurs franco-italiens ne font que reproduire les formes typiques du discours épique en ancien français. D'une certaine manière, l'emploi de *ber* dans la *Geste francor* se rapproche du cas de figure où, en parlant une langue étrangère, on se sert d'un item lexical qui correspond à la situation de communication d'après notre sentiment linguistique, mais dont on n'a qu'une compréhension intuitive. Cela ne signifie pas pour autant que le contenu sémantique de *ber* dans la *Geste francor* soit flou : le sens 'de valeur' n'est pas moins précis que dans les emplois similaires en moyen français. Mais il convient d'indiquer qu'en franco-italien cet élargissement de sens n'est pas le fruit d'une évolution sémantique naturelle : il est dû à l'écart entre l'emploi de *ber* dans les textes en ancien français et sa compréhension par les auteurs franco-italiens.

3.2.2.2 *Como ber*

Cette séquence est également relevée en français médiéval. Nous la considérons comme une séquence dont le figement se fait pendant la période antérieure aux premiers textes écrits qui nous sont parvenus ; ses réalisations sont relevées aussi bien en ancien qu'en moyen français.[21]

---

[21] On considère d'ordinaire cette séquence comme une formule comparative. Ainsi, pour Buridant (2000, 642), il s'agit d'une comparaison exprimant la conformité de circonstance (« existence d'une conformité entre un fait formulé dans la première partie du système et une circonstance »), avec ellipse du verbe. La séquence étudiée serait donc une phrase comparative où *ber* serait le sujet d'un verbe élidé que l'on pourrait restituer, par *faire* ou par *parler* etc. en fonction du contexte. Cependant, Ménard (1988, 223s.) qualifie cette séquence de « fausse comparative », dans la mesure où, malgré l'usage de la préposition *comme*, le but de la séquence n'est pas de comparer, mais d'établir l'identité du référent caractérisé. Même si nous penchons pour la première interprétation, nous laisserons de côté la question de la nature syntaxique de la séquence, puisqu'elle n'a pas d'incidence directe sur notre analyse.

On relève 13 occurrences de cette séquence dans la *Geste francor*. Du point de vue narratif, elle fait toujours partie d'une tournure d'approbation des paroles ou d'une action non militaire d'un personnage au discours direct et dépend des verbes *parler* et *faire* :

(28) EnfOgFrancoitM, v. 9680
 Dist li rois : « Vu parlés *como ber* ».

(29) MacaireMo, v. 13.735
 Dist li nan : « Vu farés *como ber* ».

Il est intéressant de voir que cette séquence subit un changement de fonction narrative par rapport aux textes en ancien français : dans les chansons de geste des 12e et 13e siècles, la séquence en question était appelée à caractériser la manière de combattre d'un personnage (30), alors que la phrase relative avec ellipse du verbe *que ber*[22] représentait la tournure approbative pour le discours d'un personnage (31) (cf. Soutet 1992, 76s.).

(30) XII RolMoign, vv. 1967-1969
 En la grant presse or i fiert *cume ber*,
 Trenchet cez hanstes e cez escuz buclers
 E piez e poinz e seles e costez.

(31) XIII RCambrK^2, v. 7497
 Et dist Corsubles : « Or dites vos *que ber* ».

Ces transpositions montrent, à notre avis, que les textes de la *Geste francor* sont des imitations de l'univers de discours épique en ancien français, au même titre que l'emploi de l'item *ber* est « imité » sans qu'il y ait une véritable compréhension de son contenu sémantique original.

Contrairement aux textes en français médiéval, on relève également trois occurrences où *ber* dans la même fonction se trouve au sein d'une liste d'adjectifs :

(32) KarletoM, v. 6535
 M'el se manten *con valant e ber*.

(33) MacaireMo, v. 15.528
 En alto parole, *cun homo pro e ber*.

---

22 Il s'agit donc, selon Soutet (1992), d'une phrase relative où *que* représente le COD.

Ces collocations sont vraisemblablement conditionnées par la nécessité d'expliciter le contenu sémantique de *ber* par le biais d'autres éléments évaluatifs positifs. Notons, par ailleurs, que dans l'exemple (33), *ber* a la fonction syntaxique d'adjectif épithète se rapportant au substantif *homo*. Par ailleurs, on retrouve dans cet exemple le couple *pro e ber*.

Le contenu sémantique de *ber* dans ce type de séquence est le même qu'au sein d'un prédicat nominal.

3.2.2.3 *Ber* au sein de l'épithète formulaire

Une seule occurrence de la variation « classique » de l'épithète formulaire – celle où *ber* seul se trouve en postposition au nom propre en fin de vers – a pu être relevée :

(34) EnfOgFrancoitM, vv. 9645–9647
      Si oit envojé por Naimes de Baiver,
      Et ensement por Morando de River,
      Por Çofré de Paris, et Aleris li *ber* ...

Dans tous les autres cas – neuf exemples – *ber* se trouve au sein d'une liste de deux items dont le deuxième est un adjectif évaluatif positif :

(35) CB, v. 4033
      A Bovo d'Antone, li cortos e li *ber* ;

(36) OgDanAlM, vv. 12.896s.
      Li cont Rolant, li nobel e li *ber*,
      O vi Naimes, sil mena ad un çeler ;

Par rapport aux textes en français médiéval, on observe donc une tendance inverse. En ancien français, *ber* apparaît seul au sein de l'épithète formulaire sur toute la période étudiée, et on relève seulement quatre occurrences de sa collocation avec *gentil*, à savoir dans la *Chanson de Guillaume* et dans *Raoul de Cambrai*. En franco-italien, en revanche, le grand nombre d'occurrences dans lesquelles *ber* se trouve en collocation avec un adjectif (neuf exemples sur dix) s'explique sans doute par la nécessité de préciser l'idée générale de valeur exprimée par *ber*.

Récapitulons les observations principales faites lors de l'analyse des occurrences de *ber* dans la *Geste francor* qui permettent de mettre en évidence les différences avec les chansons de geste en français médiéval.

Seulement trois types d'emplois sont relevés dans la *Geste francor* dont deux – *ber* au sein d'un prédicat nominal et la formule *como ber* – représentent des séquences figées. En français médiéval, en revanche, on observe une plus importante variété d'emplois.

Dans la *Geste francor*, dans la majorité des occurrences, on relève le prédicat nominal *estre pro e ber* qui représente une séquence figée ; en français médiéval, *ber* peut constituer un prédicat nominal seul ou être associé à d'autres adjectifs que *preux*.

Dans la *Geste francor*, *ber* peut se rapporter à un personnage féminin et à plusieurs personnages, ce qui est impossible en français médiéval. En revanche, dans la *Geste francor*, *ber* peut être appliqué uniquement aux noms de personne, alors que dans les chansons de geste tardives en français médiéval l'item étudié peut également être adjectif-épithète se rapportant aux noms de choses.

Dans la majorité des occurrences de *ber* dans la *Geste francor* (40 sur 52 soit 77%), l'item étudié se trouve au sein d'une liste de deux éléments où le deuxième élément est un adjectif évaluatif. En français médiéval, ces cas sont possibles mais minoritaires par rapport à l'emploi de *ber* seul.

On n'observe pas de variantes graphiques de *ber* en franco-italien. La même forme est employée indépendamment du genre et du nombre. En français, en revanche, les variantes graphiques sont nombreuses aux 12e et 13e siècles et se raréfient aux 14e et 15e siècles.

4 Conclusion

Ces observations permettent d'aboutir aux conclusions suivantes.

La différenciation de la forme monosyllabique *ber* et la forme bisyllabique *baron* est complète dans la langue de la *Geste francor* ; *ber* est employé comme un item lexical indépendant.

Ber des textes en ancien français est compris par l'auteur ou les auteurs de la *Geste francor* comme une forme adjectivale.

Le détachement définitif de *ber* et son adjectivation sont dus à la transposition du discours épique français sur le domaine linguistique de l'Italie du Nord. La forme *ber* est considérée par l'auteur ou les auteurs de la *Geste* comme un élément important de caractérisation positive des personnages dans le vocabulaire des chansons de geste. Or, le lien morphologique entre les formes monosyllabique et bisyllabique n'est pas perçu par les auteurs de la *Geste*. La compréhension de *ber* du discours épique en ancien français est donc partielle. Cela donne lieu à un emploi de *ber* plutôt « imité » que spontané avec le sens élargi de 'de valeur'. Sa réalisation a pour seule condition l'application à un nom de personne ; le trait de la conformité à l'idéal d'un représentant de la haute aristocratie, caractéristique des textes en français médiéval, est perdu.

L'emploi de *ber* en collocation avec un adjectif évaluatif positif dont le sens est plus accessible est appelé à préciser la nature de la valeur exprimée de façon très générale par *ber*.

L'emploi aussi stéréotypé de *ber* s'explique également par une compréhension « approximative » de cette forme dans le discours épique en ancien français que la *Geste* imite : sans la compréhension totale de la valeur et du contenu sémantique de l'élément, son emploi spontané est impossible.

On constate l'absence de l'item lexical *ber* dans les chansons écrites originairement en franco-italien. Notre hypothèse est que dans les deux textes qui sont des créations narratives originales de l'auteur/des auteurs italien(s), il s'agit d'une écriture plus spontanée que dans les autres cas. Cette écriture spontanée n'aurait donc pas donné lieu à l'emploi de la forme sémantiquement obscure *ber*.

Le détachement définitif de *ber* en adjectif indépendant par rapport au substantif *baron* en franco-italien de la *Geste francor* confirme la tendance à la différenciation des formes monosyllabiques et bisyllabiques du substantif *baron* en français médiéval.

5 Bibliographie

5.1 Sources et dictionnaires

CB = *Chevalerie Bovo d'Antona*, accessible via RIALFrI.
DEAF = *Dictionnaire Étymologique de l'Ancien Français*. <http://www.deaf-page.de/fr/index.php> [dernière consultation : 10.05.2018].
DLD = Demougin, Jacques (ed.), *Dictionnaire historique, thématique et technique des littératures. Littératures française et étrangères, anciennes et modernes*, vol. 1, Paris, Larousse, 1985.
DMF = *Dictionnaire du Moyen Français (1330–1500)*, version 2015, ATILF/CNRS/Université de Lorraine. <http://www.atilf.fr/dmf> [dernière consultation : 10.05.2018].
Erec = Chrétien de Troyes, *Erec et Enide*, transcription par Pierre Kunstmann, accessible via Dictionnaire Électronique de Chrétien de Troyes (DÉCT), LFA/Université d'Ottawa, ATILF/CNRS/Université de Lorraine. <http://www.atilf.fr/dect> [dernière consultation : 10.05.2018].
Gdf = Godefroy, Frédéric, *Dictionnaire de l'ancienne langue française et de tous ses dialectes du IXe au XVe siècle*, vol. 1, Paris, Bouillon, 1881.
GesteDucs = *La Geste des Ducs Phelipe et Jehan de Bourgogne*, in : Lettenhove, Kervyn Baron de (ed.), *Chroniques relatives à l'histoire de Belgique sous la domination des ducs de Bourgogne*, vol. 2, Bruxelles, Hayez, 1873.

RIALFrI = *Repertorio Informatizzato Antica Letteratura Franco-Italiana*. <http://www.rialfri.eu> [dernière consultation : 10.05.2018].

Rossellini (1986) = *La « Geste francor » di Venezia*, edizione integrale del Codice XIII del Fondo francese della Marciana, ed. Aldo Rossellini, Brescia, Editrice la Scuola, 1986.

TL = Tobler, Adolf/Lommatzsch, Ernst, *Altfranzösisches Wörterbuch*, vol. 1, Wiesbaden, Steiner, 1925.

TLIO = *Tesoro della Lingua Italiana delle Origini*. <http://tlio.ovi.cnr.it/TLIO/> [dernière consultation : 10.05.2018].

Zarker Morgan (2009) = *La Geste francor*, edition of the Chansons de geste of MS. Marc. Fr. XIII (= 256), ed. Leslie Zarker Morgan, 2 vol., Tempe/Arizona, Arizona Center for Medieval and Renaissance Studies, 2009.

5.2 Études

Andrieux-Reix, Nelly, *Sur des vers anciens faire du nouveau. Aspects du vocabulaire des chansons de geste tardives*, in : Kleiber, Georges/Riegel, Martin (edd.), *Les formes du sens. Études de linguistique française, médiévale et générale offertes à Robert Martin à l'occasion de ses 60 ans*, Louvain-la-Neuve, Duculot, 1997, 21–29.

Buridant, Claude, *Grammaire nouvelle de l'ancien français*, Paris, SEDES, 2000.

Гейликман, Зинаида, *Дифференциация форм ber и baron в истории развития эпического жанра средневековой французской литературы*, Древняя и Новая Романия 14, 2015, 26-48. [Geylikman, Zinaïda, *Différenciation des formes « ber » et « baron » dans l'histoire du genre épique de la littérature française médiévale*, Drevn'aya i Novaya Romania 14 (2015), 26–48.]

Geylikman, Zinaïda, *Étude sémantique de « baron » et « chevalier » : essai de méthode pour les dénominations féodales*, thèse de doctorat non publiée, Paris, École Pratique des Hautes Études, 2017.

Holtus, Günter, *Plan- und Kunstsprachen auf romanischer Basis IV. Franko-Italienisch – Langues artificielles à base romane IV. Le franco-italien*, in : Holtus, Günter/Metzeltin, Michael/Schmitt, Christian (edd.), *Lexikon der Romanistischen Linguistik*, vol. 7, Tübingen, Niemeyer, 1998, 705–756.

Holtus, Günter/Wunderli, Peter, *Franco-italien et épopée franco-italienne*, in : Lejeune, Rita/Wathelet-Willem, Jeanne/Krauss, Henning (edd.), *Les épopées romanes*, Heidelberg, Winter, 2005.

Kerbrat-Orecchioni, Catherine, *L'énonciation : de la subjectivité dans le langage*, Paris, Colin, ⁴1980 (réimpression 2002).

Martin, Robert, *Langage et croyance : les « univers de croyance » dans la théorie sémantique*, Bruxelles, Mardaga, 1987.

Martin, Robert, *Le Dictionnaire du moyen français (DMF)*, Comptes rendus des séances de l'Académie des Inscriptions et Belles-Lettres 142 (1998), 961–982.

Ménard, Philippe, *Syntaxe de l'ancien français*, Bordeaux, Sobodi, ³1968 (réimpression Bordeaux, Éditions Bière, 1988).

Soutet, Olivier, *Études d'ancien et de moyen français*, Paris, Presses Universitaires de France, 1992.

Annie Bertin
Réflexions sur un remaniement picardisant de l'*Histoire d'Alexandre* à la fin du 15ᵉ siècle

Résumé : L'article aborde la standardisation de la langue française à la fin du 15ᵉ siècle, à partir de la première traduction de l'*Histoire d'Alexandre* de Quinte Curce, texte qui fit l'objet au 17ᵉ siècle de celle, restée célèbre, de Vaugelas (1653). La traduction de Vasque de Lucène (1468), marquée par la formation préhumaniste de ce gentilhomme portugais attaché à la cour du duc de Bourgogne, est représentative d'une prose française marquée d'influence latine, qui participe à l'instauration d'une norme de bon usage linguistique. À une époque où tend à s'imposer une langue unifiée, le *françois*, qui exclut les variantes régionales, deux manuscrits se singularisent, en tant qu'ils se donnent explicitement comme une réécriture visant à rapprocher le texte du vernaculaire de ses lecteurs. La comparaison des versions de cette traduction fournit donc une documentation intéressante pour l'histoire du français, dans son rapport à une norme unilinguiste, tributaire du latin pour s'en émanciper. Nous chercherons à montrer en quoi ce corpus éclaire les relations entre variation linguistique et affirmation identitaire à la fin du Moyen Âge, et peut contribuer à l'étude de la standardisation, dans sa double dimension de normativisation linguistique et de normalisation sociolinguistique.

Mots-clés : standardisation, moyen français, picard, dialecte, Vasque de Lucène, Quinte Curce

1 Introduction

La langue française est donnée par l'historiographie dominante qui lui est consacrée comme ayant atteint entre le 14ᵉ et le 15ᵉ siècle un état de standardisation qui, par contrecoup, a ravalé les dialectes au rang de patois, selon la distinction que Littré (1863) établit, dans son dictionnaire, entre « dialectes » et « patois ».[1]

---

[1] Cf. Littré (1863, 1148, s.v. « Dialecte ») : « DIALECTE, PATOIS. Tant que, dans un pays, il ne se forme pas de centre et, autour de ce centre, une langue commune qui soit la seule écrite et littéraire, les parlers différents, suivant les différentes contrées de ce pays, se nomment

Annie Bertin, Université Paris Nanterre

https://doi.org/10.1515/9783110541816-003

Nyrop (1899, 36s.), par exemple, invoque les témoignages épilinguistiques de contemporains de cette époque floue dénommée *moyen français*,[2] pour confirmer l'abandon des parlers régionaux au profit d'une unification linguistique, qui, au reste, fait partie intégrante du récit national depuis la fin du 19ᵉ siècle : depuis Froissart s'entretenant à Foix en 1388 avec Gaston Phébus qui « parloit à [lui], non pas en son gascon, mais en beau et bon français », jusqu'à Pierre de La Cépède, Marseillais écrivant en français, en 1432, le roman de *Paris et Vienne*, qui aurait d'abord été rédigé (du moins d'après Nyrop) en provençal,[3] ou encore Marot, évoquant, dans son poème l'*Enfer*,[4] l'abandon de sa langue maternelle lorsqu'il eut quitté Cahors pour Paris, le français (du Nord et du roi) semble être devenu d'un usage général, du moins dans les milieux cultivés. Et l'historien de la langue peut donc bien affirmer que

> « [a]u commencement de cette période [celle du moyen français], les anciens dialectes achèvent de disparaître comme langues écrites et se réduisent à l'état de simples patois. On finit par n'avoir qu'une seule langue littéraire officielle, le français proprement dit. La centralisation politique et intellectuelle, qui va toujours en augmentant, étend le dialecte de l'Île de France non seulement à l'ancien domaine de la langue d'oïl, mais à toute la France » (Nyrop 1899, 36).

Or, ce schéma d'évolution du français comme expansion d'une variété dialectale parlée en Île-de-France, ou plus spécifiquement à Paris (Lodge 2004), est remis en cause de manière convaincante, à l'heure actuelle, en particulier par l'étude scriptologique de la variation dans le domaine d'oïl au Moyen Âge (Grübl 2013). Ces travaux montrent la complexité de la relation entre dialectes parlés et langue standard écrite à l'époque médiévale. Par ailleurs, dans le cadre du modèle de phases et charnières de l'histoire des langues, Koch (2014) invite à envisager le

---

dialectes [...]. Aussi quand cette langue générale se forme, les dialectes déchoient et ils deviennent des patois, c'est-à-dire des parlers locaux dans lesquels les choses littéraires importantes ne sont plus traitées. Avant le XIVᵉ siècle il n'y avait point en France de parler prédominant ; il y avait des dialectes ; et aucun de ces dialectes ne se subordonnait à l'autre. Après le XIVᵉ siècle, il se forma une langue littéraire et écrite, et les dialectes devinrent des patois ». Cf. aussi Lodge (2014, 23).

[2] Sur le caractère flou de cette période et ses implications pour l'histoire du français, cf. Bertin (2019).

[3] Cf. de Crécy/Brown-Grant (2015).

[4] Cf. Marot (1888, XII) : « N'ayant dix ans, en France fus mené : Là où depuis me suy tant pourmené, Que j'oubliay ma langue maternelle, Et grossement apprins la paternelle Langue françoyse, es grandz courts estimée : Laquelle en fin quelcque peu s'est limée » (*L'Enfer*, v. 395–400). La question du rapport à la langue maternelle/paternelle de Clément Marot est complexe puisque, selon l'éditeur Voizard, Jean Marot était lui-même originaire des environs de Caen et s'établit à Cahors en Quercy, où il épousa une femme de la bourgeoisie locale.

moyen français comme une période de « re-standardisation », débouchant sur de nouvelles normes lexicales et syntaxiques, par intégration dans la langue écrite de variantes issues de la langue parlée.[5]

On voudrait contribuer à l'étude de cette « re-standardisation », en observant le remaniement contemporain de la première traduction française, par Vasque de Lucène, de l'*Histoire d'Alexandre* de Quinte Curce, conservé par deux manuscrits qui en donnent une version abrégée, marquée de traits picardisants. Après avoir rappelé le caractère significatif de la traduction de l'historien latin dans le processus d'unification du français, on s'attachera à dégager les caractères linguistiques qui distinguent, selon les manuscrits, le « beau stille » de Vasque de Lucène de la « manière de parler » intelligible aux « simples gens », selon les termes du remanieur. On cherchera enfin à cerner quels sont les enjeux de cette réécriture, pour apprécier le rapport du picard au français à la fin du 15ᵉ siècle, d'une part, et pour penser, d'autre part, la standardisation du français à la fin du Moyen Âge.[6]

2 La traduction de l'*Histoire d'Alexandre* de Quinte Curce, témoin significatif de l'unification linguistique

L'*Histoire d'Alexandre*, rédigée au 2ᵉ siècle par l'historien latin Quinte Curce, a fait l'objet, entre le 15ᵉ et le 17ᵉ siècle, de traductions en français, dont le succès tient sans doute, pour partie, à la rencontre entre la figure hyperbolique du conquérant, propre à servir, dans la tradition des miroirs des princes, de

---

5 Koch (2014, 347) affirme : « Muni, somme toute, d'un résultat de sélection et de coiffure déjà avancé (par rapport à d'autres régions de la Romania) qui s'appuie sur la vedette-distance ‹ parisienne ›, le Nord de la Gallo-Romania entre dans la période de crise du ‹ moyen français › (XIVᵉ/XVᵉ siècles) dont il ressort, tout comme la royauté française, encore consolidé » ; précisant en note : « Une analyse plus fine en termes de ‹ phases et charnières › (qui dépasserait les limites rédactionnelles du présent article) révélerait toutefois des processus de ‹ restandardisation › considérables pendant l'époque du moyen français qui expliquent l'écart énorme entre la physionomie du standard naissant vers la fin de l'époque de l'ancien français et celle du français standard moderne ».
6 Je remercie Klaus Grübl pour les remarques aussi précises que pertinentes qui m'ont permis de préciser et d'enrichir cet article. Les points discutables que celui-ci pourrait contenir restent de mon entière responsabilité.

modèle et de leçon au souverain, et d'un moment politique où cherche à s'établir un pouvoir fort, qu'il s'agisse des ducs de Bourgogne ou du jeune Louis XIV. Ces traductions, représentatives de la forme prose, dont on doit souligner l'importance, depuis le 13ᵉ siècle, pour l'établissement d'une phrase normée,[7] sont aussi des jalons pour observer la standardisation puis la normalisation du français. L'œuvre connaît, au 17ᵉ siècle, plusieurs traductions, dont celle, restée célèbre, de Vaugelas (1653) qui donna lieu à des *Remarques* (1720) de l'Académie, dans un temps où s'imposait le « bon usage ». Mais elle a été traduite en français dès 1468, par Vasque de Lucène, gentilhomme portugais attaché à la cour du duc de Bourgogne, et cette traduction, même si elle reste présentement inédite,[8] a connu une large et durable diffusion, dont témoignent ses nombreuses copies manuscrites et sa reprise dans les incunables et imprimés jusqu'en 1540. Parmi les manuscrits, deux versions abrégées retiennent l'attention en ce qu'elles posent la question de la variation de différents points de vue. Ce corpus de traductions, du 15ᵉ au 18ᵉ siècle, si l'on y inclut les *Remarques de l'Académie*, permet de documenter l'unification linguistique d'où émerge le standard français, dans sa double composante de normativisation linguistique et de normalisation sociolinguistique.[9]

---

[7] Cf. les remarques de Kristeva (1974, 288) sur l'évolution de la phrase française littéraire. Elle perçoit dans le renouveau du texte de Rimbaud ou Mallarmé un retour à un état de langue archaïque qui « brise la linéarité de la phrase normative et tend à lui substituer un ‹ polymorphisme › syntaxique », et signale à ce propos dans la prose du 13ᵉ siècle une rupture : une tendance normative se fait jour qui, tout à la fois, va contre toute polysémie et développe les outils conjonctifs marquant un rapport temporel et prédicatif. « Or, si on remontait dans l'histoire de la syntaxe française, on constaterait que la ‹ normalisation › de la phrase française médiévale s'effectue dans la ‹ prose ›, au travers d'une lutte contre la polysémie de la versification et des libertés syntaxiques de celle-ci. [...] Plus précisément encore, ces phrases prosaïques normatives, qui finiront par réglementer la grammaticalité du français, se constituent comme des ‹ suites › dont les premiers mots sont des éléments conjonctifs liant les suites les unes aux autres de façon telle que le mouvement logique des enchaînements entre suites soit une ‹ succession temporelle › qui recouvre plus ou moins, la relation logique entre ‹ thème › et ‹ prédicat › ».
[8] L'édition est en cours dans le cadre de la prolongation du Projet ANR « Création d'un mythe médiéval d'Alexandre le Grand dans les littératures européennes (XIᵉ–début du XVIᵉ siècle) », dirigé par Catherine Gaullier-Bougassas, pour publication chez Brepols.
[9] Cf. Boyer (2013, 183) sur l'interaction entre les deux facteurs, sous-tendus par une idéologie sociolinguistique qualifiée par l'auteur d'« unilinguisme », dans sa double dimension : « un *unilinguisme intralinguistique* qui impose de respecter l'intégrité de la langue française, et un *unilinguisme interlinguistique* qui vise à imposer l'exclusivité sociétale du français ».

2.1 La traduction de Quinte Curce et la mise en place de la norme au 17ᵉ siècle

Comme l'ont montré Ayres Bennett/Caron (2016), la traduction de l'*Histoire d'Alexandre* par Vaugelas constitue, au même titre que ses *Remarques sur la langue française*, un jalon majeur dans la mise en place de la norme linguistique du français, de la première moitié du 17ᵉ au 18ᵉ siècle. L'exercice de la traduction sert de pierre de touche à la mise en œuvre des *Remarques*, dans une prose qui, relevant, selon le canon cicéronien, du style moyen, se doit d'éviter aussi bien les ornements que la familiarité qui caractérisent respectivement les styles haut et bas. Vaugelas a travaillé une trentaine d'années à polir son texte, au point qu'il ne l'a pas publié de son vivant. Le *Quinte Curce. De la vie et des actions d'Alexandre le Grand*, qui a fait l'objet jusqu'en 1850 de plus de quarante éditions et a donné lieu en 1720 à des *Commentaires de l'Académie sur le Quinte-Curce de Vaugelas* (cf. Ayres Bennett/Caron 1996), a été édité à titre posthume, d'abord par les Académiciens Valentin Conrart et Jean Chapelain en 1653, à partir de plusieurs manuscrits, puis, après une seconde édition en 1655 qui n'introduit pas de grand changement, par Olivier Patru, un autre Académicien, en 1659, dans une version qui serait plus proche de l'original, sans que l'on puisse exclure des modifications amenées par un travail actif d'éditeur. Quelles qu'aient été les interventions des trois éditeurs – l'édition de 1659 servant de base à toutes les éditions ultérieures –, le *Quinte Curce* de Vaugelas, par son caractère apocryphe même, est représentatif de la conception du « bon usage » que définit le milieu de l'Académie.

Témoin par excellence de la conception classique de la langue française, qui aboutit à faire de la clarté sa marque distinctive, selon un « imaginaire textuel ascétique » d'après les éditeurs du *Commentaire* (cf. Cerquiglini 1997, 193), le *Quinte Curce* de Vaugelas a été précédé depuis la fin du 16ᵉ siècle des traductions de Nicolas Séguier (¹1597 ; 1598), de Nicolas Soulfour (1629), et de Bernard Lesfargues (1639).

Mais c'est depuis le 15ᵉ siècle que l'histoire des conquêtes d'Alexandre dans des expéditions qui le mènent de la Macédoine à l'Hindus, après avoir fourni au roman médiéval une matière exotique et fabuleuse,[10] est devenue, à

---

10 Cf. Gaullier-Bougassas (2011). – Vasque de Lucène se démarque de cette tradition dans la préface de sa traduction : « Sy ne trouverez pas qu'Alexandre ait vollé en aer a tout quartiers de moutons, ne vogué par dessoubs mer en tonneaux de voire, ne parlé aux arbres du soleil, ne autres Fables faintes par hommes ignorant la nature des choses, non cognoissant tout ce estre faulx et impossible ... Dessoubs la mer, le tonneau romperoit, se le voire estoit tendre ; et se espés estoit, il ne verroit goutte ... Moult doncques est utile ceste histoire qui nous apprent au vrai comment Alexandre conquist tout Orient ... sans voller en aer, sans aller soulz mer, sans

travers l'intérêt renouvelé pour Quinte Curce,[11] matière à récit historique exemplaire, par la traduction. Ce corpus de traduction présente un grand intérêt pour poser la question de la standardisation en moyen français.

2.2 La traduction préhumaniste de Vasque de Lucène (1468)

La première traduction française, intitulée *Les faits et gestes d'Alexandre le grant compilez de plusieurs livres et adjoints aus histoires de Quinte Curce Rufe*, émane d'un gentilhomme d'origine portugaise, au service, à partir de 1464, d'Isabelle de Portugal, épouse du duc de Bourgogne Philippe le Bon. Ainsi que le rappelle Monfrin (2001b, 855), Vasque de Lucène, après avoir quitté dès l'adolescence le diocèse de Coïmbre, étudia à Cologne où on le trouve en 1450,[12] puis fit ses débuts à la faculté des Arts de Paris en 1454. S'il vécut souvent en Flandres, au château de la Motte-au-Bois, au cœur de la forêt de Nieppes, et à Ypres, dans la petite cour de la duchesse, sa formation comme ses origines l'ont exposé à la pratique philologique italienne, la péninsule ibérique étant plus réceptive que le royaume de France d'alors à l'humanisme qui se développe en Italie. Vasque évoque lui-même, suivant le topos des hésitations du traducteur devant la tâche à entreprendre (Buridant 2011), ce rapport à la langue française, médiée par une formation que l'on pourrait dire européenne, en tout cas préhumaniste, ce dont il a scrupule :

> « Mais autres raisons sans celles dessus dittes m'ont plus destourbé en laditte œuvre : la premiere, que la plus part de ceulx de pardessa ne tiennent compte de Tite Live ne de Salluste translaté en françois, qui sont les meilleures histoires de la langue latine, ausquelz est samblable ; la seconde raizon qui m'a destourbé c'est l'imperfection et ruidesce de mon langaige fransçois, attendu que je suis Portugalois de nacion. Pour la premiere cause, je translatay ce Quinte Curce bien envis ; pour la seconde je ne le vouloye translater du tout »   (*Proheme du translateur*, Trad. Vasque de Lucène 1468).

---

enchantemens, sans geans et sans estre sy fort comme Raignault de Montaubain, comme Lancelot, comme Tristan ne comme Raynouart qui tuoit cinquante hommes coup a coup. Alexandre ne fut oncques si vaillant et sy conquesta tout Orient avec gens de telz forces que nous sommes aujourd'hui ! ... » (cité d'après Monfrin 2001b, 856).

11 Bossuat (1946) note que le nombre de copies du texte latin explose au 15e siècle (96 manuscrits), alors que l'œuvre a été peu copiée dans l'antiquité tardive comme au début du Moyen Âge.

12 Monfrin (2001a, 798) insiste sur l'influence philologique de l'Italie dans la formation de Vasque de Lucène. On consultera aussi avec profit sur ce point Gallet-Guerne (1974).

Le succès de cette traduction, généralement datée de 1468,[13] est attesté aussi bien par l'estime dont un mémorialiste contemporain, Olivier de la Marche, témoigne envers Vasque,[14] que par le nombre important de manuscrits (32) qui la conservent,[15] avant que les incunables, sans plus faire mention du traducteur originel, ne la reprennent successivement en 1503 et 1540,[16] jusqu'à ce que Nicolas Séguier affirme la nécessité d'une nouvelle traduction, à la fin du 16e siècle, du fait du changement d'état de langue.[17] Le texte de Vasque de Lucène a tant d'importance en son temps qu'il aurait fait partie des bagages de Charles le Téméraire trouvés par les Suisses après les batailles de Granson et Morat.[18]

Si l'on en croit Bossuat (1946, 245), cette mise en français par un locuteur non natif est pourtant bien un maillon significatif dans l'élaboration de la prose française :

> « L'idée même qu'il se fait de sa tâche de traducteur, sa curiosité étendue à tous les souvenirs de l'antiquité, son effort pour assortir son propre langage aux nuances de l'expression latine, tout cela nous autorise à considérer Vasque de Lucene comme un des premiers ouvriers de cette prose française qui, réalisant au cours du XVIe siècle de lents et constants progrès, n'atteindra qu'au XVIIe siècle son équilibre et sa perfection ».

Or, depuis Monsieur Jourdain, le sentiment linguistique des locuteurs français tend à confondre la prose avec la langue que l'on parle, ou que l'on doit parler.

---

13 Bleskina (1999) soutient cependant que l'œuvre dédiée à Philippe le Bon (et non à Charles le Téméraire) daterait de 1467.
14 « Que n'ay je par don de grace la clergie, la mémoire ou l'entendement de ce vertueux et recommandé escuyer, Vas de Lusane, portugalois, eschanson a present de Madame Marguerite d'Angleterre, duchesse douairiere de Bourgoingne, lequel a fait tant d'œuvres, translations et autres bien dignes de mémoire, qu'il fait aujourd'huy a estimer entre les sachans, les experimentés et les recommandez de nostre temps » (Olivier de la Marche, *Mémoires*, vol. 1, 14s. ; cité par Bossuat 1946, 203, reprenant Samaran 1938).
15 Cf. Monfrin (2001a, 798 ; 2001c, 814, 824).
16 Inc. Le Noir (1503) et Inc. Bignon (1540) ; cf. Bibliographie.
17 L'auteur justifie son projet dans l'*Advertissement au lecteur François* : « M'estant donc trouvé avec lui [un gentilhomme d'honneur, François, nommé Louys de Chevri] en une sienne maison, il y a environ vingt ans, & ayant rencontré ceste histoire d'Alexandre le grand composée par Quinte Curse tournée en vieil Roman François, fort malaisé, voire quasi impossible à entendre, & neantmoins descouvert en icelle une infinité de beaux exploits & stratagemes de guerre : ce gentilhomme regrettoit merveilleusement l'obscurité de ceste histoire à cause du langage, & souhaittoit que quelque François se voulust employer pour la tourner en langage intelligible, afin de pouvoir avoir la cognoissance des choses belles & rares qui y sont, mesmes me pria d'y mettre la main » (Trad. Séguier 1598).
18 Cf. Monfrin (2001b, 857).

2.3 Le remaniement picardisant contemporain de la traduction préhumaniste

La tradition manuscrite de l'*Histoire* traduite par Vasque de Lucène comporte deux manuscrits qui se distinguent comme des remaniements visant à l'abréger, mais aussi à en modifier l'expression linguistique. Le *Prohème* des manuscrits conservés à la Bibliothèque du musée Condé de Chantilly et à la Bibliothèque municipale d'Abbeville[19] précise explicitement l'objectif du remanieur :

> « C'est icy l'extret prins sur la translacion de Quintus Cursius traittant l'istoire du puissant et victorieux roy Alixandre le Grant, roy de Macedoine, icelle translation faitte et compilee par honnourable et saige personne maistre Vasque de Lucenne Portugalois, pour la donner et offrir a tresexellent puissant prince Charles par la grace de Dieu duc de Bourgonne, de Lotrich, de Brabant, de Lembourg et de Luxembourg. Et ja soit ce que icelle translation soit mise en moult beau stille et eloquence de parler mais difficile a entendre par simples gens, neantmoins saulvé l'onneur du translateur je me suis ingeré non pas par presumption ne pour derroguier a son stille, mais seullement pour faire cest extrait plus aiesiet a entendre par moy mesmes et par les samblables a moy en simplesse d'entendement, de recueillir icy tout le sens de l'istore en ma maniere de parler le plus prez que je pourray a l'aide de Dieu mon createur ; qu'il le me doint si bien commencier et parfaire qu'il soit a sa loenge et au plaisir des lisans. Et commence ainsi [...] » (Remaniement ms. Abbeville).

Qui sont ces « simples gens » desquels l'auteur participe par sa « simplesse d'entendement », et pour lesquels il se charge de rendre accessible le sens d'un texte difficile à comprendre, du fait de son écriture, en l'exprimant au plus près de sa « maniere de parler », qui est aussi la leur ? Dans la mesure où cette question du statut social d'un lectorat, différent de celui de la cour de Bourgogne, comme le remarque McKendrick (1996, 23),[20] se traduit par des traits de langue

---

[19] Ms. Abbeville, Bibliothèque Municipale, 92 : 246 f., parchemin, seconde moitié du 15e s. (proche du ms. Paris, bibl. de l'Arsenal, 231, f. 23 [1459]) ; ms. Chantilly, Musée Condé, 756 : 223 f., papier (filigrane). – Pour une présentation complète de la tradition manuscrite, cf. Duval (2007–).

[20] Étudiant la tradition manuscrite du point de vue des enluminures, McKendrick (1996, 23) note à propos des manuscrits d'Abbeville et de Chantilly : « Vasco's text is compressed into simpler language, and the reviser has added a prologue and conclusion and a lengthy appendix relating parts of the story that are not found in Curtius. (This appendix is based principally on the *Vœux du Paon* by Jacques de Longuyon, a popular early fourteenth-century chanson de geste that weaves a new plot around the characters of the *Alexander Romance*.) We see from this that Vasco's translation of Curtius was too rigourous about its subject for some people ; nevertheless, there does seem to have been a demand for and interest in such a text, even outside the circles of high culture. A most valuable addition to our knowledge in this matter would be clarification of the social status and position of the reviser and of the means by which he came to Vasco's original text ».

spécifiques, c'est d'abord à caractériser la variation linguistique manifestée par le remaniement que nous nous attacherons. Que recouvre l'opposition entre « eloquence de parler » et « maniere de parler », et en quoi ces faits de variation peuvent-ils éclairer la restandardisation de la langue française à l'œuvre à la fin du 15ᵉ siècle ?

3 Faits de variation linguistique dans le français du 15ᵉ siècle à travers la version remaniée de l'*Histoire d'Alexandre*

Le remanieur, tout en justifiant son propos d'un point de vue sociolinguistique, en termes de pratique langagière commune, explique la nécessité d'une réécriture pour des raisons de style. De fait, la traduction, selon la norme rhétorique héritée de l'Antiquité relève du style moyen, comme le réaffirme, par exemple, Nicolas Séguier, dans l'avertissement au lecteur de la nouvelle traduction qu'il croit nécessaire d'établir à la fin du 16ᵉ siècle, du fait de l'obsolescence de la traduction en cours depuis Vasque de Lucène, soit un peu plus d'un siècle auparavant :

> Au demeurant, quant à ma translation, tu t'estonneras, possible, pourquoi cest autheur ayant doctement & elegamment escrit en sa langue, je n'ai aussi suivi le stile friand et superbe duquel usent aujourd'hui nos François. A quoi je te respondrai premierement, qu'il y a difference entre un translateur, & un qui escrit quelque chose de soi mesmes : pource que le premier est retenu entre certaines bornes, lesquelles il ne lui est pas loisible de passer, & ne peut pas planer comme s'il estoit en pleine mer : car il faut qu'il se tienne attaché au sens de son autheur, sans prendre ceste liberté de composer lui mesme l'histoire. [...] Cependant j'ai d'autre part consideré ma vocation, laquelle pour montrer qu'elle n'affecte point une parade, & fait plus d'estat du profit & de l'utilité qu'elle propose au lecteur, que non pas d'un superbe lustre, se doit contenir en médiocrité, de peur qu'il ne semble qu'on veuille plustost resjouïr les oreilles d'un auditeur, que repaistre son entendement d'une solidité. Et pour te dire mon jugement sur cela, à telle condition que tu limeras de telle lime que tu voudras, je loue, prise et exalte merveilleusement ce superbe langage, ces mots friands et mignards, desquels nos François usent aujourd'huy, & qu'ils ont pour la plus part emprunté des excellens poëtes de nostre temps, lesquels selon la licence poëtique se sont donné ceste liberté pour enrichir la poësie, d'inventer des mots nouveaux : mais cela est plus souvent accompagné de vent que d'instruction et de profit. De moi je prise beaucoup plus la solidité que cette fassade superbe, et aime mieux mordre à pleine bouche dedans un bon fruict, que d'en voir une centaine qui seront seulement beaux à la veuë, et me rapporteront autre contentement. Qu'il te suffise que je me recognoi François, & pourveu que je parle purement mon langage pour te faire entendre l'autheur, ce m'est assez. Nous avons par ce devant fait grant estat du Seigneur Amiot, qui a tourné les vies de Plutarque, & l'avons estimé selon son mérite, un restaurateur de

nostre langue. Voila le patron que je me suis proposé, & singulierement traittant d'une matiere de laquelle il a lui mesme escrit »

(*Advertissement au lecteur François* ; Trad. Séguier 1598, 2r°–3r°).

Dépositaire d'une culture élitiste et novatrice, ne pouvant se revendiquer d'une identité française qui garantirait la pureté de son langage, le gentilhomme portugais de la cour de Bourgogne à Ypres, familiarisé à la culture italienne, aurait-il, lui, manqué à la « médiocrité » à laquelle doit se tenir le traducteur ? Une enquête philologique fine et détaillée serait nécessaire pour répondre à cette question. On peut toutefois affirmer qu'au regard de bien des extravagances linguistiques, dont les grands rhétoriqueurs fournissent de nombreux exemples, le style de Vasque ne frappe pas par sa bizarrerie ou sa surcharge.

La comparaison terme à terme que nous avons menée entre la version longue, telle que conservée par des manuscrits de luxe, dont celui offert au duc de Bourgogne en 1470, et le remaniement conservé par les manuscrits d'Abbeville et de Chantilly, laisse voir, même si notre étude ne porte en l'état que sur des échantillons,[21] que le remanieur a pratiqué une délatinisation du texte initial, et à l'inverse une transposition graphique qui donne une allure picarde à la version destinée aux « simples gens », les deux procédés tendant à rapprocher le texte de la langue pratiquée par le lecteur. Il est dès lors d'autant plus intéressant de constater des écarts syntaxiques, concernant l'emploi du pronom sujet ou les processus de chaînes anaphoriques. On peut en effet se demander si le remaniement ne donne pas accès à une syntaxe vernaculaire obérée par le style littéraire, fût-il « médiocre ». Examinons ces trois points.

3.1 La délatinisation

Le texte de Vasque présente des traits de langue savante, influencée par le latin, que le remaniement fait disparaître. Ils relèvent principalement du lexique, mais aussi, pour le traitement des formes en -*ant*, transposant gérondifs et ablatifs absolus latins, du plan morpho-syntaxique.

Sur le plan lexical, on relève ainsi, par exemple, la substitution d'une forme ancienne de verbe à particule (*rua jus*), appelée à disparaître, à un néologisme de

---

[21] On s'appuie sur la comparaison de deux versions du Livre 3, d'après le ms. fr. 22547 (cf. Trad. Vasque de Lucène 1468), d'une part, et, d'après ms. Abbeville pour le remaniement picardisant, d'autre part. On se référera désormais au premier sous la dénomination « Vasque » et au second sous celle de « remaniement ». Le ms. fr. 22547 est l'exemplaire présenté à Charles le Téméraire par Vasque de Lucène en 1470, copié par Yvon le Jeune et orné de peintures par Louis Liédet, et qui a appartenu à la Bibliothèque de Charles le Téméraire.

base latine (*subversa*) (1), celle d'une forme ancienne et qui se maintiendra (*appartenant*) à une forme latinisante (*adherant*) (2), ou bien la suppression du néologisme (*permuer, admonitions*) dans un doublet synonymique, pour ne conserver que le terme héréditaire (*changier, remonstrances*) (3, 4) :

(1) a. Lesquelz le roy subversa en les hurtant (Vasque)
    b. Mais le roy les rua jus par le hurt de sa galee (remaniement)

(2) a. nul plus prodome de long parentaige adherant (Vasque)
    b. appartenant au sang royal (remaniement)

(3) a. permuer et changier (Vasque)
    b. changier (remaniement)

(4) a. admonitions et remonstrances (Vasque)
    b. remonstrances (remaniement)

Dans les cas précédents, le néologisme latin soit n'est pas entré dans l'usage,[22] soit, s'il soit entré dans l'usage, comme *adhérer*, ne s'est pas maintenu dans l'acception et la construction attestées chez Vasque. Mais dans d'autres cas, le choix d'un terme héréditaire (*estre*) aux dépens d'un néologisme latinisant (*situation*) n'a pas été sanctionné par l'usage.

À première vue, le remaniement est donc conservateur au plan lexical, au risque d'écarter non seulement des latinismes dignes des « Escumeurs de Latin » dénoncés ultérieurement par un Geoffroy Tory (1529, A8), mais des termes qui, pris dans le mouvement général d'enrichissement lexical en cours depuis l'époque de Charles V, en relation avec la traduction d'œuvres latines, participent du changement profond qui affecte le lexique français durant le moyen français. Il semble pourtant que ce ne soit pas systématiquement le rejet de la nouveauté qui sous-tend les choix du remanieur mais celui d'une nouveauté qui n'est pas autochtone, et partant compréhensible.

Cette pratique de réécriture s'apparente aux préceptes de rédaction juridique qui façonnent la rédaction des arrêts judiciaires, tels que les conservent les *Styles* prescrivant la manière de mener les enquêtes mais aussi celle de rapporter le jugement de telle sorte que les décisions soient compréhensibles aux laïcs, même sous une forme latine. Or, dans ces recommandations, telles qu'on les lit publiées

---

22 *Permuer* ne semble pas avoir dépassé le 16e siècle (FEW, vol. 8, 252b, s.v. « permutare ») ; *subverser*, à la différence de *subversion* et *subversif* n'est pas entré dans l'usage, même si le FEW (vol. 7, 378b, s.v. « subvertere ») l'indique comme attesté en 1749 ; *admonition*, au-delà du moyen français, n'est employé que dans la langue juridique, selon FEW (vol. 24, 170b, s.v. « admonitio »).

par Guilhiermoz (1892), à côté de remarques sur le lexique,[23] on fait mention de l'emploi des participes absolus et gérondifs, qu'il serait préférable, vu leur caractère elliptique, pouvant être source d'ambiguïté, de remplacer par un verbe au prétérit :

> « [...] et ordinando eciam verba arresti, quandoque sub ablativis absolutis, quandoque sub gerundivo, quandoque sub verbis tercie persone ; et, cicius quam poterit, transeat ad praeteritum, quia illa est via plana et in qua finit constructio suspensiva, quam suspensionem debet evitare in quantum potest, quia suspensive locuciones consueverunt communiter esse obscure »
>
> (*Style de la chambre des enquêtes*, §173 ; cité dans Guilhiermoz 1892, 224).

À l'intérieur du système français, le remaniement pratique massivement cette substitution d'une proposition à verbe fini, le plus souvent au passé simple, plus rarement à l'imparfait, à des formes en *-ant* en emploi participe que Vasque de Lucène utilise aussi en emploi substantivé (10) :

(5) a. Mais iceulx eulx fians en leur lieu delibererent de souffrir le siege (Vasque)
b. Mais ilz ne voulrent croire ains delibererent de souffrir le siege (remaniement)

(6) a. Et mettant garnison singla en leur cité (Vasque)
b. Puis mist garnison en leur cité Barnabaze aussi admiral des Persans leva grans pecunes et fist grans extorsions a ceulz de Milerte (remaniement)

(7) a. Mais Amintes les rembarra en la cité après qu'il les eult desconfis en bataille, logeant son ost au plus pres comme du tout victorieux. (Vasque)
b. Mais Amintes les rebouta en la cité après qu'il les eult desconfis en bataille. Puis logea son ost au plus pres comme victorieux. (remaniement)

(8) a. quant ceulx de Thir entrans en petis bateaulx par derision leur reprochoient disans que eulx estans en armes sy renommez portoient charges sur leurs dos comme bestes (Vasque)

---

[23] « Et pro posse sequatur verba articulorum et sentenciarum a quibus est appellatum ad curiam, prout jacent, transferendo seu transmictendo gallicum, si est necesse, in latinum, et si inveniat verba in gallico extranea vel dubia, ita quod nesciat proprie facere latinum, ponat ad placitum juxta gallicum et eciam gallicum post latinum, servando verba assueta poni in arrestis curie et planum latinum et grossum, pro laïcis amicum et propinquum vocabulis in gallico in articulis positis [...] » (*Style de la chambre des enquêtes*, §173 ; cité dans Guilhiermoz 1892, 224).

b. quant ceulx de Thir venans en petis navires leur vindrent reprochier que eulx qui estoient en armes sy renommez portoient charges sur leurs dos comme bestes (remaniement)

(9) a. Si s'aprochoit [la digue] ja fort de la ville quant ceulx de la ville regardans la croissance de l'euvre qui la grandeur par avant les avoit deceuz commencerent environner en petites nacelles et il prindrent a environner l'ouvraige et ferir de leur trait les presens a celle heure (Vasque)

b. Quant ceulx de la ville veyrent ce qu'ilz n'eussent creu par avant, ilz entrerent en petites nacelles et il prindrent a environner l'ouvraige et traire sur les ouvrans (remaniement)

(10) a. Mais tous les plus haultz hours estoient esprins du feu quant la flambe par tout espandue devoroit les estans sur les grues (Vasque)

b. Si que tot apres les hours et les grues furent tous esprins du feu meismement le feu oppressant ceulx qui estoient sur les grues (remaniement)

Par ces transpositions morphosyntaxiques et lexicales, le texte du remaniement s'émancipe du moule latin recherché dans la version savante. La réécriture applique au texte français de Vasque de Lucène des procédés répertoriés pour écrire un latin rendu accessible aux laïcs par sa proximité avec la langue vulgaire. Elle s'apparente à ce que Simon de Hesdin, dans le prétexte de sa traduction des *Memorabilia* de Valère Maxime assigne comme objectif à la traduction du latin en français : « faire de fort latin cler et entendible romant si que chacun le peut entendre ».[24] Le français, on le voit par là, est bien en voie, grâce à la koïnéisation en cours, de supplanter le latin. Toutefois sa variabilité y fait obstacle.

3.2 Un texte picardisant

D'après les témoignages épilinguistiques, ou les écrits théoriques sur la langue, la principale cause d'imperfection des langues vernaculaires par rapport au latin repose sur la variabilité de celles-ci, le latin étant, à l'opposé, le garant de la stabilité. Le traducteur du psautier en lorrain le déplorait au 14e siècle, Charles de Bovelles ([1]1533) en tire les conséquences au 16e siècle :

> « Aucune fois, li latin warde ses rigles de gramaire et ses congruiteiz et ordonances en figures, en qualiteiz, en comparison, en personnes, en nombres, en temps, en declinesons,

---
[24] Cité d'après Buridant (2011, 373).

en causes, en muef et en perfection, que, ou romans ne en françoiz, on ne puet proprement wardeit [sic], pour les varieteiz et diversiteiz des laingauges, et lou deffault d'entendement de maint et plusours qui plus souvent forment lour mos et lour parleir à lour guise que à veriteit et au commun entendement »

(cité d'après Nodier/Paris (edd.) 1840, 207).

« C'est pourquoi, personne ne nierait que, dans toute langue vulgaire, la recherche d'un archétype serait superflue et vaine. Qui, dans une quelconque partie de la Gaule, examinera sa langue personnelle, pour la constituer selon les règles, et pourrait sérieusement affirmer qu'elle sera l'archétype de la langue française dans son ensemble, capable d'atteindre le droit fil de son élégance et de son exactitude, au point de n'être absolument pas exposée à l'influence du ciel ni à aucun défaut de prononciation ? Si on blâme les Aquitains de faire, dans la langue française, solécisme et barbarisme, pourquoi, pour la même raison, ne ferait-on pas de reproches aux Celtes et aux Belges dont chacun élèvera sa propre langue au niveau de l'exactitude et soutiendra que, chez les Français, elle est une langue supérieure et essentielle ? Où donc et dans quelle région de la France placerons-nous l'archétype de la langue française dans son ensemble ? Où rechercherons-nous son véritable modèle ? Nulle part, assurément, à moins que, délaissant les prononciations vulgaires, sans tenir compte non plus du sol de la France (c'est-à-dire : de la région géographique), on n'examine la langue latine dans la bouche des savants, cette langue installée dans sa splendeur et source de la langue française, exempte des accidents de lieu, de temps et d'influence astrale. Et, pour cette raison, qu'on l'établisse comme archétype de tout langage français, elle que les règles imaginées par les savants empêchent d'être outragée par les défauts d'articulation. Bien plus, afin de sauvegarder son uniformité, elles (les règles) corrigent sévèrement toutes les bouches, elles purifient et perfectionnent toute l'articulation »

(de Bovelles ^{1}1533 ; 1973, 121 ; traduction par C. Dumont-Demaizière).

Le remaniement conservé par les manuscrits d'Abbeville et de Chantilly revendique au contraire, on l'a vu, dans le *Proheme*, une expression proche de celle du public qu'elle vise. Son texte comporte, de fait, de nombreux traits de la *scripta* picarde telle que les textes littéraires, depuis le 13e siècle, en attestent. On relève d'abord des faits liés à la palatalisation de $k^{e,i}$, de k^a et de g^a, trait qui distingue le picard, dénommée *lingua romanica*, des autres parlers de langue française, ou *lingua gallicana*,[25] dans la conscience linguistique des contemporains, si l'on en croit M.T. Coyfurelly, clerc anglais du 14e siècle, cité par Lusignan (2011, 58) :

K eciam in lingua romanica, non autem in lingua gallicana, nomine et loco *c* et *h* scribi debet et sonari, ut *kival*, gallice *chival, kien, chien, vake, vache*, necnon loco *c* debent

---

[25] La zone de la *scripta* picarde au Moyen Âge est plus vaste que celle correspondant au dialecte picard des atlas dialectologiques contemporains. Elle comprend au Nord des régions, et tout particulièrement des villes, où la langue vernaculaire est le flamand, d'où la désignation du picard, en situation de contact avec une langue germanique, par le terme *lingua romana*. Cf. Lusignan (2011, 52–54 ; 2012).

scribi *c* et *h* secundum Romanicos, ut *pour chou* vel *pour cheu* gallice *pour ce* vel *pour ceu*.²⁶

Les exemples (11) à (15) témoignent de cette particularité, correspondant à l'aboutissement de $k^{e,i}$ (RECIPERE) (11, 12) et t^j (*COMINITIARE, SUSPECTIO, FORTIA) (13, 14), et à celui de g^a (15), décrits par Gossen (1970, respectivement §38 et §42).

(11) a. Il aura de vous *receu* ce royaume (Vasque)
 b. Il aura de vous *rechu* ce royaume (remaniement)

(12) attendu que Surie et Phenice le *rechepvoient* (remaniement)

(13) Et comme ilz fuirent tous encouragiez a faire le plaisir de leur roi, il fist le ouvraige *commenchier. Comment les Macedonois commencerent l'ouvraige pour escluser la mer devant Thir et les destourbiers que leur firent ceulz de Thir a celle foys et comment Alexandre recommencha* [La phrase en italique correspond à une rubrique.] (remaniement)

(14) souspechons ; de forche (remaniement)

(15) gardin (remaniement)

On note également l'absence de *d* épenthétique entre *l*/*n* et *r* (16, 17), ou le maintien dans la graphie du -*t* en finale absolue (18), qui font aussi partie des traits de la *scripta* picarde, selon Gossen (1970, §61 et §46) :

(16) Puis leur dist qu'il *voulroit* sacrifier au Dieu Hercules (remaniement)

(17) Mais ilz ne *voulrent* croire ains delibererent de souffrir le siege attendu que ung brach de mer large de quatre stades depart la cité de la terre ferme (remaniement)

(18) cest ost a *piet* ; *pilliet* (remaniement)

On relève encore une graphie en *w* à l'initiale du substantif *vague*, d'origine germanique, plus précisément scandinave (FEW, vol. 17, 418a, s.v. « vágr ») :

(19) Lequel par le vent de Auffricque s'espant contre la rive par la *wague* qui vient de la haulte mer (remaniement)

---

26 'Se distinguant de la langue française, en langue romane la lettre *k* tient la place et la fonction du *c* suivi d'un *h* ; on doit écrire et prononcer *kival* pour *cheval* en français, *kien* pour *chien*, *vake* pour *vache*. En revanche pour *c*, il faut selon les gens de langue romane écrire *c* et *h*, tel *pour chou* ou *pour cheu*, en lieu et place du français *pour ce* ou *pour ceu*.' – Cf. aussi Stengel (1879, 17).

Cette graphie est bien révélatrice puisque, si elle apparaît dans les premières attestations en ancien français, à partir de Wace, ainsi que l'indique l'article du FEW, elle n'est pas usitée en moyen français tel que l'attestent le DMF et la Base des textes de Moyen Français (BMF).

Si la variation concerne très majoritairement la graphie, en relation à la phonologie, ou à la tradition graphique, on peut aussi trouver trace de variation morphologique pour ce qui concerne tout d'abord le féminin, féminin de l'adjectif ou du participe, et féminin singulier du pronom personnel régime, ce qui est documenté par Gossen (1970, §8 et §63) :

(20) fut *nonchie* ; de forche *pillie* et destruite fu (remaniement)

(21) j'entreray dedens la ville ou je *le* prendray maulgré vous (remaniement)

Aucun de ces traits ne surprendrait dans un texte du 13e siècle, où la *scripta* picarde est très largement représentée dans les manuscrits (Lusignan 2011). Au 15e siècle, au contraire, on observe une régression de cette *scripta*, à un rythme variable selon le type de texte et le lieu, ou plus exactement la ville, où est effectuée la copie. La tendance est bien plutôt alors de « dépicardiser » un texte par une nouvelle copie, ou, tout du moins, de prétendre le faire, la modernisation qu'effectue une copie nouvelle, qui transmet un texte composé antérieurement, se donnant comme une réduction des marques dialectales.[27] Dans les années 1470–1480, où Gossen (1957) situe le déclin du picard dans son emploi comme langue de culture,[28] le remaniement de l'*Histoire d'Alexandre* est donc révélateur d'un refus de l'expansion du *françois*, favorisée par son emploi administratif aussi bien dans le royaume de France que dans les territoires contrôlés par le duc de Bourgogne, aux dépens de la pratique locale.

---

[27] Cf. le colophon du manuscrit F de *Joseph d'Arimathie* copié au milieu du 15e siècle : « Icy fenist le Prophecie Merlin Redigee de picart en franczois, Qui est tel quel, au mieulx que l'entendoys, A l'escripvain doint Jhesus bonne fin ! » (cité dans Bertin 2007, 28, qui renvoie à Hasenohr 2002). Cette version constitue une modernisation de la langue, comme en témoigne le rejet du manuscrit par l'éditeur moderne : « Mais ce qui fait de *F* un manuscrit peu convenable, c'est qu'il représente un remaniement profond de l'archétype en moyen français. Si le copiste a respecté le plus souvent le sens général des phrases, il s'est permis de substituer à son modèle des mots et expressions rajeunis, et il a profondément altéré l'orthographe et la syntaxe de l'original. La déclinaison a complètement disparu et l'ordre des éléments de la phrase est presque partout modernisé. Mais c'est surtout dans le domaine du vocabulaire que le rajeunissement est le plus frappant, et on peut compter par centaines les substitutions de mots nouveaux à des mots vieillis ou archaïques » (O'Gorman 1971, 174).

[28] Cf. aussi Lusignan (2011, 57) et, pour un point complet et récent, Grübl (2014).

Cette affirmation d'ordre identitaire, portée par l'habillage que constitue la *scripta*, s'accompagne d'une variation d'ordre syntaxique.

3.3 Des particularités syntaxiques propres au vernaculaire ?

On constate, en effet, dans le remaniement, des variations massives au niveau syntaxique par rapport au texte de Vasque de Lucène, mais aussi plus généralement par rapport aux textes de registre littéraire sur lesquels sont majoritairement fondées la description synchronique de l'ancien et du moyen français comme l'étude syntaxique du français en diachronie. Aussi peut-on se demander si le texte ne donne pas ainsi accès à certains traits de la syntaxe vernaculaire dissimulée par le canon phrastique littéraire.

Au terme du chapitre consacré au moyen français dans la *Nouvelle Histoire de langue française* dirigée par Jacques Chaurand, Lusignan (1999) conclut tout à la fois à la difficulté d'avoir accès au vernaculaire, et à l'influence de celui-ci dans l'évolution du français, en dépit de la relatinisation de la langue écrite initiée à cette époque.[29] Le remaniement de l'*Histoire d'Alexandre*, en tant qu'il revendique une pratique particulière visant à rapprocher le texte de la « manière de parler » partagée par l'auteur et son public nous semble constituer une voie d'accès à ce vernaculaire, au sens de la pratique orale de la langue, même si celle-ci transparaît sous la forme d'un récit écrit. Or, la version remaniée fait apparaître une variation constante en ce qui concerne le marquage des chaînes anaphoriques et l'emploi du pronom personnel sujet.

Le remaniement allège régulièrement le marquage de l'anaphore, tantôt en supprimant une marque comme *audit* (22), tantôt en substituant aux déterminants anaphoriques, démonstratif (*icelluy*) ou forme relative (*lesquelz*), la reprise du référent sous forme de nom propre (23) ou de pronom personnel (24) :

---

29 Cf. Lusignan (1999, 136) : « Au terme de cette partie sur le français dans la société à la fin du Moyen Âge, il faut constater combien nous sommes restés loin de la langue parlée, de la langue des gens. Nous disposions comme seules sources de textes qui nous cachent tout des pratiques linguistiques courantes. Nous avons recherché le français dans des constructions littéraires de clercs bilingues, instruits dans les écoles et les universités. La langue que nous avons saisie est apparue profondément marquée par la réflexivité propre au geste de l'écriture. Inspiré sinon aspiré par les modèles linguistiques et stylistiques latins, ce français est caractérisé par une certaine relatinisation de la langue écrite perceptible au niveau du lexique, de la syntaxe et des nouveaux champs de la communication qu'il s'apprivoise ». L'auteur ajoute (ibid., 138) : « Le moyen français demeure un système linguistique évolutif en lui-même et sur lequel la diversité vernaculaire agit toujours ».

(22) a. ung temple dedié audit Hercule (Vasque)
   b. ung temple dedié a Hercule (remaniement)

(23) a. Mais icelluy pensant (Vasque)
   b. Et lors Amintes pensant user de leurs couraigez (remaniement)

(24) a. Lesquelz combien que fussent lors fort espoentez (Vasque)
   b. Et jassoit ce qu'ilz fussent lors fort espoentez (remaniement)

On retrouve en abondance ces anaphores, caractéristiques du style curial, dans un texte sensiblement contemporain (1456) de la traduction de Vasque, rédigée lui aussi dans l'entourage de Philippe le Bon, les *Cent Nouvelles Nouvelles*.[30] Dans la mesure où ces déterminants anaphoriques relèvent des éléments du style de chancellerie du Moyen Âge, dont Rasmussen (1958) a montré qu'il se rattache au style de la chancellerie de la Curie romaine, d'où la dénomination proposée, on comprend qu'un remaniement visant à débarrasser le texte de sa surcharge rhétorique, et à le rapprocher de la pratique commune, les supprime.

La variation syntaxique liée aux registres stylistiques est également perceptible en ce qui concerne l'expression ou la non-expression du pronom personnel sujet. Le texte de Vasque suit la tendance générale, dégagée par les études sur l'expression du pronom sujet dans le français médiéval, à l'effacement du pronom lorsque la phrase commence par un élément adverbial saturant la position préverbale. On en relève de nombreux exemples, soit que la réécriture garde l'adverbe à l'identique (25), soit qu'elle développe la forme monosyllabique *si* en un élément plus volumineux et sémantiquement plus explicite (*et pourtant*) (26), ou encore qu'il supprime l'adverbe initial (27) :

(25) a. Puis atornerent a pyllier (Vasque)
   b. Puis il prindrent a pyllier les champs (remaniement)

(26) a. [...] il enhorta ses gens a l'espoir de si grant chose en leur remoustrant que Statare mareschal d'Egypte estoit occis en l'ost des Persans et que la garnison du pays estoit foible et sans capitaine et aussy que les Egyptiens estoient tousjours contraires a leurs gouverneurs. Si les estimeroient [...] (Vasque)
   b. [...] il enhorta ses gens a l'espoir de si grant chose en leur remoustrant que Statare mareschal d'Egypte estoit occis en l'ost des Persans et que la garnison du pays estoit feble et sans capitaine et aussy que les

---

30 Cf. Lagorgette (2002).

Egyptiens estoient tousjours contraires a leurs gouverneurs et pourtant ilz les estimeroient comme leurs compaignons non pas adversaires (remaniement)

(27) a. Adonc le saluerent (Vasque)
b. Ilz le saluerent (remaniement)

Même si l'étude devrait être précisée sur la base chiffrée du dépouillement plus large des manuscrits, on peut affirmer, car le fait est massivement attesté, que la version remaniée présente, de ce fait, un taux bien plus élevé d'expression du pronom sujet. Ceci est rendu d'autant plus manifeste lorsque le pronom sujet apparaît en proposition subordonnée (28), ou encore dans une construction disloquée (29b) qui extra-pose le terme topicalisé (*la senestre*), repris par le pronom sujet (*elle*), l'opposition contrastive n'étant marquée, dans le texte de Vasque, si elle l'est, que par l'antéposition, rare depuis le 13ᵉ siècle,[31] du régime nominal (29a) :

(28) a. Et depuis que par sacrement lui eurent fait foy, l'amenerent au palais
b. Et depuis qu'ilz lui eurent fait foy, ilz l'amenerent

(29) a. Adonc Alexandre partit la flote en deux esles. La senestre desfendi Pitagoras
b. Et lors il partit son navire en deux asles. La senestre, elle fut commise à Pitagoras

L'accroissement numérique de l'emploi du pronom sujet s'accompagne réciproquement d'une régression notable de l'emploi de l'adverbe *si*, caractéristique de la textualité (ou de la syntaxe ?) médiévale, selon un patron THÈME$_1$ – RHÈME$_1$; *si* – RHÈME$_2$. Dans ces enchaînements thématiques à thème constant, le pronom sujet, dans les deux versions, n'est pas exprimé, de même qu'il ne l'est pas en français moderne quand deux propositions sont coordonnées, mais le remaniement utilise très souvent un connecteur autre que *si* comme on le voit dans les exemples suivants :

(30) a. Si leur dyt (Vasque)
b. Et leur dyt par grant couroux (remaniement)

(31) a. Si leur dist (Vasque)
b. Puis leur dist (remaniement)

---

[31] Cf. Marchello-Nizia (1995, 83).

(32) a. Si ne pouoit on (Vasque)
b. Par quoi on ne pouoit mettre eschelles (remaniement)

Il est au reste remarquable que la réécriture d'une version antérieure du *Joseph d'Arimathie*, que le copiste Guillaume Papin, dans le colophon de ce manuscrit, affirme (à l'inverse du remaniement de Vasque) comme « redigee de picart en franczois » présente cette même variation syntaxique en ce qui concerne l'adverbe d'assertion *si*.[32] On peut penser qu'une attitude réflexive sur l'ordonnancement des phrases amène, durant le 15e siècle au moins, à reconsidérer l'enchaînement phrastique, en s'émancipant du moule textuel de la phrase narrative dominant depuis le développement de la prose au 13e siècle. Cela doit inciter à interroger le lien entre évolution du canon textuel et évolution syntaxique.[33] Le recul de l'emploi de *si* et l'expansion du pronom personnel sujet sont enregistrés comme des faits importants dans la diachronie du français. Pourtant, plusieurs études tendent à montrer que certains genres discursifs, dès l'ancien français, présentent une fréquence plus élevée de pronoms personnels, selon que les textes sont davantage liés à l'oral ou n'appartiennent pas à la langue littéraire.[34] On est dès lors amené à se demander si ne sont pas très tôt en concurrence deux syntaxes, variant selon les paramètres de la communication, le changement enregistré résultant autant de l'expansion de l'une des variantes que de l'évolution de la variante attestée, certes majoritairement, par la langue littéraire qui constitue la majorité de notre documentation.

Le texte du remaniement, par ses choix lexicaux, morphologiques et syntaxiques, s'écarte sensiblement du texte de Vasque, on vient de le voir, en éliminant les traits du style curial et les latinismes lexicaux ; il applique au français, à propos des gérondifs et participes présents, la même pratique recommandée aux juges dans leur emploi du latin, ce qui amène incidemment à transposer nombre de participes apposés en proposition prise dans une structure hypotactique, juxtaposée, coordonnée ou subordonnée. L'enchaînement de propositions à thème constant en une suite narrative d'énoncés reliés par l'adverbe *si* régresse sensiblement, de même que le sujet pronominal nul. Par ces traits linguistiques, la version remaniée se démarque d'un registre haut marqué à la fois

---

[32] Cf. Hasenohr (2002) et Bertin (2007).
[33] Cf. sur ce point Varga (2017).
[34] Cf., par ex., Detges (2003) ; Larrivée (2005) ; Wehr (2017) ; Larrivée/Capin (2018).

d'influence latine et de traits relevant de la tradition discursive littéraire, tout en marquant, par la *scripta* et dans une certaine mesure la morphologie, une appartenance limitée dans l'espace à la sphère picarde. Le texte ainsi produit se différencie par des traits picardisants du français moderne, constitué dans le rejet de la variation dialectale, mais tout à la fois s'en rapproche par des traits syntaxiques « restandardisants ». Le remaniement de l'*Histoire d'Alexandre* constitue donc bien un document intéressant non seulement pour apprécier l'ampleur de la variation dans les pratiques langagières du 15e siècle, mais aussi pour repenser l'évolution diachronique du français.

4 Les enjeux d'une réécriture picardisante

Selon Lusignan (1999, 138), aux 14e et 15e siècles, « [l]angue des gens, le français demeure une langue identitaire complexe ». Le remaniement de l'*Histoire d'Alexandre* donne des éléments pour appréhender la résistance à l'unification linguistique à la fin du 15e siècle, mais aussi pour tenter de cerner la relation complexe, dans la langue standard en formation, de la langue savante et de variétés plus proches de l'usage ordinaire.

4.1 La variation sociolinguistique comme marquage identitaire

Le projet du remanieur tel qu'explicité dans le *Prohème* des manuscrits d'Abbeville et de Chantilly vise à rendre compréhensible aux « simples gens », partageant avec lui une « simplesse d'entendement », le texte intéressant par son contenu mais d'une expression trop rhétorique de Vasque de Lucène. Une enquête sur l'expression *simples gens* et sur le mot *simplesse* dans la Base du Moyen Français permet de dessiner un groupe social, qui se distingue à la fois des clercs et de la cour du duché de Bourgogne.

Comme il ressort des exemples suivants, les collocations où entre le terme *simplesse* le définissent de manière négative comme un 'manque de ressources intellectuelles' (33–35). De ce fait, le mot apparaît dans le topos d'humilité de l'auteur, en l'occurrence laïc, s'adressant au seigneur récipiendaire (36). Mais, par son lien à la vertu chrétienne d'humilité, la *simplesse* en vient aussi à désigner de manière laudative la 'simplicité' d'un discours d'autant plus fécond qu'il est dénué d'attraits extérieurs (37)[35] :

(33) … dit aussi que par sa simplesse et non sens il s'est prins au chariot d'icelle demoiselle de Harecourt (Registre du Châtelet ; BMF)

(34) […] qu'il plaise à la Court de les tenir en ce pour excusez, et leurs faultes, se faultes y a, vueille imputer à leur simplesse, ignorance ou inadvertence plus que à dol ou à mauvaistié qu'ilz ne cuident avoir fait (Fauquembergue, III, 38, 1431–1435 ; BMF)

(35) L'ung par sapience est illuminé, l'aultre en la grant simplesse de son entendement est relinqué et demoure (Crapillet, *Cur Deus homo ; De arrha animae*, c. 1450–1460, 286 ; BMF)

(36) Et ne fut que tant de notables clercs ont approuvé ses magnificques fais, je, plain de simplesse, craindroye beaucop de alleguer ceste matiere devant vostre seigneurie (La Marche, *Mémoires*, I, c. 1470, 43 ; BMF)

(37) Au contraire les paroles divines tres couvenablement sont au miel comparees qui est en la cire, car pour la simplesse du language par dehors apperent seches, et par dedens sont plaines de doulceur (Daudin, *De la érudition*, 1360, 109 ; BMF)

La *simplesse* semble avoir un rapport privilégié avec un milieu laïc, qui peut partager avec certains clercs un savoir et une valorisation de l'humilité le distinguant des valeurs chevaleresques, dans une tradition chrétienne où le dépouillement est gage d'authenticité. Si le syntagme *simples gens* peut référer à des personnes de peu de savoir (38), il se charge aussi d'un sens spécifiquement social, en désignant, d'une part, un 'état intermédiaire' (40) par opposition au milieu aristocratique de la cour (39) et aux puissants (40), et, d'autre part, ceux qui, à la différence des membres du clergé, ne connaissent pas le latin (41) :

(38) et prie a chascun de croire que ce ne sont que choses controuvees par l'ancien commun parler des simples gens (Jehan de la Sale, *La Salade*, 1442–1444 ; BMF)

---

[35] Il serait intéressant d'envisager le rapport entre la revendication de « simplicité » du *Proheme* et le milieu spirituel où cette notion a été valorisée, en relation avec l'œuvre de Marguerite Porrette dont la tradition manuscrite prend également sa source dans l'aire de *scripta* picarde. Cf. Hasenohr (1999).

(39) Et aussi faiz mon compte que bestes ne simples gens ne s'amuseroient point à lire ces Memoires, mais princes ou gens de cour y trouveront de bons advertissemens à mon advis (Phillippe de Commynes, *Mémoires*, 1489–1491 ; BMF)

(40) Et ce puet l'en veoir manifestement par ce que les simples gens de moien estat ne semblent pas moins faire œuvres vertueuses que ceuls qui sont riches et puissans (Oresme, *Le Livre de Ethiques d'Aristote*, 1370 ; BMF)

(41) Neantmoins je scay bien que c'est grande consolacion d'oïr parler de Dieu et des choses divines, et n'est pas temps perdu, jassoit ce que on ne entent pas tout, comme les simples gens oÿent a proffit le service de l'eglise en latin combien que ne l'entendent mie (Gerson, *Sermon pour la fête de la Sainte Trinité*, 1402 ; BMF)

Le remaniement, privilégiant le fond sur la forme, évitant la surcharge latinisante et l'affectation rhétorique d'une traduction dédiée au duc de Bourgogne par un familier de la cour, semble propre à répondre aux attentes d'un lectorat laïc, appartenant à un état social intermédiaire, dont on peut légitimement penser qu'il correspond, dans l'aire géographique picarde que pointe sa *scripta*, à la bourgeoisie, puissante dans cette région fortement urbanisée. La variation entre français littéraire latinisé et expression plus proche de l'usage régional commun, traduit ainsi les tensions politiques entre le pouvoir ducal, qui a favorisé l'expansion du *françois*, langue du roi mais aussi du pouvoir bourguignon, et la bourgeoisie attachée aux statuts locaux de ses villes. La variation est donc un fort indice identitaire, et le remaniement constitue une trace de la résistance à la standardisation en cours, dans la région picarde. Cette région ne se définissant ni en termes ethniques, ni en termes politiques, la langue, dans sa forme orale, mais aussi en tant que *scripta*, a sans doute plus qu'ailleurs un rôle fort de critère identitaire définitoire. Si l'on suit les arguments de Lusignan (2011), à la différence de la plupart des noms de région, les termes mêmes de *Picardie, picard*, ne correspondent pas à un nom de tribu gauloise, et cet espace, puissant économiquement par le commerce de ses villes, ne correspond pas non plus à une entité politique unique et stable au Moyen Âge. Les premières attestations du terme apparaissent dans le milieu universitaire au 13ᵉ siècle,[36] en relation à la répartition des étudiants en « nation », en

---

36 La première attestation du mot dans un texte remonterait au récit de la première grève de l'université de Paris, à la suite des actes de violences commis par des étudiants originaires « de partibus conterminis Flandriae, quos vulgariter Picardos appellamus », dans la *Chronica majora* de Mathieu Paris, cité par Lusignan (2011, 54).

fonction de leur diocèse d'origine. Ceci confirmerait l'hypothèse, avancée par Lusignan, d'un lien entre « nation » picarde (au sens universitaire), espace géolinguistique et modèle d'écriture de la langue française, transmis par les écoles urbaines, liées à l'organisation diocésaine, dans une région où la variété picarde est majoritairement désignée, par opposition au flamand, sous le nom de *roman*, distinct du *françois*.[37]

4.2 Le paradoxe du standard français

La tradition manuscrite de l'*Histoire d'Alexandre* témoigne, à la fin du 15e siècle, à travers les caractéristiques graphiques du remaniement, dans la bourgeoisie des villes d'une région limitrophe du royaume de France et de la Flandre, de la résistance à l'unification linguistique, par sélection du *françois* du roi et élimination des dialectes. En cela, le remaniement va à l'encontre du mouvement de l'histoire. Il témoigne cependant simultanément de la « re-standardisation », pour reprendre l'expression de Koch (2014), qui se joue à la même époque, où l'évolution « par le bas » (comme la généralisation du pronom sujet) se combine aux effets de l'influence latine. Le nouveau standard, en voie de s'imposer, tout en éliminant la variation régionale, n'entérine pas pour autant totalement le modèle linguistique offert par la prose savante de Vasque de Lucène, dont, quelle que soit son extranéité, Bossuat (1946, 225), fait l'un des maillons de l'élaboration de la prose française, ce qui revient à lui donner une place de choix dans la construction du standard. Le français est sans doute pour une part « une langue de traduction », comme le déplorait Céline (1957), regrettant que la langue d'Amyot, formatée par l'héritage latin, l'ait emporté, dans l'histoire, sur la langue spontanée de Rabelais.[38] Toutefois, malgré l'importance de la latinisation pour l'histoire du lexique et la conscience linguistique des locuteurs français dans leur rapport à la norme, on ne peut négliger le fait que la latinisation du lexique a connu des restrictions,

---

[37] Cf. Lusignan (2011, 52s.) à propos de la désignation du picard au Moyen Âge.

[38] Cf. Céline (1957, 120) : « Ce qu'il voulait faire, c'était une langue pour tout le monde, une vraie. Il voulait démocratiser la langue, une vraie bataille. La Sorbonne, il était contre, tout ce qui était reçu et établi, le roi, l'Église, le style, il était contre. – Non, c'est pas lui qui a gagné. C'est Amyot, le traducteur de Plutarque, il a eu dans les siècles qui ont suivi, beaucoup plus de succès que Rabelais. C'est sur lui, sur sa langue qu'on vit encore aujourd'hui. Rabelais aurait voulu faire passer la langue parlée dans la langue écrite. Un échec. – Rabelais a vraiment voulu une langue extraordinaire et riche. Mais les autres, tous, ils l'ont émasculée, cette langue, jusqu'à la rendre plate. Ainsi aujourd'hui écrire bien, c'est écrire comme Amyot, mais ça ce n'est jamais qu'une ‹ langue de traduction ›. C'est ça la rage moderne du français : faire et lire des traductions, parler comme dans les traductions ».

conformément à la pratique du remanieur. Plus encore, la syntaxe moderne est plus proche de celle d'un texte revendiquant sa non-conformité au modèle littéraire médiéval, au point que l'on peut en venir à se demander si la syntaxe de la langue littéraire qui constitue la majorité des documents conservant les états anciens du français n'a pas été très tôt en concurrence avec une autre syntaxe, dont ce remaniement, en accord avec d'autres textes non littéraires, donne un aperçu. Aussi le standard français apparaît-il, de manière quasi inextricable, produit par l'interaction d'une langue savante redevable au courant humaniste, et d'un usage qui s'écarte des routines transmises par la langue lettrée antérieure.

5 Conclusion

L'étude du remaniement picardisant de l'*Histoire d'Alexandre* nécessiterait un relevé exhaustif des faits de langue qui le distinguent des copies conservant le texte original de Vasque de Lucène. Toutefois, les sondages que nous avons opérés dans le cadre du présent travail laissent voir l'intérêt que présente l'étude de ce corpus pour cerner la variation sociolinguistique du français du 15e siècle et, au-delà, le rapport entre variation et changement dans la diachronie du français. Une telle entreprise, qui dépasse le cadre du présent article, devrait permettre de reconsidérer l'histoire de la re-standardisation du français à la fin du Moyen Âge, et, d'un point de vue théorique, de mieux prendre en compte la variation sociolinguistique et discursive dans la modélisation du changement linguistique.

6 Bibliographie

6.1 Sources et dictionnaires

BMF = *Base textuelle du Moyen français*. <http://oldfrantext.atilf.fr/MoyenFrancais> [dernière consultation : 28.07.2018].

de Bovelles, Charles, *Sur les langues vulgaires et la variété de la langue française/Liber de differentia vulgarium linguarum et Gallici sermonis varietate (1533) par Charles de Bovelles*, texte latin, traduction française et notes par Colette Dumont-Demaizière, Paris, Klincksieck, 1973.

DMF = *Dictionnaire du Moyen Français*. <http://www.atilf.fr/dmf> [dernière consultation : 28.07.2018].

Duval, Frédéric, *Miroir des classiques*, Paris, École nationale des chartes, 2007–. <http://elec.enc.sorbonne.fr/miroir_des_classiques/xml/classiques_latins/historia_alexandri_magni_quintus_curtius.xml#abbeville_92> [dernière consultation : 27.07.2018].

FEW = Wartburg, Walther von, et al., *Französisches Etymologisches Wörterbuch. Eine Darstellung des galloromanischen Sprachschatzes*, Bonn/Bâle, Klopp/Zbinden, 1922–2003. <https://apps.atilf.fr/lecteurFEW/index.php> [dernière consultation : 27.07.2018].

Guilhiermoz, Paul, *Enquêtes et procès. Étude sur la procédure et le fonctionnement du Parlement au XIVe siècle, suivie du Style de la chambre des enquêtes, du Style des commissaires du Parlement et de plusieurs autres textes et documents*, Paris, Picard,1892.

Inc. Le Noir 1503 = Quinte Curse. *De la vie et gestes d'Alexandre le grant*, Paris, Michel Le Noir, 1503, 4.

Inc. Bignon 1540 = *Quinte Curse historiographe ancien et moult renommé, contenant les belliqueux faictz d'armes, conduictes et astuces de guerre du preux et victorieux roy Alexandre le Grant, translaté de latin en françoys et puis nagueres reveu et concordé avec Plutarque, Justin et autres aucteurs*, Paris, Jean Bignon pour Charles Langelier, 1er mars 1540, in-16.

Littré, Émile, *Dictionnaire de la langue française*, vol. 1.2, Paris, Hachette, 1863.

Marot, Clément, *Œuvres choisies de Clément Marot, accompagnées d'une étude sur la vie, les œuvres et la langue de ce poète, avec des variantes, des notes philologiques, littéraires et historiques et un glossaire*, ed. Eugène Voizard, Paris, Garnier, 1888.

Nodier, Charles/Paris, Paulin (edd.), Bulletin du Bibliophile, 3e série (1838/1839), Paris, Techener, 1840.

Remaniement ms. Abbeville = Remaniement picardisant contemporain de Trad. Vasque de Lucène 1468, Bibliothèque Municipale, 92 : 246 f., parchemin, seconde moitié du XVe s. (proche du ms. Paris, bibl. de l'Arsenal, 231, f. 23 [1459]).

Remaniement ms. Chantilly = Remaniement picardisant contemporain de Trad. Vasque de Lucène 1468, Musée Condé, 756 : 223 f., papier (filigrane).

Tory, Geoffroy, *Champ Fleury ou l'art et science de la proportion des lettres*, Paris, Giles Courmont, 1529.

Trad. Lesfargues 1639 = Quinte Curse, *Histoire d'Alexandre le Grand, tirée de Q. Curse et autres*, trad. Bernard Lesfargues, Paris, Camusat, 1639.

Trad. Séguier 1598 = Quinte Curse, *L'histoire des faicts d'Alexandre le grand, Roy de Macedoine, Composée par Quinte Curse, Et tournee de Latin en François par Nicolas Séguier Parisien*, Genève, Guillaume de Laimarie, 1598, [1]1597.

Trad. Soulfour 1629 = Quinte Curse, *Alexandre françois, image de la fortune et de la vaillance à la noblesse françoise, ou l'Histoire de Quintus Curtius, des faicts d'Alexandre le Grand, nouvellement traduite en françois, par Nicolas Sulfour, sieur de Glatigny, et les deux premiers livres imités de Justin, Arrian et Diodore Sicilien*, Paris, Sommaville, 1629.

Trad. Vasque de Lucène 1468 = *Les faits et gestes d'Alexandre le grant compilez de plusieurs livres et adjoints aus histoires de Quinte Curce Rufe*, ms. fr. 22547, Bibliothèque nationale de France, Département des manuscrits. <http://gallica.bnf.fr/ark:/12148/btv1b9063149g.r=VASQUE+DE+LUCENA.langFR> [dernière consultation : 11.08.2018].

6.2 Études

Ayres-Bennett, Wendy/Caron, Philippe, *Les Remarques de l'Académie Française sur le Quinte-Curce de Vaugelas, 1719–1720*, Paris, Presses de l'École Normale Supérieure rue d'Ulm, 1996.

Ayres-Bennett, Wendy/Caron, Philippe, *Periodization, Translation, Prescription and the Emergence of Classical French*, Transactions of the Philological Society 114 (2016), 339–390.

Bertin, Annie, *Récrire en franczoys au XVe siècle : variation et/ou changement ?*, in : Combettes, Bernard/Marchello-Nizia, Christiane (edd.), *Études sur le changement linguistique en français*, Nancy, Presses Universitaires de Nancy, 2007, 27–40.

Bertin, Annie, *Le « moyen français » : variations et enjeux de la périodisation d'une langue*, in : Capin, Daniéla, et al. (edd.), *Le français en diachronie. Moyen français – segmentation des énoncés – linguistique textuelle*, Strasbourg, Éditions de Linguistique et de Philologie, 2019, 1–33.

Bleskina, Olga, *A propos de la datation de la version française des « Faitz d'Alexandre » de Quinte Curce*, Scriptorium 53 (1999), 342–347.

Bossuat, Robert, *Vasque de Lucène, traducteur de Quinte-Curce (1468)*, Bibliothèque d'Humanisme et Renaissance 8 (1946), 197–245.

Boyer, Henri, *L'impact de l'unilinguisme sur la normativisation de la langue française*, in : Kremnitz, Georg, et al. (edd.), *Histoire sociale des langues de France*, Rennes, Presses Universitaires de Rennes, 2013, 183–188.

Buridant, Claude, *Esquisse d'une traductologie au Moyen Âge*, in : Galderisi, Claudio (ed.), *Translations médiévales. Cinq siècles de traductions en français au Moyen Âge (XIe–XVe siècles). Étude et Répertoire*, vol. 1 : *De la « translatio studii » à l'étude de la « translatio »*, Turnhout, Brepols, 2011, 325–381.

Céline, Louis-Ferdinand, *Une interview sur Gargantua et Pantagruel*, parue dans *Le Meilleur livre du mois*, 1957; repris in : *Le style contre les idées*, Bruxelles, Éditions complexes, 1957, 119–126.

Cerquiglini, Bernard, Compte rendu de : Ayres-Bennett, Wendy/Caron, Philippe, *Les Remarques de l'Académie Française sur le Quinte-Curce de Vaugelas, 1719–1720*, Paris, Presses de l'École Normale Supérieure rue d'Ulm, 1996, Histoire – Épistémologie – Langage 19/2 (1997), 192s.

de Crécy, Marie-Claude/Brown-Grant, Rosalind, *Introduction*, in : Pierre de La Cépède, *Paris et Vienne*, edd. Marie-Claude de Crécy et Rosalind Brown-Grant, Paris, Garnier, 2015, 10–124.

Detges, Ulrich, *Du sujet parlant au sujet grammatical. L'obligatorisation des pronoms sujets en ancien français dans une perspective pragmatique*, Verbum 25 (2003), 307–333.

Gallet-Guerne, Danielle, *Vasque de Lucène et la Cyropédie à la cour de Bourgogne (1470) : le traité de Xénophon mis en français d'après la version latine du Pogge. Étude. Édition des livres I et V*, Genève, Droz, 1974.

Gaullier-Bougassas, Catherine (ed.), *L'historiographie médiévale d'Alexandre le Grand*, Turnhout, Brepols, 2011.

Gossen, Carl Theodor, *Die Einheit der französischen Schriftsprache im 15. und 16. Jahrhundert*, Zeitschrift für romanische Philologie 73 (1957), 427–459.

Gossen, Charles Théodore, *Grammaire de l'ancien picard*, Paris, Klincksieck, 1976, ^{1}1970.

Grübl, Klaus, *La standardisation du français au Moyen Âge : point de vue scriptologique*, Revue de Linguistique Romane 77 (2013), 343–383.

Grübl, Klaus, *Varietätenkontakt und Standardisierung im mittelalterlichen Französisch. Theorie, Forschungsgeschichte und Untersuchung eines Urkundenkorpus aus Beauvais (1241–1455)*, Tübingen, Narr, 2014.

Hasenohr, Geneviève, *La tradition du Miroir des simples âmes au XVe siècle : de Marguerite Porète († 1310) à Marguerite de Navarre*, Comptes rendus des séances de l'Académie des Inscriptions et Belles-Lettres 143 (1999), 1347–1366.

Hasenohr, Geneviève, *« Si » « de picart en franczoys » : de l'ancien au moyen français*, in : Lagorgette, Dominique/Lignereux, Marielle (edd.), *« Comme la lettre dit la vie. » Mélanges offerts à Michèle Perret*, numéro spécial 12 de la revue Linx (2002), 95–100.

Koch, Peter, *Phases et charnières. Modéliser l'histoire de la langue. Élaboration – standardisation – coiffure – régression*, in : Ayres-Bennett, Wendy/Rainsford, Thomas M. (edd.), *L'Histoire du français. État des lieux et perspectives*, Paris, Garnier, 2014, 321–355.

Kristeva, Julia, *La Révolution du langage poétique*, Paris, Seuil, 1974.

Lagorgette, Dominique, *Le style curial dans les « Cent Nouvelles Nouvelles » : la construction de la référence et des personnages*, Le Moyen Âge 108 (2002), 507–526.

Larrivée Pierre, *Contribution à un bilan méthodologique de la syntaxe de l'émergence diachronique du sujet obligatoire en français. Le paramètre du sujet nul et le statut des clitiques*, L'information grammaticale 107 (2005), 8–16.

Larrivée, Pierre/Capin, Daniela, *Types de textes et changement syntaxique*, in : Actes du 6e Congrès Mondial de Linguistique Française, SHS Web of Conferences 46 (2018), 03004. <https://doi.org/10.1051/shsconf/20184603004> [dernière consultation : 27. 07.2018].

Lodge, R. Anthony, *A Sociolinguistic History of Parisian French*, Cambridge, Cambridge University Press, 2004.

Lodge, R. Anthony, *Mythes, idéologie, historiographie du français*, in : Lagorgette, Dominique (ed.), *Repenser l'histoire du français*, Chambéry, Université de Savoie, 2014, 13–31.

Lusignan, Serge, *Langue française et société du XIIIe au XVe siècle. Une langue en expansion*, in : Chaurand, Jacques (ed.), *Nouvelle histoire de la langue française*, Paris, Seuil, 1999, 91–143.

Lusignan, Serge, *Le français médiéval : perspectives historiques sur une langue plurielle*, in : Lusignan, Serge, et al., *L'introuvable unité du français. Contacts et variations linguistiques en Europe et en Amérique (XIIe–XVIIIe siècle)*, Québec, Presses de l'Université Laval, 2011, 5–107.

Lusignan, Serge, *Essai d'histoire sociolinguistique. Le français picard au Moyen Âge*, Paris, Garnier, 2012.

Marchello-Nizia, Christiane, *L'évolution du français : ordre des mots, démonstratifs, accent tonique*, Paris, Colin, 1995.

McKendrick, Scot, *The History of Alexander the Great. An Illuminated Manuscript of Vasco da Lucena's French Translation of the Ancient Text by Quintus Curtius Rufus*, Los Angeles, Getty Museum, 1996.

Monfrin, Jacques, *Les traducteurs et leur public en France au Moyen Âge*, in : Études de philologie romane, Genève, Droz, 2001, ^{1}1964, 787–801 (= 2001a).

Monfrin, Jacques, *Étapes et formes de l'influence des lettres italiennes en France au début de la Renaissance*, in : Études de philologie romane, Genève, Droz, 2001, ^{1}1970, 839–858 (= 2001b).

Monfrin, Jacques, *La connaissance de l'Antiquité et le problème de l'humanisme en langue vulgaire dans la France du XVe siècle*, in : *Études de philologie romane*, Genève, Droz, 2001, ¹1972, 803–837 (= 2001c).

Nyrop, Kristoffer, *Grammaire historique de la langue française*, vol. 1, Copenhague, Gyldendal, 1899.

O'Gorman, Richard, *La tradition manuscrite du « Joseph d'Arimathie » en prose de Robert de Boron*, Revue d'Histoire des Textes 1 (1971), 145–181.

Rasmussen, Jens, *La prose narrative française du XVe siècle, étude esthétique et stylistique*, Copenhague, Munksgaard, 1958.

Samaran, Charles, *Vasco de Lucena à la cour des ducs de Bourgogne (Documents inédits)*, Bulletin des études portugaises et de l'Institut français au Portugal, nouvelle série 5 (1938), 13–26.

Stengel, Edmund, *Die ältesten Anleitungsschriften zur Erlernung der französischen Sprache*, Zeitschrift für französische Sprache und Literatur 1 (1879), 1–40.

Varga, Eva, *Verbstellungsmuster im Altfranzösischen. Ein Beitrag zur historischen Syntaxforschung aus diskurstraditioneller Perspektive*, Berlin/Boston, De Gruyter, 2017.

Wehr, Barbara, *La syntaxe du sujet pronominal postposé en ancien français : traces du parlé dans les parties dialogiques de deux corpus en prose*, in : Kristol, Andres M. (ed.), *La mise à l'écrit et ses conséquences. Actes du troisième colloque « Repenser l'histoire du français ». Université de Neuchâtel, 5–6 juin 2014*, Tübingen, Francke, 2017, 67–83.

Julie Glikman
Les locutions conjonctives *malgré que* et *à cause que* : Normes et usages en diachronie

Résumé : En français moderne, les locutions conjonctives *malgré que* et *à cause que* sont considérées comme fautives. En tant qu'erreur souvent signalée, on pourrait penser qu'il s'agit d'un emploi émergent. Ces deux locutions sont pourtant attestées depuis le 18ᵉ siècle pour *malgré que*, et le 15ᵉ siècle pour *à cause que*. Dans cette contribution, nous proposons d'étudier la trajectoire de ces deux locutions en diachronie, de leur émergence à leur statut dans la conscience linguistique des locuteurs de nos jours. L'étude se base sur une analyse de corpus en diachronie, une enquête linguistique auprès des locuteurs, et une revue du discours métalinguistique associé. Nous montrons ainsi que la locution *malgré que* a été rejetée par la norme dès son émergence, mais qu'elle se maintient toutefois dans les usages depuis le 18ᵉ siècle. La locution *à cause que* était, à l'inverse, la locution recommandée par la norme aux 16ᵉ et 17ᵉ siècles, mais a brusquement diminué dans les usages, jusqu'à être considérée comme fautive de nos jours.

Mots-clés : locution conjonctive, norme, usage, conscience linguistique

1 Introduction

Cet article[1] porte sur deux locutions conjonctives du français, *malgré que* et *à cause que*, qui diffèrent par leur sémantisme et par leur mode de formation (voir ci-dessous), mais qui ont en commun deux particularités : (i) elles sont toutes deux considérées comme fautives du point de vue de la norme, comme appartenant au registre familier ou populaire, considérées donc comme des « fautes » de français et stigmatisées en tant que telles ; (ii) malgré ce jugement normatif, elles sont toutes deux attestées sur une longue période, et ne sont donc pas des « fautes » apparues récemment.

D'un point de vue sémantique, les deux locutions conjonctives s'intègrent au paradigme sémantique des nombreux moyens d'expression de la cause (dans le

---

[1] Je tiens à remercier ici pour leurs conseils, critiques et suggestions les éditeurs du volume, ainsi que les participants du séminaire de Stuttgart où j'ai pu présenter une première version de ce travail, en particulier Nicolas Mazziotta, Achim Stein et Thomas Rainsford.

Julie Glikman, Université de Strasbourg

https://doi.org/10.1515/9783110541816-004

cas de la locution *à cause que*) et de la concession (pour *malgré que*). La cause et la concession peuvent être exprimées sous différentes formes dans l'histoire du français,[2] y compris sous la forme de subordonnées introduites par d'autres locutions conjonctives, toujours en usage pour certaines, notamment *parce que* ou *puisque* pour la cause et *bien que* ou *quoique* pour la concession (cf. Wilmet [3]2003, 603). Du point de vue de leur noyau lexical, les deux locutions connaissent des équivalents prépositionnels toujours en usage, la locution prépositionnelle *à cause de* et la préposition *malgré*, qui ont globalement le même sémantisme. Dans ce paradigme sémantique de l'expression de la cause et de la concession, elles constituent donc à la fois des choix lexicaux, par rapport au choix d'autres locutions conjonctives, et des choix syntaxiques, par rapport au choix d'expression à l'aide d'une structure non verbale, comme un syntagme prépositionnel, Prép + SN.

Le but de cette contribution n'est pas d'étudier les différents modes d'expression de la cause et de la concession, étude qui dépasserait largement le cadre de cette contribution, mais d'étudier l'émergence et la diffusion de *malgré que* et *à cause que* au travers de leurs attestations en corpus et du discours métalinguistique associé. Nous interrogerons l'émergence et la diffusion de ces deux locutions, dans les corpus et dans le discours métalinguistique, en diachronie. Nous observerons également le jugement des locuteurs contemporains, grâce à une enquête menée entre mai et septembre 2015 (Avanzi et al. 2016). Nous verrons que, bien que ces deux locutions soient jugées aujourd'hui comme familières et fautives, elles n'ont pas connu le même parcours. La locution *à cause que*, considérée comme correcte depuis son émergence, a été la locution recommandée à une certaine époque. Elle a connu une période de forte fréquence, mais connaît actuellement une période de déclin, malgré les recommandations pour son maintien. La locution *malgré que* est critiquée depuis son apparition et jugée fautive, mais son usage se maintient, voire se développe, malgré les injonctions normatives.

2 Formation et émergence

Concernant la formation de la locution *malgré que*, deux étapes sont à considérer : tout d'abord la grammaticalisation de *malgré*, puis la formation de la locution conjonctive proprement dite. *Malgré*, formé de l'adjectif *mal* et du substantif *gré*, se grammaticalise d'abord en préposition, « lorsqu'elle est suivie d'un pronom

---
[2] Cf. notamment Soutet (1990 ; 1992a ; 1992b) et Bertin (1997) pour des analyses transversales. Cf., entre autres, Buridant (2000), Ménard ([4]1988, 210–212 et 240–243) et Martin/Wilmet (1980, 228–230 et 232–234) pour les traitements dans les grammaires d'états anciens de la langue.

personnel régime » (Ménard ⁴1988, 353) : *Tout maugré moi la pucelle traï* 'C'est bien malgré moi que j'ai trompé la jeune fille' (*Jourdain de Blaye*, 3324, cité par Ménard ⁴1988, 353 ; trad. Ménard). Selon Soutet, le processus est quasiment abouti dès la fin de l'ancien français,³ *malgré* préposition conservant encore de son substantif d'origine l'obligation de régir un complément renvoyant à une personne, contrainte qui restreint encore fortement les possibilités de construction de la préposition *malgré* jusqu'au 16ᵉ siècle (Soutet 1992a, 29-32 et 51). Parallèlement à cela apparaît dès l'ancien français un tour en *malgré/mal gré* (avec sa valeur nominale 'quelque mauvais gré') + *que* (relatif) + *en avoir* (au subjonctif, avec un sujet humain également) : *Maugrez qu'il en puissent avoir* [...] 'Malgré qu'ils en puissent avoir' (Rutebeuf, *Le Miracle de Théophile*, cité par Soutet 1992a, 30 ; trad. Soutet), construction toujours en usage, mais appartenant désormais plutôt au style soutenu. Dans ce tour, la valeur relative du pronom *que* n'est plus interprétée comme telle à mesure que la valeur nominale de *gré* n'est plus perçue et que se fige la graphie soudée *malgré*. C'est à partir de cette construction qu'on voit d'abord apparaître la mention de *malgré que* comme locution conjonctive dans les dictionnaires ou grammaires, la formation de la séquence *malgré que* comme locution conjonctive étant analysée le plus souvent dans le discours métalinguistique comme une réanalyse du tour *malgré que* + *en avoir*, seul emploi autorisé par le discours normatif dès ses premières mentions :

> « MALGRÉ QUE. loc. conjonctive Quoique. On ne l'emploie qu'avec le verbe *Avoir*, et dans ces phrases, *Malgré que j'en aie, malgré qu'il en ait*, etc., En dépit de moi, en dépit de lui, etc. *Malgré qu'il en ait, nous savons son secret* »
> (*Dictionnaire de l'Académie française*, 6ᵉ édition, 1832-1835).

C'est également ce qu'on peut comprendre de la citation de Le Gal donnée dans le TLFi, qui retrace en remarque les raisons de la confusion entre les deux constructions :

> « Rem. 1. *Ac.* 1835-1935, Littré et les grammairiens puristes n'acceptent *malgré que* que dans l'emploi II A, qui n'est pas un emploi conj. mais où *malgré* est un subst. compl. de *j'en aie* et *que* le pron. rel. La graphie correspondant à cet emploi serait d'ailleurs plutôt *mal gré. Cf.* sur ce point la rem. de Le Gal 1932 : « Certains font remarquer qu'on devrait écrire *mal gré* que et non *malgré* que, puisque *malgré* est composé de l'ancien adjectif *mal*, mauvais, et de *gré*. Cette graphie retiendrait dans la bonne voie beaucoup de personnes qui, à cause de la soudure, prennent *malgré que* pour synonyme de *quoique*. Entendu ! Haro sur la soudure ! » **2.** La confusion entre cette loc. où *que* est le pron. rel. ayant pour antécédent *malgré* et la loc. conj. est parfois telle que l'on rencontre, forgées sur le même modèle, les loc. *bien que j'en aie, en dépit* que j'en aie, quoique j'en aie*, et aussi *quoi que*

---

3 Sur la réfection étymologique de *malgré* et la restitution de la prononciation [l] (*maugré* > *malgré*), cf. Soutet (1992, 221-224).

j'en aie. Cf. p. ex. Grev. 1969 § 978 N.B. 2 : *Bien qu'il en eût. Quoi qu'elle en ait, elle grommelle mais s'incline* (*Le Monde*, 18 oct. 1977, p. 12) » (TLFi, s.v. *malgré*).

Cette explication n'est pourtant pas évidente, dans la mesure où la préposition *malgré* existe dès la fin de l'ancien français : la formation de la locution conjonctive *malgré que* peut tout à fait s'expliquer suivant le patron de formation des locutions conjonctives à base prépositionnelle (avec *avant que, dès que, sans que, pour que* ...), ce qui serait l'hypothèse la plus simple et que privilégient certains auteurs (cf. par ex. Grevisse/Goosse [15]2011, 1563s. ; Morel 1996, 28s. ; Hanse 1949, 423). Nous ne discuterons pas davantage ici la question du mécanisme ayant permis la formation de la locution *malgré que*, et ne trancherons pas entre l'hypothèse d'une réanalyse de la construction en *malgré que* + *en avoir*, ou l'hypothèse de la création de la locution suivant un patron de formation de type Prép + *que*, question qui demanderait une étude spécifique. La mention de l'émergence de constructions en *en avoir* formées sur le même modèle avec les locutions conjonctives *quoique* et *bien que* (par ex. *bien qu'il en eût*, cité ci-dessus, TLFi) semble toutefois indiquer que la locution *malgré que* est bien intégrée dans le paradigme de locutions aux côtés de *bien que* et *quoique* en synchronie.

Dans le *Grand Corpus des grammaires françaises, des remarques et des traités sur la langue (XIVe–XVIIe s.)*, *malgré* n'apparaît dans les rubriques que comme préposition, ou dans le corps de texte en emploi dans la construction avec *avoir*. Le TLFi date de 1787 la première attestation de *malgré que* au sens de *bien que*. Le *Bon Usage* signale des attestations dans les textes juridiques dès le 17e siècle puis au 18e siècle chez Marivaux (Grevisse/Goosse [15]2011, 1563s.). Une recherche menée dans la *Base de Français Médiéval* (désormais BFM) a permis de relever des attestations de différentes constructions de *malgré*,[4] mais aucune attestation de *malgré que* comme locution conjonctive. Les plus anciens exemples non ambigus que nous avons relevés lors de nos recherches dans *Frantext* datent également du 18e siècle, chez Marivaux (1), exemple littéraire le plus ancien, suivi par un exemple non littéraire (2), puis par un autre exemple littéraire (3) :

(1) [...] mais que les pus mal-appris de tout ça, c'est Monsieur Dorante et Madame la Marquise, qui ont eu la finesse de manigancer la volonté d'Arlequin, à celle fin qu'il ne voulît pus d'elle ; *maugré qu*'alle en veuille bian, comme je me doute qu'il en voudrait peut-être bian itou [...] (Marivaux, *L'Heureux stratagème*, 1733, p. 84, *Frantext*).

---

4 Les différentes graphies et les formes non soudées (*mal gré*) ont systématiquement été prises en compte pour les requêtes sur corpus.

(2) [...] *malgré que* la classe des propriétaires profite en entier de l'accroissement de richesses, dû à l'augmentation des prix qui résulte de la liberté et de l'immunité du commerce, il n'en est pas moins vrai que cet accroissement [...] (Quesnay, *Analyse de la formule arithmétique du tableau économique ; Premier problème économique ; Second problème économique*, 1766, p. 96, Frantext).

(3) Ma chere femme, d'après tout ce que je vois, je te le dis, si M et Madame Loiseau demeuroient à Paris, *malgré que* leur alliance nous soit bien honorable, je crois que je la refuserois (Rétif de la Bretonne, *Le Paysan perverti ou les Dangers de la ville*, 1776, p. 146, Frantext).

Nous avons pu relever également un exemple de la fin du 16e siècle (4), qui n'est pas encore la locution conjonctive, mais qui ne relève pas non plus de la construction avec *en avoir*. Il pourrait attester d'une étape transitoire vers la locution conjonctive, avec l'extension du verbe possible dans la construction. Dans cet exemple, le *que* peut encore être interprété comme un relatif :

(4) Le Parthe vise-droit / N'a décoché si soudain sa sagette, / Que le destin en la tombe nous jette / *Malgré qu*'on ne voudroit (Matthieu, *Clytemnestre*, 1589, p. 138, Frantext).

En ce qui concerne la locution *à cause que*, elle fait partie des locutions conjonctives formées sur le patron Prép + N + que (comme *à condition que, à mesure que, de façon que, afin que* ... ; cf. par ex. Wilmet ^{3}2003, 596s. ; Riegel/Pellat/Rioul ^{3}1994, 478). On y reconnaît facilement, en synchronie, le substantif de base de la locution, *cause* (ce qui n'est pas le cas de toutes les locutions de ce type, comme par exemple *afin que*, formée sur le substantif *fin*). Selon Picoche/Marchello-Nizia (^{5}1989, 331), la locution a été formée au 15e siècle, pour devenir d'usage courant au 16e, puis paraître vieillie dès le 17e siècle. On trouve encore au 16e siècle (5 et 6) la variante en *pour cause que*, apparue durant le moyen français mais vouée à disparaître (Bertin 1997, 192) :

(5) Et de ceste heure delibera ledit Charles de retourner vers s'amye pour la reconforter, et fut ceste allée mesmes du conseil du duc, *pour cause qu*'elle les avoit faict tant amuser en sa lettre (Vigneulles, *Les Cent Nouvelles nouvelles*, 1515, p. 402, Frantext).

(6) En la maison d'un Gentilhomme estoit une chienne de bien, laquelle eut cinq chiens d'une portée, que l'on jetta dans une marnière, *pour cause*

qu'elle avoit esté mastinée (Alcripe, *La Nouvelle fabrique des excellents traicts de verité*, 1579, p. 137, *Frantext*).

Les attestations les plus anciennes que nous avons pu trouver dans le corpus *Frantext*[5] remontent à la fin du 14ᵉ siècle (7), permettant de faire reculer quelque peu la date de la formation de la locution :

(7) Donques ils ne poent surdre se a paine non, *a cause que* lours garnementz sont trestoutz moilliés (*Manières 1396*, p. 22, 14ᵉ, *Frantext*).

Toutes deux considérées comme fautives ou familières par certains puristes de nos jours, les locutions *malgré que* et *à cause que* sont ainsi attestées depuis les 17ᵉ et 14ᵉ siècles respectivement. Nous verrons dans les parties suivantes l'évolution de leurs attestations en corpus ainsi que du discours métalinguistique qui leur est associé.

3 Attestations en corpus

Pour étudier la diffusion et la fréquence des attestations des locutions considérées, nous avons effectué des recherches dans la BFM, dans *Frantext*,[6] dans le Corpus de Français Parlé Parisien CFPP2000 (Branca-Rosoff et al. 2012) et dans le Corpus *Europresse* pour des attestations contemporaines en textes non littéraires. La recherche dans la BFM n'a fourni aucune attestation de nos locutions, ce qui confirme qu'elles se sont formées après la période du français médiéval, ou à sa toute fin, comme nous l'avons vu pour *à cause que*. Nos recherches dans *Frantext* permettent d'observer l'évolution des attestations de nos deux locutions dans les textes,[7] représentée dans la Figure 1. Pour *malgré que*, on voit que la fréquence reste très basse, mais relativement constante depuis le 18ᵉ siècle. Comme le signale Nyrop (1930, vol. 6, 165), « Le nouvel emploi de *malgré*

---

5 Là encore, une recherche menée dans la BFM n'a donné aucun résultat de *à cause que* locution conjonctive.
6 Nous sommes bien consciente des défauts du corpus *Frantext* en terme de représentativité, il s'agit ici de donner un aperçu des réalisations de nos locutions.
7 Pour corriger le problème des fréquences absolues dans ce corpus, dans lequel la taille du corpus n'est pas équivalente pour chaque siècle, nous avons calculé les valeurs du graphique de la Figure 1 en divisant le nombre d'occurrences par le nombre de mots de la tranche de corpus correspondante pour chaque siècle, puis multiplié par 1.000.000 pour des questions de lisibilité.

Les locutions conjonctives *malgré que* et *à cause que* — 81

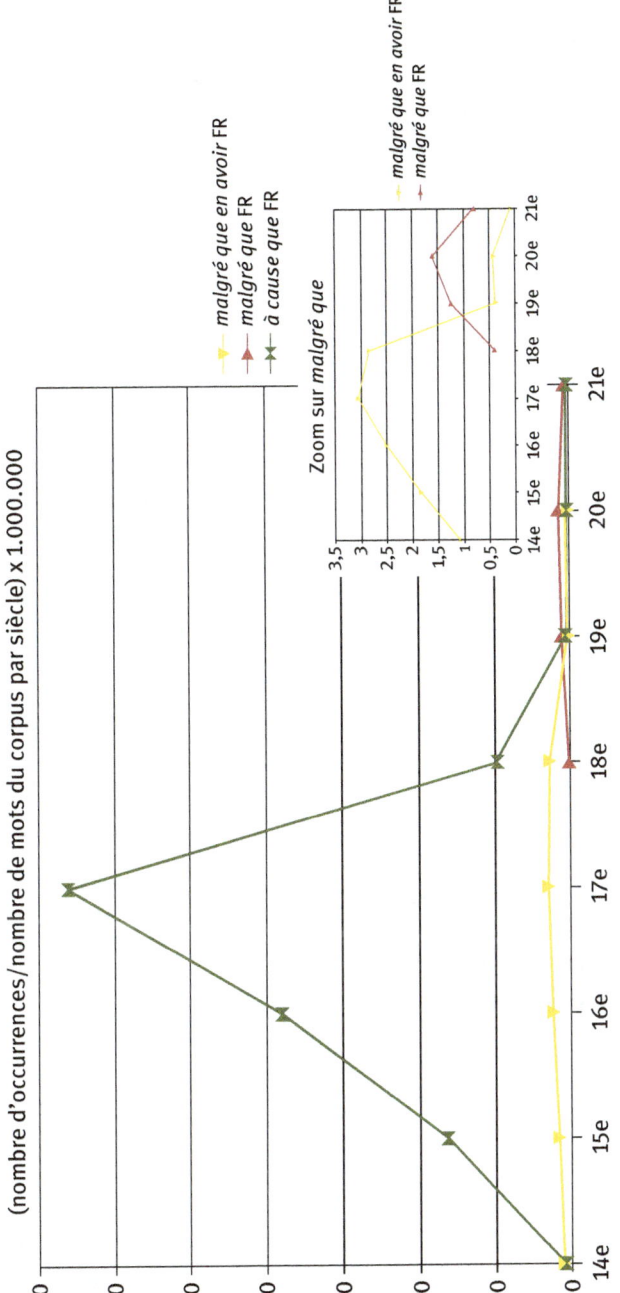

Fig. 1 : Évolution de la fréquence des locutions *à cause que* et *malgré que* par siècle dans *Frantext*.

que n'a pas fait disparaître l'ancien », c'est-à-dire la construction avec *en avoir*, mais cette dernière diminue toutefois à partir du 19ᵉ siècle. On voit aussi clairement apparaître la période de forte productivité de *à cause que*, aux 16ᵉ et 17ᵉ siècles, et son brutal déclin au 18ᵉ. On en trouve cependant encore des attestations jusqu'au 20ᵉ siècle et même au 21ᵉ siècle, qui semblent appartenir à des registres non soutenus (8), ou constituer des discours indirects libres reprenant les propos du locuteur original (9 et 10) :

(8) Y passe ses journées près de la fenêtre à smoker des clopes, l'œil ailleurs. Si mon petit doigt dit vrai il a le blues Fred. Et il a le blues *à cause qu*'il a eu le déclic avec Olga (Lasaygues, *Vache noire, hannetons et autres insectes*, 1985, p. 152, *Frantext*).

(9) Le conte la trouvera en effet au lit en plein jour, *à cause qu*'elle se trouvait un peu mal (Garat, *Une faim de loup. Lecture du Petit Chaperon rouge*, 2004, p. 40, *Frantext*).

(10) Les films avec Luis Mariano, ceux avec Gary Cooper et ceux auxquels Mietta ne comprend rien *à cause qu*'ils reviennent en arrière (Morgiève, *Un petit homme de dos*, 1988, p. 153, *Frantext*).

Dans CFPP2000, nous avons pu relever quelques attestations de *malgré que*, produites par des locuteurs d'âges différents, mais aucune de *à cause que* :

(11) les policiers bon *malgré qu*'on les aime pas beaucoup quand il ils sont quand même là pour faire régner l'ordre
(CFPP2000_18-01_Paul_Simo_H_20_18ᵉ).

(12) le Louvre si on l'a fait quand même plusieurs oui on y était souvent au Louvre justement l'dimanche c'est vrai que c'est euh + bon *malgré qu*'y ait du monde c'est toujours pareil (CFPP2000_11-01_Anita_MUSSO_F_46_11ᵉ).

(13) parce qu'on a pas de de métier qui + qui + qui font que + *malgré qu*'on nous demande de plus en plus d'être
(CFPP2000_IV-02_ Frederic_Chaslon_52_Ivry).

Le corpus *Europresse* fournit également de nombreuses attestations de *malgré que*, en particulier dans la presse généraliste régionale et dans la presse canadienne (la grande majorité des sources des attestations), mais aussi, plus étonnant peut-être, dans les pages « Économie » du *Figaro* :

(14) De même, un remplacement complet du terrain en gazon naturel sera programmé ultérieurement, étant en bon état *malgré que* la partie sud-est reste très humide après les pluies (Stéphanie Arboit, *24 Heures* (Suisse) REGION, mardi 7 février 2017, p. 20).

(15) À la Bourse, Wal-Mart a reculé de 1,84% à 57,07 dollars, *malgré que* le numéro un mondial de la distribution eut réitéré que la croissance de ses ventes s'inscrivait jusqu'à présent dans le haut de sa fourchette de prévision de + 3–5% pour le mois de septembre, par rapport à la même période de 2002 (*Le Figaro*, no. 18390 *Le Figaro Économie*, mardi 23 septembre 2003, p. 10, FINANCES).

On trouve également dans le *Figaro* un article datant du 10 septembre 2004 qui porte sur l'emploi même de la locution *malgré que* et sa critique par l'Académie Française (nous reviendrons dessus dans la partie suivante).

Les attestations d'*à cause que* dans *Europresse*, plus rares, proviennent généralement de média canadiens, et sont des retranscriptions de discours direct, et peuvent être très récentes :

(16) Moi, j'ai couru après mon père, j'ai dit : vas-y pas. *À cause que* je voyais des grosses vagues, là (*ICI Radio-Canada Télé – Le Téléjournal*, mercredi 26 juillet 2017 – 21:00 HNA).

(17) Ce n'est pas *à cause que* les fonds ne sont pas accessibles aujourd'hui qu'ils ne le seront pas demain (*Hebdo Rive Nord (Repentigny)*, no. Vol. 48 n° 31, Actualités, mardi 4 juillet 2017, p. 10).

La recherche sur corpus confirme ainsi tout d'abord le déclin de la locution *à cause que*, par rapport à sa période de prospérité aux 16e et 17e siècles, qu'on pourrait interpréter comme un effet de mode. Les occurrences les plus récentes semblent en effet être soit liées à la variation régionale (mais nous avons vu que les exemples (16) et (17) relèvent également de l'oral), soit à un registre particulier, plutôt non soutenu (cf. les exemples 8 à 10). Au lieu d'une disparition, on assisterait ainsi au maintien d'*à cause que* dans la langue familière, glissement qu'on pourra voir également s'opérer dans le métadiscours sur cette locution dans la partie suivante. Cette recherche confirme également le développement des emplois de *malgré que* dans différents registres, mais loin d'être récente, cette évolution, si l'on peut parler en ces termes, se fait depuis le 18e siècle.

4 Discours métalinguistique

Dans cette section, on ne trouvera bien entendu pas un relevé exhaustif de toutes les grammaires et tous les dictionnaires du français. Les ouvrages consultés l'ont été pour leur caractère d'accessibilité pour les locuteurs (dictionnaires en lignes), pour leur caractère historique, ou pour leur caractère d'ouvrage de référence, ou se donnant comme tel (guide de bonnes pratiques, recommandations ...).

4.1 *Malgré que*

Dans la 4e édition du *Dictionnaire de l'Académie française* (1762), *malgré* apparaît seulement en tant que préposition. La 6e édition (1832–1835, citée en 1.2) comporte une section *malgré que* (étiquetée « locution conjonctive » dans cette édition et les suivantes). La définition associée est bien 'quoique', mais l'emploi de la locution est restreint comme nous l'avons vu en 2 : « On ne l'emploie qu'avec le verbe *Avoir* ». Avec la 8e édition du dictionnaire (1932–1935), on voit apparaître un changement significatif dans la formulation : « On ne doit l'employer qu'avec le verbe *Avoir* et dans les expressions : *Malgré que j'en aie, malgré qu'il en ait*, etc. ». L'apparition du verbe *devoir*, qui change la définition en injonction, laisse penser que les rédacteurs se placent en opposition à une pratique existante. La 9e édition (1992–) devient complètement explicite à ce sujet (c'est ce même texte qui est repris sur le site de l'Académie Française, rubrique *Questions de langue*) :

> « Loc. conj. *Malgré que*. S'emploie dans la langue soutenue avec le verbe *avoir* conjugué au subjonctif. *Malgré que j'en aie*, quelque mauvais gré, si mauvais gré que j'en aie ; contre mon désir ou ma volonté. *Je reconnais les mérites de mon rival, malgré que j'en aie. Elle ne put cacher son dépit, malgré qu'elle en eût.* – **Même si de nombreux écrivains ont employé** *Malgré que* **dans le sens de** *Bien que, quoique*, **il est recommandé d'éviter cet emploi** »
> (*Dictionnaire de l'Académie française*, 9e édition, 1992– ; la mise en relief est de l'auteur).

L'Académie française continue ainsi de rejeter l'emploi de *malgré que* comme locution conjonctive, tout en reconnaissant l'extension de ses emplois dans la langue littéraire. Cette recommandation est reprise dans *Le français correct* : « même si le tour s'est installé dans l'usage littéraire (avec des subjonctifs imparfaits) [...] *Malgré que* s'emploie, dans la langue soignée, uniquement avec *avoir* au subjonctif : *malgré que j'en aie* » (Grevisse/Lenoble-Pinson ^{6}2009, 417, §1234). C'est également la position qu'on trouve dans le *Dictionnaire Larousse*, entièrement accessible en ligne et destiné au grand public. Tout en signalant que la locution, suivie du subjonctif, est « aujourd'hui courante », le *Larousse* propose (dans la rubrique

Difficultés) de lui préférer une autre construction : « Dans l'expression soignée, en particulier à l'écrit, préférer *bien que* ou *quoique*, ou tourner la phrase autrement : *bien qu'il fasse froid, il sort en veste ; il sort en veste malgré le froid* », du fait qu'« elle reste critiquée, quoiqu'elle ait été employée par de grands auteurs » (*Dictionnaire Larousse* en ligne). Ces propositions de reformulation donnent cependant à voir les deux paradigmes de choix possibles que nous avons évoqués en introduction pour *malgré que*, entre le choix pour une autre locution conjonctive, ou le choix pour une autre construction de *malgré*.

On voit ici s'installer le paradoxe normatif : la locution existe, se répand, et est même employée par de « grands auteurs » (les « grands auteurs » étant depuis le 16e siècle et les premières grammaires du français, puis en particulier Vaugelas, réputés pour être les utilisateurs les plus exemplaires du bon usage), pourtant, on continue de perpétuer les critiques à son encontre, parfois en se faisant porteur de l'injonction, comme ci-dessus, parfois simplement en rappelant qu'elle a été critiqué par « les puristes », sans prendre explicitement parti. Dans ce cas, on peut considérer que le simple fait de mentionner la locution est alors déjà une marque de reconnaissance en soi, mais rares sont les auteurs à ne pas mentionner au moins les critiques à son encontre (cf. par exemple le TLFi ; Wilmet ^{3}2003 ; mais Le Goffic 1993 inclut la locution dans ses tableaux, sans commentaire particulier). Encore plus rares sont les ouvrages à prendre explicitement sa défense. Parmi ceux-ci, on observe deux types de justification : soit sa conformité au système de la langue, cf. Hanse (1949, 423) : « *Malgré* est devenu depuis des siècles une préposition devant un nom ou un pronom [...], puis il s'est employé devant une proposition ; il n'est pas plus anormal d'employer *malgré que* à côté de *malgré* que d'employer *avant que* ou *après que* à côté d'*avant* ou *après* » ; ou plus récemment Riegel/Pellat/Rioul (^{3}1994, 513) : « en réalité, *malgré que*, en face de la préposition *malgré* + GN est parfaitement intégré au système grammatical », ou encore Morel (1996, 28s.) : « La création de la conjonction de subordination *malgré que* n'a pourtant rien pour surprendre, vu qu'elle est conforme au système du français qui s'est créé un grand nombre de conjonctions à partir des prépositions, en y ajoutant le subordonnant *que* », soit l'extension de ses emplois, et on peut, à ce titre, mesurer l'évolution entre les grammaires, encore plus visible entre la première et la quinzième édition du *Bon Usage* :

> « *Malgré que* s'emploie de nos jours couramment au sens de 'bien que' ; la tournure est surtout propre au langage familier, mais elle est en train de pénétrer dans la littérature » (Nyrop 1930, vol. 6, §157).

> « Toutefois on observera que cette locution – employée très fréquemment dans la langue familière – pénètre de plus en plus dans la langue littéraire [...] » (Grevisse 1936, 579).

> « MALGRÉ QUE s'emploie correctement, non seulement dans l'expression *malgré que j'en aie* [...] mais aussi comme synonyme de *bien que*, avec le subjonctif. Ce dernier emploi a été fort critiqué par les puristes et est même condamné sans appel par les grammairiens Le Bidois [sic]. Il faut cependant reconnaître que le tour est entré dans le meilleur usage, puisqu'on le trouve sous la plume d'écrivains nombreux et excellents [...]. L'Office de la langue française a hésité à donner son approbation à cet emploi. Il faut, me semble-t-il, bannir tout scrupule et s'incliner devant l'accomplissement d'une évolution nouvelle »
>
> (Hanse 1949, 423).

> « *Malgré que* a peut-être appartenu d'abord à l'usage populaire. La locution n'a plus ce caractère, comme le montrent les ex. suivants (où l'on remarquera les subjonctifs imparfaits ou plus-que-parfaits), qui font fi de la résistance des puristes »
>
> (Grevisse/Goosse ^{15}2011, 1563–1565).

Parallèlement à cette exclusion par la norme en dépit de l'usage, on voit apparaître dans certains textes la mention de l'emploi de *malgré que* restreint à un registre particulier, celui de la « langue familière » ou « l'usage populaire », parfois accompagnée par la mention du fait que l'extension des emplois de la locution l'amène à se détacher de ces registres (cf. par exemple la citation de Grevisse/Goosse ^{15}2011 ci-dessus). Cependant, ce trait est bien présent pour d'autres grammaires :

> « Malgré que – il faut mettre à part le tour figé : *malgré que j'en aie, malgré qu'il(s) en ai (en)t* – est populaire ; dans la langue littéraire (Aragon, Apollinaire, Gide, qui l'a défendue dans son *Journal*), c'est un effet le plus souvent » (Chevalier et al. 2002, 134).

Gide, cité dans le *Grand Robert de la langue française* (2016, en ligne), prend la défense de *malgré que*, en la justifiant notamment par l'existence d'une différence sémantique entre *malgré que* et *bien que* :

> « J'ai écrit avec Proust et Barrès, et ne rougirai pas d'écrire encore : malgré que, estimant que, si l'expression était fautive hier, elle a cessé de l'être. Elle ne se confond pas avec bien que, qui n'indique qu'une résistance passive ; elle indique une opposition »
>
> (Gide, *Incidences, Lettre à P. Souday*, 13 oct. 1923, cité par *Le Grand Robert de la langue française* 2016, en ligne).

Cette justification sémantique de l'existence des deux locutions, qu'on peut comparer à la justification spontanée des locuteurs de la variation contemporaine entre *à* et *de* dans la construction du complément du nom (qu'on retrouve dans le *Grand Robert*) demanderait d'être explorée davantage, et pourrait constituer un indice de changement.

Sur internet, les discussions autour de *malgré que* employé comme locution conjonctive sont toujours d'actualité. On peut le voir à travers les nombreux articles de blogs ou forums consacrés à cette locution, qui signalent en grande majorité cet emploi comme fautif, comme le montre le titre explicite de cet article dans le forum du Figaro.fr, rubrique *Langue française* : « ‹ Malgré que › : ne faites plus la faute ! », publié le 6 mai 2017 (cf. LeFigaro.fr). La recherche dans le corpus *Europresse* a également permis de relever un exemple de ce type d'article dans la presse française, dans lequel l'auteur rappelle la défense de Gide pour l'emploi de la locution *malgré que*, mais conclut toutefois sur la recommandation de l'Académie Française d'éviter cet emploi (Alain Feutry, article « Malgré que », *Le Figaro*, publié le 10 septembre 2004). Ces articles et discussions sur internet peuvent être assimilés à ce que Siouffi et al. (2012) qualifient de « remarqueurs modernes », qui peuvent servir de mesure à l'émergence de formes linguistiques sur une diachronie courte et contemporaine (Siouffi et al. 2012). Dans le cas de *malgré que*, les premières attestations sont peut-être déjà trop anciennes pour qu'on puisse toujours parler d'usage émergent, mais ces discours sur la langue, même s'ils sont négatifs, contribuent à montrer la diffusion de cet usage.

Comme nous l'avons vu, l'extension des emplois de *malgré que*, preuve de la *diffusion* du changement, bien que reconnu par les puristes, ne suffit toutefois pas, selon eux, à justifier son *acceptation*, malgré la défense de la locution par certains auteurs.[8] On retrouve ici l'illustration typique du lien entre l'usage et la norme, la norme (et la grammatisation en général) pouvant jouer un rôle dans l'évolution et ralentir les changements, et être plus lente à entériner les évolutions qui sont déjà bien installées dans l'usage.

On pourrait penser que cette norme est spécifique au français de France, mais l'Office québécois de la langue française, tout en donnant *malgré que* comme « souvent employée, dans la langue courante, pour exprimer la concession » recommande également d'éviter son emploi dans le style soutenu, au prétexte que « [m]ême si on la trouve dans les textes de grands écrivains, cette locution est critiquée par de nombreux grammairiens » (*Banque de dépannage linguistique*, consultée en juillet 2017). On remarquera cependant que les ouvrages de référence belges (*Le Bon usage* par ex., ou encore Hanse 1949) semblent plus tolérants que les ouvrages français (cf. par ex. la grammaire Larousse de Chevalier et al. 2002, et le *Dictionnaire de l'Académie Française*, 9e édition).

À la lecture de ces différents ouvrages, on a ainsi le sentiment d'une forme qui est *en train d'arriver et de se diffuser* depuis plusieurs décennies voire plusieurs siècles. L'étiquette normative « familier », qui pourrait être la sphère

---

[8] On pourrait comparer ce rejet avec celui qu'a connu la locution *pour que*, également critiquée à ses débuts. On citera en ce sens Nyrop (1930, vol. 6, §157, cité également dans Grevisse 1936) : « pourtant les puristes n'ont pas manqué de protester contre ce néologisme bien innocent, qu'ils ont qualifié de ‹ lourd barbarisme qui a les deux vices rédhibitoires, la laideur et l'inutilité ›, et qu'ils ont relégué à la ‹ langue de concierge › ! L'histoire se répète constamment, et l'accueil réservé aux néologismes est toujours le même ».

d'origine de la locution, loin de disparaître, semble cependant se renforcer en « populaire ». Ainsi, la variante *malgré que*, loin de devenir une variante « invisible », reste une « variante stigmatisée » (Barra-Jover 2009).

4.2 *À cause que*

Comme nous l'avons vu sous 2, la locution *à cause que* est attestée à date bien plus ancienne que ne l'est *malgré que*. Dans *Le Grand Corpus des grammaires françaises, des remarques et des traités sur la langue (XIVᵉ–XVIIᵉ s.)* (Colombat et al. 2011) on en trouve de nombreuses attestations, en usage comme en mention, parmi les conjonctions ; par ex. chez Chiflet (1659), ou comme glose de *par ce que* dans les *Observations de l'Académie Françoise* [Thomas Corneille] (1704) : « Pour escrire purement & sans équivoque, il ne faut jamais se servir de *par ce que*, que dans le sens de *à cause que*, ou du *quia* des Latins » (*Observations de l'Académie Françoise sur les Remarques de M. de Vaugelas* [Thomas Corneille], Paris, Coignard, 1704, 105 ; Colombat et al. 2011). La locution apparaît dans le *Dictionnaire de l'Académie française* dans sa 4ᵉ édition (1762), 6ᵉ édition (1832–1835), et c'est seulement dans la 8ᵉ édition (1932–1935) qu'on voit apparaître en fin d'article « Il a vieilli ». L'étiquette « vieilli » est repris cette fois en tête d'article, comme caractérisation, dans la 9ᵉ édition (1992–). On retrouve cette caractéristique dans le TLFi, le *Grand Robert* (2016, en ligne), ou encore dans Grevisse (1936). La locution n'apparaît simplement pas dans le *Larousse* (en ligne) ni chez Le Goffic (1993) ou Riegel/Pellat/Rioul (³1994). Selon Picoche/Marchello-Nizia (⁵1998, 331), la locution, courante au 16ᵉ siècle, paraît vieillie dès le 17ᵉ siècle. Grevisse/Goosse (¹⁵2011) la donnent comme courante aux 16ᵉ et 17ᵉ siècles, plus rare au 18ᵉ siècle, et « donnée comme vieillie depuis Bescherelle (1845) ».

De locution « vieillie », elle prend l'étiquette « familier » ou « populaire », et commence à être dépréciée explicitement, bien que Littré ait essayé de prendre sa défense, comme le décrit Hanse (1949, 157)[9] :

> « L'emploi de cette locution n'était pas rare à l'époque classique. Elle a été l'objet d'une désaffection dans la suite et a été considérée comme familière ou même populaire. Certains écrivains l'ont cependant reprise, et parfois même par archaïsme, pour faire distingué. Littré ne craignait pas d'écrire : « elle doit être conservée, étant appuyée par de bons auteurs, et, dans certains cas, d'un emploi préférable à parce que. » On ne peut donc la considérer comme incorrecte, mais elle parait aujourd'hui un peu étrange. Mieux vaut l'éviter »
> (Hanse, 1949, 157).

---

9 Elle est pourtant citée parmi les locutions en usage chez Nyrop (1930, vol. 6, § 155, 163) sans caractérisation spécifique.

Le trait familier ou populaire est la caractéristique principale de la locution chez Wilmet (³2003) ou encore chez Chevalier et al. (2000), pour qui « [c]ette même langue familière ne répugne pas aux expressions archaïques ». Grevisse/Goosse (¹⁵2011) qualifient son emploi de « régional » : « *à cause que* est resté vivant à Paris (comme pop.) et dans diverses régions (notamment au Québec) ». La *Banque de dépannage linguistique* de l'Office du Québec signale en effet son maintien dans « la langue populaire » et recommande d'éviter son emploi « dans un registre neutre ou soutenu ».

Cette étiquette « familier » n'est cependant peut-être pas particulièrement récente : on a pu relever chez La Touche [1696] (1730) à l'article *à cause que* : « Cette Conjonction n'est guère que du style familier. L'Acad. n'en distingue point l'usage » (Colombat et al. 2011).

Dans un article paru dans le *Figaro* en 1998, Alain Feutry répond aux remarques de lecteurs en prenant la défense de l'emploi de *à cause que* :

> « Certains lecteurs m'ont interrogé sur la locution conjonctive « à cause que », utilisée dans une chronique relative aux commentaires sportifs (cf. Le Figaro du 9 janvier 1998). Du fait de sa relative lourdeur, on usera modérément de cette tournure. Mais pourquoi s'en priver ? Les mots ont une couleur. *À cause que* a une couleur différente de *parce que* ou d'*attendu que* » (Alain Feutry, article *À cause que*, *Le Figaro*, publié le 27 mars 1998).

On peut voir dans cet article, datant déjà d'une vingtaine d'années, la présence sous-jacente du « remarqueur moderne » (Siouffi et al. 2012) non pas dans l'auteur de l'article, mais bien dans la remarque des lecteurs à laquelle l'article répond. Cette remarque ne concerne pas la mention d'un usage émergent, mais plutôt l'émergence du jugement des locuteurs, reléguant l'emploi de *à cause que* à un usage considéré comme fautif ou familier. C'est ce jugement des locuteurs que nous allons étudier dans la partie suivante.

5 Jugement des locuteurs

Nous avons pu confronter ces recherches au jugement des locuteurs, grâce aux enquêtes menées dans le cadre du projet *Le Français de nos Régions* (Avanzi et al. 2016). Dans la première enquête du projet (« Euro1 »), qui a rassemblé plus de 10.000 participants, il était demandé de donner la réponse la plus proche de son usage quotidien, dans un cadre familier. Il ne s'agissait donc pas de production naturelle, mais du sentiment linguistique du locuteur, de ce qu'il considère comme relevant de sa pratique. Pour la locution *malgré que*, le contexte donné était « Marie avait prévu d'aller faire un tour de vélo, mais il pleut. Elle est têtue. Cela veut dire », suivi de trois choix possibles (les réponses multiples étant autorisées) : « Malgré la pluie, elle va aller faire un tour de vélo / Malgré qu'il pleut, elle va aller faire un tour de vélo / Malgré qu'il pleuve, elle va aller faire un tour de vélo ». Pour la locution *à cause que*, le contexte donné était « Ce printemps, votre facture d'électricité a été moins élevée que l'année précédente, *à cause qu'il n'a pas fait très froid cet hiver* », et les participants devaient déclarer la fréquence d'emploi à laquelle ils pensaient utiliser l'expression, sur une échelle allant de 0 (jamais) à 10 (souvent).

Nous avons représenté dans la Figure 2 les pourcentages d'acceptation des locutions de l'enquête, par tranche d'âge et par pays.[10] Pour *malgré que*, le champ « locution » concerne les participants déclarant utiliser la locution conjonctive, que ce soit avec indicatif ou subjonctif,[11] à côté de la construction prépositionnelle ou non (les trois choix pouvant être cochés simultanément). Le champ « préposition » est donc la proportion de participants ayant déclaré utiliser uniquement la construction prépositionnelle, en d'autres termes, ceux qui ont déclaré ne pas avoir la locution conjonctive dans leur usage de la langue. Pour *à cause que*, nous avons compté sous « Non » les participants ayant déclaré une fréquence zéro pour l'emploi de la locution, et sous « Oui » ceux qui ont déclaré une fréquence supérieure à zéro.

On voit dans la Figure 2 que les deux locutions restent globalement peu acceptées par les locuteurs. Les moins de 20 ans semblent les accepter davantage, avec une différence de près de 15% dans les deux cas. L'effet de l'âge paraît encore plus présent pour *malgré que* (on est à un seuil de 50% pour les moins de 20 ans, puis autour de 38% pour les 20–29, et il descend encore autour de 30% pour les classes d'âge suivantes). Lors des manipulations des données recueillies, mon collègue Mathieu Avanzi et moi avons en effet pu constater une corrélation : plus le participant est âgé et plus il a un diplôme élevé, moins il déclare utiliser la locution *malgré que*. De même, on voit dans les graphiques une différence de proportion d'acceptation entre les pays, les participants français étant ceux qui ont déclaré le moins accepter ces locutions. Mes étudiants avancés de linguistique éduqués en France interrogés à ce sujet (promotion de master 2016–2017 à Strasbourg) ressentent très fortement ce rejet pour ces formes, alors que les étudiants étrangers du même groupe, ayant appris le français comme langue étrangère, déclarent avoir appris *malgré que* au même titre que d'autres locutions conjonctives.

---

[10] Nous présentons ici les données pour les deux paramètres de variation (âge/pays d'origine) qui nous paraissent les plus pertinents à titre illustratif. Une étude statistique multivariée complète, prenant en compte tous les paramètres de variation qui font l'objet de l'enquête, est actuellement en cours. Elle permettra de déterminer quels sont les facteurs prédictifs significatifs.

[11] L'emploi de *malgré que* semble toutefois beaucoup plus accepté sous la forme « malgré qu'il pleuve », c'est-à-dire suivi du subjonctif : trois fois plus de gens ont déclaré accepter la forme suivie du subjonctif que ceux ayant déclaré accepter la forme suivie de l'indicatif.

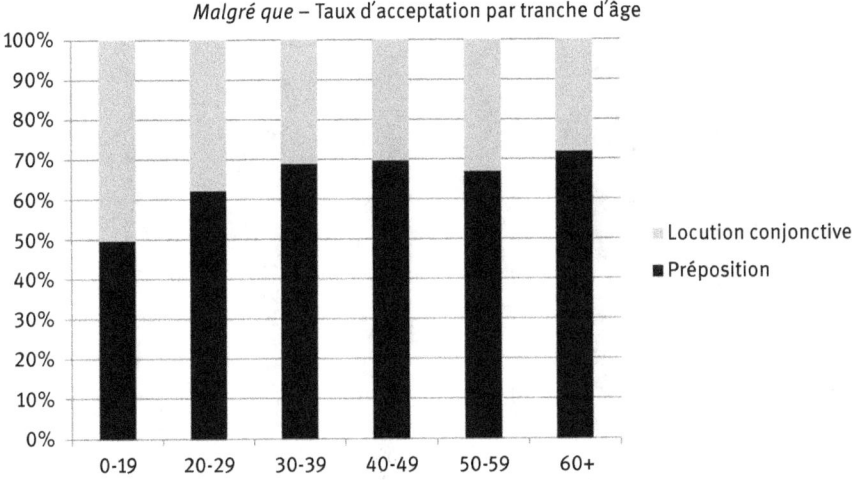

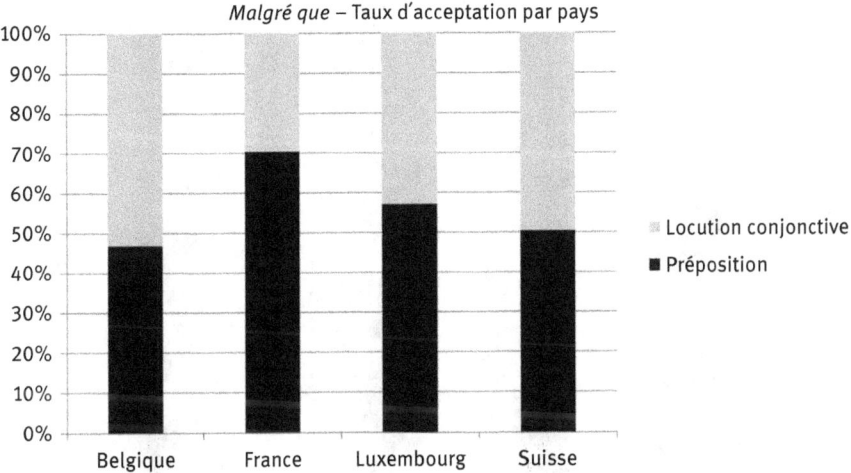

Fig. 2 : Pourcentage d'acceptation des locutions par âge et par pays dans les enquêtes *Le Français de nos Régions*.

6 Conclusion

Nous avons pu voir que, bien que toutes deux aujourd'hui également stigmatisées comme « populaires » ou « familières », nos deux locutions connaissent un parcours bien différent. La locution *à cause que* était commune et non marquée aux 16e et 17e siècles, mais connaît depuis une diminution de ses emplois et un glissement vers la langue familière, où elle se maintient. D'une manière très différente,

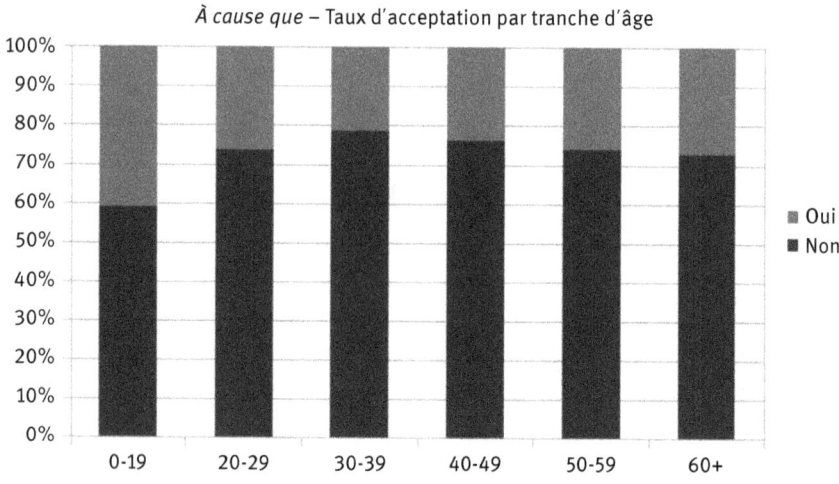

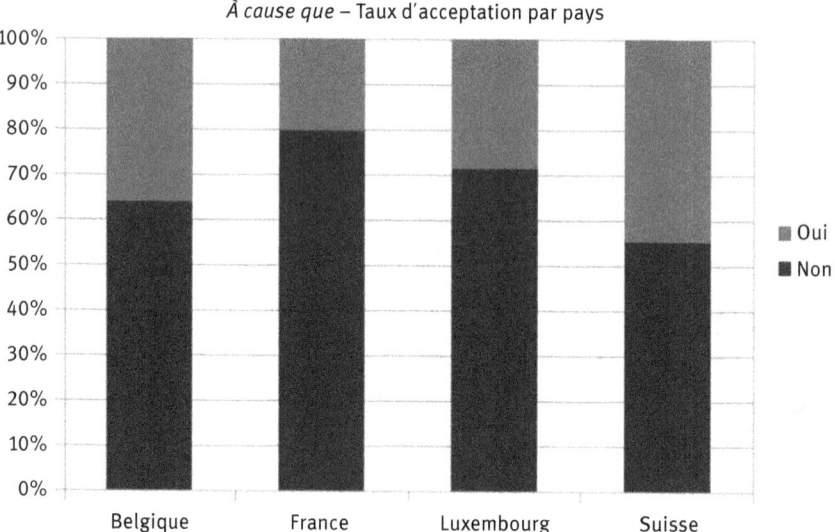

Fig. 2 (suite)

les emplois de *malgré que* se développent progressivement depuis le 18e siècle, mais la locution reste fortement rejetée par la norme et l'éducation scolaire.

À travers l'étude de ces deux locutions, nous avons pu observer le rapport tendu entre la norme et l'usage, et constater, encore au 21e siècle, le poids de la norme sur le jugement des locuteurs. Cette norme, bien qu'allant dans le même sens, semble être tout de même différente selon les pays observés. En France, la conscience linguistique de la norme imprègne fortement les locuteurs.[12] Le discours normatif n'arrive pas à éliminer l'emploi de ces locutions (c'est encore plus vrai pour *malgré que*, *à cause que* ayant, au contraire, subi une désaffection malgré sa défense par Littré), mais elles semblent parvenir cependant à maintenir leur stigmatisation. Plusieurs paramètres peuvent être évoqués pour expliquer le maintien de ces formes. Tout d'abord, l'existence parallèle d'une construction prépositionnelle (*malgré* et *à cause de*), d'emploi courant, peut expliquer le maintien des formes conjonctives. Ensuite, en tant que locutions correctement formées selon des patrons morphologiques existants dans la langue, elles font partie des possibilités du système de la langue (Verjans 2014). Enfin, on pourrait supposer un possible parallèle qui se serait créé entre *bien que* et *malgré que* sur le jeu d'une opposition *bien/mal* (même si *bien que* n'a pas d'équivalent prépositionnel), mais qui reste à vérifier.

Ainsi, c'est finalement leur intégration dans différents paradigmes, à la fois morphologique, syntaxique, sémantique et lexical, qui permettrait leur maintien. L'étude sur corpus menée ici pourra ainsi être complétée par une étude comparative corrélée aux choix offerts dans les différents paradigmes possibles. De même, dans les enquêtes sur le jugement des locuteurs, on pourrait également demander non pas de choisir entre les différentes constructions de *malgré*, mais plutôt entre les locutions *bien que* et *malgré que*, et voir si les résultats auraient été différents.

7 Bibliographie

7.1 Sources et dictionnaires

Banque de dépannage linguistique, Office québécois de la langue française.
    <https://www.oqlf.gouv.qc.ca/ressources/bdl.html> [dernière consultation : 10.05.2018].
BFM = *Base de Français Médiéval*, Lyon, École Normale Supérieure de Lyon, Laboratoire IHRIM, 2016. <http://txm.bfm-corpus.org> [dernière consultation : 10.05.2018].
Branca-Rosoff, Sonia/Fleury, Serge/Lefeuvre, Florence/Pires, Matthew, *Discours sur la ville. Présentation du Corpus de Français Parlé Parisien des années 2000 (CFPP2000)*, 2012. <http://cfpp2000.univ-paris3.fr/CFPP2000.pdf> [dernière consultation : 10.05.2018].

---

12 Étant moi-même un produit de l'école française, je me souviens encore de mon incompréhension, à l'âge de treize ans, face à la correction de mon enseignante, sans autre explication, de cette forme *malgré que*, dans laquelle je ne voyais pas de faute, et, pourtant, je ressens aujourd'hui un choc à la lecture de cette locution dans un texte et je la corrige dans les copies de mes étudiants.

CFPP2000 = *Corpus de Français Parlé Parisien des années 2000*. <http://cfpp2000.univ-paris 3.fr/> [dernière consultation : 10.05.2018].

Dictionnaire de l'Académie française, 4ᵉ édition, 1762. Version informatisée ARTFL Project, The University of Chicago/ATILF, 2001. <http://artfl.atilf.fr/dictionnaires/ACADEMIE/QUA TRIEME/quatrieme.fr.html> [dernière consultation : 10.05.2018].

Dictionnaire de l'Académie française, 6ᵉ édition, 1832–1835. Version informatisée ARTFL Project, The University of Chicago/ATILF, 2001. <http://artfl.atilf.fr/dictionnaires/ACADE MIE/SIXIEME/sixieme.fr.html> [dernière consultation : 10.05.2018].

Dictionnaire de l'Académie française, 8ᵉ édition, 1932–1935. Version informatisée, Nancy, CNRS/ATILF. <http://cnrtl.fr/definition/academie8/> [dernière consultation : 10.05.2018].

Dictionnaire de l'Académie française, 9ᵉ édition, 1992–. Version informatisée, Nancy, CNRS/ATILF. <http://cnrtl.fr/definition/academie9/> [dernière consultation : 10.05.2018].

Dictionnaire Larousse. Version informatisée. <http://www.larousse.fr/dictionnaires/francais-monolingue> [dernière consultation : 10.05.2018].

Dictionnaire Le Grand Robert de la langue française 2016. Version informatisée. <http://grand-robert.lerobert.com/> [dernière consultation : 10.05.2018].

Europresse = Base de données *Europresse*. <http://www.europresse.com/> [dernière consultation : 10.05.2018].

Frantext = Base textuelle *Frantext*, Nancy, CNRS/ATILF. <http://www.frantext.fr/> [dernière consultation : 10.05.2018].

Grand Corpus des grammaires françaises, des remarques et des traités sur la langue (XIVᵉ– XVIIᵉ s.), sous la direction de Bernard Colombat, Jean-Marie Fournier, Wendy Ayres-Bennett, Paris, Classiques Garnier, 2011.

LeFigaro.fr = *« Malgré que » : ne faites plus la faute !*, article publié le 6 mai 2017. <http://www.lefigaro.fr/langue-francaise/expressions-francaises/2017/05/06/37003-20170506ARTFIG00005-malgre-que-ne-faites-plus-la-faute.php> [dernière consultation : 10.05.2018].

TLFi = *Trésor de la Langue Française informatisé*. Version informatisée, Nancy, CNRS/ATILF, 1971–1994. <http://cnrtl.fr/definition/> [dernière consultation : 10.05.2018].

7.2 Études

Avanzi, Mathieu/Barbet, Cécile/Glikman, Julie/Peuvergne, Julie, *Présentation d'une enquête pour l'étude des régionalismes du français,* in : *Actes du 5ᵉ Congrès Mondial de Linguistique Française*, SHS Web of Conferences 27 (2016), 03001. <https://doi.org/10.1051/shsconf/20162703001> [dernière consultation : 10.05.2018].

Barra-Jover, Mario, *Des variantes invisibles à la fragmentation des langues romanes*, Recherches linguistiques de Vincennes 38 (2009). <https://journals.openedition.org/rlv/1784> [dernière consultation : 04.01.2019].

Bertin, Annie, *L'expression de la cause en ancien français*, Genève, Droz, 1997.

Chevalier, Jean-Claude/Blanche-Benveniste, Claire/Arrivé, Michel/Peytard, Jean, *Grammaire du français contemporain*, Paris, Larousse, 2002, ¹1964.

Grevisse, Maurice, *Le bon usage*, Gembloux, Duculot, 1936.

Grevisse, Maurice/Goosse, André, *Le bon usage*, Bruxelles, De Boeck Duculot, ¹⁵2011.

Grevisse Maurice/Lenoble-Pinson, Michèle, *Le français correct*, Bruxelles, De Boeck Duculot, ⁶2009 (réimpression 2012).

Hanse, Joseph, *Dictionnaire des difficultés grammaticales et lexicologiques*, Paris/Bruxelles, Baude, 1949.

Le Goffic, Pierre, *Grammaire de la phrase française*, Paris, Hachette, 1993.

Martin, Robert/Wilmet, Marc, *Syntaxe du moyen français*, Paris, Éditions Bière, 1980.

Ménard, Philippe, *Syntaxe de l'ancien français*, Paris, Éditions Bière, ⁴1988 (réimpression 1994).

Morel, Mary-Annick, *La concession en français*, Paris, Ophrys, 1996.

Nyrop, Kristoffer, *Grammaire historique de la langue française*, vol. 6 : *Syntaxe. Particules et verbes*, Copenhague, etc., Gyldendal, etc., 1930 (réimpression Genève, Slatkine, 1979).

Picoche, Jacqueline/Marchello-Nizia, Christiane, *Histoire de la langue française*, Paris, Nathan, ⁵1989.

Riegel, Martin/Pellat, Jean-Christophe/Rioul, René, *Grammaire méthodique du français*, Paris, Presses Universitaires de France, ³1994 (réimpression 2004).

Siouffi, Gilles/Steuckardt, Agnès/Wionet, Chantal, *Comment enquêter sur les diachronies courtes et contemporaines ?*, in : *Actes du 3ᵉ Congrès Mondial de Linguistique Française*, SHS Web of Conferences 1 (2012), 215–226. <https://doi.org/10.1051/shsconf/20120100214> [dernière consultation : 10.05.2018].

Soutet, Olivier, *La concession en français. Des origines au XVIᵉ siècle*, Genève, Droz, 1990.

Soutet, Olivier, *Études d'ancien et de moyen français*, Paris, Presses Universitaires de France, 1992 (= 1992a).

Soutet, Olivier, *La concession dans la phrase complexe en français des origines au XVIᵉ siècle*, Genève, Droz, 1992 (= 1992b).

Verjans, Thomas, *Système de possibilités et changement linguistique*, in : Ayres-Benett, Wendy, et al. (edd.), *Histoire du français. État des lieux et perspectives*, Paris, Classiques Garnier, 2014, 305–320.

Wilmet, Marc, *Grammaire critique du français*, Bruxelles, Duculot, ³2003.

Pierre Larrivée
Contextes promoteurs et émergence des questions *in situ* en français

Résumé : Le but de ce travail est de rendre compte de l'émergence diachronique des interrogatives partielles *in situ* en français. L'origine des interrogatives du type *Paul a parlé à qui ?* est en effet mal repérée. Le balayage de corpus littéraires et non-littéraires depuis les époques les plus anciennes montre que hormis des exemples isolés au 15e siècle, c'est au 18e siècle que l'*in situ* s'établit, et non pas dans les sources vernaculaires, mais dans l'oral représenté des textes littéraires. L'oral représenté de ces textes atteste en outre des constructions dites « interrogations retardées » (identifiées par les Le Bidois 1967, 362 ; de type *Paul en a parlé ; à qui ?*) dont le taux est plus important et qui apparaissent plus précocement que les *in situ*. Ces interrogations retardées semblent promouvoir l'émergence des *in situ*. Il s'agit donc non seulement de fixer la chronologie, mais aussi de situer l'origine sociale du phénomène, et d'en documenter un contexte promoteur.

Mots-clés : interrogation, questions partielles, *in situ*, contextes promoteurs, diachronie

1 Introduction

On le sait, la variation affecte tous les aspects du langage. Les paradigmes grammaticaux n'y échappent pas, et parmi eux l'interrogation retient l'attention. L'interrogation en français (cf., *inter alii*, Coveney 1989 ; 2002 ; Elsig 2009) est en effet caractérisée par un ensemble étoffé de variantes, à ne considérer que l'interrogation partielle où la demande d'information concerne un élément de la phrase (*Qui Paul a-t-il vu ?*) plutôt que l'interrogation totale mettant en débat la phrase elle-même (*Paul l'a-t-il vu ?*) (sur certains aspects de la diachronie des questions totales, cf. notamment Hansen sous presse). Des réalisations de ces variantes sont illustrées par de Boer (1926) et Gadet (1997) :

(1) Où est-ce que ton père va ?
(2) Où que ton père va ?
(3) Où ton père va-t-il ?

Pierre Larrivée, Université de Caen Normandie

https://doi.org/10.1515/9783110541816-005

(4) Ton père va où ?
(5) Où c'est que ton père va ?
(6) Où c'est-il que tu vas ?
(7) Où que c'est que ton père va ? (de Boer 1926, 322–333)
(8) Quand venez-vous ?
(9) Quand est-ce que vous venez ?
(10) Vous venez quand ?
(11) Quand vous venez ?
(12) Quand que vous venez ?
(13) Quand que c'est que vous venez ?
(14) Quand c'est que vous venez ?
(15) Quand c'est que c'est que vous venez ?
(16) Quand que c'est que c'est que vous venez ?
(17) Vous venez quand est-ce ?
(18) Vous venez quand ça ? (Gadet 1997, 7s.)

C'est la variante *in situ* de l'interrogation partielle (*Paul a vu qui ?*) qui m'intéresse dans ce travail.[1] Je ne parle pas des questions partielles doubles qui forcent un des interrogatifs à rester *in situ* – dans *Quand y retournerez-vous ? – Quand retournerai-je où ?* (cité par Blinkenberg 1928, 238 ; Le Bidois/Le Bidois 1967, 362, §645), contrairement à ce qui se passe dans une langue comme le bulgare où deux interrogatifs partiels peuvent se trouver en position initiale de la phrase, ou en japonais où deux interrogatifs partiels restent *in situ*. L'interrogation partielle *in situ* fait l'objet d'une attention soutenue dans la littérature scientifique depuis qu'on a cherché à caractériser la contribution qui la distingue de l'interrogation partielle avec pronom initial en termes pragmatiques (cf. Obenauer 1994 ; Cheng/Rooryck 2000). Cependant, beaucoup moins d'attention a été accordée à sa diachronie. La question demeure donc de savoir quand l'*in situ* émerge, et dans quelles conditions.

Le but de cet article est de rendre compte de l'émergence diachronique de l'interrogative partielle *in situ*. C'est ce que je me propose de faire par le truchement de l'étude de sources diverses et de corpus variés reflétant à la fois les pratiques vernaculaire et normée. Je procède de façon chronologique dans la première section, en rapportant mes multiples tentatives d'attester les premiers emplois de l'*in situ*, qui se manifestent avec le 18ᵉ siècle essentiellement dans l'oral représenté de textes littéraires (sur cette notion, entre beaucoup

---

[1] Je remercie les relecteurs de ce travail et les éditeurs du volume pour leur soutien scientifique éclairé.

d'autres études, cf. Guillot et al. 2014). C'est là qu'on identifie l'usage concourant de l'interrogation dite « retardée » (*Paul en a parlé ; à qui ?*) dont j'évalue le rôle pour le développement de l'*in situ* dans la section subséquente. L'importance des résultats est résumée dans la discussion finale.

2 L'émergence diachronique des *in situ*

C'est peu dire que d'affirmer que peu d'attention a été portée aux origines et aux conditions de l'émergence de l'*in situ*. La seule prise de position substantielle sur le sujet est celle d'Éric Mathieu (2009), que je cite *in extenso*.

> « Avant de conclure cette section, je voudrais apporter des exemples à l'hypothèse que j'ai proposée plus haut et selon laquelle les mots interrogatifs *in situ* français se sont développés bien plus tôt qu'il est généralement admis (cf. par ex. la citation au début de cet article, « *Hé ! La France, ton français fout le camp !* » [...]). On trouve un premier exemple dans la littérature dès 1784 [...]. La littérature étant bien plus conservatrice que l'usage oral de la langue, on peut donc s'attendre à ce que les questions partielles *in situ* aient été utilisées bien avant Diderot (tous les exemples cités qui suivent dans le texte sont tirés de *Frantext*). – L'existence de tels exemples démontre que la construction QU *in situ* en français n'est pas un réflexe récent, mais plutôt une conséquence de la progression de l'accent final à partir du 12e siècle » (Mathieu 2009, 53).

L'exemple auquel se réfère l'auteur est le suivant :

- Bordeu. [...] c'est la raison et la comparaison qui s'ensuivent nécessairement de toutes ces impressions qui font la pensée et le raisonnement.
- Mademoiselle De L'Espinasse. Et cette comparaison se fait **où** ?
- Bordeu. À l'origine du réseau.
- Mademoiselle De L'Espinasse. Et ce réseau ?
- Bordeu. N'a à son origine aucun sens qui lui soit propre : ne voit point, n'entend [...]
(Diderot, *Le Rêve de d'Alembert* (1784) ; cité dans Mathieu 2009, 53 ; emphase de Mathieu).

Mathieu pose ainsi que l'*in situ* en français remonte à une période antérieure à la première attestation qu'il a trouvée dans *Frantext* datant du dernier quart du 18e siècle. Cela s'expliquerait par le fait que la construction appartiendrait à une langue vernaculaire n'entrant que tardivement dans la langue littéraire, et dans laquelle l'*in situ* serait motivé par l'émergence de « l'accent final ».

Sous le rapport de l'origine sociolinguistique de la construction, Mathieu (2009) se range à l'avis général des commentateurs du 20e siècle qui estiment que c'est à la pratique vernaculaire, spontanée, non-surveillée qu'appartient la construction.

> « Coveney (1995, 98) concludes after reviewing traditional grammars that an important property of the *wh*-in-situ variant consists in the feature *familier*. Behnstedt (1973) and Valdman (1968, 5) hold the same view » (Adli 2006, 169s., note 6).

> « [...] this construction is marked [low] on the diaphasic dimension. *Wh*-in-situ is a phenomenon restricted to the colloquial *français familier* (or to a lower register like *français populaire*) and is therefore also precluded from written language » (Adli 2006, 170).

> « [...] interrogation de type familier [...] » (Grevisse/Goosse 1993, 592, §383bis).

> « [...] dans la langue parlée familière, il est courant que le mot interrogatif occupe la place de son équivalent dans une phrase énonciative : *Tu pars à QUELLE heure ?* comme *Tu pars à CINQ heures.* On trouve des exemples nombreux dans les dialogues de romans et dans les pièces de théâtre, quel que soit le milieu social représenté [...] »
> (Grevisse/Goosse 1993, 656, §391).

> « Le mot interrogatif peut se trouver à la fin dans le parler négligé [...] »
> (Blinkenberg 1928, 239).

> « Quant à son usage, elle [l'interrogation partielle *in situ*, P.L.] appartient à la conversation courante, mais elle n'a aucun caractère vulgaire. Les gens de la meilleure société s'en servent couramment » (Damourette/Pichon 1911–1939, vol. 4, 310s., §1385).

Ces avis sont certes en décalage avec les résultats des études sociolinguistiques (cf. le tableau synoptique de Coveney 2002, reproduit dans Boucher 2010, 107), qui donnent dans les classes moyennes des taux d'emplois supérieurs à ceux des classes travailleuses (Behnstedt relève 25% face à 12% et Pohl 10,3% par rapport à 8,7%). Quoi qu'il en soit, ils laissent attendre que l'on devrait retrouver la construction dans les sources représentatives du vernaculaire. C'est cette attente que je veux vérifier à l'aide d'une démarche s'appuyant sur la consultation à la fois des études disponibles, des travaux métalinguistiques et des sources primaires pertinentes.

Je signale d'emblée la difficulté qu'il y a à trouver l'interrogative *in situ* dans des textes et des corpus. Les pronoms interrogatifs *qui, que, quoi, quel, lequel, où, quand, comment, combien* ont d'autres emplois (interrogatif indirect, relatif, par ex.) qui gonflent le nombre d'occurrences à examiner. Cet examen est d'autant plus fastidieux que le nombre d'interrogatives partielles *in situ* est faible. Pour le seul *combien*, entre 1500 et 1700, dans Frantext, il y a 8.539 occurrences, et aucune *in situ*. J'ai donc recouru à deux stratégies différenciées selon le type de source.

Pour les corpus, j'ai dû me résoudre à rechercher certaines formes interrogatives directement suivies du point d'interrogation, permettant d'identifier les *in situ* en fin de phrase. (Pour *combien* dans *Frantext*, il y avait neuf de ces co-occurrences, pour aucun *in situ*, ce qui est quand même plus gérable que d'examiner près de 8.600 attestations pour aucun résultat.) Pour les textes numérisés réunis, j'ai fait une recherche exhaustive des points d'interrogation. Quoique cela ne m'ait pas permis de tenir compte du mémoire de Ménétra sans ponctuation dans l'édition de Lodge (inédit), cela a assuré une couverture exhaustive du domaine, et permet de repérer les autres variantes de l'interrogation.

Le parcours historique de l'*in situ* se déroule comme suit. Pour la période ancienne, le phénomène n'est pas relevé dans Kunstmann (1990), qui n'en atteste aucun exemple. (L'auteur me confirme ne pas avoir rencontré la construction, ni dans le corpus de son ouvrage de 1990, ni dans le *Miracles de Notre-Dame par personnages* du 14e siècle.) D'autres variantes sont pourtant attestées à l'époque, comme le doublage interrogatif (*Qui qu'il a vu ?* ; Kunstmann 1990, 100s.), pour lequel, notons-le, est exclue l'idée d'une réduction à partir de *est-ce que* puisque les deux structures co-existent ; et de la question partielle sans inversion (*Qui il a vu ?* ; Kunstmann 1990, 129s.), très souvent en question écho.

De même, le *Grand Corpus des grammaires françaises, des remarques et des traités sur la langue (XIVe–XVIIe s.)* livre 143 résultats contenant le mot-clé « interrogation ». Ils concernent des discussions du point d'interrogation, de l'inversion du sujet, de forclusifs sans *ne*, mais point de l'*in situ*.

Autre lacune, le corpus littéraire *Frantext* n'atteste aucun *comment* postverbal suivi d'un point d'interrogation avant 1700 sur 16.625 occurrences. On pourrait croire que la cause en est l'appartenance de l'*in situ* à une pratique non pas normée mais vernaculaire. C'est pourquoi j'ai procédé à un sondage dans le corpus *Projet Mazarinades* (1644–1660). Celui-ci n'attestait cependant aucun *in situ* dans les 100 premières occurrences de *comment*, malgré la présence de variables vernaculaires comme le -*ti* de l'interrogation totale. J'ai donc poursuivi en examinant des textes que j'avais assemblées pour l'étude du doublage négatif (Larrivée 2014), m'inspirant de l'étude de Martineau/Mougeon (2003), et des textes édités par Anthony Lodge rendus disponibles sur la *Oxford Text Archive* (dont le titre est suivi d'un astérisque dans le tableau suivant). La recherche exhaustive de tous les points d'interrogation me permet de noter l'existence d'autres variables vernaculaires comme le doublage de l'interrogatif partiel (*À qui que Paul parle ?*) et l'absence d'inversion en interrogation totale (*Paul parle à quelqu'un ?*).

Le corpus ne livre aucun exemple. Deux ont été trouvés *a posteriori*, et dans un volume de fabliaux consulté par hasard (De Montaiglon/Raynaud 1878), après que Florence Lefeuvre m'a signalé un cas dans *Pathelin*.

Tableau 1 : *In situ* dans des textes vernaculaires avant 1700.

	interrogation partielle *in situ*	doublage	interrogation totale sans inversion
Fabliaux des XIIIe et XIVe siècles (De Montaiglon/ Raynaud 1878)	–	–	–
Cent nouvelles nouvelles (1462)	–	–	+
Epistre du biau fys de Pazy (1544)*	–	–	–
Héroard, *Journal d'Héroard* (1601–1628) [15 dépouillements d'octobre, novembre et décembre de l'année 8, pp. 151–156 dans l'éd. Foisil 1989]	–	–	–
De Verville, Béroalde, *Le Moyen de parvenir* (1610) [100 premiers points d'interrogation sur 805]	–	–	+
Mazarinades (1644–1660)*	–	–	+
Agréables conférences (1649–1651)*	–	–	+
Le pédant joué (1654)*	–	–	+
Dom Juan (peasant excerpts) (1665)*	–	–	+
Brécourt, *La nopce de village* (1666)*	–	+	–

(19) Ne dois pas parler contre moi.
   Que t'ai-ge dit or me di **quoi** ?
   (*Des deux bordéors ribaux*, 14e siècle)

(20) Pathelin. — Je n'en dois rien ;
   il est payé ; ne vous en chaille.
   Guillemette. — Vous n'aviez denier ni maille.
   Il est payé en **quel** monnaie ?
   Pathelin. — Et par le sang bieu, si [j'en] avais,
   Dame, j'avais un parisis.
   (*La farce de maître Pathelin*, c. 1460)

(21) Jeannette. — Écrivez donc : Faire la pâte,
   Cuire le pain, aller en hâte
   Relever le linge, s'il pleut...
   Jaquinot, interrompant. — C'est trop vite ! Attendez un peu !
   Jeannette. — Bluter.
   Jaquette. — Laver.
   Jeannette. — Sécher.

Jaquette. — Et cuire !
Jaquinot. — Laver **quoi** donc ?
(*La farce du cuvier*, 15ᵉ siècle)

Dans le deuxième cas au moins, la rime justifie l'apparition du groupe interrogatif en position finale. Cela suggère que même si elle n'y est guère attestée, l'*in situ* n'enfreint pas les règles syntaxiques du français ancien.

Ces exemples m'ont encouragé à rechercher les textes vernaculaires après 1700.

Tableau 2 : *In situ* dans des textes vernaculaires entre 1700 et 1900.

	interrogation partielle *in situ*	doublage	interrogation totale sans inversion
Les Sarcellades (1730–1732)*	–	–	+
Vadé, *Les œuvres poétiques* (1750)	–	–	+
Coustellier, *Lettres de Montmartre* (1750)	–	?	+
Sallé, *La vache et le veau* (1756)	–	+	+
Dorvigny, *Le désespoir de Jocrisse* (1800)	–	+	+
d'Ennery, *Paris la nuit* (1842)	–	+	+
d'Ennery, *Bohémiens de Paris* (1843)	–	+	+
Monnier, Henri, *Scènes populaires* (1879) [100 premières pages]	–	+	+
Granger, Eugène, *La consigne est de ronfler* (1896)	–	+	+

Le résultat décevant l'est d'autant plus qu'on sait grâce aux études grammaticales descriptives que l'*in situ* est attestée aux 19ᵉ et 20ᵉ siècles principalement dans les représentations de l'oralité. Les exemples relevés par ces études sont donnés ci-dessous.

(22) Gentil Turco, quant autour de ta boule comme un serpent s'enroule le calicot qui te sert de schako, ce chic exquis par les Turcos acquis ils le doivent à **qui** ? À Bourbaki, à Bourbaki !
(*Chanson des Turcos*, 1859 ; cité par Damourette/Pichon 1911–1939, vol. 4, 311, §1385)

(23) Prends l'éloquence et tords-lui son cou !
Tu feras bien, en train d'énergie,

De rendre un peu la Rime assagie
Si on n'y veille, elle ira jusqu'**où** ?
(Verlaine, *Jadis et naguère*, 1874 ; cité par Blinkenberg 1928, 102)

(24) [...] le voilà qui se laisse engluer par une femme qu'il a péchée **où** ? Je me le demande.
(Huysmans, *Un dilemme*, 1887, p. 249 ; cité par Blinkenberg 1928, 239 ; Le Bidois/Le Bidois 1967, 362, §646)

(25) Et comment s'est-il comporté avec toi ?
– Oh ! il m'a parlé comme si j'avais été son frère
– Oui, je sais, je sais... [...]
– Même, il m'a dit...
Il n'osait plus continuer, à présent, et il baissait la tête.
Il t'a dit **quoi** donc, mon fils ?
(Loti, *Ramuntcho*, 1897, p. 268 ; cité par Grevisse/Goosse 1993, 656, §391)

Les deux premiers se justifient non par une quelconque valeur pragmatique, mais par la rime de la chanson et du poème. Sauf peut-être pour Verlaine, c'est bien l'oralité qui caractérise ces extraits. De même, la mise en scène de la langue de soldats, respectivement de la première et seconde Guerre mondiale, atteste la construction, dans le *Feu* de Barbusse (1916) et dans *La débâcle* de César Fauxbras (2011) :

(26) Lamuse fait partie de ces gens qui comprennent les choses. Il empoigne son bidon qui pend par habitude à son flanc.
– Donnez-m'en un litre. Ce s'ra **combien** ?
(Barbusse, *Le Feu*, 1916, p. 79, *Frantext*)

(27) On est à deux ou trois heures de la route de Béthune, pas, et d'la route, y a **combien** d'heures, dis voir, pour une ambulance où on peut opérer ?
(Barbusse, *Le Feu*, 1916, p. 316, *Frantext*)

(28) Le groupe constatait l'absence de tout :
– L'caoutchouc a fait l'mur, nib de bidoche, et on s'met la ceinture d'électrique.
– Quant au fromgi macache, et pas pu d'confiture que d'beurre en broche.
– On n'a rien, sans fifrer, on n'a rien, et toute la rouscaillure n'y f'ra pas rien.

– Aussi, tu parles d'un cantonnement à la manque ! trois canfouines avec rien d'dans, que des courants d'air et d'la flotte !
– Ça n'sert à rien d'être aux as, ta blanche, c'est comme si t'avais peau d'balle dans ton morlingue, pisqu'y a pas d'marchands.
– Tu s'rais Rotschild ou bien un tailleur militaire, ta fortune servirait à **quoi** ? (Barbusse, *Le Feu*, 1916, p. 206, *Frantext*)

(29) Pour la plupart, nous sommes des Français de fraîche date, des fils d'Espagnols. Au Maroc, le titre d'ancien combattant nous place sur un pied d'égalité avec les Français de naissance, et c'est pourquoi nous avons fait notre possible. Nous ignorions tout de cette France réelle que nous découvrons depuis une semaine, nous croyions que la France de 1940 valait celle de 1918 ... Quelle dégringolade ! ... Chez nous, un Européen, c'était quelqu'un ! ... Après cette déroute, de quoi aurons-nous l'air, aux yeux des indigènes ?
– Pauvre vieux ! ... Tu fais **quoi**, dans le civil, au Maroc ?
(Fauxbras, *La débâcle*, 2011, p. 83)

(30) Tu pourras toujours fermer le bec des dénigreurs en leur disant : « Et toi, tu étais **où**, le 10 mai ? » Là, tu les verras plutôt avoir l'air con, vu que l'homme qui te dénigre parce que t'as été fait prisonnier, lui il n'a donc pas été fait prisonnier, il était planqué ce grand patriote.
(Fauxbras, *La débâcle*, 2011, p. 82)

Il faut donc constater que contrairement aux attentes et à la supposition de Mathieu (2009), ce n'est que tardivement que les textes vernaculaires attestent l'*in situ*. À partir de là, il semblait essentiel d'interroger la base littéraire *Frantext*. L'examen des interrogatifs *qui*, *comment* et *combien* suivis d'un point d'interrogation donnent les résultats suivants.

Tableau 3 : *In situ* dans *Frantext* entre 1700 et 1900.

	18e siècle	19e siècle	Totaux *in situ*	Totaux
qui ?	1	2	3	1409
comment ?	0	1	1	1411
combien ?	0	3	3	112
Totaux	1	6	7	2932

Sur les 1409 *qui ?*, on trouve trois emplois *in situ*.

(31) Sophie. – Il n'est point venu, ma chère cousine.
Nanette. – Il n'est point venu, **qui** ?
(Dancourt [= Florent Carton], *Le Prix de l'arquebuse*, 1717, p. 241, *Frantext*)

(32) Or çà, monsieur, dit Gringoire, que font donc tous ces braves gens-là ?
– Ils jugent.
– Ils jugent **qui** ? je ne vois pas d'accusé.
(Hugo, *Notre-Dame de Paris*, 1832, p. 392, *Frantext*)

(33) Le mari destiné à Mademoiselle Caroline De Meilhan.
– Apprenez-le, mesdemoiselles,
– C'est...
le docteur aspira une prise de tabac.
– c'est **qui** ?
– c'est moi ! – oh ! Le méchant ! C'est mal, docteur, de vous amuser ainsi à nos dépens !
(Gozlan, *Le Notaire de Chantilly*, 1836, p. 244, *Frantext*)

Un emploi de *comment in situ* se remarque sur 1411 *comment ?*.

(34) D'abord, les femmes ne comprennent aucune affaire, elles ne veulent pas paraître les comprendre ; elles les comprennent, où, quand, **comment** ? elles doivent les comprendre, à leur temps [...].
(Balzac, *Petites misères de la vie conjugale*, 1850, p. 54, *Frantext*)

Enfin, se manifestent trois *combien in situ* sur 112 *combien ?*.

(35) Lignière. – vous payez en gâteaux vos billets de théâtre !
Votre place, aujourd'hui, là, voyons, entre nous,
vous a coûté **combien** ?
Ragueneau. – quatre flans. Quinze choux.
(Rostand, *Cyrano de Bergerac*, 1898, p. 23, *Frantext*)

(36) alors tout va bien, continua l'autre, nous allons commencer la manœuvre.
– L'absinthe ça fait **combien** ?
(Huysmans, *Les Sœurs Vatard*, 1879, p. 181, *Frantext*)

(37) Mais Louise, elle reste, ma fille ? reprit l'oncle qui regardait, du coin de l'œil, l'argent déposé sur la table.
– Non, je pars aussi.
– Eh là, eh là !
– Voyons, fit Jacques, je vous dois **combien** ?
(Huysmans, *En rade*, 1887, p. 900, *Frantext*)

Six des sept occurrences appartiennent au dialogue d'œuvres littéraires, une à une lettre (les *Liaisons*), et une à du discours indirect libre (*Petites misères*), pour confirmer l'appartenance de la construction à l'oral représenté.

Résumons-nous. Les premiers emplois *in situ* de l'interrogation partielle se retrouvent dans des farces du 15e siècle, mais c'est au 18e siècle que la construction s'installe, et dans l'oral représenté de textes littéraires. En effet, le balayage d'un grand nombre de sources vernaculaires diverses ne livre aucun exemple avant le 20e siècle, lors même que d'autres variables interrogatives y sont attestées. Cela expliquerait le taux d'emploi plus élevé de la construction chez les classes moyennes que dans les classes travailleuses documenté par les études sociolinguistiques quantitatives. Avec les réserves que mérite une interrogation centrée sur trois formes et uniquement suivie directement d'un point d'interrogation,[2] la recherche d'*in situ* dans *Frantext* permet non seulement de faire remonter les premières attestations modernes à 1717, et d'en situer le profil sociolinguistique, mais également d'en envisager les conditions d'émergence. En effet, les textes interrogés donnent une construction concourante absente dans les textes du 15e siècle qui pourrait expliquer l'émergence de l'*in situ* au 18e siècle. C'est l'argument que poursuit la section suivante.

3 Le soutien des questions retardées

La section précédente a montré que l'*in situ* est un phénomène émergeant au 18e siècle, dans l'oral représenté de textes littéraires. Concurremment, ces

---

[2] Je suis tout à fait conscient que, comme le souligne un relecteur, le fait de ne chercher que les séquences d'un interrogatif immédiatement suivi d'un point d'interrogation ne saurait permettre de trouver toutes les occurrences pertinentes. En effet, les *in situ* ne sont pas nécessairement en position finale de la phrase comme le montrent (25), (27), (29) et (30). Pour contrôler la méthode, j'ai examiné manuellement les 500 premières attestations de chaque interrogatif sans point d'interrogation pour la période, et n'ai trouvé aucun exemple supplémentaire de *in situ*.

textes attestent d'une structure identifiée par les Le Bidois sous l'étiquette de « question retardée » :

> « L'énoncé du mot interrogatif peut être retardé *en vue d'un effet stylistique*, (surprise etc.). Le matin elle fleurissoit ; avec quelles grâces, vous le savez. (Bossuet, Or d'Henri d'Ang.) » (Le Bidois/Le Bidois 1967, 362, §646).

L'exemple fourni n'est pas la meilleure illustration du phénomène, puisque le segment « retardé » peut s'analyser comme un complément antéposé du *savez* qui suit. Ce phénomène suppose un interrogatif à la suite d'un prédicat et séparé de lui par la représentation graphique d'une pause.

(38) [...] il m'a conjurée de n'être point effrayée, et s'approchant plus vite que je n'ai pu le fuir, il a ouvert un grand manteau, qui m'a laissé reconnoître, **qui** ? Quel autre que Monsieur Lovelace ?
(Prévost L'Abbé, *Lettres angloises ou Histoire de miss Clarisse Harlove*, trad., vol. 1, 1751, p. 390, *Frantext*)

Un certain nombre d'interrogations partielles retardées sont ainsi identifiées par le dépouillement des occurrences extraites de *Frantext* pour l'étude de l'*in situ*.

Tableau 4 : Interrogation retardée dans *Frantext* entre 1700 et 1900.

	18ᵉ siècle	19ᵉ siècle	Totaux retardée	Totaux
qui ?	3	7	10	1409
comment ?	0	0	0	1411
combien ?	1	2	3	112
Totaux	4	9	13	2932

Le nombre d'occurrences est presque deux fois plus important que pour les *in situ*. Celles que nous ne citons pas dans cette section sont données dans l'annexe. Elles se manifestent un peu plus tôt – 1768 face à 1879 pour *combien* – ou presque en même temps – 1719 face à 1717 pour *qui*.

La pause graphique qui les caractérise n'abolit pas le lien entre la proposition et l'interrogatif, et sans l'interrogatif la proposition est incomplète, ou sa valeur est différente. Le premier cas est illustré par l'exemple de L'Abbé Prévost, où la séquence sans l'interrogatif serait pour le moins curieuse : la séquence « il a ouvert un grand manteau, qui m'a laissé reconnoître » semble difficilement acceptable. Le second est mis en jeu par cet autre :

(39) [...] j'essaie sans cesse, je ne suis contente de rien ; enfin il me vient une idée, je commence à l'exprimer : on m'annonce, qui ? M De Montalais ! Peignez-vous ma surprise, mon désordre [...].
(Riccoboni Mme, *Lettres d'Adelaïde de Dammartin, comtesse de Sancerre, à M. le Comte de Nancé, son ami*, 1767, p. 257, *Frantext*)

La séquence *on m'annonce* est parfaitement acceptable, mais elle n'a pas la même valeur que *on m'annonce qui ?*. Ces questions retardées ne concernent pas deux propositions syntaxiquement indépendantes ; si elles l'étaient, on attendrait une coordination, comme dans les séquences suivantes, qui n'ont donc pas été comptabilisées.

(40) Hé bien (prenant un air grave et un ton plus doux) il n'en sera pas moins vrai que votre cœur est touché ; mais par **qui** ? C'est la question. À nous qui sommes vos sœurs, n'apprendrez-vous point par qui ?
(Prévost L'Abbé, *Nouvelles lettres angloises ou Histoire du chevalier Grandisson*, trad., 1755, p. 103, *Frantext*)

(41) Je sacrifierais un goût, et encore un goût nouveau, pour m'occuper de vous ? Et pour m'en occuper **comment** ? En attendant à mon tour, et en esclave soumise, les sublimes faveurs de votre hautesse.
(Choderlos de Laclos, *Les Liaisons dangereuses*, 1782, p. 331)

Ces faits interrogent sur le statut des questions retardées. Sont-elles une transcription des questions *in situ* émergentes ? Ou sont-elles un type de question différent ? Et si elles sont différentes, quelle relation entretiennent-elles avec les questions *in situ* ? Envisageons la première option selon laquelle les questions retardées sont pour des raisons sociolinguistiques une transcription graphique[3] de la question *in situ*. C'est ce que suggère la remarque de Foulet (1921, 323) à

---

[3] La ponctuation est-elle révélatrice d'autres changements linguistiques ? Cette question judicieuse, soulevée par un relecteur, semble trouver une réponse positive. Un premier cas identifié dans la littérature est celui de l'ordre des mots germanique. L'allemand est censé dans un certain nombre de cas voir le verbe occuper la deuxième position de la phrase (dit ordre V2) ; cependant, un ordre V3 pourrait être attesté selon le traitement qu'on accorde à des éléments initiaux ponctués ou non dans les textes anciens (avec les réserves à faire sur la fiabilité de la ponctuation ancienne, et celle de la ponctuation tout court) (Burridge 1993, 35, 52). Le second procède d'une spéculation de Van der Wurff (2004) : ce dernier propose que les langues dans lesquelles l'impératif est difficilement nié sont celles où la négation de proposition (de type *ne ... pas*) est homophone avec la négation anaphorique (de type *non* en réponse). Cette homophonie créerait une ambiguïté pour la séquence « négation suivi de impératif ». En se

propos des *in situ* selon qui « [c]es phrases ne pénètrent guère dans les livres, parce qu'elles font l'effet d'être amorphes ou désarticulées. Elles sont pourtant très fréquentes et semblent gagner du terrain ». En même temps, on ne peut exclure qu'il y ait des questions retardées qui soient distinctes des *in situ*. On observe après tout dans la langue parlée actuelle des questions retardées où l'interrogatif est introduit après coup, à la suite d'une hésitation, comme dans cet exemple du 19e siècle :

(42) La presse n'y fait nul mal, et en empêche ... **combien** ? C'est à vous de le dire, quand vous aurez compté chez vous tous les abus.
(Courier, *Pamphlets politiques*, 1824, p. 217, *Frantext*)

Autrement dit, la question retardée peut être la marque d'une hésitation, ou la transcription d'une question *in situ*. On peut estimer que la question retardée légitime la position postverbale de l'*in situ*. Le rapport numérique des exemples et la chronologie vont dans ce sens, la construction promotrice précédant dans le temps l'*in situ* promue. L'importance des interrogations retardées est donc qu'elles rendent possible l'établissement de la construction *in situ* qui existait déjà trois siècles auparavant, mais qui ne s'était pas établie dans l'usage.

Un autre cas de figure qui a pu promouvoir l'émergence de la question *in situ* est l'interrogatif suivant un verbe non fini. Cette configuration doit être traitée à part car l'interrogation a une portée locale et non sur l'ensemble de la phrase (comme le montre l'impossibilité de figurer en position initiale : **La voiture de qui la grande porte s'ouvrait-elle pour laisser entrer ?*).

(43) Pourrez-vous attendre le jour où votre créature s'élancera réveillée par **qui** ? **quand** ? **comment** ?
(Balzac, *Les Illusions perdues*, 1843, p. 347, *Frantext*)

(44) Au moment où j'arrive, à deux heures, la grande porte s'ouvrait pour laisser entrer la voiture de **qui** ? ... du plastron !
(Balzac, *Autre étude de femme*, 1845, p. 681, *Frantext*)

---

référant à l'espagnol, la séquence *no* suivi de l'impératif ¡*canta* ! 'chante !' pourrait en principe être interprétée soit comme *Ne chante pas* ! ou comme *Non ! Chante* !. L'évitement de cette ambiguïté serait à l'origine de l'absence d'impératif nié en espagnol. Si cette explication est juste, et qu'on pouvait en trouver les traces textuelles d'une valeur et de l'autre, on s'attendrait à ce que la seconde interprétation soit marquée par la ponctuation.

Les sept attestations d'interrogatifs suivant un infinitif, dont les six autres sont en annexe, aussi nombreuses que les *in situ*, ont pu de même contribuer à implanter la configuration émergente. Citons enfin, pour ne rien oublier des résultats de notre enquête, les deux questions servant à annoncer une information fournie immédiatement, du type *Tu sais quoi*.

(45) [...] pauvre jeune fille ! Si riche ! Si belle ! Eussiez-vous pensé cela, Château-Renaud, quand nous vînmes, il y a **combien** ? ... trois semaines ou un mois tout au plus, pour signer ce contrat qui ne fut pas signé ?
(Dumas Père, *Le Comte de Monte-Christo*, 1846, p. 593)

(46) [...] voyons, Gilberte, voyons... ah ! Vous vous rappelez comme cela m'a amusée dans les commencements, pendant ces répétitions, il y a **combien** ? ... deux mois.
(Meilhac/Halévy, *Froufrou*, 1869, p. 89)

Pour résumer, ce que cette section a montré est que la question retardée est une construction structurellement comparable à l'*in situ*. Cette question retardée est plus fréquente que la question *in situ* pour la période d'émergence, et dans l'ensemble la précède chronologiquement. De là, on peut envisager qu'elle facilite l'établissement de l'interrogative *in situ*.

4 Conclusion

Quelle est l'origine historique de la variable *in situ* de l'interrogation partielle en français ? Voilà la question à laquelle cette étude s'attache à répondre par un balayage d'un ensemble substantiel de sources vernaculaires et littéraires. Le scénario qui se dégage est le suivant. L'*in situ* ne semble pas contrevenir à la syntaxe du moyen français, puisqu'il s'y manifeste par trois occurrences au 15e siècle, dont une pour justifier une rime. C'est cependant au 18e siècle que la construction s'établit dans l'usage. Elle est attestée dans l'oral représenté des textes littéraires, avec une première occurrence en 1717. Ce qui promeut l'*in situ* est une construction dite interrogation retardée où l'interrogatif partiel apparaît après le prédicat suivant une pause ou une hésitation marquée par la ponctuation. Apparaissant dans le même type de textes, ces interrogations retardées sont plus nombreuses et antérieures aux *in situ*, ce qui permet l'implantation et la diffusion des *in situ*.

Les résultats de cette étude montrent que la spéculation de Mathieu (2009) selon laquelle l'*in situ* est une variante vernaculaire ancienne émergeant avec le développement de l'accent final au 12ᵉ siècle est deux fois fausse. Concernant son origine sociolinguistique, le caractère vernaculaire de l'*in situ* est improbable : le large éventail de sources vernaculaires consultées depuis les origines ne l'attestent pas, lors même qu'elles donnent d'autres structures marquées (doublages de type *qui que* ; interrogations totales sans inversion, *Qui il a vu ?*). Concernant le développement de l'accentuation en finale de proposition à date ancienne, même si cette accentuation portait sur l'interrogatif *in situ* comme on le suppose (Damourette/ Pichon 1911–1939, vol. 4, 310 ; Le Bidois/Le Bidois 1967, 361, §643 ; Wagner/ Pinchon 1967, 62 ; Le Goffic 1993, 109, §67 ; Wilmet 1997, 536 ; Barra-Jover 2004 ; Riegel/Pellat/Rioul 2009, 398), elle ne peut être à l'origine d'un phénomène qui s'établit six siècles plus tard. L'examen des données en diachronie permet d'aller au-delà des présomptions ; un examen plus systématique des données – du côté des farces pour la période ancienne, de tous les interrogatifs dans *Frantext* depuis la Renaissance – permettra sans doute d'affiner la compréhension de l'émergence de l'interrogation partielle *in situ* que dessine ce travail.

5 Annexe

5.1 Questions retardées

- [...] le nom de votre femme gravé au-dessous de mes armoiries de famille sur la façade de votre propre palais. La chose s'est faite en plein jour, publiquement, par **qui** ? je l'ignore ; mais c'est bien injurieux et bien téméraire (Hugo, *Lucrèce Borgia*, 1841, p. 58).
- Dérobée en furtive aux sévères entraves de l'école où tremblaient mes compagnes esclaves, j'étais libre, j'errais, je suspendais mes pas, je répondais ... à **qui** ? Je ne le savais pas [...] (Desbordes-Valmore, *Œuvres poétiques I*, 1833, p. 166).
- [...] et qui se disaient entre elles, pour s'encourager, que je tomberais bientôt. J'arrachai enfin le trésor de mon ami ; à **qui** ? Je ne le sais, car mon poignard s'enfonçait dans leurs corps comme dans une nuée [...] (Nodier, *La Fée aux miettes*, 1831, p. 123).
- Je vous dirai en confidence que j'ai eu ici l'occasion d'exercer mes talents ; auprès de **qui** ? je vous le donne en cent ! Auprès de madame Périgois mon implacable ennemie (Sand, *Correspondance*, 1831, p. 800).
- « tu m'appelles ikouessen, dit Mila, de **qui** ? De mon libérateur ? Tu as raison : je ne serois pas ce que je suis, si je n'avois dormi sur ses genoux ! » (Chateaubriand, *Les Natchez*, 1829, p. 431).

– Griffon y court joyeux avec une bande de recors ou chicanoux, et surprend à son arrivée Furcifer couché ... avec **qui** ? Avec sa propre femme, à lui Griffon (Sainte-Beuve, *Tableau historique et critique de la poésie française et du théâtre français au XVIe siècle*, 1828, p. 240).
– [...] de prendre ses conseils dont parfois il usoit ; tant mieux alors pour le parnasse. Pour l'érudit, il méprisoit, **qui** ? Tout le monde ; et ses voisins ? Sans doute : mais il falloit jaser. Où chercher qui l'écoute ? (Lamotte, *Fables*, 1719, p. 187).
– Vous avez vu ces arènes bondées ? Rien que pour le voir ils sont venus, **combien** ? Plus de cent mille ! (Sourire de Rosalie.) Pas tant, vous croyez ? J'exagère toujours un peu, c'est le sang qui me chauffe (Daudet, *Numa Roumestan. Pièce en cinq actes et six tableaux*, 1890, p. 235).
– Mr le duc, vous avez promis à l'artiste, **combien** ? Mille écus ? Donnez-en deux mille [...] (Diderot, *Salon de 1767*, 1768, p. 108).

5.2 Questions infinitives

– [...] chose dans l'univers que des figures burlesques qu'un charlatan agite, oppose, promène en tous sens ; fait rire, battre, pleurer, sauter, pour amuser ... **qui** ? Je ne le sais pas (Senancour, *Obermann*, vol. I, 1840, p. 181).
– Paris, se donner du mal pour **qui** ? Pour un roi ! Faire queue à la porte du spectacle depuis trois heures jusqu'à huit heures et demie, pour **qui** ? Pour un roi ! Ah ! ! ! Que le monde est bête (Flaubert, *Correspondance (1830–1839)*, 1839, p. 11).
– Qu'est-ce donc ? Répétais-je. Puis je joignais les mains pour supplier ... **qui** ? Je l'ignore ; peut-être mon bon ange, peut-être mon ... (Musset, *Confessions d'un enfant du siècle*, 1836, p. 313).
– Vous vivez, en un mot, si vous obéissez, sinon, vous êtes mort ; j'ai tout dit : choisissez. Nemours. Moi, de mon protecteur dépouiller l'héritière, pour **qui** ? Pour le bourreau de ma famille entière (Delavigne, *Louis XI*, 1832, p. 154).
– Que je suis malheureuse ! Risquer d'offenser tous mes amis, de les perdre, et pourquoi ? Pour éviter, pour fuir ; **qui** ? L'objet des plus tendres affections de mon coeur. Adieu (Ricciboni Mme, *Lettres d'Adélaïde de Dammartin, comtesse de Sancerre, à M. le Comte de Nancé, son ami*, 1767, p. 253).
– De ceux-là, je ne dis rien ; mais arrondir le ciel avec sa truelle pour abriter contre l'orage **qui** ? Un ver ? Un brin d'ivraie ? Une épine au moins ! Un rien peut-être ? Non, moins que cela, un homme ! (Quinet, *Ahasvérus*, 1833, p. 123).

6 Bibliographie

6.1 Sources et dictionnaires

De Montaiglon, Anatole/Raynaud, Gaston, *Recueil général et complet des fabliaux des XIIIe et XIVe siècles*, vol. 3, Paris, Librairie des Bibliophiles, 1878.
Foisil, Madeleine, et al., *Journal de Jean Héroard, médecin de Louis XIII*, 2 vol., Paris, Fayard, 1989.
Frantext. <http://www.frantext.fr/ctlf/> [dernière consultation : 13.06.2018].
Grand Corpus des grammaires françaises, des remarques et des traités sur la langue (XIVe–XVIIe s.). <https://www.classiques-garnier.com/numerique/> [dernière consultation : 13.06.2018].
Ménétra, Jacques Louis, *Mémoires De Jacques Louis Ménétra. Ecrits par Luy-Mêmme (1764)*, édité par R. Anthony Lodge, inédit.
Projet Mazarinades. Corpus textuel préparé par l'équipe R.I.M. <mazarinades.org> [dernière consultation: 13.06.2018].
The Oxford Text Archive. <https://ota.ox.ac.uk> [dernière consultation : 13.06.2018].

6.2 Études

Adli, Aria, *French wh-in-situ questions and syntactic optionality. Evidence from three data types*, Zeitschrift für Sprachwissenschaft 25 (2006), 163–203.
Barra-Jover, Mario, *Interrogatives, négatives et les traits formels du verbe en français parlé*, Langue Française 141 (2004), 110–125.
Behnstedt, Peter, *Viens-tu ? Est-ce que tu viens ? Tu viens ? Formen und Strukturen des direkten Fragesatzes im Französischen*, Tübingen, Narr, 1973.
Blinkenberg, Andreas, *L'ordre des mots en français moderne*, Copenhague, Munksgaard, 1928.
Boucher, Paul, *Wh-questions in French and English. Mapping syntax to information structure*, in : Breul, Carsten/Göbbel, Edward (edd.), *Comparative and contrastive studies of information structure*, Amsterdam/Philadelphie, Benjamins, 2010, 101–137.
Burridge, Kate, *Syntactic change in Germanic. Aspects of language change in Germanic with particular reference to Middle Dutch*, Amsterdam/Philadelphie, Benjamins, 1993.
Cheng, Lisa Lai-Shen/Rooryck, Johan, *Licensing wh-in-situ*, Syntax 3 (2000), 1–19.
Coveney, Aidan, *Variability in interrogation and negation in spoken French*, Thèse de doctorat, University of Newcastle upon Tyne, 1989.
Coveney, Aidan, *The use of the QU-final interrogative structure in spoken French*, Journal of French Language Studies 5 (1995), 143–171.
Coveney, Aidan, *Variability in spoken French. A sociolinguistic study of interrogation and negation*, Bristol, Elm Bank, 2002.
Damourette, Jacques/Pichon, Édouard, *Des mots à la pensée. Essai de Grammaire de la Langue Française*, 7 vol., Paris, d'Artrey, 1911–1939.
de Boer, Cornelis, *L'évolution des formes de l'interrogation en français*, Romania 52 (1926), 307–327.
Elsig, Martin, *Grammatical variation across space and time. The French interrogative system*, Amsterdam/Philadelphie, Benjamins, 2009.

Foulet, Lucien, *Comment ont évolué les formes de l'interrogation*, Romania 47 (1921), 243–348.
Gadet, Françoise, *La variation, plus qu'une écume*, Langue française 115 (1997), 5–18.
Grevisse, Maurice/Goosse, André, *Le bon usage*, Paris/Louvain-La-Neuve, Duculot, 1993.
Guillot, Céline, et al., *Le discours direct au Moyen Âge. Vers une définition et une méthodologie d'analyse*, in : Lagorgette, Dominique/Larrivée, Pierre (edd.), *Actes du colloque Représentations du Sens Linguistique V*, Chambéry, Éditions de l'Université de Savoie, 2014, 17–41.
Hansen, Maj-Britt Mosegaard, *The role of (historical) pragmatics in the use of response particles : the case of French*, Functions of Language 27 (sous presse).
Kaiser, Georg/Quaglia, Stefano, *In search of wh-in-situ in Romance. An investigation in detective stories*, in : Brandner, Ellen, et al. (edd.), *Charting the landscape of linguistics. On the scope of Josef Bayer's work*, Konstanz, Universität Konstanz, 2015, 92–103.
Kunstmann, Pierre, *Le relatif-interrogatif en ancien français*, Genève, Droz, 1990.
Kytö, Merja, *Be vs. Have in intransitives in Early Modern English*, in : Fernández, Francisco/Fuster Márquez, Miguel/Calvo, Juan José (edd.), *Papers from the 7th International Conference on English Historical Linguistics, Valencia, 22–26 September 1992*, Amsterdam/Philadelphie, Benjamins, 1994, 179–189.
Larrivée, Pierre, *The continuity of the vernacular. The evolution of negative doubling in French*, in : Hansen, Maj-Britt Mosegaard/Visconti, Jacqueline (edd.), *The diachrony of negation*, Amsterdam/Philadelphia, Benjamine, 2014, 237–257.
Le Bidois, Georges/Le Bidois, Robert, *Syntaxe du français moderne*, Paris, Picard, 1967.
Lefeuvre, Florence, *Des corpus de référence pour une grammaire du français vernaculaire contemporain*, présentation à la rencontre Initiative Corpus de référence du français 2, Institut de Linguistique Française (CNRS, 2393 FR), Paris, 28–29 mars 2013.
Le Goffic, Pierre, *Grammaire de la phrase française*, Paris, Hachette, 1993.
Martineau, France/Mougeon, Raymond, *Sociolinguistic research on the origins of « ne » deletion in European and Quebec French*, Language 79 (2003), 118–152.
Mathieu, Éric, *Les questions en français. Micro et macro-variation*, in : Martineau, France, et al. (edd.), *Le français d'ici. Études linguistiques et sociolinguistiques de la variation*, Toronto, GREF, 2009, 37–66.
Obenauer, Hans-Georg, *Aspects de la syntaxe A-barre – Effets d'intervention et mouvement des quantifieurs*, Thèse de doctorat d'État, Université de Paris VIII, 1994.
Pohl, Jacques, *Observations sur les formes d'interrogation dans la langue parlée et dans la langue écrite non littéraire*, in : *Actes du Xème Congrès International de Linguistique et de Philologie Romanes*, Paris, Klincksieck, 1965, 501–516.
Riegel, Martin/Pellat, Jean-Christophe/Rioul, René, *Grammaire méthodique du français*, Paris, Presses Universitaires de France, 2009.
Valdman, Albert, *Normes pédagogiques. Les structures interrogatives du français*, International Review of Applied Linguistics in Language Teaching 5 (1968), 3–10.
Wagner, Robert Léon/Pinchon, Jacqueline, *Grammaire du français classique et moderne*, Paris, Hachette, 1967.
Wilmet, Marc, *Grammaire critique du français*, Louvain/Paris, Duculot/Hachette, 1997.
Wurff, Wim van der, *Jespersen and comparative syntax. The case of negated and embedded imperatives*, in : *Proceedings of the 2004 International Conference on English Linguistics* (2004), 81–90. <http://www.elsok.org/xe/index.php?document_srl=217983> [dernière consultation : 13.06.2018].

**Expansion du français comme langue seconde
ou véhiculaire**

Andres Kristol
François Poulain de la Barre et les *Remarques particulières sur la Langue Françoise pour la ville de Genève* (1691)

Les enseignements de la première cacologie connue d'un français régional

Résumé : François Poulain de la Barre, ancien prêtre catholique et philosophe cartésien converti au protestantisme, arrive à Genève en 1688, trois ans après la révocation de l'Édit de Nantes. Il y gagnera sa vie en enseignant le français aux nombreux étrangers qui font leurs études à Genève. Son *Essai des Remarques particulières sur la Langue Françoise pour la ville de Genève,* publié en 1691, est le premier ouvrage « correctif » connu dans l'histoire du français consacré aux particularités d'un français régional. Il documente de nombreuses particularités du français genevois de l'époque et illustre des idéologies linguistiques qui perdurent en partie jusqu'à nos jours. Nous étudions ici d'une part la nature des phénomènes observés – phénomènes de contact avec le francoprovençal genevois, « archaïsmes » (c'est-à-dire maintien de mots et de tournures attestés en français central à une époque plus ancienne), innovations – et d'autre part les sources idéologiques et matérielles de la « norme » préconisée par l'auteur.

Mots-clés : français régional, francoprovençal, Genève, Suisse romande, idéologies linguistiques, cacologies, norme

1 Introduction : l'homme, la ville, l'œuvre

1.1. François Poulain de la Barre est né à Paris en juillet 1647. Il est issu d'une famille de juristes ; son père était avocat au parlement de Paris. Sa mère, fille d'un échevin de Paris, était du même milieu social (Knecht 2014, 120). Sa date de naissance pourrait être considérée comme symbolique : c'est l'année de la parution des *Remarques* de Vaugelas. Et Poulain est en effet une sorte d'héritier spirituel de Vaugelas, dont il essaiera de porter le flambeau en province.

Andres Kristol, Université de Neuchâtel

https://doi.org/10.1515/9783110541816-006

La graphie de son nom de famille est controversée : le catalogue de la Bibliothèque nationale de France (gallica.bnf.fr) l'écrit avec *-ll-* (et fournit une indication erronée quant à la date de son décès) ; dans le réseau des bibliothèques de Suisse romande RERO, on trouve des références avec un seul ou avec deux *-l-*.

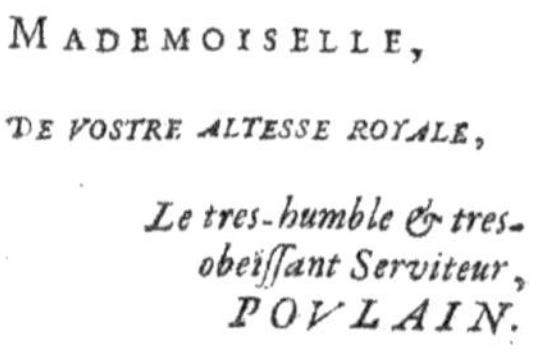

MADEMOISELLE,

DE VOSTRE ALTESSE ROYALE,

Le tres-humble & tres-
obeïssant Serviteur,
POVLAIN.

Fig. 1 : Poulain de la Barre (1674, IV, gallica.bnf.fr).

Dans le seul ouvrage dont il a signé la préface en toutes lettres, son *Éducation des dames pour la conduite de l'esprit dans les sciences et dans les mœurs* (Paris 1674, p. IV), son nom est écrit avec un seul *-l-*, mais selon Alcover (1981, 10), son contrat de mariage et son testament seraient signés *Poullain de la Barre*.[1] Le nom de famille *Poul(l)ain* existe toujours en France, avec les deux graphies. J'ai opté ici pour la graphie avec un seul *-l-*.

François Poulain fait de brillantes études de théologie. Il est bachelier en théologie à 19 ans, mais la lecture de Descartes, vers l'âge de 20 ans, le détourne des études scolastiques telles qu'elles étaient enseignées à la Sorbonne ; il quitte la voie académique vers le doctorat dans laquelle il s'était engagé. Il commence à publier des ouvrages sur l'éducation féminine ; son ouvrage le plus fameux, c'est son discours sur *L'égalité des sexes* de 1673, qui a connu de nombreuses rééditions et a rapidement été traduit en anglais. C'est la raison pour laquelle il a été redécouvert par la recherche contemporaine comme précurseur du féminisme. À ce titre, on trouve facilement son nom sur internet et dans les catalogues de nos bibliothèques ; on lui doit la célèbre maxime reprise par Simone de Beauvoir *L'esprit n'a pas de sexe*.

Poulain est consacré prêtre assez tardivement, en 1679 ou 1680 (Alcover 1981, 16), vers l'âge de 33 ans – ses ouvrages philosophiques ne lui ont probablement pas simplifié la vie –, et il a officié comme curé pendant huit ans dans des paroisses du Nord de la France. Mais la prêtrise n'est pas faite pour ce philosophe cartésien. Il se détourne peu à peu de l'orthodoxie catholique, entre en contact avec des milieux protestants et se convertit au protestantisme en 1688, trois ans

---

[1] « Nul, sous l'Ancien Régime, n'attachait vraiment d'importance à l'orthographe d'un nom patronymique » (Beaucarnot 1988, 48).

après la révocation de l'Édit de Nantes, ce qui l'oblige à se réfugier à Genève. Il est accueilli par une des meilleures familles de l'oligarchie locale, la famille Perdriau,[2] et commence à gagner sa vie en enseignant le français aux nombreux étrangers qui viennent faire leurs études à Genève. Il se marie en 1690, à l'âge de 43 ans, avec une fille de la bonne société genevoise, Marie Ravier, avec qui il aura un fils, Jean-Jacques, qui sera pasteur (Alcover 1981, 18, 20). Il est nommé régent au Collège de Genève en 1708 et obtient la bourgeoisie de Genève en 1716. Il décède en 1723, à l'âge de 76 ans.

1.2. Le choc matériel et linguistique, pour cet intellectuel parisien réfugié à Genève, a dû être considérable. Alors que la population de Paris, vers 1700, est estimée à environ 500.000 habitants, Genève est une petite ville qui en compte entre 16.000 et 19.000 (Perrenoud 1979). Il est vrai que le français est enseigné dans les écoles de Genève (comme dans toutes les petites villes de l'actuelle Suisse romande) depuis bien avant la Réforme protestante, comme langue de culture, comme langue d'apparat et langue de l'écrit ; depuis la Réforme, tous les enfants genevois apprennent le français. Il est vrai aussi que l'arrivée à Genève, dans le cadre du premier refuge protestant, vers 1550, de plusieurs grands humanistes imprimeurs parisiens tels que Robert Estienne et son fils Henri (cf. Reverdin 1988, 22) a fait connaître à Genève *leur* français de référence (qui était la langue de la cour de François Ier pour Robert Estienne). Malgré cela, au niveau de la communication orale de proximité, la ville est restée dialectophone, francoprovençale (ou « savoyarde », comme on disait à Genève).[3] Et il n'y a aucun doute que le français qu'on ne pouvait apprendre que de manière livresque, à moins de voyager, devait présenter des caractéristiques régionales assez importantes.

1.3. Trois ans seulement après son arrivée à Genève, Poulain de la Barre publie son *Essai des remarques particulières sur la Langue Françoise pour la ville de Genève*, un petit livre de 82 pages : une grande *Préface* suivie d'une soixantaine de pages de *Remarques*. C'est de loin la première tentative de critiquer un français régional, en dehors de certaines satires antérieures de nature littéraire, dans la longue histoire des ouvrages puristes consacrés aux variétés diatopiques du français : le deuxième ouvrage de la série, les fameux *Gasconismes corrigés* de

---

[2] Jean-Daniel Perdriau (1665–1733) a été membre du Conseil des Deux-Cents (1693–1702), puis conseiller du Petit Conseil (1702–1709) ; les *Remarques* de Poulain (qui signe désormais De la Barre) sont dédiées à l'épouse de celui-ci, Marguerite née Sarasin (1671–1734) (cf. https://gw.geneanet.org/rossellat?lang=fr&p=jean+daniel&n=perdriau, page consultée en août 2018).
[3] Comme je l'ai montré ailleurs (Kristol 2013, 275s.), Genève est restée diglossique, avec le français comme langue de prestige et le francoprovençal comme langue de la communication orale quotidienne, jusqu'au début du 19e siècle.

Desgrouais (Toulouse 1768),[4] paraissent plus de 70 ans plus tard. Avec près de 250 remarques, le nombre de phénomènes commentés est relativement élevé, même si toutes ne concernent pas spécifiquement le français genevois : on y trouve aussi des préceptes concernant la liaison ou la morphologie de l'imparfait du subjonctif qu'il faut probablement attribuer plutôt aux expériences de Poulain dans l'enseignement du français aux étrangers. Il va de soi que je ne pourrai étudier ici qu'un petit nombre d'exemples significatifs.

Les *Remarques* de Poulain sont un ouvrage rare, mal connu et peu étudié. Ferdinand Brunot (1913, ³1939), dans la bibliographie du volume IV/1 de son *Histoire de la langue française* (p. XXVI), ne mentionne Poulain que comme auteur de *L'éducation des dames*. La page consacrée à Poulain sur Wikipedia[5] ne s'intéresse qu'à ses ouvrages féministes et ne mentionne même pas les *Remarques*. Il est vrai que jusqu'à récemment, elles étaient difficiles d'accès : on n'en connaît que trois exemplaires dont deux se trouvent à la Bibliothèque et aux Archives d'État de Genève, et le troisième à la bibliothèque du Glossaire des patois de la Suisse romande (GPSR), à Neuchâtel. Mais l'exemplaire de la Bibliothèque de Genève, digitalisé en 2009, est désormais disponible en ligne (http://doc.rero.ch/record/12391).

La bibliographie complète actuellement disponible pour l'activité de Poulain remarqueur et grammairien se résume à trois titres. On trouve une bonne première description des *Remarques* dans la *Bibliographie linguistique de la Suisse romande* II de Gauchat/Jeanjaquet (1920, 243–245). Une doctorante de Gauchat, Clara Natsch (1927), a rédigé ensuite une petite thèse consacrée aux *Remarques* de Poulain qui garde sa valeur, malheureusement en allemand et publiée à Coire ; elle est restée pratiquement inconnue dans la recherche. Plus récemment, Pierre Knecht (2004) leur a consacré un petit article.

Comme l'indique le titre de son ouvrage, Poulain s'inscrit clairement dans la lignée des « remarqueurs » qui ont sévi en France et ensuite dans les pays francophones depuis Vaugelas, Bouhours, Ménage et consorts. Ce sont des auteurs qui rédigent des observations ponctuelles sur tel et tel mot, sur tel et tel phénomène linguistique, en identifiant en général *leur* usage avec le *bon* usage et le plus souvent sans la moindre analyse du système linguistique qu'ils critiquent. Dès son arrivée à Genève, Poulain a donc commencé à collectionner des mots et des tournures qui l'ont frappé dans la bouche de ses interlocuteurs, pour les corriger selon la formule « dites – ne dites pas » qui fera fortune dans la littérature

---

[4] Cf. Baylon (1974/1975) pour Desgrouais, et Rézeau (1992) pour une étude des autres dictionnaires normatifs des 18ᵉ et 19ᵉ siècles qui cherchent à « amender » le français des populations provinciales.

[5] Cf. https://fr.wikipedia.org/wiki/François_Poullain_de_La_Barre (page consultée en août 2018).

cacologique de toute la francophonie – sans jamais se demander (en tout cas pas de manière explicite) quelle était la raison d'être de ces divergences par rapport à son français à lui. En procédant de la sorte, Poulain de la Barre nous montre pourtant en creux ce que le français a toujours été : une langue multiforme et polycentrique. Car ne l'oublions pas : les seuls qui parlent français en province (et en dehors de la France politique), ce sont les membres de l'élite sociale et intellectuelle. Chez Poulain et les nombreux puristes après lui qui chercheront à corriger le français provincial à partir du 18ᵉ siècle, c'est la langue des élites régionales qui est visée – et non pas la parole dialectale du peuple qui suscite peu d'intérêt. L'idéologie qui fait son chemin, c'est que les élites de toute la France devraient parler le même français que les élites parisiennes : c'est la chimère d'un français qui cesserait d'être diatopiquement marqué.

Dans sa préface, Poulain se déclare pourtant assez admiratif à l'égard du français de la ville qui l'a accueilli. Il écrit :

« [...] j'avoüe au contraire qu'il y a fujet de s'étonner que dans une ville, qui eft fur les frontieres les plus reculées de France, & où il y a toujours un affez bon nombre d'étrangers, & au milieu d'une contrée où le patois est fort groffier, & fort eloigné de la Langue Françoife, on ne laisse pas d'y parler, & d'y prononcer incomparablement mieux que l'on ne fait en plufieurs Provinces de France [...]. Car pour ce qui eft des Magiftrats, des gens de lettres et des Marchands, comme ils ont prefque tous voyagé, on voit qu'ils prononcent le François, comme les perfonnes de leur forte le prononcent à Paris. Et pour les mauvais mots, & les autres fautes de Langage, Il y en a incomparablement plus à Paris qu'à Geneve. J'ay vu faire cette remarque à des Etrangers judicieux qui venoient de Paris, & qui trouvoient qu'en ce qui concerne le Langage, Geneve pouvoit paffer pour une ville Françoife, & des plus polies » (Poulain de la Barre 1691, 6ʳ–6ᵛ).[6]

Il doit y avoir dans ces lignes une part de flatterie et de politesse à l'égard de la ville qui l'a accueilli, mais aussi une bonne part d'observation réelle. Il n'y a aucun doute que le degré d'instruction, le taux de scolarisation – et donc le nombre de personnes capables de s'exprimer dans un français scolaire correct – devait être beaucoup plus élevé, proportionnellement, en 1690, à Genève que dans la plupart des villes françaises. Par ailleurs, en ce qui concerne les « mauvais mots », les mots grossiers, ce n'est pas une chose que l'on apprend dans les livres.

---

6 Dans toutes les citations, la graphie de Poulain (ou de son imprimeur) est rigoureusement respectée (emploi des majuscules, maintien du -ƒ- long, distinction de -u- et de -v-, maintien de la ponctuation, etc.). On remarquera par ailleurs que la graphie de l'ouvrage est étonnamment moderne, plus « allégée » encore que celle du dictionnaire de Richelet (1680) que Poulain a utilisé (voir plus bas), en particulier en supprimant régulièrement les consonnes étymologiques amuïes. Malheureusement, il est impossible de déterminer si cette graphie est celle de l'imprimeur – celui-ci n'étant pas nommé – ou si Poulain a réformé sa graphie depuis son arrivée à Genève : ses ouvrages antérieurs, publiés à Paris, sont beaucoup plus conservateurs à cet égard.

Historiquement, on le sait, la Suisse romande ignore donc les registres les plus populaires du français : le discours « relâché » de proximité (et les grossièretés) sont restés longtemps dévolus aux dialectes vernaculaires. De ce fait, on y parlait un français plus « pur », c'est-à-dire plus livresque.

À cela s'ajoute l'importance économique de la tradition de l'enseignement du « bon » français, dans les cantons protestants de la Suisse romande et à Genève en particulier, qui a accueilli pendant plusieurs siècles des fils (et parfois aussi des filles) de bonne famille de toutes les régions protestantes du Nord de l'Europe : je suis parfois tenté de penser que depuis la Réforme, la norme du « bon français » a été propagée dans toute l'Europe protestante depuis Genève. Pour Poulain, c'est d'ailleurs une justification supplémentaire de son entreprise corrective :

> « Que par honneur & par interêt, ils [= les Genevois] doivent avoir de grans égards pour la Noblesse Etrangere qui depuis long-tems, vient chez eux, d'Angleterre, de Danemarc, de Suede, de Pologne, et de toute l'Alemagne, pour y aprendre entre autres chofes, la Langue Françoise. [...] On ne croiroit pas le chagrin qu'ils ont [= ces étrangers], quand ils viennent à reconnoitre quelques mots, ou quelques Façons de parler peu françoifes, qu'ils ont aprifes a Genève » (Poulain de la Barre 1691, 8^r–8^v).

2 Le français de Genève selon Poulain de la Barre

2.1. En quoi consistent les particularités du français genevois que Poulain de la Barre cherche à corriger ? Je rappelle – j'en aurai besoin pour mes commentaires – que dans la recherche spécialisée, on distingue essentiellement trois phénomènes qui caractérisent les français régionaux :
- les phénomènes de *contact* (influence des langues dialectales co-présentes et/ou des langues voisines). À Genève, au 17e siècle, c'est évidemment le franco-provençal savoyard, langue traditionnelle de la ville, qui exerce la principale influence. En revanche, les *Remarques* de Poulain n'identifient aucune influence alloglotte – ni de l'italien qui aurait pu jouer un certain rôle à Genève au 17e siècle, ni de l'allemand (et des dialectes alémaniques) qui exerceront une certaine influence en Suisse romande à partir du 19e siècle surtout.
- les phénomènes de *maintien* (appelés traditionnellement « archaïsmes » »,[7] mais qui n'ont rien d'archaïque dans les variétés concernées). Au 17e siècle, ce sont des mots ou des tournures sortis de l'usage dans les milieux de la

---

[7] À ma connaissance, le terme apparaît pour la première fois chez Dauzat (1933, 140), qui semble l'avoir introduit dans les usages de la lexicographie différentielle, avec une vision paris-centrique évidente.

Cour et des salons (ou que le discours normatif, depuis Malherbe et Vaugelas, a disqualifiés comme « vieillis », alors qu'ils restent pleinement vivants dans d'autres variétés), et qui de toute façon sont attestés en français commun à une époque plus ancienne. On comprend bien qu'en Suisse romande, où on a appris le français par la lecture ou éventuellement dans la bouche des réfugiés huguenots qui venaient de partout en France, depuis le 16e siècle, on ait parfois conservé des expressions proscrites dans le discours d'une certaine élite parisienne à la fin du 17e siècle.

- les *innovations* lexicales ou sémantiques qui correspondent aux besoins des communautés linguistiques régionales et qui, en général, ont beaucoup moins attiré l'attention des grammairiens normatifs.

Le classement que propose Poulain de la Barre est bien sûr antérieur à notre réflexion sur la nature des français régionaux, et il n'est pas toujours très conséquent. Comme l'écrit Knecht (2004, 122), Poulain est un bon observateur, mais ses *Remarques* sont un simple répertoire de « fautes » avec leur corrigé, en l'absence de toute réflexion théorique. Évidemment, pour moi, il ne s'agit pas de lui faire ici un procès d'incompétence – ce serait tout à fait anachronique – mais simplement de voir quelles sont les informations qu'on peut tirer de ses observations.

Poulain distingue sept « chapitres » (qu'il appelle « articles ») qui concernent le vocabulaire et la morphosyntaxe ; à l'intérieur de chaque chapitre, les exemples sont rangés par ordre alphabétique. Je me limiterai ici aux quatre premiers :

> Article I. Des mots qui sont hors d'Vſage.
> Article II. Des Mots Impropres.
> Article III. Vn Genre pour un autre.
> Article IV. Vn Mode pour un autre.

Les trois derniers « articles » n'ont rien de spécifiquement genevois. En ce qui concerne l'Article V. *De la Prononciation*, Natsch (1927) a montré que ces remarques se trouvent déjà plus ou moins telles quelles dans *L'art de bien prononcer la langue françoise* de Jean Hindret (Paris 1687), dont Poulain a dû se servir dans son enseignement du français aux étrangers.

L'Article VI. *De la Proſopopée* n'a rien de spécifiquement genevois non plus : Poulain y recommande l'emploi du discours indirect qui selon lui serait plus conforme au « génie de la Langue Françoise » (p. 51) que le discours direct. Je n'ai pas réussi à déterminer d'où lui vient cette idée.

À l'Article VII. *De l'Affirmation*, enfin, Poulain, en bon protestant (ou en bon théologien qu'il était), déclare qu'il ne faut pas prononcer le nom de Dieu en vain, pour appuyer ses affirmations, puis il y décrit aussi – sans la comprendre – une tournure affirmative typiquement genevoise qui calque une locution franco-provençale équivalente (cf. Knecht 2004, 122, note 4) – en constatant simplement que c'est une « maniere de parler dont on ne voit point de fondement en François ».

À cela s'ajoutent à la fin de l'ouvrage quelques « additions » aux articles I, II et III.

En ce qui concerne les références de Poulain,[8] mis à part Hindret pour la prononciation, Poulain s'appuie en particulier sur les indications fournies par le *Dictionnaire françois* de Richelet, publié à Genève en 1680. Il illustre ainsi une idée courante – trois ans avant la parution de la première édition du dictionnaire de l'Académie – une idée qui a la vie dure encore aujourd'hui dans le monde francophone, qui croit que « toute la langue » se trouve dans les dictionnaires « de référence » et qu'un mot qui n'est pas dans « le » dictionnaire n'est pas « français », qu'il n'a pas de droit de cité dans « la » langue. Et on sait que de nombreuses personnes ont lu et consultent encore les dictionnaires réalisés par des rédactions parisiennes pour savoir quels sont les mots qu'on a le « droit » d'utiliser. Donc : malgré les faiblesses du classement proposé par Poulain, on distingue bien l'idéologie qui sous-tend son entreprise.

2.2. Dans le premier « article » de son ouvrage, *Des mots qui sont hors d'Vſage*, comme son titre l'annonce, on rencontre évidemment plusieurs cas de maintien. Je citerai *débonnaire* et *molester*, parfaitement attestés en français depuis le Moyen Âge, mais condamnés comme « vieux » par les puristes du 17ᵉ siècle.[9] Ce qui apparaît très clairement, à leur sujet, c'est la source des remarques de Poulain. Comme je viens de le mentionner, celui-ci se réfère souvent au dictionnaire de Richelet dont il reprend les jugements normatifs tels quels. Pour *débonnaire*, Poulain écrit :

> « DEBONNAIRE, pour *Clement, doux*. Ce mot ne ſe dit plus ſerieuſement qu'en parlant d'un Roi de France ſurnommé Louïs le Débonnaire. Hors delà on ne ſe ſert du mot de *Debonnaire* qu'en riant, & dans le ſtile bas & burleſque »   (Poulain de la Barre 1691, 3).

Chez Richelet, l'entrée correspondante est marquée de la croix qui signale des restrictions d'emploi, le garde-fou du lexicographe qui marque les limites de la bienséance lexicale (von Gemmingen 1982). Le texte est pratiquement identique :

---

8 Cf. Natsch (1927) qui a fait un travail remarquable pour les identifier.
9 Certains de ces mots ont été « repêchés » au 18ᵉ siècle, au moment où on s'est rendu compte que le zèle des puristes avait trop appauvri la langue littéraire. Ce phénomène a été bien décrit par A. François dans son *Histoire de la langue française cultivée des origines à nos jours* (1959, vol. 2, 43).

> « † Débonnaire, *adj.* Doux, de bonnes mœurs. Le mot de *débonnaire* ſe dit en parlant d'un de nos Rois qu'on a ſurnommé *Louis le débonnaire*, mais hors de là on ne ſe ſert du mot de *débonnaire* qu'en riant & dans le ſtile le plus bas » (Richelet 1680, vol. 1, 211).

Le constat est similaire pour *molester*. Poulain écrit :

> « Molester, pour *tourmenter, chagriner*, eſt un peu vieux. [Moleſter une perſonne.] »
> (Poulain de la Barre 1691, 5).

C'est un plagiat pur et simple de Richelet :

> « Molester, *v. a.* Mot un peu vieux qui ſignifie *tourmenter, chagriner*. [Moleſter une perſonne.] »
> (Richelet 1680, vol. 2, 45).

Dans la suite du même article, pour le substantif déverbal *moleste*, bien attesté dans la lexicographie française de Robert Estienne à Jean Nicot, sans la moindre marque d'usage, Poulain déclare qu'il « ne vaut rien du tout » :

> « Moleſte pour *tourment, chagrin, vexation*, ne vaut rien du tout. [...] »
> (Poulain de la Barre 1691, 5).

Cette condamnation est probablement due au simple fait que *moleste* manque chez Richelet : aux yeux de Poulain, un mot qui manque dans « le » dictionnaire ne fait pas ou ne fait plus partie de la langue légitimée par les choix du lexicographe consulté.

Un constat similaire s'impose pour *prou* que Furetière, en 1690, cite encore sans la moindre marque d'usage, mais que Poulain disqualifie de « vieux » en suivant Richelet,

> « Prou, vieux mot, qu'on dit quelquefois dans le burleſque, mais en riant, pour *aſſez, beaucoup, trop*. (Je le connois prou.) [...] » (Poulain de la Barre 1691, 6).

avec une reprise presque textuelle de la définition de Richelet (cf. aussi Fig. 2) :

> « †Prou. *adv.* Vieux mot qu'on dit quelquefois en rïant & qui veut dire beaucoup. Fort. Assez, trop. [Je le conoi prou. [...] »
> (Richelet 1680, vol. 2, 227).

Dans ce dernier cas, le maintien de *prou* en français de Genève a pu être favorisé par le fait qu'il est resté parfaitement vivant – jusqu'à nos jours – dans les parlers francoprovençaux de la Suisse romande et de la Haute-Savoie voisine (dans la mesure où le francoprovençal n'a pas encore disparu) : nous l'avons souvent enregistré dans le cadre de nos enquêtes pour l'*Atlas linguistique audiovisuel du francoprovençal valaisan ALAVAL* (Diémoz/Kristol 2019).

Au même chapitre, Poulain présente pourtant aussi comme un « mot hors d'usage » le déverbal *retard* (p. 7) – sans doute parce qu'il n'a pas pu le trouver

> † Prou, *adv.* Vieux mot qu'on dit quelquefois en riant & qui veut dire beaucoup. Fort. Assez, trop. [Je le connoi prou.
> Pour Dieu, ne prenez point de vilaine posture,
> J'ai *prou* de ma fraieur en cette conjoncture.
> *Moliere.*]

Fig. 2 : Richelet (1680, vol. 2, 227, gallica.bnf.fr).

chez Richelet. En réalité, c'est un néologisme du 17ᵉ siècle qui est sur le point de s'imposer en français commun. Sa première attestation, selon le TLFi, est de 1629 ; ensuite, il fait son apparition dans la lexicographie française dans le *Dictionnaire de Trévoux* de 1704. Il est donc déjà présent en français régional de Genève à la fin du 17ᵉ siècle (et qu'on cesse de dire et de penser que les français régionaux sont simplement conservateurs et archaïsants) : pour l'introduction du mot *retard*, manifestement, Genève n'est pas en retard. Poulain, en revanche, recommande encore la forme traditionnelle *retardement*, qui était courante aux 15ᵉ, 16ᵉ et 17ᵉ siècles, qui se trouve bel et bien chez Richelet, et dont il plagie allègrement la définition, une fois de plus. Heureusement, l'information erronée que Poulain propose, n'a pas empêché les Genevois de maintenir le néologisme.

Certains cas de maintien cités à l'article des mots « hors d'usage » concernent de simples phénomènes phonétiques que Poulain aurait pu classer au chapitre V, parmi les questions de prononciation : il ne s'agit pas de mots, mais de formes qui ne font pas partie de son usage. Ainsi, dans l'annexe à l'article I (p. 56), il critique la prononciation traditionnelle française *coronel* pour *colonel* – selon le TLFi, *coronel* a été courant au 16ᵉ et jusqu'au début du 17ᵉ siècle, et on sait que cette forme a été empruntée au moyen français par l'anglais [ˈkɜːn(ə)l] (OED).[10] Je me demande d'ailleurs, sans pouvoir répondre à cette question, si les contacts étroits entre Genève et l'Angleterre, depuis l'époque de Calvin, ont pu contribuer au maintien de la prononciation traditionnelle en anglais. En tout cas, selon le GPSR, *coronel*, bien attesté dans les documents romands depuis le 16ᵉ siècle, s'est maintenu jusqu'au 20ᵉ siècle dans de nombreux parlers de la Suisse romande, et jusqu'au 19ᵉ siècle au moins en français régional.[11]

Toujours parmi les mots « hors d'usage », Poulain range enfin de nombreuses formes qui sont en fait des néologismes du français régional genevois,

---

[10] Cf. http://www.oed.com/view/Entry/36517?rskey=8u9Ckm&result=1#eid (page consultée en août 2018).
[11] La mention de la forme en français régional de Genève chez Poulain semble avoir échappé à la rédaction du GPSR.

néologismes par emprunt au francoprovençal, et qu'il est faux d'assimiler à des mots « hors d'usage ». C'est une illustration du fait que Poulain n'a évidemment aucun moyen de savoir pourquoi certains mots genevois ne se trouvent pas chez Richelet : il ne dispose d'aucune documentation diachronique qui lui permettrait de vérifier si tel mot est d'origine française (et sorti de l'usage « central ») ou s'il provient du francoprovençal local qu'il ne connaît probablement pas encore – si du moins il a pris la peine de s'intéresser à ce « patois fort grossier », comme il le nomme dans la préface.

Ainsi, *prin* (< lat. PRIMUS, évidemment, mais avec le sens de 'fin' ou de 'mince' – Poulain (p. 6) le glose par *menu, délié*) est un terme largement implanté dans la moitié méridionale de la Galloromania et au Nord de l'Espagne, selon la documentation du FEW (vol. 9, 384 et 387b). Il est resté vivant en français régional de la Suisse romande jusqu'au 20e siècle (Pierrehumbert 1926, 453), et nous l'avons souvent entendu dans le cadre de nos enquêtes dialectales pour l'ALAVAL, comme le montre cet énoncé enregistré en 1997 à Fully (Valais) :

pwɔ feᵏ la ʃøp ɔ̃ k'üpë leː - le legˈymə prɛ̃ pətʃ'u atᵏamɛ̃ li mɛɪnˈo mˈədzɔ̃ pɑ
Pour faire la soupe on coupe les .. les légumes fins petits sinon les enfants mangent pas.

Fig. 3 : ALAVAL (http://alaval.unine.ch/atlas?carte=36030&statement_id=4351).

Il n'est donc aucunement « sorti de l'usage », mais ne fait simplement pas partie de l'usage septentrional de notre auteur.

Un constat similaire s'impose pour *carron* 'brique, carreau', et le verbe correspondant *carronner* 'carreler' (p. 1s.). Selon la documentation du FEW (vol. 2, 1401), *carron* est un mot régional de l'Est galloroman, bourguignon, franc-comtois et francoprovençal, attesté depuis le moyen français, et resté parfaitement vivant en français régional, en Suisse et en France voisine, comme le montrent les attestations qu'on trouve facilement sur internet.[12] Le français que Poulain croit devoir inculquer aux Genevois n'est donc que son propre français régional, avec ses propres limites, un français régional parmi d'autres, mais qui se prend pour « le » français, et ne saurait représenter le français dans son ensemble.

2.3. Le deuxième « article » : *Des Mots Impropres*. Les « mots impropres » que Poulain critique dans son deuxième chapitre, illustrent un autre type de

---

[12] Cf. par ex. http://www.academiedeladombes.fr/Le-bati (page consultée en août 2018).

phénomène. Poulain y regroupe surtout des mots qui ont un autre sémantisme que les formes correspondantes de son français parisien épuré. Voici comment il définit le phénomène en guise d'introduction :

> « On apelle impropres, les mots qui font bons & en uſage, lors qu'ils ne ſont pas employez ſelon la ſignification propre que le bon uſage leur donne, tels ſont, [suit la liste des « corrections »] » (Poulain de la Barre 1691, 7).

Cette définition est parfaitement explicite : « la signification propre que le bon usage leur *donne* », que le « bon usage » leur *attribue*. La plupart des exemples de ce type que mentionne Poulain, ce sont des mots que les grammairiens puristes du 17e siècle, depuis Malherbe, ont essayé de désambiguïser, selon l'idée que chaque mot devait avoir un seul sens : on sait que Malherbe n'a pas compris le phénomène de la polysémie, qu'il prenait le lexique pour une nomenclature et qu'il croyait que les vrais synonymes n'existent pas.

Selon Poulain, fidèle héritier de cette idéologie, il faut donc distinguer *parmi vous* et *au milieu de vous* (p. 8), *censurer* et *reprendre* (p. 10), *liasse* et *botte* (p. 16). Selon lui, on dira *parmi vous* et non pas *au milieu de vous*, car, dit-il, « *au milieu* marque un certain endroit connu & determiné, & également éloigné des deux extremitez » (p. 8). Quant à moi, je serais tenté de penser que la manière de parler des Genevois que Poulain considère ici comme fautive leur vient tout droit et tout simplement de la traduction de la Bible de Calvin (Luc 22, 27), où le Christ dit à ses disciples « Je suis au milieu de vous comment celui qui sert ».[13]

Quant à *censurer* que Poulain veut remplacer par *reprendre* (« On ne dit point, censurer les vices, mais les reprendre »), il est plus restrictif encore que Richelet, qui définit *censurer* par 'critiquer', sans la moindre marque d'usage. Pour *liasse*, en revanche, qui désignait en ancien français n'importe quel paquet de choses liées ensemble (et qui, selon la documentation du FEW, vol. 5, 322a, a gardé ce sens dans de nombreuses régions de France), Poulain est de nouveau en accord avec Richelet dont il copie presque littéralement les définitions (cf. Fig. 4 et 5).

Tous les cas mentionnés jusqu'ici n'ont donc rien de spécifiquement régional, si ce n'est le fait que les Genevois n'ont pas ou pas encore suivi jusque dans ses dernières subtilités l'évolution de la norme, dans ses tentatives de désambiguïser le lexique français et d'éliminer la polysémie.

---

[13] Je cite l'édition de 1551 publiée à Genève chez Jehan Crespin, disponible en ligne: http://dx.doi.org/10.3931/e-rara-1689 (page consultée en août 2018). On remarque au passage, dans cette édition, un superbe francoprovençalisme (*comment* pour *comme*), qui manque dans d'autres éditions de la même période, mais qui est bien attesté en français régional genevois (cf. Kristol 2016, 187).

LIASSE, pour *botte*. Liasse est *un terme de Procureur* & de gens d'afaire. Il ne se dit que ou de ce qui sert a lier les papiers, ou des papiers cotés & liés ensemble. (Donnez-moi la liasse du mois de Mai. Il tenoit plusieurs liasses sous son bras.) On ne dit pas une liasse de raves, de salsifix, d'ognons, mais *une botte de raves, d'ognons, &c.*

Fig. 4 : Poulain de la Barre (1691, 16, doc.rero.ch/record/12391).

LIASSE, *s. f. Terme de Procureur & de gens d'afaire*. Papiers cotez & liez ensemble. On apelle aussi *liasse* ce qui sert à lier les papiers. ' Donnez-moi la liasse de l'année 1677. Donnez moi une *liasse* pour lïer ces papiers. ✶ Pouvant charger mon bras d'une utile *liasse* j'alai loin du Palais errer sur le Parnasse. *Dépreaux, epitre* 5.

Bote. Quantité de petites choses liées ensemble. [Une bote d'alumettes, une bote d'osier, de raves, d'oignons, de foin, de paille, d'échalas.]

Fig. 5 : Richelet (1680, vol. 1, 463 et 85, gallica.bnf.fr).

D'autres mots critiqués par Poulain concernent cependant un autre phénomène, que notre auteur n'a pas été en mesure d'identifier : c'est la différenciation régionale du lexique français. Le seul « défaut » de ces mots, une fois de plus, est de ne pas faire partie du français régional parisien ; or, dans ce cas, il n'y a pas lieu de critiquer une éventuelle polysémie, car les différents sens du mot ne se trouvent pas dans les mêmes régions de l'espace francophone et n'apparaissent pas ensemble. Ce phénomène est illustré par le régionalisme *tirant* 'tiroir' (p. 21), sens absent chez Richelet (1680, vol. 2, 452) qui mentionne en revanche différents sens techniques du mot *tirant* (« terme de menuisier, de boucher, de procureur, de serrurier, terme d'architecture, terme de bosselier et de tambour, terme de mer »). Selon le FEW (vol. 6/1, 416), *tirant* 'tiroir' est pourtant largement répandu dans l'Est galloroman, avec des attestations dialectales qui vont de la Belgique jusqu'à l'Ardèche et à la Drome. En ce qui concerne le français régional de la Suisse romande, le dictionnaire de Pierrehumbert (1926) le mentionne encore, mais le considère désormais comme vieilli. Dans les dialectes francoprovençaux du Valais, il reste pourtant pleinement vivant : c'est le seul type lexical pour TIROIR qui apparaît chez la vingtaine d'informatrices que nous avons enregistrées pour l'ALAVAL. L'exemple suivant provient de notre informatrice d'Isérables, enregistrée en 1995 :

ɛ tʲøt'e e forts'øte ɪ e koʎ'e e mœt øy tər'ɜn d a kʊz'ena
Les couteaux, les fourchettes et les cuillers je mets au tiroir de la cuisine.

Fig. 6: ALAVAL (http://alaval.unine.ch/atlas?carte=31020&statement_id=5593).

Dans d'autres cas, ce n'est même pas une polysémie qui est à l'origine de la critique : on rencontre aussi de véritables homonymies « accidentelles », les formes similaires n'ayant pas la même étymologie. Ce phénomène – avec une paire d'homonymes incontestable – se trouve chez Poulain pour le verbe *clocher* 'sonner une cloche', qui manque chez Richelet. Poulain estime donc qu'il conviendrait de le remplacer par *sonner*. *Clocher* 'sonner' est effectivement considéré comme régional par la documentation du FEW (vol. 2, 791), avec des attestations qui vont de la Picardie au Sud de la France, avec une concentration des attestations dans l'espace francoprovençal. En réalité, il se trouve encore dans le *Complément* de la sixième édition du *Dictionnaire de l'Académie* de F. Raymond (1836), qui le déclare « familier » (et non pas « vieux », comme le mentionne le TLFI, s.v.) ; sa « régionalité » n'est donc pas assurée. Et bien sûr, il n'a aucune parenté étymologique avec son homonyme *clocher* 'boiter' (< *CLOPPICARE ; FEW, vol. 2, 794). Il illustre ainsi une déficience chronique de la lexicographie française, mal documentée à l'égard de la variation diatopique de la langue, et qui est ainsi portée à considérer comme « familier », « régional » ou « vieux » tout élément qui a échappé aux dictionnaires « de référence », pour une raison quelconque.

Quant au français de Genève, il faut souligner que les prescriptions de Poulain semblent avoir eu très peu d'effet, et on peut se demander si son opuscule a vraiment été lu par le public auquel il était destiné, apparemment très peu perturbé par ses régionalismes. En tout cas, pendant plus d'un siècle, Poulain n'a pas trouvé d'imitateur en Suisse romande. Ce n'est que dans la première moitié du 19e siècle qu'on trouvera une nouvelle critique de *clocher* 'sonner' chez le puriste genevois Jean-Aimé Gaudy-Lefort (*Glossaire génevois*, 1827) qui explique que c'est un romandisme[14] (il est vrai qu'il existe des

---

14 *Langue romane* ou *roman(d)*, selon la terminologie de Gaudy-Lefort (1827), est une des appellations courantes du francoprovençal en Suisse romande, au 19e siècle.

formes correspondantes dans les dialectes francoprovençaux), et par la suite, il disparaît effectivement du français régional de la Suisse romande aussi.

Avec la dernière entrée de son « article » *Des mots impropres*, Poulain nous offre enfin une documentation particulièrement précieuse pour l'histoire des français régionaux – même s'il n'a pas compris le phénomène qu'il décrit, et que celui-ci ne concerne pas le lexique : c'est sans doute chez Poulain que se trouve le commentaire « métalinguistique » le plus ancien du « *y* savoyard ».

On sait que la partie méridionale du domaine d'oïl, située *grosso modo* au sud de la Loire, ainsi que les régions adjacentes de l'occitan et du francoprovençal, forment une unité typologique : elles maintiennent une distinction formelle entre le clitique masculin et neutre, sujet et objet, qui se confondent en oïlique septentrional. Les moyens qui réalisent cette opposition divergent fortement d'une région à l'autre (cf. Kristol 1991). Pour l'objet direct en particulier, l'opposition se réalise par [lə] (masculin) contre [zu] (neutre) au Poitou, [lu] (masculin) contre [za]/[zu]/[bo]/[ɔk], etc. (neutre) en occitan, et [lɔ] (masculin) contre [ɔ]/[u]/[i] (neutre) en francoprovençal.

Or, le français régional de la zone francoprovençale concernée, située essentiellement entre Genève et Grenoble (sans le reste de la Suisse romande), calque cette opposition par l'emploi d'un pronom personnel neutre *y* qui s'oppose au pronom masculin singulier *le* (le phénomène a été bien analysé par Tuaillon 1983). On dit donc *j'y sais* 'je sais cela', *j'y vois* 'je vois cela', par opposition à *je le vois* 'je vois le parapluie, je vois le problème'. Comme le montrent ces exemples, il ne s'agit pas d'une opposition entre animé et inanimé (le *parapluie* est un inanimé, et le *problème* est un abstrait), mais – pour reprendre une terminologie utile qui a été proposée par Henri (1987) – entre prosémique et morphosegmental. Cette opposition reste parfaitement vivante en français régional savoyard et genevois contemporain, comme le montrent les résultats de l'enquête « Le français de nos régions » de Mathieu Avanzi et al.[15]

Même si Poulain confond les différents emplois de *y* en français – d'une part l'emploi familier de *y* pour *lui* qui a déjà été critiqué par Vaugelas et d'autre part le *y* savoyard – et qu'il propose en partie des « corrections » qui faussent le sens des énoncés visés, incompris, ses exemples (en gras, ci-dessous) illustrent parfaitement les emplois du *y* neutre savoyard, qui renvoie à un antécédent diffus, circonscrit verbalement ou à un autre pronom neutre tel que *cela* :

---

[15] Cf. https://francaisdenosregions.com/2016/09/01/le-y-dit-savoyard-laisse-je-vais-y-faire-y-manger-y-prendre/ (page consultée en septembre 2019).

> « Mauvais ufage de la particules [sic] y.
> I. Y mis pour le, la, les, à lui, à elle. **I'y verrai,** pour, je le verrai. **Ie n'achete point une chofe, fans y voir**, pour fans la voir.[16] s'il m'ecrit, j'y répondrai, pour, je lui répondrai. Cela eft ainfi, **j'y crois bien**, pour, je le crois bien. j'y ai dit de venir, pour, je lui ai dit de venir. vous y direz, s'il vous plait, pour, vous le lui direz, s'il vous plait. Il y a dit, pour Il lui a dit, ou il l'a dit. S'ils viennent, nous y verrons, pour, nous les verrons.[17] Avez vous écrit cela ? **oui, nous y avons écrit**, pour, nous l'avons écrit » (Poulain de la Barre 1691, 23s.).

Les critiques de Poulain documentent ainsi le fait que les français régionaux ne sont pas de simples phénomènes transitoires, comme certains l'ont cru. C'est vrai, en partie, du lexique qui est la partie la plus volatile du système linguistique, parce que directement accessible aux phénomènes de mode et aux interdits normatifs. Mais comme on le voit dans ce dernier cas, d'autres phénomènes mentionnés par Poulain attestent un français régional étonnamment stable depuis le 17e siècle.

2.4. Le troisième « article » de Poulain, *Un genre pour un autre*, se compose d'un seul paragraphe, complété en annexe par quelques remarques supplémentaires. Malheureusement, nous ne pourrons pas étudier en détail ici tous les exemples énumérés :

> « Ces mots, Afaire, Dîme, Encre, Garderobe, Huile, Litiere, Paire, Sont de feminin. Ainfi on ne doit pas dire, (Un bon affaire, Ce marchand fait de bons, de grans affaires ; Un dîme ; Du bon encre ; le Garderobe, un litière, un paire de poulet. Il faut dire Une bonne affaire [...] »
> (Poulain de la Barre 1691, 25s.).

> « Vn Poire ; Vn Tâche, ton Tâche. Il faut dire Une poire, une Tâche, ta Tâche [...] »
> (Poulain de la Barre 1691, 60).

Les raisons pour lesquelles certains mots, en français de Genève, ont un genre différent de celui du français parisien de 1690 sont les mêmes que dans les autres chapitres : en partie, le français régional maintient un genre bien attesté en français central aussi, à une époque antérieure, et en partie il transpose au mot français le genre du mot dialectal correspondant. Souvent, ce sont des neutres latins qui sont devenus masculins en francoprovençal, et féminins en français. De nouveau, les deux phénomènes peuvent se superposer, dans le sens que le francoprovençal a parfois conservé le genre grammatical roman qui était aussi celui de l'ancien français. Dans ce cas, il est impossible de distinguer dialectalisme et phénomène de maintien.

---

[16] Il faut plutôt comprendre 'sans me rendre compte de ce qu'elle vaut'.
[17] Plutôt : 'on verra cela ; on avisera'.

Le genre masculin d'*afaire* est un cas caractéristique de maintien qui coïncide avec l'adstrat dialectal : en ancien français et jusqu'au 15ᵉ siècle, *affaire* est masculin (FEW, vol. 3, 349b) ; ensuite il commence à changer de genre en français central, comme cela arrive parfois, en particulier pour des mots qui commencent par voyelle ; il est attesté avec les deux genres du 15ᵉ au 17ᵉ siècle. Or, Vaugelas dont on sait qu'il ignore l'ancienne langue, le déclare féminin (même s'il connaît et mentionne encore des emplois masculins) – et le tour est joué en ce qui concerne la norme : Richelet ne mentionne plus que le genre féminin. En français régional, en Suisse romande et en Savoie (et dans les parlers francoprovençaux), le genre masculin s'est cependant conservé jusqu'à nos jours.

La situation est comparable pour *huile* et pour *dîme*, qui peuvent avoir les deux genres en ancien français : pour les deux, le masculin semble dominer dans l'Est et dans le Midi de la France, et il prédomine encore dans les parlers francoprovençaux contemporains (pour *dîme*, cf. GPSR, vol. 5/2, 715).

Pour les masculins *un poire* et *un tâche* en revanche, que Poulain mentionne dans les « additions », la situation est différente : ces deux formes calquent le genre des formes dialectales correspondantes qui restent elles aussi attestées jusqu'au 20ᵉ siècle.[18]

2.5. Le quatrième « article » de Poulain permet de compléter encore notre compréhension des normes propagées à Genève par notre auteur. Poulain s'y attaque en effet pêle-mêle à différentes questions qui concernent la morphologie et la syntaxe verbales, et qui n'ont souvent rien de spécifiquement genevois. Ainsi, en suivant les condamnations de Vaugelas, il critique la tournure pan-francophone (et pan-romane, si je ne m'abuse) de l'adverbe ou de la préposition en emploi absolu, après un verbe – tournure encore aujourd'hui proscrite ou taxée de familière, sans aucune raison, alors que Grevisse a montré qu'elle est utilisée par une foule de bons écrivains. Poulain aussi la condamne sans expliquer en quoi elle serait mauvaise :

> « Mauvaiſe Conſtruction.
>   On ne doit pas dire. Il me courut après. Mettez lui cela devant [...] »
>   (Poulain de la Barre 1691, 29).

---

[18] Lorsque j'ai fait allusion à ce phénomène il y a quelque temps dans un de mes cours, une étudiante est venue me voir pour me remercier, parce qu'elle comprenait enfin pourquoi sa grand-mère vaudoise – par ailleurs francophone monolingue – utilisait *poire* au masculin. Mais il faut le reconnaître : c'est un emploi qui a pratiquement disparu désormais sous la pression de la norme scolaire.

Mais il documente aussi – en le critiquant – un phénomène régional parfaitement vivant jusqu'à nos jours dans les français régionaux du grand Sud et du Sud-Est galloroman, avec la Suisse romande et les régions françaises voisines comme épicentre, quant à sa vitalité actuelle : c'est l'emploi des formes surcomposées du passé en emploi absolu, un tiroir verbal qui permet de désigner une action achevée du passé sans répercussions dans le présent du locuteur, qui remplace avantageusement certaines fonctions d'un passé simple sorti de l'usage et dont le seul défaut est de manquer en français régional septentrional. Poulain doit être le premier à décrire ces formes qui ont fait couler beaucoup d'encre dans la recherche du 20e siècle :

> « Sur les Temps composez.
> ON NE DOIT JOINDRE, *j'ay eu, nous avons eu* avec aucun verbe. Ainfi on ne dit point, *l'ay eu dit cela ; nous l'avons eu payé ; nous avons eu fait partie enfemble ; l'on a eu trouvé des gens* [...] » (Poulain de la Barre 1691, 27).

Dans la suite du même paragraphe, Poulain se trompe d'ailleurs en proscrivant également les formes surcomposées employées dans les subordonnées temporelles, qui sont attestées depuis l'ancienne langue, même en français central et chez les meilleurs auteurs – et que les meilleures grammaires du français contemporain continuent à juger parfaitement grammaticales, même si une majorité des grammaires scolaires oublie de la mentionner. Quoi qu'en pense M. Poulain : on dit, on a toujours dit et on continue à dire ...

3 Conclusions

Comme on vient de le voir, le français des élites genevoises était effectivement un français assez particulier, marqué par tous les ingrédients d'un français régional caractéristique. Il comporte évidemment certaines tournures régionales, qu'il partage d'ailleurs toujours ou presque toujours avec de grandes régions de l'Est ou du Sud de la Galloromania. Mais très souvent, sa seule « régionalité » consiste dans le fait qu'il se développe à son propre rythme : souvent plus conservateur (voire même plus châtié) que le français de la capitale, mais parfois aussi ouvert à des innovations que les puristes parisiens n'ont pas encore adoptées.

Voilà de quelle manière commence, à l'extrême fin du 17e siècle, ce que l'on appelle aujourd'hui la lexicographie différentielle du français. Même si Poulain est encore un précurseur qui n'a pas trouvé d'imitateur immédiat en Suisse romande (où la lexicographie différentielle ne se développe pour de bon qu'à partir du 19e siècle), ce premier ouvrage sera suivi de beaucoup d'autres, destinés aux habitants de toutes les provinces de la France, aux Lyonnais, aux

Provençaux, aux Gascons et ainsi de suite, à l'origine surtout les régions de la « francophonie » culturelle qui ne sont pas de langue héréditaire française.

Quant à l'ouvrage de Poulain, il documente non seulement quelques-uns des phénomènes les plus voyants du français de Genève à la fin du 17ᵉ siècle, et souvent conservés jusqu'à nos jours. De manière plus frappante encore, il illustre l'adoption incontestée, sans remise en question, de l'idéologie puriste par la bourgeoisie parisienne dont Poulain est issu – sans avoir fait partie, à notre connaissance, des cercles qui fréquentaient les salons. Il montre ainsi de quelle manière – et à quelle vitesse – la bonne bourgeoisie parisienne a adopté les normes élaborées par les grammairiens courtisans du 17ᵉ siècle, et de quelle manière cette vision étriquée du français a été propagée jusque dans les régions les plus reculées de la francophonie de l'époque, en particulier par le biais des dictionnaires qui deviennent très rapidement « la » référence, dès la fin du 17ᵉ siècle : Richelet, en ce qui concerne Poulain de la Barre, et celui de l'Académie chez la plupart des puristes après lui.

4 Bibliographie

4.1 Sources et dictionnaires

ALAVAL = Diémoz, Federica/Kristol, Andres (edd.), *Atlas linguistique audiovisuel du francoprovençal valaisan ALAVAL. Éléments de morphologie et de syntaxe*, Neuchâtel, Université de Neuchâtel, 2019. <http://alaval.unine.ch>.

Desgrouais, Jean, *Les gasconismes corrigés*, Toulouse, Crosat, 1768.

FEW = Wartburg, Walther von, et al., *Französisches Etymologisches Wörterbuch. Eine Darstellung des galloromanischen Sprachschatzes*, Bonn/Basel, Klopp/Zbinden, 1928–2003. <https://apps.atilf.fr/lecteurFEW/> [dernière consultation : 09.08.2018].

Gaudy-Lefort, Jean-Aimé, *Glossaire génevois, ou Recueil étymologique des termes dont se compose le dialecte de Genève, avec les principales locutions défectueuses en usage dans cette ville*. Deuxième édition, corrigée et considérablement augmentée, Genève/Paris, Barbezat et Delarue, 1827.

Geneanet = https://gw.geneanet.org/rossellat?lang=fr&p=jean+daniel&n=perdriau [dernière consultation : 09.08.2018].

GPSR = Gauchat, Louis, et al., *Glossaire des patois de la Suisse romande*, Neuchâtel/Genève, Attinger/Droz, 1924–.

Hindret, Jean, *L'art de bien prononcer et de bien parler la langue françoise*, Paris, Laurent d'Houry, 1687.

OED = *Oxford English Dictionary*. <http://www.oed.com/> [dernière consultation : 09.08.2018].

Pierrehumbert, William, *Dictionnaire historique du parler neuchâtelois et suisse romand*, Neuchâtel, Attinger, 1926.

Poulain de la Barre, François, *De l'égalité des sexes. Discours physique et moral, où l'on voit l'importance de se défaire des Préjugez*, Paris, Jean Du Puis, 1673.

Poulain de la Barre, François, *De l'éducation des dames pour la conduite de l'esprit dans les sciences et dans les mœurs*, Paris, Jean du Puis, 1674. <http://gallica.bnf.fr/ark:/12148/bpt6k83722k.r=poullain%20%C3%A9ducation?rk=42918;4> [dernière consultation : 09.08.2018].

Poulain de la Barre, François, *De l'excellence des hommes contre l'égalité des sexes*, Paris, Jean du Puis, 1675.

Poulain de la Barre, François, *Essai des remarques particulières sur la Langue Françoise pour la ville de Genève*, Genève, s.n., 1691. <http://doc.rero.ch/record/12391> [dernière consultation : 09.08.2018].

Richelet, César-Pierre, *Dictionnaire françois*, Genève, Jean Herman Widerhold, 1680. <http://gallica.bnf.fr/ark:/12148/bpt6k509323> [dernière consultation : 09.08.2018].

TLFi = *Trésor de la langue française informatisé*, Nancy, ATILF. <http://atilf.atilf.fr/tlf.htm> [dernière consultation : 09.08.2018].

Vaugelas, Claude Favre de, *Remarques sur la langue françoise*, Paris, Camusat/Le Petit, 1647.

Wikipedia : https://fr.wikipedia.org/wiki/François_Poullain_de_La_Barre: François Poulain de La Barre [dernière consultation : 09.08.2018].

4.2 Études

Alcover, Madeleine, *Poullain de la Barre : une aventure philosophique*, Paris/Seattle/Tübingen, Papers on French Seventeenth Century Literature, 1981.

Avanzi, Matthieu et al., *Français de nos régions*, <https://francaisdenosregions.com> [dernière consultation : 03.09.2019].

Ayres-Bennett, Wendy, *De Vaugelas à nos jours. Comment définir le genre des remarques sur la langue française*, in : Caron, Philippe (ed.), *Les remarqueurs sur la langue française du XVIe siècle à nos jours*, Rennes, Presses Universitaires de Rennes, 2004, 19–33.

Baylon, Christian, *Les Gasconismes Corrigés de Desgrouais (1768)*, Revue des langues romanes 80 (1974), 187–203 et 81 (1975), 89–108.

Beaucarnot, Jean-Louis, *Les noms de famille et leurs secrets*, Paris, Laffont, 1988.

Brunot, Ferdinand, *Histoire de la langue française des origines à 1900*, vol. 4/1 : *La langue classique (1660–1715)*, Paris, Colin, ³1939.

Dauzat, Albert, *La diffusion du français en France et le français régional*, Le français moderne 1 (1933), 133–143.

François, Alexis, *Histoire de la langue française cultivée des origines à nos jours*, 2 vol., Genève, Jullien, 1959.

Gauchat, Louis/Jeanjaquet, Jules, *Bibliographie linguistique de la Suisse romande*, vol. 2, Neuchâtel, Attinger, 1920.

Gemmingen-Obstfelder, Barbara von, *La réception du bon usage dans la lexicographie du 17e siècle*, in : Höfler, Manfred (ed.), *La lexicographie française du XVIe au XVIIIe siècle*, Wolfenbüttel, Herzog August Bibliothek, 1982, 121–136.

Henry, Albert, *« Tel » en ancien français*, Revue de linguistique romane 51 (1987), 496–498.

Knecht, Pierre, *Le plus ancien commentaire du discours provincial en Suisse romande. À propos de l'Essai des Remarques particulières sur la Langue Françoise pour la ville de

Genève *de François Poulain de la Barre (Genève 1691)*, in : Caron, Philippe (ed.), *Les remarqueurs sur la langue française du XVIe siècle à nos jours*, Rennes, Presses Universitaires de Rennes, 2004, 119–124.

Kristol, Andres, *Une mutation typologique inachevée : la substitution du neutre par l'inanimé*, Revue de linguistique romane 54 (1991), 485–516.

Kristol, Andres, *Regards sur le paysage linguistique neuchâtelois (1734–1849) : le témoignage sociolinguistique des signalements policiers*, in : Gendre, André, et al. (edd.), *Des mots rayonnants, des mots de lumière. Mélanges de littérature, d'histoire et de linguistique offerts au professeur Philippe Terrier*, Neuchâtel/Genève, Université de Neuchâtel/Droz, 2013, 277–295.

Kristol, Andres, *Le français écrit en territoire francoprovençal : le témoignage de la* Petite Chronique *de Jeanne de Jussie*, in : Glessgen, Martin/Trotter, David (edd.), *La régionalité lexicale au Moyen Âge. Colloque international en l'honneur du 70e anniversaire de Gilles Roques (Université de Zurich, 7–8 septembre 2015)*, Strasbourg, Éditions de Linguistique et de Philologie, 2016, 179–194.

Natsch, Clara, *Poulain de la Barre's Bemerkungen zum Genfer-Französisch*, Chur, Bündner Tagblatt, 1927.

Perrenoud, Alfred, *La population de Genève du seizième au début du dix-neuvième siècle : étude démographique*, Genève, Société d'histoire et d'archéologie, 1979.

Reverdin, Olivier, *Henri Estienne à Genève*, in : Henri Estienne, Cahiers V.L. Saulnier 5 (1988), 21–42.

Rézeau, Pierre, *Les dictionnaires normatifs des XVIIIe et XIXe siècles et leur intérêt pour l'histoire des variantes régionales du français*, in : [sans éditeur], *Grammaire des fautes et français non conventionnel. Actes du IVe Colloque international organisé à l'École Normale Supérieure les 14, 15 et 16 décembre 1989 par le Groupe d'Étude en Histoire de la Langue Française (G.E.H.L.F.)*, Paris, Presses de l'École Normale Supérieure, 1992, 207–227.

Tuaillon, Gaston, *Régionalismes grammaticaux*, Recherches sur le français parlé 5 (1983), 227–239.

Joachim Steffen
L'entrée dans l'écrit revisitée

Éléments occitans dans les lettres de soldats peu-lettrés du Languedoc-Roussillon (Révolution et Empire)

Résumé : L'article analyse les interférences de l'occitan dans 60 lettres de soldats en français de la phase I (Révolution et Empire) du Corpus Historique du Substandard Français (CHSF), lettres provenant des archives départementales de l'Hérault. La présence des phénomènes attribuables à l'influence de l'occitan dans ces textes est confrontée aux résultats d'une étude réalisée par Géa (2015) sur des lettres de soldats de la Grande Guerre et provenant de la même région géographique. En plus d'une série de phénomènes phonétiques, le choix de l'auxiliaire (*être* vs. *avoir*) dans la construction du passé composé sera examiné. De cette façon, l'article vise à montrer que le processus graduel de rapprochement des classes populaires au monde des lettres et des textes avait déjà commencé vers la fin du 18e siècle. Néanmoins, le nombre important de déviances de la norme du français dans les lettres de la phase postrévolutionnaire, qui est considérablement plus élevé par rapport aux écrits des Poilus, témoigne des difficultés des gens ordinaires occitanophones de s'insérer dans la culture et la langue nationales.

Mots-clés : écriture peu-lettrée, alphabétisation, influence de l'occitan sur la graphie dans le Midi, français des 18e et 19e siècles

1 Introduction

Le 19e siècle est communément considéré comme l'époque à laquelle toutes les couches sociales en France ont fait la transition d'une culture orale à une culture scripturale. Avant ce passage collectif, il existait une France divisée entre une majorité illettrée et une minorité lettrée :

> « Wenn man die Kulturgeschichte Frankreichs im 18. Jahrhundert statisch betrachtet, so könnte man – zu Recht – feststellen, daß nebeneinander zwei relativ getrennte Kulturen bestehen : eine reine Schrift- und Lesekultur, die in der Trägerschicht der Aufklärung

Joachim Steffen, Universität Augsburg

https://doi.org/10.1515/9783110541816-007

angesiedelt ist, vor allem in Paris, in geringerem Ausmaß in den Provinzstädten, und andererseits eine oder mehrere orale, ländliche Kultur(en) »   (Schlieben-Lange 1983, 64).

'Si l'on considère l'histoire culturelle de la France au 18ᵉ siècle de manière statique, on pourrait affirmer – à juste titre – que deux cultures relativement distinctes coexistaient : une culture strictement lettrée, établie dans la couche sociale porteuse des Lumières, notamment à Paris, et dans une moindre mesure dans les villes de province et, d'autre part, une ou plusieurs cultures orales, rurales.'

Cependant, « l'entrée dans l'écrit » (Chartier 1978) n'a été ni un événement soudain ni l'expérience singulière d'une génération particulière, mais il s'est agi pour les classes populaires d'un processus graduel de rapprochement du monde des lettres et des textes qui avait commencé vers la fin du 18ᵉ siècle, comme cet article entend le démontrer sur la base de nouvelles sources manuscrites retrouvées dans les Archives départementales de l'Hérault. La recherche s'appuie sur des écrits de la première phase (Révolution et Empire) du *Corpus Historique du Substandard Français* (CHSF,[1] projet dirigé par Harald Thun à la Christian-Albrechts-Universität de Kiel) de cette région, qui était défavorisée à l'époque en termes d'alphabétisation (comme tout le Midi). Par conséquent, les soldats révolutionnaires et de la Grande Armée provenant du sud de la France étaient mal préparés à la communication par écrit en français avec leurs parents restés au pays.

L'article abordera une série de déviances orthographiques et un phénomène de variation morphosyntaxique (auxiliaire *avoir* vs. *être*), en mettant l'accent sur les éléments dialectaux des variétés minoritaires occitanes. Même s'il n'y a presque pas de lettres écrites en langues minoritaires dans le CHSF, beaucoup d'entre elles montrent des influences sensibles de l'oral qui dominait ces variétés. À partir d'écarts orthographiques et de la variation dans le choix de l'auxiliaire, la contribution discutera des particularités de cette région en ce qui concerne la norme linguistique du français et sa disponibilité pour les classes inférieures dans le Languedoc-Roussillon à l'époque de la Révolution et de l'Empire.

---

1 Le CHSF contient des lettres et d'autres documents, écrits par des peu-lettrés de France et de Belgique francophone, divisés en trois phases : I. 1789–1815 (Révolution et Empire) ; II. 1816–1913 ; III. 1914–1918 (Grande Guerre). Au total, il y a environ 65.000 documents, dont la moitié est constituée par des textes primaires (lettres, souvenirs, livres de raison, etc.), l'autre par des textes secondaires qui informent sur les scripteurs (par exemple des rapports de police). Pour une description détaillée du corpus, cf. Thun (2011 ; 2018).

2 La question de l'alphabétisation en France au tournant du 19ᵉ siècle

Les connaissances de la scripturalité des peu-lettrés en France des 18ᵉ et 19ᵉ siècles restent fragmentaires, même si les études sur l'alphabétisation ne sont pas rares. Cela étant, elles ne trouvent pas leur source principale dans les écrits des couches populaires elles-mêmes, mais dans les données-cadres sociologiques de l'époque et dans des informations indirectes, telles que les tirages de livres, la dissémination des écoles, les inventaires après décès ou l'aptitude à signer (cf. par exemple Furet/Ozouf 1977 ; Roche 1985 ; Berger 1986 ; Chartier 2002). Ces données sont éminemment pertinentes, bien qu'elles représentent, au mieux, des informations sur les possibilités d'accès à l'écriture, mais pas sur l'utilisation réelle de ces possibilités. En d'autres termes, il est impossible de savoir si les livres ont vraiment été lus (et par qui) ou si les écoles conduisaient effectivement à la capacité d'écrire.

Sous l'Ancien Régime, il y avait à la veille de la Révolution à peu près 30.000 « petites écoles » dans 37.000 paroisses dans lesquelles le peuple apprenait les notions fondamentales de l'écriture et de la lecture sous les auspices du clergé (cf. Harten 1990, 1). Même si la responsabilité institutionnelle de l'Église garantissait une certaine uniformité, il y avait une grande variation régionale quant à la diffusion de l'éducation. Une des études classiques de l'alphabétisation en France, l'enquête Maggiolo (réalisée entre 1877 et 1879), a montré que la capacité à signer (au mariage) entre 1686 et 1876 était plus répandue en ville qu'à la campagne, qu'elle l'était plus chez les hommes que chez les femmes et, par ailleurs, que les régions d'Armorique, du Massif Central et tout le Midi étaient défavorisés (cf. Chartier et al. 1981 ; Furet/Ozouf 1977, 36–39). Bien que l'enquête puisse être appréhendée comme un indicateur de l'alphabétisation, la méthode est incertaine, particulièrement pour ce qui est de la capacité à écrire. Roche souligne que l'aptitude à signer est plutôt en corrélation avec la capacité à la lecture qui a été considérée comme plus importante que l'écriture dans le sens d'une réception passive d'endoctrinement :

> « Bien sûr, la définition d'une frontière et de ses variations ne résout pas l'ambiguïté des comptages qui restent la base du test de la signature. Essentiellement on ne peut pas y distinguer les rapports existants entre la maîtrise de l'écriture qui permet libération et évasion, voire affirmation d'identité, et celle de la lecture plus passive qui remet moins en cause la relation aux normes sociales et religieuses. Alphabétisation active et alphabétisation passive sont impossibles à distinguer dans l'aptitude à signer » (Roche 1985, 163s.).

Mais, toujours en ce qui concerne la lecture même, il existe beaucoup d'incertitudes. On sait que les livres de la *Bibliothèque bleue* étaient immensément populaires et qu'ils avaient un fort tirage (cf. Berger 1986, 8s.), et aussi que leurs genres littéraires étaient très divers.² Roche (1985, 176), qui analyse les inventaires après décès, constate la présence de livres dans un quart des ménages dans la France urbaine de la fin du 17ᵉ siècle. Mais l'ampleur de leur réception reste très incertaine (« Ownership of a volume did not necessarily mean that it was read [...] » ; Houston 1988, 192) et la situation à Paris était fondamentalement différente de celle de la campagne (cf. Quéniart 1986, 104).³ Toutefois les « livres bleus » deviennent un élément important de la culture villageoise à partir de 1660 et le « support majeur de l'accès à la culture écrite de la partie la plus favorisée de la paysannerie » (Chartier 2002, 195).

Malgré la preuve de l'existence des livres dans les régions rurales, la conception d'une société rurale essentiellement analphabète persiste, par exemple chez Große (2008) :

> « Malgré tout, la question demeure de l'accès général des couches populaires à l'écrit. Le taux d'analphabétisme à la fin de l'*Ancien Régime* reste encore assez élevé, sauf dans la petite bourgeoisie qui, en grande partie, sait lire et écrire, tandis que, d'après une enquête de Michel Vovelle, 80% des paysans et des fermiers sont analphabètes vers 1789 »
>
> (Große 2008, 85).

D'autre part, l'auteure considère qu'« [u]ne partie de la population entre en effet dans l'espace public sans être instruite ni préparée » (Große 2008, 85), ce qui introduit l'idée que les classes populaires avaient commencé à écrire, mais qu'elles ne le faisaient pas en conformité avec la convention orthographique de manière efficace, sans parler des normes du « bon usage ». Cela semble indiquer un problème fondamental d'estimation de l'alphabétisation : à partir de quel point une personne peut-elle être considérée comme alphabétisée ? Lorsqu'elle a assimilé la technique de base du système d'écriture ou seulement lorsqu'elle peut rédiger un texte cohérent et qu'elle maîtrise les conventions stylistiques du genre de texte en

---

2 À partir du 17ᵉ siècle, les livres de la *Bibliothèque bleue* (appelés ainsi à cause de leurs reliures bleues) jouissent d'une énorme popularité chez les classes populaires. Parmi les ouvrages publiés, on trouve des textes très divers, non seulement quant à leur origine temporelle, mais encore en ce qui concerne leur genre littéraire, notamment des pièces de théâtre, des textes religieux, des textes burlesques, des livres de cuisine, etc. Cf. Chartier (2002, 294) et Berger (1986, 8s.).

3 Darnton (1971) conclut même qu'il serait vain d'émettre des affirmations générales concernant la situation prérévolutionnaire, puisque les données statistiques sont contradictoires : « Perhaps it is impossible to generalize about the over-all literary culture of eighteenth-century France because there might not have been any such thing. In a country where something like 9,600,000 people had enough instruction by the 1780's to sign their names, there could have been several reading publics and several cultures » (Darnton 1971, 225).

question ? Il n'y a pas de réponses simples à ces questions, puisque savoir lire et écrire peut être considéré comme un continuum plutôt que comme une dichotomie dans le cas d'un individu particulier. Branca-Rosoff/Schneider (1994, 9) refusent par conséquent l'opposition simple entre « lettrés » et « illettrés » et ajoutent comme troisième groupe « ceux qui emploient une langue non-conforme ». Donc, contrairement à l'opinion traditionnelle selon laquelle la société rurale était complètement exclue de la scripturalité, des études plus récentes postulent que l'aptitude à lire et écrire était également répandue dans ces groupes.

Les classes supérieures et les classes inférieures ne partageaient cependant pas les mêmes normes linguistiques. L'un des principaux témoins de cette observation est le compagnon vitrier Jacques Ménétra, né à Paris en 1738, et ses mémoires de vie :

> « Certes le compagnon parisien parle pour lui-même, il élève non sans quelque vantardise un monument à sa propre gloire mais en même temps il prouve qu'un homme de son milieu et de sa trempe peut à sa façon, en refusant les règles communes, en adoptant une maladresse volontaire et une désinvolture grammaticale et stylistique, parler comme d'autres, voire même développer une conscience de classe » (Roche 1985, 164).[4]

Quelques auteurs comme Roche, qui explorent l'histoire de l'alphabétisation en France, soutiennent donc que les classes populaires avaient déjà conquis une scripturalité propre à la veille de la Révolution. Malgré les exceptions importantes du journal de Jacques Ménétra et de l'étude réalisée par Branca-Rosoff/Schneider (1994), les sources pour écrire l'histoire du français écrit dans les couches populaires ont manqué jusqu'à récemment. Dans la section suivante, nous discuterons des raisons de ce manque de sources directes.

3 La scripturalité des peu-lettrés : la mise à l'écart des sources

La concentration quasi-exclusive sur des sources secondaires décrites dans la section précédente est fondée sur un consensus qui a longtemps prévalu chez les historiens et selon lequel les sources primaires ne pouvaient pas exister car le peuple n'écrivait pas. En conséquence, l'historiographie de la langue française

---

4 Cf. aussi Roche (1986). – Même si la description citée ci-dessus nous semble pertinente, l'édition de Roche (1982) n'est pas suffisamment fidèle à l'original pour servir de base à des études linguistiques, contrairement à la nouvelle édition de Ernst (2019). Cf. aussi la critique de l'édition de Roche (1982) formulée par Ernst (2019, XXII et 652).

est principalement basée sur les écrits d'une petite fraction de la société, c'est-à-dire l'élite bien cultivée et instruite. Même un historien comme D. Roche, qui a découvert qu'il y avait une grande quantité de documents privés dans les inventaires après décès, regrette qu'ils ne puissent plus être retrouvés : « Leur disparition [la disparition des papiers personnels et familiaux] liée à la dévaluation rapide de ce qu'ils signifient et aux mauvaises conditions de la vie dans le logis populaire ne doit pas cacher l'importance réelle de ces archives du quotidien » (Roche 1985, 167). Altmann (1992) adopte la même position : « Although the ‹ liasses de papiers › mentioned in the inventories have disappeared, unlike the well-preserved archives of more privileged families, we can no longer take the dearth of archival material as a sign that the writing did not take place » (Altmann 1992, 148). Mais même certains auteurs qui ont effectivement trouvé des lettres écrites par des scripteurs semi-alphabétisés aboutissent au même verdict, comme J. Rychner (« Ces deux historiens [Paul Mellottée & Paul Chauvet] le disent eux-mêmes : les sources manquent, surtout les sources privées » ; Rychner 1976, 1927) ou J. Tulard dans l'introduction à *Cent lettres de soldats de l'an II* (« Les lettres des soldats de la Révolution sont rares [...]. Beaucoup ne savaient pas écrire et leurs destinataires étaient le plus souvent incapables de les lire » ; Tulard 1989, 7). Cette conclusion est contredite, cependant, par l'impressionnante collection de *Lettres de Grognards*, édition partielle avec commentaires de plus de 1000 lettres, publiée en 1936 par E. Fairon et H. Heuse, qui remarquent que les lettres sont généralement autographes : « [...] on constate que la plupart des missives de nos Grognards sont autographes et fidèles » (Fairon/Heuse 1936, 340).

La non-observance des sources authentiques des classes inférieures est un phénomène qui ne se limite pas à l'historiographie. La présomption du manque de sources est un lieu commun que l'on retrouve aussi bien dans les études linguistiques classiques comme celles de Brunot (1939, 257) et de Brun (1935, 158) que dans les études sociolinguistiques récentes comme celle de Lodge (2004, 22) (cf. la critique de Thun 2011, 362s.). Pareillement, Branca-Rosoff/Schneider (1994, 7) constatent : « Nous n'avons en effet pratiquement pas rencontré de lettres intimes rédigées par des scripteurs maladroits et la correspondance de soldats-paysans qui a survécu par exemple au Béarn manque ici, peut-être en raison de la faible alphabétisation des Provençaux ». Pour cette raison, elles abordent presque uniquement des documents du discours public – autrement dit des écrits de citoyens (peu-lettrés) adressés à des institutions administratives de l'État.[5] Apparemment,

---

5 À l'exception notable d'une analyse sporadique d'une partie des 50 lettres de soldats du Béarn, publiée par J. Staes au début du 19e siècle (cf. Branca-Rosoff/Schneider 1994, 100–102).

la présomption de l'analphabétisme du peuple jusqu'à la fin du 18ᵉ siècle a été à l'origine de la non-prise en compte des sources existantes.

Ce chapitre serait incomplet s'il ne mentionnait pas les changements bénéfiques survenus dans ce domaine de recherche au 21ᵉ siècle. La collection déjà citée de Gerhard Ernst (1ʳᵉ édition sur CD-ROM de 2005 ; 2ᵉ édition comme livre imprimé et numérique de 2019) comble en partie la lacune constatée par ce même auteur (cf. la préface à la 1ʳᵉ édition), en publiant des textes français privés des 17ᵉ et 18ᵉ siècles. Une autre source importante qui a été mise à la disposition de la communauté scientifique est le *Corpus de français familier ancien*, constitué sous la direction de France Martineau au Laboratoire *Polyphonies du français*.[6] De plus, l'intérêt pour les lettres de soldats ordinaires de la Première guerre mondiale a été renouvelé récemment. Après les études du début du 20ᵉ siècle (cf., entre autres, Dauzat 1918 ; Prein 1921 ; Frei 1929), le centenaire de la Grande Guerre a donné lieu à de nouvelles collections et de nouvelles études (cf., par ex., Steuckardt 2015 et Rézeau 2018).

4 La conquête de la scripturalité dans le Midi

L'analyse présentée ici est basée sur des lettres de soldats des Archives départementales de l'Hérault,[7] une région occitanophone jusqu'au début du 20ᵉ siècle (cf. Géa 2015, 53). Ce fait ressort également d'une enquête réalisée en 1864 sous les auspices du ministre de l'Instruction publique, Victor Duruy, selon laquelle plus de 90% de la population du Midi ne parlait effectivement pas français (cf. Berschin/Felixberger/Goebl 2008, 218s. ; cf. aussi Brun 1923, cf. aussi Brunot 1927, 417s., qui documente néanmoins l'avancement rapide du français depuis la Révolution). Le français avait cependant déjà pénétré le domaine de la scripturalité depuis longtemps. L'utilisation

---

[6] Le corpus est composé de plus de 20.000 documents de la France et de l'Amérique du nord (du 17ᵉ siècle au début du 20ᵉ siècle) et comprend de la correspondance familiale et des journaux personnels de locuteurs de toutes les classes sociales. Cf. Martineau (1995–).

[7] Concrètement, le sous-corpus pris en compte pour le présent article est constitué de 60 lettres (de 57 scripteurs différents) de la phase I du CHSF. Dans ce cas spécifique, cela signifie qu'il s'agit de lettres écrites entre 1793 et 1795 par des soldats de l'Armée révolutionnaire, originaires de la commune de Lodève, située dans l'arrière-pays héraultais. Les exemples qui illustrent les interférences typiques (Section 4.1) sont tirés de la totalité de ce sous-corpus. Cette description par phénomène est suivie, dans la dernière section, par une analyse quantitative des interférences sur la base d'un échantillon constituant 20% de la totalité des 60 lettres, soit 12 lettres.

de l'occitan comme langue écrite avait disparu de manière générale après l'Ordonnance de Villers-Cotterêts (1539),[8] ce qui avait eu pour effet la perte de la codification écrite de l'occitan. L'affirmation suivante de Branca-Rosoff/Schneider (1994, 26) concernant la Provence peut être considérée comme représentative pour tout le Midi : « La situation linguistique implique elle aussi la coupure de l'oral et de l'écrit. En Provence, l'oral est occitan et l'écrit, français ». Cela vaut aussi pour les lettres du CHSF qui représentent la scripturalité non seulement populaire, mais aussi intime, en tant que lettres qui étaient écrites et lues exclusivement par les membres de la famille. Ce point est notable, étant donné que, au-delà de la prédominance de l'occitan dans l'oralité, il existait, au moins théoriquement, une alternative occitane pour le domaine écrit, constituée par les modèles du Moyen Âge, voire les modèles contemporains (au moins à partir de la redécouverte du genre troubadour et de la renaissance de l'occitan au 19e siècle ; cf. Kremnitz 1991, 41). Mais il existait apparemment une conviction collective selon laquelle seul le français était approprié dans le contexte de l'écriture (cf. Thun 2012, 35).[9] En tout cas, pour les scripteurs de la première phase du CHSF qui nous intéresse ici, les modèles néographes n'étaient pas encore disponibles, et moins encore l'occitan médiéval écrit.

Il suffit d'un coup d'œil sur un paragraphe d'une lettre pour comprendre l'envergure de la tâche de conquête[10] de la scripturalité sans préparation adéquate :

Mon tres chere peré Je Recu votre Letre d'actieé du 21 g
'Mon très cher père, j'ai reçu votre lettre datée du 21g'

---

[8] Même s'il existe une discussion concernant l'objectif de l'ordonnance, à savoir si ce dernier était effectivement de supprimer les langues régionales, outre le but principal de remplacer le latin par le « langage maternel françois » comme langue officielle de l'administration (cf. Clerico 1999, 149–151), le résultat est, en tout cas, qu'à partir de cette date, les documents écrits en occitan sont très rares (cf. Bec 1973, 78).

[9] Du moins, cette alternative n'est rien d'autre qu'une possibilité virtuelle compte tenu de la rupture absolue de la tradition d'écriture médiévale en occitan et du fait que le projet de revitalisation n'était qu'un programme d'écrivains célèbres et qu'il n'était pas diffusé auprès d'un large public de gens ordinaires. Pour le cas qui nous concerne ici (phase I du CHSF), la renaissance de l'occitan au 19e siècle n'a pas d'importance, étant donné que nous nous trouvons encore dans la période révolutionnaire.

[10] Compte tenu de la précarité de la formation scolaire j'adopte le terme de « conquête » de Harald Thun (communication personnelle). Avant la Révolution, la cause des obstacles était la résistance de la classe dominante elle-même, après le manque d'institutions d'enseignement jusqu'à la loi Guizot (1833). Pourtant, même après cette législation l'enseignement n'était ni gratuit ni obligatoire pour tous les citoyens et ce n'est qu'entre 1881 et 1886 que J. Ferry atteint l'objectif de l'alphabétisation des masses en installant les écoles communales (cf. Lodge 1993, 217s.).

1<bre ?> Laqule il ma prie une Sandple plaisire je Suis bien charme
'1<bre ?> laquelle m'a appris un simple plaisir. Je suis bien charmé'

que vous jouisé [d']une parfaite Sante celle de toute La famill
'que vous jouissiez[11] d'une parfaite santé, celle de toute la famille'

je vous dires qui a anvirons qainze jour que je vous aie Ecris
'je vous dirai qu'il y a environ quinze jours que je vous ai écrit'

dans ma Lettre il iavet Le certificat je Suis dezolee Supris
'dans ma lettre il y avait le certificat. Je suis désolé surpris'

que vous mai marcepas dans votre Lettre si vous Laves pas
'que vous me marquiez[12] pas dans votre lettre si vous l'avez pas'

Recu je vous prie dans votre Reponcé je vous prié de mai
'reçue. Je vous prie dans votre réponse je vous prie de me'

Le faire S'cavoiere parce que je Seres contant
'le faire savoir parce que je serai content'

[Benoit Boyerau, camp da Arnoux, Le 24 Germinal Lan duxieme de La Republique françaice, 142 EDT 548].[13]

Il n'y a presque aucun mot correctement orthographié, à l'exception de quelques mots très courts et très fréquents, mais même parmi ceux-ci, on observe beaucoup de formes déviantes. Les déviances peuvent être classées en quatre catégories :
1. Déviances sans conséquences phonétiques et sémantiques.
2. Déviances avec conséquences phonétiques, mais sans conséquences sémantiques.

---

11 Mode du verbe normalisé.
12 Mode du verbe normalisé.
13 Les codes de la correspondance (= nom, date, lieu de rédaction) sont reproduits conformément à la lettre originale sans corrections. La cote de toutes les lettres montrées ici est 142 EDT 548. Pour améliorer la comparabilité et la compréhensibilité, chaque ligne du texte original est confrontée directement à une version standardisée, placée en-dessous dans cet exemple-ci. Dans les exemples qui suivent l'explication se trouve toujours dans la note de bas de page.

3. Déviances sans conséquences phonétiques, mais avec conséquences sémantiques.
4. Déviances avec conséquences phonétiques et sémantiques.

Les mots appartenant à la catégorie 1 violent la norme orthographique, mais leur graphie se base sur des règles existantes de correspondance graphème-phonème du système d'écriture français. De plus, l'écart ne résulte pas en un mot sémantiquement différent (par ex. *letre, quainze*). La deuxième catégorie est constituée de mots qui auraient eu une prononciation différente selon les correspondances graphème-phonème (par ex. *Recu, marcepas* 'marquez pas'), mais qui ne correspondent cependant pas à des mots existants de la langue française, ce qui rend improbable une confusion de la part du lecteur. La déviance de la catégorie 3 produit des homophones existants dont l'orthographe est différente (par ex. *ma prie* 'm'a appris',[14] *contant* 'content'). Finalement, les déviances de la catégorie 4 sont celles qui sont non seulement sémantiquement, mais aussi phonétiquement différentes (par ex. *Je* 'j'ai', *laves* 'l'avez'). En d'autres termes, des formes graphiques donnent potentiellement lieu à une lecture incorrecte en cas d'interprétation graphique erronée par rapprochement avec la graphie standard d'un autre mot.

Comme les exemples ci-dessus le démontrent, le système d'écriture français offre de nombreuses possibilités de ne pas converger vers l'orthographe standard pour les scripteurs peu-lettrés qui n'étaient pas habitués à la norme par le biais de la lecture régulière et d'une formation systématique sur plusieurs années. Il faut toutefois relever que le scripteur n'utilise pas une graphie purement phonétique. Cela se manifeste, notamment, par les différentes variantes graphiques pour représenter le phonème /e/[15] utilisées par le scripteur : <eé> (*d'actieé*), <ai> (*plaisir*), <é> (*jouisé*), <et> (*iavet*), <e> (*Sante*), <aie> (*aie*), <es> (*Seres*). Rien que dans la présente section se trouvent sept variantes de représentation graphique d'un seul phonème. L'écriture n'est, par conséquent, pas du tout phonétique, même si la norme orthographique n'est pas accessible au scripteur.[16] La profondeur étymologique et la différenciation d'homonymes par

---

[14] Il convient de noter que *ma prie* ne représente cependant pas une séquence syntaxiquement bien formée, même si les formes individuelles existent.

[15] Si l'on suppose que le français régional représenté ici par le scripteur ne fait aucune différence phonologique entre [ɛ] et [e] (cf. Müller 1985, 164), lesquels peuvent par conséquent être considérés comme allophones du phonème /e/.

[16] À cela s'ajoute le fait qu'à l'époque en question, il existait des « normes plurielles » en concurrence, au moins dans le sens d'une liberté plus grande de variation dans de nombreux secteurs, y compris les comités de surveillance de la période révolutionnaire, comme l'observent Branca-

voie d'hétérographie du système orthographique français standard facilitent en effet la lecture grâce à la saisie visuelle des mots. Le grand nombre de déviances démontre en même temps que ce système peut devenir un fardeau pour le scripteur et également pour le lecteur dans le cas d'un manque d'expérience et de formation.

4.1 Influence de l'occitan : prononciation et graphie

Malgré la caractéristique générale de ne pas représenter une graphie phonétique stricte, plusieurs déviances sont imputables à la prononciation du scripteur. Avant d'examiner ces interférences dans les textes écrits par les « Grognards »,[17] il est intéressant de prendre en compte ce que leurs successeurs, à savoir les « Poilus », laissent entrevoir en matière d'influences régionales cent ans plus tard. En analysant le Corpus14, qui contient la correspondance de soldats de la Grande Guerre de la région traitée dans le présent article, Steuckardt (2015) conclut :

> « Dans leur correspondance, quelques traces de régionalismes, surtout chez les femmes, comme ce *raï*, qui ponctue parfois les lettres de Marie, mais au final peu de chose ; c'est pratiquement le même écrit, proche de la conversation, que pratiquent les Poilus du nord, André, de la Marne, Alfred et ses frères, de l'Ain : tous ont en partage ce français écrit, en passe de devenir aussi la langue du quotidien »   (Steuckardt 2015, 11).

Dans le même tome, Géa (2015), qui intitule son article « Le dialecte dans l'écriture de la guerre : la part absente ? », affirme à propos de l'occitan : « c'est à l'aune de son absence qu'il convient de le considérer dans le corpus. » (Géa 2015, 55). Il constate en outre que « [l'] occitan affleure surtout dans les lettres sous forme d'interférences phonétiques, morphosyntaxiques et lexicales » (Géa 2015, 56). Dans son analyse, cependant, l'auteur mentionne uniquement deux

---

Rosoff/Schneider (1994, 45). Pour ces auteurs, les variations révèlent « la double appartenance des sujets au provençal et au français » (1994, 73). En d'autres termes, ces variations révèlent dans une certaine mesure l'existence de normes graphiques locales ou régionales, même si celles-ci ne sont pas codifiées. C'est pourquoi le présent article – comme c'est l'usage dans les publications du CHSF – évite les termes *faute* ou *écart* en faveur de *déviance*, tout en étant conscient du fait que le terme *déviance* implique aussi une norme établie. D'autre part, la conscience d'une norme se révèle également parmi les scripteurs, ce qui est évident lorsqu'on observe qu'ils aspirent à une écriture orthographique et non pas strictement phonétique.

17 Dans le sens large de 'soldat sous le Premier Empire'.

phénomènes phonétiques qui apparaissent plus ou moins régulièrement : la dénasalisation (<a> mis pour <en/an>, <il la n'est>),[18] et la dissimilation (<s> pour <ch>) dans le verbe *changer* (<il sangera>).[19] Dans les sections ci-après, on présentera des interférences au niveau grapho-phonétique et dans l'emploi de l'auxiliaire, *avoir* vs. *être*, dans des lettres datant du siècle précédent.

4.1.1 Spirantisation de /b/ et occlusivation de /v/

L'une des variations les plus fréquentes[20] concerne l'occlusive /b/ qui est souvent représentée par <v>, comme dans les exemples suivants :

(1) au cam de **v**atalle
 il ia sis jour que lon ce **v**at tout jour sans dis con tinue[21]
 [thomas Bertomieu, aperp[ignan, le 8...8bre (sic !) 1793]

(2) il a Reste a Nice **v**aucoud etans
 cella mafit **v**ien dela paine[22]
 [Jean pierre Laures, De hieres, Le 16 brumere 3me Annee Republique une enperissable]

L'inverse de la spirantisation du /b/ occlusif, c'est-à-dire l'occlusivation de /v/, se produit aussi :

---

18 = *il en est*. Bien entendu, ce phénomène se produit seulement dans le contexte de cette séquence, « avec la correspondance phonogrammique *a > en* en liaison » (Géa 2015, 57) dans le Corpus14 et, en outre, surtout dans la formule *il la n'est de même pour moi* [= 'il en est de même pour moi'] dans la correspondance du scripteur Laurent (Géa 2015, 57, 58).

19 Ce dernier phénomène présente une déviation (*il sangera* mis pour *il changera*) dans 25% des cas. Géa (2015, 58) précise : « Les calculs portent sur le seul paradigme de *changer*, en considérant toutes les occurrences où [ʃ] à l'initiale est rendu par la graphie <ch>, la dissimilation est réduite à l'état de trace (0,58%) ». Par ailleurs, la possibilité d'une hypercorrection dans le cas de la graphie avec <s> demeure étant donné la confusion fréquente des sibilantes dans le CHSF, qui rend l'hypothèse de la dissimilation improbable (cf. Section 4.1.3).

20 C'est-à-dire en termes d'incidence totale ou de pourcentage de lettres dans lesquelles le phénomène se produit au moins une fois (cf. la quantification à la fin de ce chapitre).

21 'Au champ de bataille, il y a six jours que l'on se bat toujours sans discontinuer'.

22 'Il est resté à Nice beaucoup de temps. Cela m'a fait [ou : me fit] bien de la peine'.

(3) epui nous etian si chagrine pour faire
le ou**b**rage que nous avons pas un momant a
nous[23]
[jean valette, bruxelle ce 22 brumaire 3me anne Republiquene]

(4) nous i a**b**ion mi le fu au maguasin
duburs de fromage du tabac de lo divi eplusieurs
autre chose[24]
[Noel agussol, Debruxelle ce 22 brumere 3me annee Repupliquene]

Les déviances peuvent s'expliquer sur la base de la déphonologisation de /b/ : /v/ en languedocien (et en gascon), bien que les graphies occitanes traditionnelles maintiennent l'opposition (cf. Meisenburg 1996, 374).

4.1.2 *R* roulé

Un autre phénomène semblable consiste en une confusion entre <d> et <r> :

(5) éjéné vous é cri**d**e jamais plus démavie[25]
[joseph martin cadét Le 23 vandémiere, au por de la montagne]

(6) e en chore lon pu pas le tire de la me je croi que on leti**ded**a[26]
[thomas Bertomieu, aperp[ignan, le 8…8bre (sic !) 1793]

Cette confusion provient sans aucun doute de la réalisation du /r/ comme une vibrante battue ou roulée dans le Midi (cf. Müller 1985, 165 ; Lafont 1991, 6). Le point d'articulation est identique à celui du /d/, à savoir les alvéoles, et le mode d'articulation est très similaire (une ou plusieurs occlusions rapides vs. une occlusion avec une durée légèrement supérieure). La même observation vaut pour le cas suivant, où le <r> est remplacé par un <l> (consonne latérale) :

---

23 'Et puis nous étions si chagrinés pour faire l'ouvrage que nous avons pas un moment à nous'.
24 'Nous y avions mis le feu au magasin du beurre, de fromage, du tabac, de l'eau de vie et plusieurs autres choses'.
25 'Et je ne vous écrirai jamais plus de ma vie'.
26 'Et encore l'on put pas les tirer de là, mais je crois qu'on les tirera'.

(7)   A Escalene Le 5me Nivose Lan 3me de La
      Republique une et indivisible[27]
      [jean Lucas, A Escalene Le 5me Nivose Lan 3me de La Republique une et
      indivisible]

L'hypercorrection suivante s'explique de la même façon :

(8)   Je ne Sais pas quelle me**r**encoly mamere a
      pris contre ma personne[28]
      [pierre olivier, De Crevel En prusse le 8 de novembre Mille Sept cent qua-
      treving quatoze vieug Estille]

Dans le contexte de la dernière confusion (<l/r>), il convient de souligner que le remplacement de [l] par [r] a déjà été observé par les grammairiens du 16ᵉ siècle comme Louis Meigret ou l'imprimeur et philologue Henri Estienne, qui rapportent ce genre de permutations comme prononciations vicieuses non confinées au Midi (cf. Thurot 1883, 274–277). Cela n'exclut pas la possibilité qu'il s'agisse dans le cas ci-dessus d'une hypercorrection (comme également dans les occurrences du 16ᵉ siècle).

4.1.3 Confusion de sibilantes

Contrairement aux résultats de l'étude de Géa (2015) sur la correspondance des Poilus, la confusion de sibilantes n'est pas rare dans les lettres de la première phase du CHSF, puisqu'elle se produit dans 15% des lettres. Cependant, les cas ne concernent généralement pas la dissimilation entre /ʃ/ et /ʒ/, mais les déviances révèlent apparemment une tendance à palataliser respectivement le /s/ ou le /z/, comme dans les exemples suivants :

(9)   il
      te doneron sans Cienquante livres tous les
      troies moy que la loy te la corde et Sil
      te Le Refu**g**e tu ira te plaiendre au
      departeman et il te fairon randre justis
      son oublige de me faire

---

[27] 'À Escarene, le 5ᵉ Nivôse, l'an 3ᵉ de la République une et indivisible'.
[28] 'Je ne sais pas quelle mélancolie ma mère a pris contre ma personne'.

[...]
lautapaye a moy Come au **j**autres
tu faira bien des maies Compliman
amon pere et mamere et frere
et **Ch**eurs et a tous Sus quil de
manderon de mes nouvelles[29]
[jean torque bruaux a Elissonde1 Le 10 vandemiere la 3^{ieme}]

Le phénomène observé par Géa (2015) (<s> mis pour <ch>) – il ne faut pas oublier que dans le Corpus14, il ne se produit que dans le paradigme de *changer* – se trouve aussi dans le CHSF (par coïncidence dans le même lexème) :

(10) Nous sommes Reduit que aboire que----
 déL'au Régarde queltriste **s**angement de
 quitter La plaine pour Etre sur Les monta
 montagnes du piemont toutes Couvertes de
 nege[30]
 [Pierre Boyer, L'escarene1 Ce 26.me frimaire 3.me année Repli.n[e]]

Mais aussi dans un autre cas isolé :

(11) de meme **s**acque
 matin nous an tandons la feu**j**illiade et je vo
 veu feu**g**iller un de **j**arteur[31]
 [fulgran lausel, au qanp du cancer le 22 fendiemiere lan troisieme de la repeuplique francaise]

Puisqu'il s'agit de deux cas isolés, il semble plus probable que la graphie <s> pour <ch> constitue une hypercorrection et que le phénomène phonétique sous-jacent soit une prononciation (pré)palatalisée des sibilants. Cette hypothèse se voit renforcée par le fait que le scripteur en (11) palatalise selon toute vraisemblance les sibilantes, comme les autres déviances le suggèrent.

---

29 'Ils te donneront cent cinquante livres tous les trois mois que la loi te l'accorde, et s'ils te le refusent tu iras te plaindre au département et ils te feront rendre justice sans oublier de me faire [...] le haute-paye à moi comme aux autres tu feras bien de mes compliments à mon père et ma mère et frères et sœurs et tous ceux qui demanderont de mes nouvelles'.
30 'Nous sommes réduits qu'à boire de l'eau. Regarde quel triste changement de quitter la plaine pour être sur les montagnes du Piémont toutes couvertes de neige'.
31 'De même, chaque matin nous attendons la fusillade et j'ai vu fusiller un déserteur'.

4.1.4 Assourdissement des occlusives sonores en position finale de syllabe

En occitan l'opposition sourde/sonore est pertinente pour les occlusives en position intervocalique, mais pas dans les autres positions (Séguy 1971, 26). De plus, il n'y a pas d'articulation consonantique sonore en position finale de syllabe (cf. Lafont 1991, 7 ; cf. aussi Grafström 1958, 215–219). Cette neutralisation des occlusives correspond à un remplacement de <b> par <p>, comme dans les exemples suivants :

(12) je vous prie de Lui fere Bien de Mes
 Complima et ausi amon oncle et a toute sa famile et sans o**p**lier
 Mon oncle Lucas et Ma tante
 [...]
 et aucitoyen josep Lavesque tous Les garsons de Lodeve
 cus quil Lui fet ses Letres Lui sont Bien o**p**lige et sansi**p**les
 A son Bon souvenir [32]
 [jean Lucas, A Escalene Le 5me Nivose Lan 3me de La Republique une et indivisible]

L'assourdissement des occlusives sonores se produit surtout avant <l> en position intervocalique. Bien entendu, la syllabation du français, avec sa tendance à la syllabe ouverte, préférerait des syllabes ouvertes dans les exemples *ou.blier* et *o.bligés*. Cependant, le choix du <p> par le scripteur indique que, dans sa prononciation, l'occlusive fait partie de la coda de la première syllabe. Plus précisément, une prononciation possible comprend le redoublement avec assourdissement consécutif de [b] avant [l] : [up.plier], [ɔp.pli.ʒe].[33] Quant à *sensible*, il faut garder à l'esprit que la prononciation méridionale maintient le *e* caduc final, et on peut donc supposer une prononciation sous-jacente paroxytonique, avec une syllabation comme [sɑ̃.sip.plə].

---

[32] 'Je vous prie de lui faire bien de mes compliments et aussi à mon oncle et à toute sa famille et sans oublier mon oncle Lucas et ma tante [...] et au citoyen Joseph Lavesque. Tous les garçons de Lodève, ceux qui lui fait [= auxquels il fait] ses lettres lui sont bien obligés et sensibles à son bon souvenir'.

[33] La gémination de [b] avant [l] est un phénomène commun en position intervocalique dans toute la région en sens large, comme en témoignent la carte 2208 de *l'Atlas linguistique de la Gascogne* (Séguy 1973) et les cartes 83 (*trouble*) et 73 (*sablière*) de *l'Atlas linguistique et ethnographique du Languedoc occidental* (Ravier 1978). La carte 90 (*sable*) de *l'Atlas linguistique et ethnographique du Languedoc oriental* (Boisgontier 1981) montre même la prononciation avec [p(ː)l] comme la plus fréquente dans la région d'où provient notre scripteur. Dans ce contexte, il convient de mentionner que Grafström (1958, 243) interprète le redoublement de <b> dans *establblitad* comme « à la fois graphique et phonétique ».

4.1.5 Fermeture de /ø/ et ouverture de /y/

Un phénomène assez fréquent est l'utilisation de <u> pour <eu>, où ce dernier représente /ø/ ou /œ/ en orthographe standard. La substitution apparaît dans un quart des lettres et dans l'échantillon qui a servi de base à l'analyse quantitative, il s'agit du phénomène le plus fréquemment documenté. Dans la quasi-moitié des occurrences (46,6%), le <u> est utilisé dans les contextes où la norme prévoit <eu> pour /ø/ (c'est-à-dire sans inclure les cas où <eu> représente /œ/). Voilà quelques exemples :

(13) je vous et crit se d**u** mot de letre pour vous
doner de nos nouvelle grase adieu nous portons
tout le d**u**x bien[34]
[Etienne Blaquiere et antoine Blaquiere, au port la montagnie le 16 frimere lan trois d[bord de la page coupé]]

En même temps, le <u> standard, représentant /y/, est parfois remplacé par <eu> (dans 13,3% des lettres, avec une fréquence de 6,6% dans l'échantillon), comme dans l'exemple suivant :

(14) je Suis toujour bien portan malgre les Canpagnie
et la movese nourriture = et depl**eu**s la Canonade
et les Balle qui mon porte bien des fois a Cotte
h**uru**sement San bles**eu**re et toujour Reste amon
poste[35]
[Jacques Haÿn, chataux briant le 25 Brumere 3ime anee repq.]

Les deux phénomènes indiquent une prononciation régionale du /ø/ fermé en [u] ou même palatalisé en [y][36] et simultanément un abaissement du /y/ en [œ],

---

34 'Je vous écris ces deux mots de lettre pour vous donner de nos nouvelles. Grâce à Dieu nous nous portons tous les deux bien'.
35 'Je suis toujours bien portant malgré les campagnes et la mauvaise nourriture, et de plus la canonnade et les balles qui m'ont porté bien des fois à cotte, heureusement sans blessure et toujours reste à mon poste'.
36 L'incertitude résulte de la correspondance graphèmes-phonèmes variable chez les scripteurs, mais la consistance de la graphie avec <u> suggère la prononciation [y] parce que, pour représenter [u], les scripteurs utilisent généralement la graphie <ou>. Le système occitan suggère plutôt la prononciation [u] (cf. Oliviéri/Sauzet 1999, 322), mais Ronjat (1930, 142–149, 159–188) documente par ailleurs la prononciation [y] comme continuateur de [o, ɔ] du latin vulgaire dans plusieurs localités.

résultant de l'interférence du parler occitan régional (cf. Coustenoble 1945, 39 ; Oliviéri/Sauzet 2016, 322).

4.2 Influence de l'occitan : *avoir* concurrent d'*être* auxiliaire

Nous complétons l'analyse phonétique avec celle d'un phénomène morphosyntaxique, le choix de l'auxiliaire dans la construction du passé composé. Il s'agit d'un phénomène révélateur en raison de la caractéristique suivante de l'occitan :

> « Aux formes périphrastiques du passé, le verbe *être* est son propre auxiliaire dans la plupart de nos parlers : prov. *siéu esta*, b. *soui estat* 'j'ai été' […]. Les autres verbes forment leurs temps périphrastiques avec *avoir*, sauf certains verbes exprimant une idée plus ou moins nette ou générale de mouvement […] »   (Ronjat 1913, 192).

Il est intéressant de mentionner que dans le Corpus14, la confusion (si l'on adopte la perspective du français standard) est réduite « [à] l'état de trace si l'on considère tous les verbes auxiliés du corpus » (Géa 2015, 58). Cette affirmation ne s'applique pas à la première phase du CHSF. La confusion se produit dans un cinquième des lettres et avec une fréquence de 8,3% dans l'échantillon. Cela concerne aussi bien la substitution d'*être* par *avoir* dans les verbes *rester* et *partir* que la conjugaison d'*être* avec *être*, comme dans les exemples qui suivent :

(15) nous **avons rete** la de pui le matein jusqa trois eures sans
rien manje et atrois eures lon nous a porte unpeu dau dé vie[37]
[thomas Bertomieu, le 8…8bre (sic !) 1793 lan segon de larepubliqe franceisse aperpinian]

(16) jai eut le plaisir de trouver ten frere
qui etois commandant de plasse dont **il a parti** deux
jours apres[38][f^e martin, Atande [= Tende (Alpes-Maritimes) 1 le 24 vendimaire an 3me Delarepeublique Et democratique]

---

[37] 'Nous sommes restés là depuis le matin jusqu'à trois heures sans rien manger, et à trois heures l'on nous a porté un peu d'eau de vie'.
[38] 'J'ai eu le plaisir de trouver ton frère qui était commandant de place dont il est parti deux jours après'.

(17) je **suis ete** mallade du
carcassonne jusque au boulleu[39]
[fulgran lausel, Au boullou le 17 fendemiere la troizieme de la repuplique francoisse et une endevisible]

5 Quantification des interférences et discussion finale

Les phénomènes décrits à partir d'exemples de textes sont résumés dans le Tableau 1 :

Tableau 1 : Quantification des phénomènes d'interférence.

Phénomène d'interférence	Analyse complète de l'échantillon[40]		Degré maximal de variation[41]	Incidence absolue[42]
	Déviance/ variation	Standard		
Spirantisation ou occlusivation de /b, v/	2,7%	97,3%	15,4%	28,3%
/r/ (r roulé)	7,5%	92,5%	30%	16,7%
Palatalisation du /s/	1,7%	98,3%	16,7%	15%
Assourdissement de /b/	9,4%	90,6%	44,4%	3,3%
Fermeture de /ø/	46,5%	53,5%	100%	26,7%
Ouverture de /y/	6,6%	93,4%	36,4%	13,3%
Avoir concurrent d'*être* auxiliaire	8,3%	91,7%	27,3%	20%

En général, la forme est la forme prédominante, mais la catégorie « degré maximal de variation » montre qu'il existe une variation considérable d'un scripteur à l'autre, à tel point que l'un des scripteurs présente 100% de formes déviantes dans le contexte de la représentation de /ø/. Même dans le cas de la palatalisation

---

39 'J'ai été malade de Carcassone jusqu'au Boulou'.
40 L'échantillon représente un cinquième des lettres.
41 Degré de fréquence dans la lettre dans laquelle le phénomène se produit le plus souvent.
42 Pourcentage de lettres dans lesquelles le phénomène apparait au moins une fois. Dans cette colonne-ci, les valeurs se réfèrent au total des lettres (n=60), pas seulement à l'échantillon.

du /s/, où l'occurrence est réduite à l'état de trace dans l'échantillon dans son ensemble (1,7%), l'un des scripteurs présente une variation de l'orthographe dans un sixième des cas.

Le phénomène qui apparaît le plus fréquemment au moins une fois dans les lettres est la neutralisation de l'opposition /b/ : /v/, suivi par la fermeture de /ø/. À l'inverse, la fortition ou l'assourdissement du /b/ final se produit dans seulement 3,3% des cas (2 lettres). Chez l'un des scripteurs, le phénomène est très prévalent avec 44,4% de déviances du standard en cas de /b/ implosif. Le Tableau 2 montre le nombre de lettres dans lesquelles se trouve au moins un des phénomènes décrits.[43]

Tableau 2 : Nombre de phénomènes par lettre (n=60).

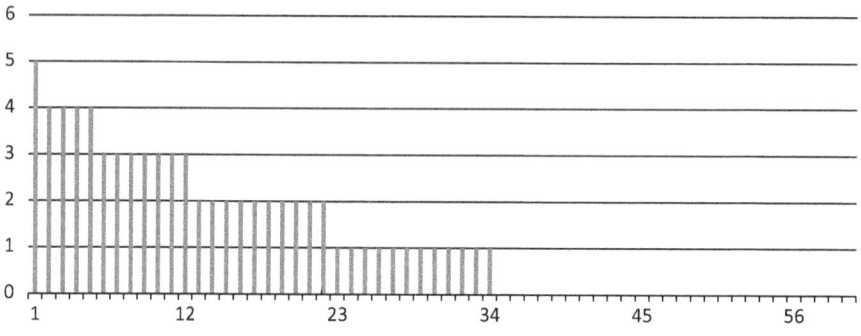

Plus de la moitié des lettres (34/60) présentent au moins l'un des phénomènes étudiés ici. Parmi elles, plus de la moitié également (22/34) présentent deux phénomènes d'interférence ou plus. On peut par conséquent conclure qu'à la différence des lettres des Poilus (cf. Géa 2015), l'occitan n'est pas absent dans les lettres de leurs prédécesseurs, même si les Grognards eux non plus n'écrivent pas en occitan. Les écarts par rapport à la norme (dans ce cas-ci l'orthographe, mais cela vaut également pour les autres niveaux de la langue, cf. Steffen 2018) sont l'expression même des grandes difficultés d'adaptation à la langue nationale. Il est toutefois discutable d'affirmer une séparation entre une culture orale

---

[43] Cela ne veut pas dire que les lettres sans incidence ne présentent pas d'autres types de variations également fondées sur des interférences.

et une culture écrite, telle que l'ont exprimée plusieurs auteurs, par exemple dans la citation qui suit :

> « [...] until the end of the nineteenth century literacy was almost universally confined to the few rather than the many, sometimes for technical, sometimes for religious, and sometimes for class reasons. Under specialist literacy of this kind, the majority pursue their daily life in the oral register, so that a literate and an oral tradition exists side by side »
> (Goody 1977, 152s.).

Sans vouloir suggérer que Goody (1977) postule une dichotomie nettement identifiable, il n'est pas inutile de préciser cette vision d'une limite entre la tradition orale et écrite. Les lettres écrites par des personnes peu-lettrées venues du sud de la France de la première phase du CHSF prouvent que cette limite entre la culture de l'oralité et la culture de la scripturalité à cette époque est située au-delà de la capacité même d'écrire. La littératie des soldats communs est une littératie basique sans orthographe standard, sans ponctuation, avec une syntaxe plus ou moins orale, sans notion claire de la délimitation des mots, etc. Bref, il s'agit d'une écriture basée sur un français oral non maîtrisé dans son intégralité. Et pourtant, les écrits des soldats de la Grande Armée montrent que l'entrée dans la culture écrite des couches populaires commence bien avant l'école de Jules Ferry.

6 Bibliographie

6.1 Sources

Boisgontier, Jacques, *Atlas linguistique et ethnographique du Languedoc oriental*, Paris, Éditions du CNRS, 1981.
Bouscayrol, René, *Cent lettres de soldats de l'an II*, Paris, Aux Amateurs de livres, 1989.
Ernst, Gerhard, *Textes français privés des XVIIe et XVIIIe siècles*, Berlin/Boston, De Gruyter, 2019, ^{1}2005.
Fairon, Émile/Heuse, Henri, *Lettres de grognards*, Liège, Bénard, 1936.
Martineau, France, *Corpus de français familier ancien*, Université d'Ottawa, 1995–.
 <www.polyphonies.uottawa.ca> [dernière consultation : 16.12.2018].
Ravier, Xavier, *Atlas linguistique et ethnographique du Languedoc occidental*, Paris, Éditions du CNRS, 1978.
Roche, Daniel, *Journal de ma vie. Jacques-Louis Ménétra, compagnon vitrier au 18e siècle*, Paris, Montalba, 1982.
Séguy, Jean, *Atlas linguistique et ethnographique de la Gascogne*, vol 5.2, Toulouse, Institut d'Études Méridionales de la Faculté des Lettres, 1971.
Séguy, Jean, *Atlas linguistique et ethnographique de la Gascogne*, vol. 6, Toulouse, Institut d'Études Méridionales de la Faculté des Lettres, 1973.

6.2 Études

Altmann, Janet G., *Teaching the « People » to write. The formation of a popular civic identity in the French Letter Manual*, Studies in Eighteenth-Century Culture 22 (1992), 147–180.

Bec, Pierre, *La langue occitane*, Paris, Presses Universitaires de France, 1973.

Berger, Günther, *Empirische Rezeptionsforschung in historischer Dimension (Quellen und Methoden)*, in : Berger, Günther (ed.), *Zur Geschichte von Buch und Leser im Frankreich des Ancien Régime. Beiträge zu einer empirischen Rezeptionsforschung*, Rheinfelden, Schäuble, 1986, 1–22.

Berschin, Helmut/Felixberger, Josef/Goebl, Hans, *Französische Sprachgeschichte*, Hildesheim/Zürich/New York, Olms, ²2008.

Bonnier, Charles, *Lettres de soldat. Études sur le mélange entre le patois et le français*, Zeitschrift für romanische Philologie 15 (1891), 375–428.

Branca-Rosoff, Sonia/Schneider, Nathalie, *L'écriture des citoyens. Une analyse linguistique de l'écriture des peu-lettrés pendant la période révolutionnaire*, Paris, Klincksieck, 1994.

Brun, Auguste, *Recherches historiques sur l'introduction du français dans les provinces du Midi*, Paris, Honoré Champion, 1923 (réimpression Paris, Slatkine, 1973).

Brun, Auguste, *La pénétration du français dans les provinces du Midi du XVe au XIXe siècle*, Le français moderne 3 (1935), 149–161.

Brunot, Ferdinand, *Histoire de la langue française des origines à nos jours*, vol. 10 : *La langue classique dans la tourmente*, première partie : *Contact avec la langue populaire et la langue rurale*, Paris, Colin, 1939.

Brunot, Ferdinand, *Histoire de la langue française des origines à nos jours*, vol. 9 : *La Révolution et l'Empire*, Paris, Colin, 1927.

Chartier, Roger, *L'Entrée dans l'écrit*, Critique 377 (1978), 973–983.

Chartier, Roger, et al., *La ville classique de la Renaissance aux Révolutions*, Paris, Éditions du Seuil, 1981.

Chartier, Roger, *Bibliothèque bleue*, in : Fouché, Pascal (ed.), *Dictionnaire encyclopédique du Livre*, Tours, Éditions du Cercle de la Librairie, 2002, 294–295.

Clerico, Geneviève, *Le français au XVIe siècle*, in : Chaurand, Jacques (ed.), *Nouvelle histoire de la langue française*, Paris, Éditions du Seuil, 1999, 147–224.

Coustenoble, Hélène N., *La phonétique du provençal moderne en terre d'Arles*, Hertford, Austin, 1945.

Darnton, Robert, *Reading, writing, and publishing in eighteenth-century France. A case study in the sociology of literature*, Daedalus 100 (1971), 214–256.

Dauzat, Albert, *L'argot de la guerre d'après une enquête auprès des officiers et des soldats*, Paris, Colin, 1918.

Frei, Henri, *La grammaire des fautes*, Genève/Paris, Slatkine reprints, 1993, réimpression de l'édition de 1929.

Furet, François/Ozouf, Jacques, *Lire et écrire. L'alphabétisation des Français de Calvin à Jules Ferry*, Paris, Éditions de Minuit, 1977.

Géa, Michel, *Le dialecte dans l'écriture de la guerre : la part absente*, in : Steuckardt, Agnès (ed.), *Entre village et tranchées. L'écriture de Poilus ordinaires*, Uzès, Inclinaison, 2015, 53–66.

Goody, Jack R., *The domestication of the savage mind*, Cambridge, Cambridge University Press, 1977.

Grafström, Åke, *Étude sur la graphie des plus anciennes chartes languedociennes avec un essai d'interprétation phonétique*, Uppsala, Almqvist & Wiksell, 1958.
Große, Sibylle, *La Révolution et l'évolution des manuels épistolaires : un secrétaire révolutionnaire*, in : Große, Sibylle/Neis, Cordula (edd.), *Langue et politique en France à l'époque des Lumières*, Francfort, Domus Ed. Europaea, 2008, 83–98.
Harten, Hans-Christian, *Elementarschule und Pädagogik in der Französischen Revolution*, Munich, Oldenbourg, 1990.
Houston, Robert, *Literacy in Early Modern Europe. Culture & education 1500–1800*, New York, Longman, 1988.
Kremnitz, Georg, *Sociolinguistique*, in : Holtus, Günter/Metzeltin, Michael/Schmitt, Christian (edd.), *Lexikon der Romanistischen Linguistik*, vol. 5.2, Tübingen, Niemeyer, 1991, 33–45.
Lafont, Robert, *Histoire interne de la langue. Grammaire*, in : Holtus, Günter/Metzeltin, Michael/Schmitt, Christian (edd.), *Lexikon der Romanistischen Linguistik*, vol. 5.2, Tübingen, Niemeyer, 1991, 1–18.
Lodge, R. Anthony, *French. From dialect to standard*, London, Routledge, 1993.
Lodge, R. Anthony, *A sociolinguistic history of Parisian French*, Cambridge, Cambridge University Press, 2004.
Meisenburg, Trudel, *Romanische Schriftsysteme im Vergleich. Eine diachrone Studie*, Tübingen, Narr, 1996.
Müller, Bodo, *Le français d'aujourd'hui*, Paris, Klincksieck, 1985.
Oliviéri, Michèle/Sauzet, Patrick, *Southern Gallo-Romance (Occitan)*, in : Ledgeway, Adam/Maiden, Martin (edd.), *The Oxford guide to the Romance languages*, Oxford, Oxford University Press, 2016, 319–349.
Prein, August, *Syntaktisches aus französischen Soldatenbriefen*, Gießen, Romanisches Seminar, 1921.
Quéniart, Jean, *Des manières d'écrire aux manières de lire*, in : Berger, Günther (ed.), *Zur Geschichte von Buch und Leser im Frankreich des Ancien Régime. Beiträge zu einer empirischen Rezeptionsforschung*, Rheinfelden, Schäuble, 1986, 99–110.
Rézeau, Pierre, *Les mots des Poilus*, Strasbourg, Éditions de Linguistique et de Philologie, 2018.
Roche, Daniel, *Les pratiques de l'écrit dans les villes françaises du XVIIIe siècle*, in : Chartier, Roger (ed.), *Pratiques de la lecture*, Paris, Rivages, 1985, 158–180.
Roche, Daniel, *Le journal d'un vitrier parisien : Perspectives d'appropriation culturelle des couches populaires*, in : Berger, Günther (ed.), *Zur Geschichte von Buch und Leser im Frankreich des Ancien Régime. Beiträge zu einer empirischen Rezeptionsforschung*, Rheinfelden, Schäuble, 1986, 163–179.
Ronjat, Jules, *Essai de syntaxe des parlers provençaux modernes*, Mâcon, Protat Frères, 1913.
Ronjat, Jules, *Grammaire Istorique des Parlers Provençaux Modernes*, vol. 1, Montpellier, Société des Langues Romanes, 1930.
Rychner, Jacques, *À l'ombre des Lumières : coup d'œil sur la main d'œuvre de quelques imprimeries du XVIIIème siècle*, Studies on Voltaire and the Eighteenth Century 160 (1976), 1925–1955.
Schlieben-Lange, Brigitte, *Traditionen des Sprechens. Elemente einer pragmatischen Sprachgeschichtsschreibung*, Stuttgart, Kohlhammer, 1983.
Steffen, Joachim, *Les lettres de Poilus et de leurs prédécesseurs. L'ars dictaminis populaire en France dans la diachronie*, in : Steffen, Joachim/Thun, Harald/Zaiser, Rainer (edd.),

Classes populaires, scripturalité et histoire de la langue. Un bilan interdisciplinaire, Kiel, Westensee, 2018, 171–195.

Steuckardt, Agnès (ed.), *Entre village et tranchées. L'écriture de Poilus ordinaires*, Uzès, Inclinaison, 2015.

Thun, Harald, *Die diachrone Erforschung der français régionaux auf Grundlage des Corpus Historique du Substandard Français*, in : Schlaak, Claudia/Busse, Lena (edd.), *Sprachkontakte, Sprachvariation und Sprachwandel. Festschrift für Thomas Stehl zum 60. Geburtstag*, Tübingen, Narr, 2011, 359–394.

Thun, Harald, *Entre alteridad y aliedad : las lenguas minoritarias en momentos de crisis internacional*, in : Pfleger, Sabine/Steffen, Joachim/Steffen, Martina (edd.), *Alteridad y aliedad. La construcción de la identidad con el otro y frente al otro*, Mexico, Universidad Nacional Autónoma de México, 2012, 21–28.

Thun, Harald, *Nouvelles perspectives pour une vieille discipline. Le Corpus Historique du Substandard Français et l'histoire de la langue*, in : Steffen, Joachim/Thun, Harald/Zaiser, Rainer (edd.), *Classes populaires, scripturalité et histoire de la langue. Un bilan interdisciplinaire*, Kiel, Westensee, 2018, 641–720.

Thurot, Charles, *La prononciation française depuis le commencement du XVIe siècle d'après les témoignages des grammairiens*, vol. 2, Paris, Imprimerie Nationale, 1883.

Tulard, Jean, *Préface*, in : Bouscayrol, René (ed.), *Cent lettres de soldats de l'an II*, Paris, Aux Amateurs de livres, 1989, 7–8.

Joseph Reisdoerfer
Histoire linguistique *des* français

Éléments pour une histoire du français au grand-duché de Luxembourg

Résumé : Dans cette contribution, nous présenterons une esquisse de l'histoire de la langue française au grand-duché de Luxembourg. Après quelques remarques sur les particularités linguistiques du français grand-ducal et sur la place du français dans le concert des trois langues du pays, nous nous concentrerons sur les points saillants de la diachronie du français au Luxembourg, à savoir : l'introduction du français à partir de la vieille *romance terre* de la Wallonie luxembourgeoise (12e–19e s.) ; la francographie de l'administration et de la justice (13e–21e s.) ; l'importance du français à l'école et le français en tant que *lingua franca*, langue de communication entre la population autochtone et les étrangers (19e–21e s.). En conclusion, nous évoquerons brièvement quelques aléas qui minent aujourd'hui la position du français dans la société luxembourgeoise : l'importance prise par la langue luxembourgeoise, le rayonnement de l'anglais, et une politique linguistique éducative qui se fonde désormais sur les filières linguistiques, française évidemment, mais aussi allemande et anglaise.

Mots-clés : multilinguisme luxembourgeois, histoire du français au Luxembourg, caractéristiques linguistiques et sociolinguistiques du français grand-ducal

1 Considérations préliminaires

> « La chaise de tous les jours, nous l'appelons *Stull*, mais le fauteuil du dimanche, nous le nommons *Fotell*. Notre couvre-chef s'appelle *Hutt* ; depuis le XVIIe siècle, parti de France, le *Prabli* vient à sa rescousse les jours de pluie. Si nous disons *Här*, la galanterie française nous a appris à dire *Madam*. Au concitoyen qui nous remercie en disant *Merci*, nous répondons *ech bieden Iech* ou *keng Ursaach*. Si nous saluons par *Moien* nos familiers, la politesse exige que nous disions *Bonjour* au Directeur. Les emprunts français sont irremplaçables et réservés fréquemment aux objets plus raffinés, aux situations plus délicates » (Bruch 1960, 11).

Récemment le sociolinguiste Fernand Fehlen (2015, 25) a relevé que « l'histoire de l'emploi des langues au Luxembourg rest[ait] encore largement à écrire ». En

Joseph Reisdoerfer, Athénée de Luxembourg

abordant la thématique de l'histoire du français au grand-duché de Luxembourg, nous nous avancions dans une large mesure en terre inconnue[1] et il est partant impossible pour le moment d'écrire l'histoire du français au Luxembourg. C'est pour cette raison que nous proposerons ici aux lecteurs des éléments pouvant servir ultérieurement à rédiger une histoire du français au grand-duché.

Il nous paraît également important de préciser un certain nombre de concepts de base qui sous-tendent notre réflexion.

Nous estimons qu'aujourd'hui on ne peut plus parler *du* français, mais *des* français. En d'autres termes, il convient de raisonner désormais dans le cadre d'un espace francophone[2] composé de différentes variétés du français. Nous partons donc d'un « diasystème »[3] français, d'un système de systèmes, dans lequel co-existent, à côté du français de référence,[4] la variété la plus prestigieuse, des systèmes comme le français canadien, le français de Belgique, les français du continent africain ... et le français du Luxembourg. Le français est ainsi en passe de devenir, à l'instar de l'anglais – anglais du Royaume-Uni, anglais des États-Unis ... – ou de l'allemand – allemand standard employé en République fédérale, allemand autrichien, suisse ... – une langue *pluricentrique asymétrique*, le français standard propagé par l'État français et ses institutions restant la variété dominante.[5]

La variété luxembourgeoise, très proche du français normé au niveau des structures linguistiques,[6] s'en éloigne plus ou moins au niveau sociolinguistique et historico-génétique. Pour ce qui est du niveau historico-génétique, il faut bien être conscient que le français a été introduit au Luxembourg à partir de la

---

[1] Chez Pöll (2017, 68s.) et Timm (2014, 17–22, 60) l'étude diachronique du français et des langues employées au Luxembourg bifurque très rapidement vers un aperçu sur l'histoire du Luxembourg.
[2] Sur le concept de francophonie, cf. Erfurt (2013).
[3] Cf. Bussmann/Trauth/Kazzazi (2006, 312) : « Term coined by U. Weinreich for a ‹ system of systems ›. Two or more linguistic systems with partial similarities are subsumed under a diasystem which reflects the structural similarities or overlappings and differences between them ».
[4] Par « français de référence », nous entendons le français tel qu'il est décrit dans les manuels de phonétique corrective, les dictionnaires et les grammaires de référence (par ex. Lauret 2007, Petit Robert, TLFi, Grevisse).
[5] Sur le concept de français « langue pluricentrique », cf. Lüdi (1992, 149) : « It is not obvious to think of French as a pluricentric language. Despite its geographic dispersion, French indeed passes as one of the most homogeneous and focused languages of the world. [...] However, an analysis of the linguistic facts (the high amount of diatopic variation of French), of the political reality (the existence of several autonomous French-speaking nations with different educational systems) and of the language representations (a growing recognition/acceptance of diatopic variants by relevant parts of the populations and decision-makers) refutes such statements ». – Pour un aperçu détaillé et nuancé sur la question, cf. Pöll (2005).
[6] Cf. Schmitt (1990, 725).

Romania du nord-est, c'est-à-dire de la Belgique romanophone, plus précisément de l'actuelle Province de Luxembourg. Le français du Luxembourg tire donc sa spécificité moins de la grammaire et du lexique que de l'histoire et de la sociologie.

Le Luxembourg est un *État polylingue*,[7] c'est-à-dire un État qui reconnaît dans sa législation linguistique plusieurs langues – luxembourgeois, français, allemand – et dont les citoyens et les non-citoyens qui s'y sont établis emploient quotidiennement plusieurs langues ; en d'autres termes, le grand-duché est caractérisé par le *multilinguisme* de la société (all. *gesellschaftliche Vielsprachigkeit*) et le *plurilinguisme* de ses habitants (all. *individuelle Mehrsprachigkeit*)[8] dont la plupart maîtrisent trois langues (luxembourgeois, allemand, français), certains plus encore, luxembourgeois, allemand, français, anglais, italien, par exemple.

Il va de soi que l'étude d'une langue d'un pays polylingue ne peut se faire en vase clos pour ainsi dire, mais doit toujours tenir compte des autres langues en usage sur ce territoire. En l'occurrence, nous évoquerons donc également l'allemand et le luxembourgeois.

Enfin, la situation linguistique peut changer très rapidement au Luxembourg. Traditionnellement, l'enseignement au Luxembourg fonctionnait sur une base bilingue (allemand/français), avec une domination de l'allemand dans l'enseignement fondamental et le cycle inférieur de l'enseignement secondaire (enseignement fondamental : 1re à 6e années d'études ; enseignement secondaire, cycle inférieur : classes de 7e à 5e) et du français dans le cycle supérieur de l'enseignement secondaire (classes de 4e à 1re). Depuis quelques années, des écoles offrent une filière *bac international* soit en français (Lycée technique du Centre, École Waldorf) soit en anglais (Athénée de Luxembourg,

---

[7] Nous avons introduit le concept de « polylinguisme » afin de désigner des situations linguistiques à la fois plurilingues et multilingues.

[8] Sur la distinction entre « multilinguisme » et « plurilinguisme », cf. par exemple Verdelhan-Bourgade (2007). La Belgique, par exemple, est un État multilingue (français, néerlandais, allemand) avec des citoyens souvent monolingues, parfois bilingues (français, néerlandais), rarement plurilingues (cantons de l'est : allemand, français, dialecte germanique). Pour la situation luxembourgeoise, cf. en particulier MENJE (2016, 2) : « Eine Besonderheit des Großherzogtums scheint allerdings darin zu bestehen, dass es sich nie wirklich als ‹ einsprachig › verstanden hat und dass Mehrsprachigkeit schon seit geraumer Zeit als ein identitätsstiftendes Merkmal der Luxemburger angesehen wird [...]. Mehrsprachigkeit ist hier keine Ausnahme, sondern prägt den Alltag aller im Großherzogtum lebenden und arbeitenden Menschen auf vielfältige Weisen. Dabei lässt sich in Anlehnung an den europäischen Referenzrahmen für Sprachen [...] zwischen gesellschaftlicher Vielsprachigkeit (Multilingualität) und individueller Mehrsprachigkeit (Plurilingualität) unterscheiden [...] ».

International School of Luxembourg).⁹ L'École internationale à Differdange et Esch/Alzette, qui accueille ses premiers élèves en 2017/2018, offrira un enseignement primaire et secondaire dans trois sections linguistiques (allemand, français, anglais) selon le système des écoles européennes. Ces nouvelles orientations de la politique linguistique éducative pourraient influer à l'avenir sur l'économie des langues au grand-duché de Luxembourg.

Dans cette contribution, nous conduirons notre réflexion en deux temps : après une brève analyse des caractéristiques linguistiques et sociolinguistiques du français en usage au Luxembourg ainsi que de sa place dans le trilinguisme du pays, nous nous pencherons plus longuement sur la diachronie du français grand-ducal.¹⁰

2 Histoire du français au grand-duché de Luxembourg

2.1 Caractéristiques linguistiques, sociolinguistiques et historico-génétiques du français grand-ducal

Le français du grand-duché de Luxembourg présente les caractéristiques suivantes :

Du point de vue *linguistique* – phonétique/phonologique, morphologique, syntaxique et lexical –, nous avons déjà relevé qu'il reste très proche du français normé, vu qu'il est d'abord une langue apprise à l'école conformément aux règles scrupuleusement respectées de la grammaire normative.¹¹ Reste qu'on y décèle évidemment des germanismes et des luxembourgismes et, par-ci par-là,

---

9 Les sites internet des institutions scolaires sont indiqués en bibliographie, tout comme les liens vers les textes officiels (lois, pétitions, etc.) auxquels nous nous référons tout au long de cette contribution.

10 En ce sens, notre recherche s'inscrit dans une démarche de sociolinguistique diachronique illustrée par exemple, pour le latin, par les travaux de Michel Banniard (1992) et, pour le français, par ceux d'Anthony Lodge (2004) et, plus récemment, par la publication d'une *Histoire sociale des langues de France* (2013) sous la direction de Georg Kremnitz. Cf. Kremnitz (2013, 26) : « C'est dans ce contexte qu'est né le projet de décrire les comportements langagiers des habitants de la France à travers l'histoire, en mettant l'accent sur les rencontres de langues et sur les diverses raisons pour lesquelles elles se sont opérées [...] ». Pour le français grand-ducal, cf. Reisdoerfer (1999 ; 2008 ; 2016).

11 « Dans les écoles, on enseigne le français de France et aucune mesure n'est entreprise pour codifier une norme endogène » (Kramer/Willems 2017, 241).

des influences des dialectes limitrophes lorrains et wallons et du français régional de Belgique.[12]

Du point de vue *sociolinguistique*, le français fonctionne dans un milieu polylingue avec des langues exogènes (italien, portugais, etc.) et endogènes[13] (luxembourgeois, allemand) emplissant les fonctions de communication suivantes :

Le français est langue de l'État ; c'est la langue de la loi, la langue de la communication écrite des ministères, des administrations publiques, des communes et, par voie de conséquence, du secteur des services (Fehlen 2009, 159).

Le français devient ainsi une langue *d*'enseignement et une langue *de l*'enseignement.

Enfin, par un développement assez récent et somme toute naturel, le français, étant la langue commune des nationaux et des étrangers originaires pour une grande part du monde romanophone, est devenu *lingua franca*, langue de communication entre Luxembourgeois et étrangers immigrés et frontaliers (Fehlen 2009, 104s., 204–206 ; Fehlen 2013, 63–68, 74).

Tableau 1 : Emploi des langues endogènes au grand-duché de Luxembourg.

	Réception	Production
Oral	– Luxembourgeois – Français – Allemand (télévision)	– Luxembourgeois – Français
Écrit	– Allemand (presse, livres, domaine privé et administratif) – Français (domaine administratif, presse, livres) – Luxembourgeois (domaine privé)	– Allemand (presse, livres, domaine privé et administratif) – Français (domaine administratif, presse, livres) – Luxembourgeois (domaine privé)

---

12 Cf. également la définition de Kramer/Willems (2017, 239) : « On pourrait donc commencer par une définition approximative qui décrit le français du Luxembourg comme une variété allochtone basée sur le français hexagonal, mais influencée par des tendances belges et des emprunts au luxembourgeois. Les immigrés italiens, espagnols et surtout portugais apportent des traits typiques de leurs langues romanes respectives, mais cela n'influence pas l'usage général du français dans le Grand-Duché ». – Sur les caractéristiques linguistiques du français employé au Luxembourg, cf. Kramer (1992), Reisdorfer (1992), Bender-Berland (2000), Francard (2014), Francard et al. ([2]2015), Kramer/Willems (2017, 239–241).

13 Les notions de « langue exogène » (langue originellement extérieure à une aire géographique déterminée mais qui s'y implante artificiellement) et de « langue endogène » (langue qui a évolué, s'est transformée, s'est individualisée dans une aire géographique déterminée où elle continue une tradition multiséculaire) ont été empruntées à Englebert (2015).

Le Tableau 1 fait clairement ressortir que le binôme français/luxembourgeois joue un rôle essentiel dans la communication au Luxembourg : « La combinaison la plus fréquente entre deux langues est celle du luxembourgeois et du français : 35,3% de la population utilise ces deux langues » (Fehlen et al. 2014, 100). Reste que l'allemand continue de jouer un rôle important dans la société luxembourgeoise comme langue principale de l'information (livres, journaux, radio, télévision) (Sieburg 2013, 87–93) et, du fait de sa proximité linguistique avec le luxembourgeois, de l'alphabétisation (Sieburg 2013, 93) : personne ne *parle* allemand, mais beaucoup *s'informent* et *apprennent* en allemand.

Le rôle éminent du français a été par ailleurs sanctionné par la législation linguistique – loi du 24 février 1984 sur le régime des langues[14] – qui, en faisant du français à la fois la langue de la législation (art. 2) et l'une des langues administratives (art. 3), lui accorde une prééminence fonctionnelle par rapport aux deux autres langues (Fehlen 2013, 49s.).

Du point de vue *historico-génétique*, le français est à la fois une langue endogène dans l'ancien quartier wallon en voie de formation à partir du 12e siècle dans le comté puis duché de Luxembourg (1354), et une vieille langue exogène introduite dès le 13e siècle par le biais de l'administration dans le quartier allemand[15], qui est à l'origine du grand-duché actuel (cf. Fig. 1).

C'est l'aspect historico-génétique que nous tenterons de développer dans la partie consacrée à la diachronie du français au grand-duché de Luxembourg.

2.2 Linéaments d'une histoire du français au grand-duché de Luxembourg : du bilinguisme allemand-français *juxtaposé* au trilinguisme allemand-luxembourgeois-français *superposé*

L'histoire du français au Luxembourg se développe sur quatre axes :
- le bilinguisme du territoire, quartier wallon/quartier allemand (12e–19e siècles) ;

---

14 Cf. Bibliographie.
15 Cf. ci-dessous. La charte de franchise de la ville Thionville, ville germanophone, de 1239, est le premier document rédigé en français par la chancellerie comtale. Cf. Margue (2003b, 35) ; Holtus/Overbeck/Völker (2003, 259–262) ; Holtus/Overbeck/Völker (s.a.) ; Wampach (1935–1955, vol. 2, no 353, 382–385). Cf. également Bruch (1960, 7) : « La comtesse Ermesinde signe en 1239 la première charte de nos comtes qui ne soit plus rédigée en langue latine : c'est la lettre d'affranchissement de Thionville, cité germanophone – le document n'en est pas moins rédigé en français. Ce n'est qu'un siècle plus tard, sous Jean l'Aveugle, exactement le 14 septembre 1328, qu'apparaîtra la première charte allemande ».

- la tradition francographe de l'administration et de la justice (13ᵉ–21ᵉ siècles) ;
- l'école (19ᵉ–21ᵉ siècles) ;
- les phénomènes migratoires (19ᵉ–21ᵉ siècles).

Fig. 1 : Structure historique du territoire du comté, duché et grand-duché de Luxembourg.[16]

2.2.1 Quartier wallon/quartier allemand : le bilinguisme du territoire

« Au moment même où la lutte entre les parlers thiois et parlers walois se pétrifie le long d'une frontière linguistique passant par le cœur de l'ancien patrimoine territorial des Carolingiens, Sigefroi d'Ardenne jette les fondements d'un comté (963), dont le territoire enjambera

---

16 Carte reproduite avec l'autorisation de Thewes (2017, 9) et SIP/Bizart.

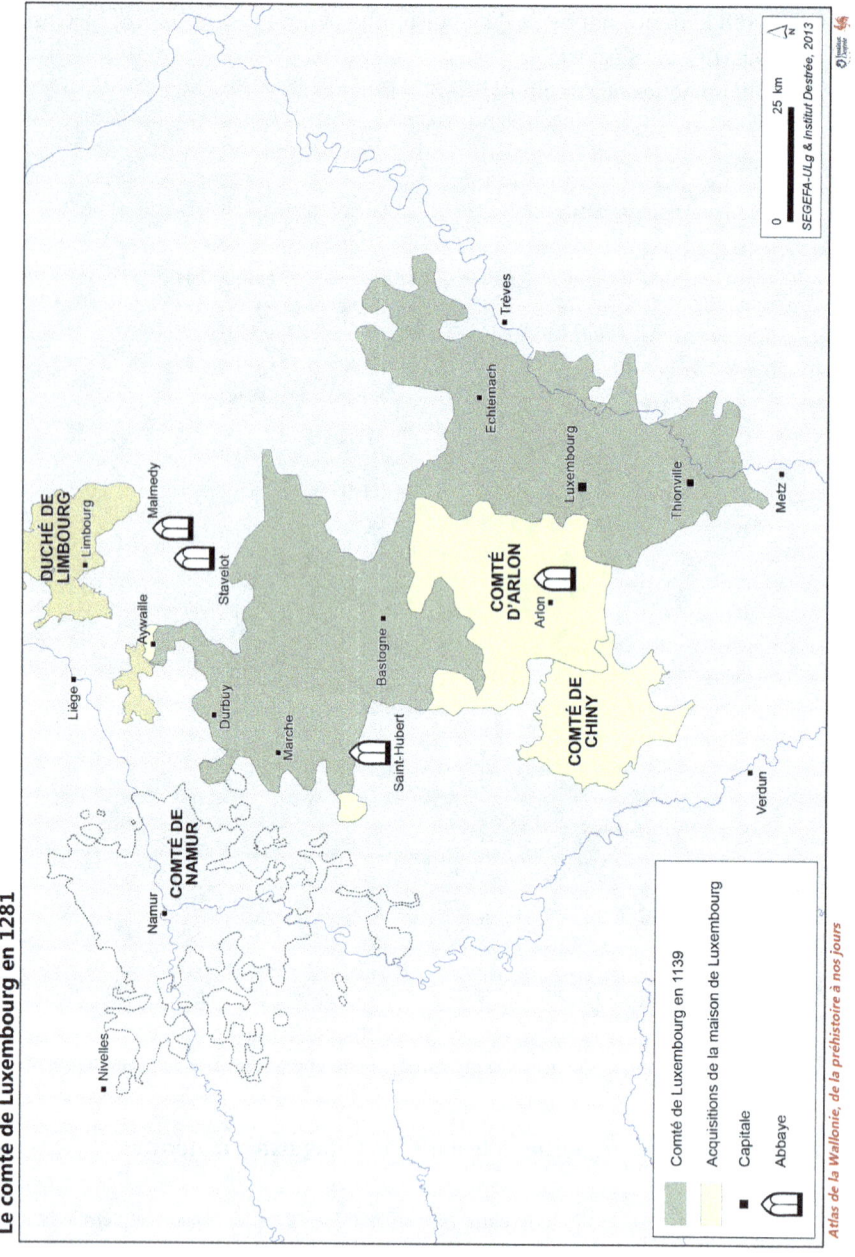

Fig. 2 : Le comté de Luxembourg au 13ᵉ siècle.[17]

---

17 Carte reproduite avec l'autorisation de l'Institut Destrée/Segefa.

non seulement la frontière administrative séparant Haute et Basse Lotharingie, mais aussi la frontière linguistique séparant la romance terre des pays allemands. Au moment où commence l'histoire du Luxembourg, l'évolution linguistique de ce pays a déjà parcouru tous ses stades essentiels. Le Luxembourg prend naissance au sein même du bilinguisme qui a caractérisé les premiers siècles décisifs de l'empire de France » (Bruch 1960, 7).

Lorsqu'au 12e siècle le comté de Luxembourg est donné en fief à la maison de Namur, le territoire s'ouvre vraiment au monde roman : les comtés de Durbuy et de Laroche viennent s'ajouter au comté de Luxembourg, la comtesse Ermesinde (1196–1247) reçoit comme dot le marquisat d'Arlon (cf. Pauly 2013, 35–40 ; Trausch 1992, 106). Au 14e siècle, le comté de Chiny est acheté par le comte Jean (1296–1346) et le duc Wenceslas 1er (1337–1383) de Luxembourg (Pauly 2013, 45, 47) (cf. Fig. 2).

Désormais, le territoire est bilingue, formé d'un quartier allemand et d'un quartier wallon.[18] Il le restera jusqu'en 1839 lorsque le quartier wallon fut rattaché au jeune Royaume de Belgique.[19] Le biculturalisme et le bilinguisme sont partant une des caractéristiques fondamentales de cette vieille terre d'entre-deux.

Le bilinguisme territorial séculaire a eu dans le quartier allemand trois effets sur la situation linguistique :
- Il a évidemment facilité la migration de mots issus du français, du français régional de Belgique, du wallon et du lorrain en luxembourgeois.[20]
- Au Moyen Âge, il a favorisé l'introduction du français comme langue administrative et judiciaire dans un pays germano-francophone ; au 19e siècle, il a soutenu son maintien dans un pays désormais majoritairement germanophone.
- Il favorisera l'émergence d'un *bilinguisme superposé* (allemand/luxembourgeois – français)[21] dans le quartier allemand du comté puis duché de Luxembourg.[22]

---

18 Cf. Margue (2003b, 34s.). La subdivision en quartier wallon et quartier allemand, qui a été d'abord une subdivision juridique, a été introduite en 1340 sous le règne de Jean l'Aveugle (1296–1346) ; cf. Fehlen/Heinz (2016, 13).
19 Cf. Kayser (1990, 69–73, 82–87) ; Pauly (2013, 81). Sur les enclaves romanophones du territoire grand-ducal (wallon dans le nord du pays, à Doncols-Sonlez, lorrain dans le sud, à Rodange), survivances de l'ancien quartier wallon, cf. Reisdoerfer (2008, 97s.).
20 Sur les mots d'origine française, belgo-française, wallonne et lorraine en luxembourgeois, cf. Reisdoerfer (1992) ; Bender-Berland/Kramer/Reisdoerfer (2003–) ; Francard et al. (2015).
21 Dans une situation de bilinguisme superposé, les habitants d'un territoire sont capables de communiquer dans deux langues ; dans une situation de bilinguisme juxtaposé, les deux langues se répartissent sur deux parties différentes du territoire (quartier wallon, quartier allemand, par exemple) les habitants étant en général monolingues.
22 D'après certains documents étudiés par Margue (2003a, 123s.), la haute bourgeoisie du 17e siècle recourait à trois systèmes linguistiques, l'allemand, le luxembourgeois et le français, un trilinguisme qui préfigure celui qui caractérise désormais toute la société luxembourgeoise.

2.2.2 Une justice et une administration francographe

Au niveau de l'État luxembourgeois – sphère politique, administration, justice –, la présence du français en tant que langue écrite est profondément inscrite dans le temps.

Dès le 13ᵉ siècle sous le règne de la comtesse Ermesinde (1196–1247), la chancellerie comtale commence à se servir du français dans ses chartes. La charte de franchise de la ville de Thionville de 1239 sera ainsi le premier document rédigé en français (cf. note 16) et la production francographe ira croissant sous son fils et successeur Henri V le Blondell (1247–1281) atteignant 61 chartes.[23]

Le choix du français au lieu de l'allemand comme langue de la chancellerie comtale a été favorisé par plusieurs facteurs. Au 13ᵉ siècle, le français est une langue prestigieuse dont la littérature (chansons de geste, romans ...) est admirée et imitée dans l'Europe entière. Par rapport à l'allemand, le français en tant que langue romane a l'avantage de conserver en partie la noblesse et le prestige du latin. La cour comtale est fondamentalement francophile et francophone :

> « À l'instar des mondes courtois de Valenciennes, de Brabant et de Bar, la cour de Luxembourg est à la fin du XIIIᵉ siècle fortement imprégnée de culture française. Une source isolée prétend même que le comte Henri VII fut armé chevalier par le roi de France, Philippe le Bel (1285–1314). Quoi qu'il en soit, les relations avec Philippe le Bel, politiques et culturelles, ont dû être intenses. [...] jusqu'à l'ascension d'Henri VII au trône romain en 1308, les liens entre France et Luxembourg sont très étroits » (Trausch 2002, 130s.).[24]

Au cours du 13ᵉ siècle, on voit apparaître des *scriptae* régionales françaises relativement normées (Rey/Duval/Siouffi 2011, vol. 1, 101s.), ce qui facilite évidemment le recours au français comme langue de la chancellerie. C'est ainsi que le

---

Ainsi au sujet de la famille Wiltheim, Margue relève que « [...] la langue administrative du conseil provincial était essentiellement le français et Jean Wiltheim, qui avait fait ses premières armes au secrétariat du gouverneur général Farnèse, ainsi que ses beaux-frères et beaux-fils maîtrisaient sans aucun doute les deux langues, mais il serait intéressant de savoir quelle langue ces familles parlaient finalement à la maison. Les Blanchart commencent par écrire leur chronique familiale en allemand pour continuer en français. Dame Melchior-Busbach, dont la mère était une Dronckmann, fait ses annotations dans son livret de dévotion ... dans un allemand largement parsemé d'expressions dialectales ; son fils, le P. Christophe Wiltheim écrivait la biographie de sa mère en français ».

23 Une nouvelle édition complétée par une étude linguistique détaillée des chartes rédigées sous le règne d'Ermesinde (1226–1247) et de Henri V (1247–1281) a été publiée par Holtus/Overbeck/Völker (2003) ; cf. également Wampach (1935–1955).

24 Cf. également Margue (2003b, 72) et Reisdoerfer (2008, 108–110).

comté de Luxembourg participera au basculement du latin vers le français dans la rédaction des chartes, un replacement qui partira de la périphérie nord-est du domaine d'oïl (Flandre, Artois, Picardie et Lorraine) autour de l'an 1200 pour atteindre Paris vers le milieu du 13ᵉ siècle : la première charte en français issue de la chancellerie royale date de 1241, deux ans après la charte de franchise de Thionville (Videsott 2010 ; Rey/Duval/Siouffi 2011, vol. 1, 201s.).

L'histoire des langues administratives au comté de Luxembourg a été analysée avec finesse par Völker (1997, 35s.) :

> « Bis ins 13. Jahrhundert hinein wurden die Urkunden, die uns aus der Grafschaft Luxemburg überliefert sind, ausschließlich in lateinischer Sprache geschrieben [...]. Im zweiten Drittel des Jahrhunderts treten die ersten volkssprachigen Grafenurkunden auf [...]. [...] Im Korpus des Trierer Forschungsprojekts zu den Anfängen der volkssprachigen Beurkundung in der Grafschaft Luxemburg [...] finden sich acht von Gräfin Ermesinde (1226 bis 1247) in einer Volkssprache ausgestellte Originalurkunden. Unter ihrem Sohn und Nachfolger Heinrich V. (1247 bis 1281) stieg diese Zahl auf 61. Die Zahl der lateinischen Urkunden nahm im gleichen Zeitraum langsam, aber stetig ab. Während der ersten Hälfte der Regierungszeit Heinrichs VII. (1288–1313), Enkel Heinrichs V., erreichte die lateinische Urkundenproduktion im Vergleich zur volkssprachigen ihren Tiefstand [...]. Bei der dabei gebrauchten Volkssprache handelt es sich allerdings nicht, wie man vielleicht zu erwarten geneigt wäre, um das Deutsche, sondern um das Französische, genauer gesagt um das Altfranzösische [...]. Erste deutsche Grafenurkunden treten nicht vor den 1320er Jahren auf [...] ».

En 1443, à l'époque bourguignonne (1443–1482),[25] se mettent en place dans l'administration de l'État des pratiques linguistiques très proches de celles utilisées encore aujourd'hui (Houdremont 1897, 16) : l'administration, au niveau du gouvernement central à Bruxelles et du conseil aulique, le futur conseil provincial, à Luxembourg[26] recourt au français alors que la justice est rendue par ces deux conseils tantôt en français tantôt en allemand.[27]

La période française du grand-duché (1795–1814), qui verra entre autres l'introduction du Code Napoléon toujours à la base du code civil luxembourgeois, renforcera évidemment la position du français dans l'administration et la justice (cf. Trausch ³1993, 41–48 ; Pauly 2013, 75–78 ; Fehlen 2015, 25).

---

25 Cf. Pauly (2013, 51–53).
26 Sur le fonctionnement du conseil provincial, cf. Trausch (³1993, 81s.).
27 Cf. Van Werveke (1983/1984, I, 100) : « Seitdem aber dann Philipp der Gute von Burgund (1443–1467) das Luxemburger Land in Besitz genommen hatte, herrschte fast ganz genau dasselbe Zweisprachensystem wie heute ; was von der Zentralregierung an Gesetzen, Ordonnanzen und Korrespondenzen ausging, nebst den darauf bezüglichen Schreiben des Fürstenrates (1443–1531) und des Provinzialrates (1551–1795), war französisch ; die Verhandlungen dieser beiden Räte dagegen als oberste Gerichte und ihre Ordonnanzen, bald, je nach den Umständen, deutsch, bald französisch ». Cf. également Kramer (1984, 174s.).

La partition de 1839 qui réduira le territoire du grand-duché au seul quartier allemand (Trausch ²1981, 19–21) ne changera rien au régime linguistique : le français restera avec l'allemand la première langue de l'administration (Fehlen 2015, 25s.) et le Luxembourg, réduit au seul quartier allemand, abandonne le bilinguisme territorial juxtaposé pour s'engager dans la voie d'un bilinguisme superposé.

Les raisons en sont multiples[28] : routine administrative certainement, élites politiques tournées vers le monde francophone également[29] et calcul politique probablement ; le maintien du français dans l'administration constitue une barrière contre la germanisation imposée par Guillaume 1er, roi des Pays-Bas et grand-duc de Luxembourg, le pangermanisme en général (Fehlen 2013, 45) et les visées annexionnistes de la Prusse (Trausch ²1981, 45–47, 50).[30] Quoi qu'il en soit, à partir de maintenant, la confirmation ou le renforcement du français comme langue de la loi et de l'administration se feront essentiellement pour des raisons politiques.[31]

---

28 Cf. Trausch (1987, 105) : « Pourquoi ce maintien du français dans un pays où plus personne n'est francophone de naissance ? À entendre certains germanophiles luxembourgeois et nombre de pangermanistes de la fin du siècle, cette option serait avant tout due à l'esprit de routine et de facilité de fonctionnaires peu désireux de sortir des ornières administratives. Sans vouloir sous-estimer les pesanteurs de la fonction publique, on peut écarter ces explications simplistes. Les responsables de 1839 sentaient qu'en abandonnant le français ils toucheraient à une tradition pluriséculaire et risqueraient de détruire irrémédiablement un régime linguistique complexe, mais original et valorisant. En optant pour le français ils ne prenaient pas position contre l'allemand. Ils empêchaient tout simplement ce dernier de devenir la langue dominante ».
29 Cf. Fehlen (2015, 25) : « D'après un rapport de 1839, seulement 5 % des habitants comprenaient le français. Parmi eux les élites politiques et administratives, car le français avait été la langue administrative principale du duché de Luxembourg au temps de l'ancien régime, rôle renforcé pendant la petite vingtaine d'années où il faisait partie de la France républicaine et de l'Empire napoléonien (1795–1814) ; rôle perpétué par le Code Napoléon qui est resté à ce jour le fondement du droit civil luxembourgeois ». – Cf. Trausch (1992, 106) : « Jusqu'à la Première guerre mondiale une petite frange des couches supérieures de la bourgeoisie utilise, dans ses foyers, le français sans pour autant ignorer le luxembourgeois auquel elle est bien obligée de recourir en sortant de ses cercles étroits ». Cf. aussi Fehlen (2013, 41s.) et Fehlen (2015, 26).
30 Cf. Trausch (1992, 106) : « Les Luxembourgeois sont conscients des limites de leur parler. C'est une des raisons pour lesquelles ils maintiennent l'usage du français comme langue de l'administration et de la culture à côté de l'allemand qui est indispensable. En tout cas, les notables n'ont pas voulu retenir une solution qui pouvait paraître évidente, faire de l'allemand la langue dominante. D'instinct ils ont compris que ce serait là ouvrir la voie à l'Allemagne ». Cf. également Kramer (1992, 204).
31 Cf. Fehlen (2013, 44) : « Zusammenfassend kann man [...] sagen, dass der eigentliche Grund für die außergewöhnliche Stellung des Französischen im öffentlichen Leben und im

Les occupations allemandes de la Première et surtout de la Seconde guerre mondiale, marquées par une politique de germanisation forcée et de lutte ouverte contre les langues française et luxembourgeoise – *Eure Sprache sei deutsch und nur deutsch*[32] –, alimentèrent la francophilie dans la population et renforcèrent les positions du luxembourgeois comme langue symbole de l'identité nationale et du français comme langue de l'administration et de la loi (cf. Trausch ²1981, 131–135, 162 ; Schmitt 1990, 724a ; Kramer/Willems 2017, 233).[33]

La loi sur le régime des langues du 24 février 1984[34] fondée sur l'article 29 de la constitution du grand-duché[35] donnera pour la première fois une base légale au trilinguisme luxembourgeois et consacrera par ailleurs le français comme langue de la loi et comme l'une des langues de l'administration et de la justice, l'article 2 entraînant *de facto* que le français sera la première langue administrative et judiciaire[36] :

> « Art. 2. Langue de la législation
> Les actes législatifs et leurs règlements d'exécution sont rédigés en français. Lorsque les actes législatifs et réglementaires sont accompagnés d'une traduction, seul le texte français fait foi.
> Art. 3. Langues administratives et judiciaires
> En matière administrative, contentieuse ou non contentieuse, et en matière judiciaire, il peut être fait usage des langues française, allemande ou luxembourgeoise, sans préjudice des dispositions spéciales concernant certaines matières ».

Bildungswesen ein politischer gewesen ist. Sie ermöglichte es, sich dem preußischen Einfluss zu widersetzen ».
32 Cf. Spang (1992, 75) ; Hoffmann (1992, 161) ; Trausch (²1981, 152) ; Pauly (2013, 112). Cf. également la *Verordnung über den Gebrauch der deutschen Sprache* du 6 août 1940 : « Auch die Gerichtssprache ist ausschließlich deutsch. Der Unterricht in allen Schulen erfolgt ausschließlich in deutscher Sprache. In den Volksschulen entfällt die französische Sprache als Unterrichtsfach. Deutsche Sprache im Sinne dieser Verordnung ist das Hochdeutsche » ; cf. Spang (1992, 74) ; Hoffmann (1992, 162) ; Trausch (1994, 235).
33 Cf. Fehlen (2015, 26) : « Le pacte scellé entre le roi et les notables luxembourgeois en vue de faire du français la langue d'État fut accompagné de dénégations publiques pour ne pas froisser les autres Etats allemands et aussi pour ne pas choquer la population locale. Il fut aussi accompagné du rappel de la parité de l'allemand et du français dans les affaires administratives et juridiques, introduite par l'arrêté royal du 4 juin 1830 pour contrer les velléités révolutionnaires. C'est cette parité de façade des deux langues sur fond de supériorité de la langue française qui va perdurer plus d'un siècle au-delà de l'année 1948 quand le droit d'utiliser indistinctement l'une ou l'autre inscrite dans la constitution en 1848, sera supprimé ». Cf. également Kramer (1992, 204s.) ; Fehlen (2013, 48).
34 Sur l'histoire très mouvementée de cette loi, cf. Reisdoerfer (1994).
35 « La loi réglera l'emploi des langues en matière administrative et judiciaire ». Constitution du Grand-Duché de Luxembourg, Mémorial A - 908 du 16 octobre 2017, 6.
36 Cf. Fehlen (2013, 47s.) ; pour la législation linguistique au Luxembourg, cf. *Langues 2016*.

Relevons toutefois que cet équilibre linguistico-législatif qui s'est construit dans la longue durée est aujourd'hui, dans un Luxembourg moderne, très ouvert et mondialisé, soumis à des pressions telles que des changements annonçant une minoration de la langue française au niveau de l'État – législation et administration – nous paraissent inévitables.

Au niveau du luxembourgeois, un mouvement de promotion de la langue lancé dans les années soixante-dix a réussi à faire du luxembourgeois, considéré jusqu'alors comme un dialecte de l'allemand, d'abord une langue, puis la *langue nationale* du grand-duché. La révision de la constitution luxembourgeoise actuellement en préparation déclare à l'article 4 que « [l]a langue du Luxembourg est le luxembourgeois. La loi règle l'emploi des langues luxembourgeoise, française et allemande ».[37] Cet article rompt en fait définitivement l'équilibre juridique entre les trois langues du pays en accordant une prééminence juridique et symbolique au seul luxembourgeois.

Pour ce qui est du français, au contraire, un mouvement de rejet, issu des classes défavorisées de la société luxembourgeoise, s'est à plusieurs reprises manifesté[38] conduisant à des pétitions déposées à la Chambre des députés, demandant que « la langue luxembourgeoise [soit rendue] obligatoire dans le secteur des services publics (docteurs, hôpitaux, pharmacies, bureaux administratifs) »,[39] que le personnel médical et soignant soit obligé de parler le luxembourgeois dans les hôpitaux[40] ou que le luxembourgeois soit imposé à tous les habitants du pays comme langue nationale et première langue administrative.[41] Cette pétition, qui

---

37 Cf. Proposition de révision portant instauration d'une nouvelle Constitution. Version du 27.09.2017.
38 Sur ce problème, cf. Fehlen (2016, 7) : « S'il y a une langue qui est menacée, au moins parmi la population luxembourgophone, c'est le français ».
39 Pétition publique n° 773.
40 Pétition publique n° 767. – Intitulé de la pétition : « Lëtzebuergesch als Flichtsprooch an de Kliniken ». Le but de la pétition est précisé de la manière suivante : « Et muss eng Flicht ginn fir all Personal (Dokter, Infirmier etc.) de mat Patienten ze dinn hunn, mat de Patienten op Lëtzebuergesch ze kommunizéieren. Fir eng Aarbecht an enger Klinik hei zu Lëtzebuerg ze kréien muss dëst Personal ee Lëtzebuerger Sprooch Examen maachen a packen ».
41 Pétition publique n° 698. – Intitulé de la pétition : « Lëtzebuerger Sprooch als 1. Amtssprooch an Nationalsprooch gesetzlech fir all Awunner zu Lëtzebuerg festzeleeën ». But de la pétition : « D'Lëtzebuerger Sprooch als 1. Amtssprooch an Nationalsproch gesetzlech fir all Awunner zu Lëtzebuerg festzeleeën an an de Schoulen zu Lëtzebuerg verstäerkt ze ënnerriichten an och als Schoulsprooch festzeleeën. Dass all Administratioun fir hir Publikatiounen a Matdeelungen, sief et per Post oder per offizielle Communiqué, Lëtzebuergesch zu alleréischt benotzt soll ginn. Fir Auslänner, déi nach net der Lëtzebuerger Sprooch mächteg sinn, soll automatesch op all Bréif eng Traductioun op fränséisch an däitsch sinn. Ausserdeem soll erëm e Chamberbliedchen op Lëtzebuergesch publizéiert ginn. Dovunner

non seulement a lancé le mouvement pétitionnaire en matière linguistique, mais a eu également un retentissement non négligeable auprès des habitants du grand-duché recueillant plus de 14.500 signatures,⁴² a été à l'origine d'une sorte de guerre linguistique provoquant le dépôt d'une pétition refusant l'introduction du luxembourgeois comme première langue administrative, pétition supportée par 5.040 signatures.⁴³

Pour le moment cependant, le français reste la langue de l'État au Luxembourg et partant également, à côté du luxembourgeois, une langue de la citoyenneté. Il va de soi qu'un État démocratique se devra de veiller à ce que la langue, utilisée à l'écrit par les pouvoirs exécutif et législatif, à l'écrit et à l'oral par le pouvoir judiciaire, soit correctement transmise à tous ses citoyens.

2.2.3 Le français langue *d'*enseignement et *de l'*enseignement

L'école luxembourgeoise, opérant géographiquement sur la limite des langues et s'adressant à une population d'abord germanophone, mais gouvernée et administrée en français, est par essence bilingue. C'est à la fois un immense avantage et une véritable plaie pour bon nombre d'écoliers et d'élèves que d'être alphabétisés et d'entrer dans le monde de la connaissance par le biais de langues qui de prime abord ne leur sont pas familières.

Lorsque le duché de Luxembourg cherche à se doter au 17ᵉ siècle d'un système scolaire, ce sera aux pères jésuites de la province gallo-belge qu'on fera appel. Le prestige du français au 17ᵉ siècle et le fait que le Collège s'adressait

---

ofgesinn soll dei franséisch Sprooch net méi vun der Regirung ausschliisslech als Amtssprooch benotzt ginn, och Uerteeler vun de Geriichter sollen op mannst op Lëtzebuergesch matgedeelt ginn. D'Lëtzebuerger Sprooch ass en Deel vun onser Nationalitéit a soll och bleiwen. Déi am Virfeld schonn an de Gesetzestexter verankert Artikelen an och all Reglementer sollen doropshin ofgeännert ginn, fir dass ons Lëtzebuerger Sprooch erëm ons Haaptsprooch zu Lëtzebuerg gëtt ». – Pour une première analyse de la pétition 698, cf. Hilgert (2017, 2s.).

42 Sur la pétition 698, cf. Schock (2016, 9) : « Ja, die 14.721 Unterschriften sind kein Referendum, aber die Rekord-Onlinepetition [698] ist ein deutliches Zeichen dafür, welche Bedeutung die Luxemburger der lange von ihnen selbst vernachlässigten Sprache zuschreiben ».

43 Pétition publique n° 725. – Intitulé de la pétition : « ‹ NEEN › zu eiser Mammesprooch als ëischt offiziell Sprooch. ‹ NON › à la langue luxembourgeoise comme première langue officielle en matière administrative et judiciaire. ‹ NEIN › zur luxemburgischen Landessprache als erste Amtssprache ». But de la pétition : « Inviter tous les habitants de notre pays, Luxembourgeois ou non ainsi que tous les travailleurs transfrontaliers, à soutenir la présente démarche [...] ».

d'abord aux enfants de l'élite politique du Duché, francophone ou obligée de recourir fréquemment au français dans l'exercice de leurs charges, devraient expliquer ce choix. Les pères jésuites ouvriront le *Collegium Luxemburgense* en 1603.[44]

À côté d'enseignants d'origine luxembourgeoise, comme les Wiltheim (Margue 2003a, 116s.), le Collège comptera ainsi un certain nombre d'élèves[45] et de professeurs francophones,[46] comme le célèbre Père Martin du Cygne (Reisdoerfer/Reisdoerfer-Holtz 1987), originaire de Saint-Omer, de telle sorte qu'on peut supposer que la communication scolaire et extrascolaire se déroulait en latin, en français, et subsidiairement en luxembourgeois et en allemand.

Certains documents laissent entrevoir la réalité des pratiques linguistiques au Collège aux 17e et 18e siècles. Ainsi, les programmes des pièces de théâtre en latin représentées au 17e et au début du 18e siècle au Collège, les *periochae*, qu'on distribuait aux spectateurs (parents, amis des élèves, personnages importants de la ville ...) étaient généralement rédigés en français (Reisdoerfer 2003, 179).

Enfin, le père André (1994, 67) relève que pendant le 18e siècle au Séminaire, c'est-à-dire à l'internat du Collège, lors de « la récréation du soir ‹ dont nul ne doit s'absenter ›, de 19h15 à 20h, il faut parler français (on ne mentionne pas l'allemand) : *A quadrante post septimam usque ad octavam, omnibus est loquendum gallice* ; *secus facientibus dabitur signum*. Le ‹ signum › mentionné ici est le même qu'au collège, pour celui qui a été surpris à parler ‹ la langue vulgaire › au lieu du latin. »

Les successeurs immédiats du Collège jésuite fermée en 1773 après la suppression de la Compagnie de Jésus dans les Pays-Bas méridionaux, à savoir le Collège thérésien (1773–1795), l'École Centrale (1797–1802), l'École Secondaire (1802–1808) et le Collège municipal (1808–1814) assurèrent toujours un enseignement du français (Kreins/Leyder 2003, 249, 257, 258, 262 ; Pinnel 2003, 274, 276, 280, 281).

En 1843, lorsque le grand-duché devenu indépendant organisera son enseignement primaire, les députés ajoutèrent le français aux matières d'enseignement : « L'instruction primaire comprend nécessairement : l'instruction religieuse et morale, la lecture allemande et française, l'écriture et les éléments de deux langues et le calcul ».[47] Ce choix non seulement s'inscrit dans une certaine

---

44 Sur l'installation des Jésuites au Luxembourg, cf. Schneider (1994).
45 Cf. par ex. la carte sur l'origine géographique des élèves du Collège de Luxembourg pour l'année 1773 dressée par Birsens (2003, 138).
46 Sur les professeurs du Collège de Luxembourg de 1603 à 1773, cf. Birsens (2003, 151–160).
47 Compte rendu des séances des États du Grand-Duché de Luxembourg, sessions de 1843, 332 ; sur la loi de 1843, cf. Fehlen (2015, 28–31).

continuité curriculaire, mais est surtout le corollaire d'un premier choix éminemment politique, à savoir le maintien du français en 1839 comme langue de l'État :

> « M. Jurion[48] : Les langues française et allemande sont les deux langues nationales du pays ; c'est là une vérité consacrée par diverses dispositions législatives, c'est un droit précieux pour le Luxembourg, et s'il n'a pas été formellement garanti dans la Constitution d'États, c'est que des motifs graves s'y sont opposés. Si donc le droit existe, si l'on veut son maintien, il faut être conséquent et chercher à en rendre l'exercice possible, il faut enseigner les deux langues dans les écoles ».[49]

La loi de 1843, un texte fondamental dans l'histoire linguistique du grand-duché, assiéra définitivement le bilinguisme allemand/français superposé dans la société luxembourgeoise fondant ainsi un élément essentiel de l'identité culturelle et politique du nouvel État.[50]

Aujourd'hui, le français continue à jouer un rôle primordial aussi bien dans l'enseignement fondamental que dans l'enseignement secondaire. Dans le cycle supérieur de l'enseignement secondaire, le français est même la langue principale de l'enseignement.[51]

---

48 Vendelin Jurion (1804–1892), juriste et homme politique luxembourgeois.
49 Compte rendu des séances des États du Grand-Duché de Luxembourg, sessions de 1843, 328 ; cité dans Fehlen (2015, 28s.).
50 Loi du 26 juillet 1843, no 1709b, sur l'instruction primaire ; sur l'importance de ce texte, cf. Fehlen (2013, 43).
51 Sur l'enseignement du français au Luxembourg, cf. Reisdoerfer (2008, 103–108) ainsi que le texte *Langues à l'école luxembourgeoise* sur le site du ministère de l'Éducation nationale ; cf. aussi le Règlement grand-ducal du 11 août 2011 fixant le plan d'études pour les quatre cycles de l'enseignement fondamental. Sur la législation scolaire au Luxembourg, cf. le Code de l'éducation nationale, Mémorial A - 803 du 14 septembre 2017 ; sur l'emploi des langues véhiculaires dans l'enseignement luxembourgeois, cf. l'Instruction ministérielle du 10 septembre 2010 concernant la langue véhiculaire (Code de l'éducation nationale, Mémorial A - 803 du 14 septembre 2017, 311) : « Je souhaite rappeler que le développement des facultés langagières ne relève pas de la seule responsabilité des enseignants de langues ; tous les titulaires sont appelés à offrir aux élèves, dans le cadre de leurs cours respectifs, l'occasion d'acquérir une bonne faculté d'expression. En respectant l'emploi des langues véhiculaires prescrites dans les programmes et en encourageant les élèves à faire des efforts pour bien comprendre et s'exprimer clairement en français et en allemand, les enseignants de toutes les branches contribuent à améliorer les compétences langagières. La Chambre des députés a par ailleurs souligné cette nécessité lors du débat d'orientation du 29 novembre 2000 sur l'école de l'intégration en adoptant une motion invitant le ministre de l'Éducation nationale à ‹ sensibiliser les enseignants à l'importance d'utiliser l'allemand et le français comme langues véhiculaires, tel que prévu dans les différentes disciplines ›. Par conséquent les commissions nationales ont été appelées à définir, pour chaque branche et chaque classe, outre le programme, l'emploi de la langue véhiculaire qu'il importe de respecter. L'Instruction ministérielle du 10 septembre 2010 stipule que dans l'enseignement luxembourgeois les explications et les directives données aux élèves se font toujours en langue

Reste que, comme précédemment pour le secteur administratif et législatif, la place du français est aujourd'hui de plus en plus contestée. Beaucoup de Luxembourgeois refusent désormais d'imposer à leurs enfants l'apprentissage d'une langue réputée difficile, trop éloignée à leurs yeux de leur langue maternelle, ayant en plus perdu beaucoup de son prestige et de son utilité au profit de l'anglais. Ils ne verraient pas d'un mauvais œil si la scolarité du primaire au secondaire pouvait se faire en allemand voire pour certains en luxembourgeois.[52] C'est ainsi que le lancement d'un programme d'éducation plurilingue pour les enfants de 1 à 4 ans visant à familiariser les tout petits avec le luxembourgeois et à les initier de manière ludique au français,[53] suscita une forte opposition provoquant le dépôt d'une pétition (« NON à l'initiation au français à la crèche et au cycle 1 et NON à l'apprentissage du français oral au premier trimestre du cycle 2.1),[54] suivi d'un débat à la Chambre des députés.

---

véhiculaire. Le professeur aide les élèves à comprendre, soit en leur fournissant les mots et les structures sur lesquels ils butent, soit en explicitant la langue de sa discipline en interaction avec eux. Le recours explicite au luxembourgeois est autorisé dans des situations clairement délimitées et justifiées […] ».

52 Pétition publique n° 709. – Intitulé de la pétition : « Lëtzebuerger Kanner net méi duerch déi franséisch Sprooch an de Schoulen ze diskriminéieren, an dofir och Sektiounen op Däitsch unzebidden. Et geet net dass eis Lëtzebuerger Kanner an hirem eegene Land benodeelegt ginn ».

53 Cf. le *Programme d'éducation plurilingue pour les enfants de 1 à 4 ans* sur le site du Ministère de l'éducation nationale : « L'éducation plurilingue ambitionne de familiariser les enfants dès le plus jeune âge avec le luxembourgeois et le français, en leur donnant plus de possibilités et plus de temps pour développer des compétences dans ces langues. La familiarisation avec le luxembourgeois dès l'âge de 1 an facilite l'intégration dans la société luxembourgeoise et l'alphabétisation en allemand à l'école fondamentale, surtout pour les enfants dont la langue d'origine n'est pas le luxembourgeois. Le contact ludique avec le français permet un accès plus naturel et décontracté avec cette langue pour les enfants non francophones ».

54 Pétition publique n° 785. – Le but de la pétition est précisée de la manière suivante : « Renforcer le rôle de la langue luxembourgeoise dans les crèches et au cycle 1 pour permettre aux élèves de pouvoir se baser sur une langue principale pour leurs apprentissages linguistiques futurs au cycle 2. Le problème principal résulte du fait que la majorité des enfants ne maîtrise pas leur langue maternelle à 100 %, que ce soit le luxembourgeois, le portugais ou une autre langue. Dans les crèches, les enfants essaient lentement de comprendre et de parler le luxembourgeois, mais la plupart ne maîtrisent pas du tout cette langue, ce qui est logique, après si peu de temps. À ce point, il faut mentionner le plus important jalon dans les apprentissages linguistiques selon des études psycholinguistiques : à l'âge de 2–3 ans, les enfants commencent à se rendre compte des structures de la syntaxe d'une phrase, du rythme et de la mise en forme d'une langue, ce qui est primordial pour formuler par la suite des phrases principales et les propositions subordonnées etc. Il leur faut donc du temps pour améliorer, pratiquer et fortifier leurs apprentissages jours après jours. Donc, pendant cette période, ils ne maîtrisent ni leur langue maternelle, ni la deuxième langue, qui est le luxembourgeois à 100 %, car ils se trouvent en

Les nombreux étrangers qui se sont installés, définitivement ou temporairement, au grand-duché ne voient pas toujours l'utilité d'un système scolaire bilingue. Les uns demandent l'instauration de deux filières linguistiques, l'une en langue allemande, l'autre en langue française, d'autres réclament un système recourant à l'anglais comme langue véhiculaire.

Le ministère de l'Éducation nationale n'est pas resté sourd à ces revendications, comme nous l'avons montré dans notre introduction, et des filières francophones, germanophones et anglophones ont été mises en place :

> « Riche d'une communauté internationale variée et ancienne, le Luxembourg compte près de 47 % de non-Luxembourgeois pour quelque 170 nationalités. Pays d'immigration, siège historique d'institutions européennes et de nombreuses banques et entreprises internationales, le Grand-Duché a mis en place au fil du temps une offre scolaire diversifiée, afin de répondre aux besoins et souhaits de parents d'horizons différents. À côté du système luxembourgeois régulier, l'offre internationale, principalement anglophone et francophone, convient tout particulièrement aux expatriés qui veulent garantir à leur enfant un diplôme de qualité, indépendant des frontières étatiques ».[55]

Ces nouvelles offres scolaires auront certainement une influence sur le système scolaire luxembourgeois et conduiront probablement à une minoration de la place du français dans les enseignements primaire et secondaire.

2.2.4 Les phénomènes migratoires

Tout au long du 19ᵉ siècle le Luxembourg est une *terre d'émigration* : un certain nombre de Luxembourgeoises et de Luxembourgeois partent qui à Paris qui à

---

permanence dans une période d'apprentissage. L'introduction du français, donc d'une deuxième ou même d'une troisième langue, à cet âge précis, risque encore de compliquer beaucoup plus la tâche pour les jeunes élèves, qui, à un certain moment, risquent de se perdre totalement dans toutes ces langues. Or, des études psycholinguistiques prouvent que c'est primordial que les enfants soient capables de distinguer clairement entre la langue ou les langues parlées à la maison, et les langues parlées ou apprises à l'école. Ce qui n'est plus du tout garanti avec l'introduction du français dans les crèches et au cycle 1. En outre, le français est une langue romane. Or l'anglais, le luxembourgeois (moselfränkischer Dialekt avec ses origines dans l'allemand) et l'allemand, langue avec laquelle les élèves sont alphabétisés au cycle 2, sont des langues germaniques. Donc pourquoi ne pas promouvoir, parallèlement au luxembourgeois, l'allemand ou l'anglais dans les crèches et au cycle 1 ? » – Sur le débat à la Chambre, cf. l'article, orienté, de Kurschat (2017, 2).
55 *Offre scolaire internationale*. Site du ministère de l'Éducation nationale. – Les filières germanophones sont offertes au Lycée germano-luxembourgeois de Schengen et à l'École internationale de Differdange et Esch/Alzette.

Bruxelles pour y travailler pendant quelques mois voire quelques années. Ces séjours plus ou moins longs dans des régions francophones amélioreront évidemment la pratique du français parlé dans les couches populaires.

Dès la fin du 19ᵉ siècle, le grand-duché devient un *pays d'immigration* essentiellement romano- et francophone. L'immigration romanophone débute en 1892 par une première vague italienne qui perdurera jusqu'à la fin des années 1960 ; à partir des années 1963–1965, elle sera relayée par une deuxième vague portugaise.[56] À l'immigration proprement dite s'est surajouté à partir des années quatre-vingt le phénomène des frontaliers, c'est-à-dire la migration journalière de citoyens belges et français surtout venant travailler au Luxembourg.[57]

Sur un total de 576.200 habitants en 2016, 269.200, soit 46,71%, étaient d'origine étrangère ; parmi cette population étrangère 174.500 habitants, soit 64,82%, au moins sont romano-francophones.[58]

Pour ce qui est des travailleurs frontaliers, une étude de Fehlen/Pigeron-Piroth (2015) portant sur des données collectées en 2014 relève que de 373.300 salariés employés au Luxembourg, 43,5% sont des frontaliers originaires de France, de Belgique et d'Allemagne ; parmi ces frontaliers, les trois quarts viennent de France et de Belgique. Les données de l'Institut national de la statistique et des études économiques (STATEC) pour 2015 relèvent que parmi les frontaliers non-résidents salariés au nombre de 170.200, 84.400 viennent de France, 42.700 de Belgique et 43.100 d'Allemagne, ce qui donne un pourcentage de 74,67% de francophones (STATEC 2016, 14).

Dans ces conditions, le français est devenu, de manière quasi naturelle, la langue de communication orale, la *lingua franca*, entre la population autochtone, d'abord luxembourgophone maîtrisant toutefois un français appris à l'école d'un côté, les étrangers romano-francophones de l'autre (Fehlen/Heinz 2016, 136s., 143, 154–156).

Cette évolution a profondément modifié les emplois et le statut du français dans la société luxembourgeoise. En effet, alors que très longtemps cette langue a été d'abord une langue de culture bien maîtrisée seulement par une petite élite éduquée et cantonnée dans le domaine de l'écrit officiel, en devenant aussi une langue de communication journalière elle a conquis le domaine de

---

[56] Cf. Trausch (1992, 91) ; Trausch (2002, 268s.) ; Zahlen (2012).
[57] Cf. Trausch (2002, 270).
[58] Cf. STATEC (2016, 11).

l'oral et s'est plus largement répandue dans la population autochtone, elle s'est en quelque sorte démocratisée.[59] Mais, revers de la médaille, le français, en passant de la langue de Molière à celle de monsieur tout le monde, à celle de l'immigré et du frontalier, a évidemment perdu de sa superbe, de son aura et, le cas échéant, concentre désormais sur elle toutes les frustrations, tous les rejets, toutes les xénophobies qui peuvent affecter certaines couches de la population autochtone défavorisées et paupérisées par la mondialisation et les ravages de l'ultralibéralisme.[60]

3 Le Luxembourg : un territoire perdu de la francophonie ?

L'origine de la présence du français au Luxembourg s'explique par le bilinguisme territorial ou juxtaposé apparu *de facto* au 12e siècle et officialisé dès le 14e siècle par la création de deux quartiers linguistiques l'un allemand, l'autre wallon. Ce bilinguisme territorial favorisera dès le 13e siècle l'établissement du français comme langue écrite de l'État officialisée en quelque sorte au 15e siècle, à l'époque bourguignonne, et réaffirmée au 19e siècle, sous l'influence d'une minorité de notables francophones et francophiles, au moment où le Luxembourg deviendra un État indépendant. C'est également à cette époque que le français est officiellement introduit dans l'enseignement luxembourgeois. Alors commencera à se développer dans un Luxembourg réduit au seul quartier allemand un bilinguisme allemand/français de type superposé. Au 20e siècle enfin, sous la pression d'importants phénomènes migratoires, le français deviendra même *lingua franca*, langue de communication orale entre les autochtones et les nombreux étrangers vivant et/ou travaillant au Luxembourg.

---

59 Cf. Kramer/Willems (2017, 234) : « Dans les années 1960 le Luxembourg connaît encore une grande vague d'immigration. La plupart des nouveaux arrivés viennent de pays latins et préfèrent utiliser le français comme langue véhiculaire dans la communication avec les Luxembourgeois. Celui-ci est pour eux plus facile à apprendre que l'allemand ou le luxembourgeois qui ressemble plutôt aux dialectes allemands. C'est pourquoi ‹ l'utilisation du français, symbole de l'ancienne bourgeoisie et perpétué comme tel, se démocratise › (SIP 2008) ».
60 Sur ce changement d'attitude des Luxembourgeois face au français, cf. Fehlen (2009, 223–227) et Fehlen (2013, 50).

Pour résumer, le Luxembourg est une vieille terre *francographe* qui au cours du 20ᵉ siècle, confronté à une immigration massive, romano-francophone entre autres, est devenu également *francophone*. Reste que la sociologie des langues est manifestement en train de changer au grand-duché. Certes, l'espace ne changera pas et au niveau de la géographie le Luxembourg sera toujours enclavé dans le monde franco-roman avec de longues frontières bordant la Belgique (148 km) et la France (73 km).[61] Les liens économiques et politiques avec ces pays francophones sont anciens et solides. Enfin, il ne faut jamais sous-estimer la force d'inertie d'une administration francographe depuis neuf siècles.

Toutefois, au niveau de l'enseignement, l'importance du français comme langue d'enseignement diminuera, et comme langue de l'enseignement il sera confronté à la concurrence de l'anglais et surtout de l'allemand. Au niveau des pratiques linguistiques de l'administration et de la justice, l'importance du luxembourgeois ira croissant et c'est également le luxembourgeois qui est en train de s'établir comme langue-symbole de l'État et de la nation. À plus ou moins longue échéance, on peut même se demander si le français pourra continuer à fonctionner comme *lingua franca* au Luxembourg.

Il semble donc que le rôle du français, en phase ascendante depuis le 12ᵉ siècle dans la société luxembourgeoise, se soit engagé dans une phase de repli lors du passage du 20ᵉ au 21ᵉ siècle. D'aucuns observent cette évolution avec une certaine appréhension, le bilinguisme germano-français représentant non seulement un enrichissement culturel indéniable, mais étant surtout à la base de l'indépendance politique et de la cohésion sociale du grand-duché. Le renoncement au bilinguisme séculaire pourrait ainsi mettre en péril l'existence même du grand-duché de Luxembourg, un danger reconnu dès 1950 avec une rare clairvoyance par le grand linguiste luxembourgeois Robert Bruch :

> « Et c'est à cette échelle qu'il nous faut mesurer toutes les possibilités linguistiques de notre patois. S'il devait un jour nous inspirer de sérieuses velléités d'autarcie linguistique, il ferait de nous les plus bornés des séparatistes de l'Occident. Mais s'il continue modestement à être de tous nos parlers notre parler le plus intime, tout en nous permettant, tout en nous forçant d'ouvrir largement nos fenêtres au grand vent de deux langues mondiales, il fait de nous des Européens véritables : et il n'en mourra pas, ni ceux surtout qui le parlent » (Bruch 1960, 24).

---

[61] La frontière avec l'Allemagne mesure 138 km.

4 Bibliographie

4.1 Sitographie

Athénée de Luxembourg. <www.al.lu/index.php/ib> [dernière consultation : 19.06.2017].
Code de l'éducation nationale, Mémorial A - 803 du 14 septembre 2017, Ministère d'État, Service Central de Législation. <http://data.legilux.public.lu/file/eli-etat-leg-code-education_nationale-20171002b-fr-pdf.pdf> [dernière consultation : 30.10.2017].
Constitution du Grand-Duché de Luxembourg, Mémorial A - 908 du 16 octobre 2017. <http://data.legilux.public.lu/file/eli-etat-leg-recueil-constitution-20171020-fr-pdf.pdf> [dernière consultation : 30.10.2017].
École internationale à Differdange et Esch/Alzette. <portal.education.lu/eid> [dernière consultation : 19.06.2017].
École Waldorf. <waldorf.lu/index.php/lehrplan/international-baccalaureate> [dernière consultation : 19.06.2017].
Institut Destrée/Segefa, *Connaître la Wallonie*, 2013. <http://connaitrelawallonie.wallonie.be/fr/histoire/atlas/le-comte-de-luxembourg-en-1281#.Wu7sdS_5z-Z> [dernière consultation : 06.05.2018].
Instruction ministérielle du 10 septembre 2010 concernant la langue véhiculaire. <www.ltps.lu/centres-de-formation/legislation-scolaire.html> [dernière consultation : 19.11.2017].
International School of Luxembourg. <www.islux.lu/page.cfm?p=1> [dernière consultation : 19.06.2017].
Langues 2016. Textes coordonnés à jour au 28 novembre 2016, Ministère d'Etat, Service Central de Législation. <http://data.legilux.public.lu/file/eli-etat-leg-recueil-langues-20081128-fr-pdf.pdf> [dernière consultation : 30.10.2017].
Langues à l'école luxembourgeoise. Site internet du ministère de l'Éducation nationale. <www.men.public.lu/fr/themes-transversaux/langues-ecole-luxembourgeoise/index.html> [dernière consultation : 25.06.2017].
Loi du 26 juillet 1843, n° 1709b, sur l'instruction primaire. <http://data.legilux.public.lu/eli/etat/leg/loi/1843/07/26/n1/jo> [dernière consultation : 19.10.2017].
Loi du 24 février 1984 sur le régime des langues, Mémorial A n° 16, 1984. <www.legilux.public.lu/leg/a/archives/1984/0016/index.html> [dernière consultation : 25.06.2017].
Lycée germano-luxembourgeois de Schengen. <www.schengenlyzeum.eu/> [dernière consultation : 19.06.2017].
Lycée Technique du Centre. <www.ltc.lu/index.php/enseignement/offre-scolaire> [dernière consultation : 19.06.2017].
MENJE = Ministère de l'Éducation nationale, de l'Enfance et de la Jeunesse, *Sprache und Sprachen in der frühen Kindheit. Konzept früher sprachlicher Bildung im luxemburgischen Kontext*, Luxemburg, MENJE, 2016. <www.men.public.lu/fr/actualites/articles/communiques-conference-presse/2016/03/23-langues-petite-enfance/konzept.pdf> [dernière consultation : 09.03.2018].
Offre scolaire internationale. Site du ministère de l'Éducation nationale. <www.men.public.lu/fr/actualites/grands-dossiers/systeme-educatif/offre-internationale/fr/index.html> [dernière consultation : 25.06.2017].
Pétition publique n° 698, *Lëtzebuerger Sprooch als 1. Amtssprooch an Nationalsprooch gesetzlech fir all Awunner zu Lëtzebuerg festzeleeën*, déposée le 16.08.2016, auteur :

Lucien Welter. <www.chd.lu/wps/portal/public/Accueil/TravailALaChambre/Petitions/RoleDesPetitions?action=doPetitionDetail&id=771> [dernière consultation : 25.06.2017].

Pétition publique n° 709, *Lëtzebuerger Kanner net méi duerch déi franséisch Sprooch an de Schoulen ze diskriminéieren, an dofir och Sektiounen op Däitsch unzebidden. Et geet net dass eis Lëtzebuerger Kanner an hirem eegene Land benodeelegt ginn*, déposée le 15.09.2016, auteur : Romain Schinker. <www.chd.lu/wps/portal/public/Accueil/TravailALaChambre/Petitions/RoleDesPetitions?action=doPetitionDetail&id=790> [dernière consultation : 25.06.2017].

Pétition publique n° 725, *« NEEN » zu eiser Mammesprooch als ëischt offiziell Sprooch. « NON » à la langue luxembourgeoise comme première langue officielle en matière administrative et judiciaire. « NEIN » zur luxemburgischen Landessprache als erste Amtssprache*, déposée le 05.10.2016, auteur : Joseph Schloesser. <www.chd.lu/wps/portal/public/Accueil/TravailALaChambre/Petitions/RoleDesPetitions?action=doPetitionDetail&id=807> [dernière consultation : 25.06.2017].

Pétition publique n° 767, *Lëtzebuergesch als Flichtsprooch an de Kliniken*, déposée le 18.01.2016, auteur : Philipp Gérard. <www.chd.lu/wps/portal/public/Accueil/TravailALaChambre/Petitions/RoleDesPetitions?action=doPetitionDetail&id=865> [dernière consultation : 25.06.2017].

Pétition publique n° 773, *La langue luxembourgeoise obligatoire dans le secteur des services publics (docteurs, hôpitaux, pharmacies, bureaux administratifs)*, déposée le 06.01.2017, auteur : Norman Schneider. <www.chd.lu/wps/portal/public/Accueil/TravailALaChambre/Petitions/RoleDesPetitions?action=doPetitionDetail&id=876> [dernière consultation : 25.06.2017].

Pétition publique n° 785, *NON à l'initiation au français à la crèche et au cycle 1 et NON à l'apprentissage du français oral au premier trimestre du cycle 2.1*, déposée le 15.02.2017, auteur : Jacques Dahm. <www.chd.lu/wps/portal/public/Accueil/TravailALaChambre/Petitions/RoleDesPetitions?action=doPetitionDetail&id=890> [dernière consultation : 25.06.2017].

Programme d'éducation plurilingue pour les enfants de 1 à 4 ans. Site du ministère de l'Éducation nationale. <www.men.public.lu/fr/actualites/grands-dossiers/enfance-jeunesse/03-pe-plurilingue/index.html> [dernière consultation : 25.06.2017].

Proposition de révision portant instauration d'une nouvelle Constitution. Version du 27.09.2017. <http://www.chd.lu/wps/portal/public/Accueil/Actualite/DossiersThematiques?current=true&urile=wcm%3Apath%3A/wps/wcm/connect/public/contents.public.chd.lu/st-www.chd.lu/sa-actualites/sa-dossiersthematiques/dossier+constitution+refonte+revision> [dernière consultation : 06.05.2018].

Règlement grand-ducal 11 août du 2011 fixant le plan d'études pour les quatre cycles de l'enseignement fondamental, in : Gouvernement du Grand-Duché de Luxembourg et Ministère de l'Éducation nationale et de la formation professionnelle (ed.), Mémorial A n° 178, Luxembourg, Ministère de l'Éducation nationale et de la formation professionnelle. <legilux.public.lu/eli/etat/leg/rgd/2011/08/11/n1/jo> [dernière consultation : 25.06.2017].

STATEC 2016 = *Le Luxembourg en chiffres 2016*, Institut national de la statistique et des études économiques (ed.). <www.statistiques.public.lu/catalogue-publications/luxembourg-en-chiffres/2016/luxembourg-chiffres.pdf> [dernière consultation : 25.06.2017].

4.2 Études

André, Emmanuel, *Le plan des études des jésuites et son application au Collège de Luxembourg*, in : Birsens, Josy S.J. (ed.), *Fir Glawen a Kultur. Les Jésuites à Luxembourg – Die Jesuiten in Luxemburg (1594–1994)* = Hémecht 46 (1994), 49–70.

Banniard, Michel, *Viva voce. Communication écrite et communication orale du IVe au IXe siècle en Occident latin*, Paris, Institut des études augustiniennes, 1992.

Bender-Berland, Geneviève, *Die Besonderheiten des Französischen in Luxemburg*, Romanistik in Geschichte und Gegenwart 6 (2000), 33–50.

Bender-Berland, Geneviève/Kramer, Johannes/Reisdoerfer, Joseph, *Dictionnaire étymologique des éléments français du luxembourgeois*, 9 vol., Tübingen, Narr, 2003–.

Birsens, Josy S.J., *Le collège jésuite de Luxembourg comme institution d'enseignement secondaire, philosophique et théologique. Corps professoral et pratiques pédagogiques aux XVIIe–XVIIIe siècles*, in : Birsens, Josy S.J. (ed.), *400 Joer Kolléisch*, vol. 1 : *Du collège jésuite au collège municipal : 1603–1815*, Luxembourg, Saint-Paul, 2003, 131–160.

Bruch, Robert, *La langue et la littérature luxembourgeoises*, Bulletin de Documentation 16/2 (1960).

Bussmann, Hadumod/Trauth, Gregory/Kazzazi, Kerstin, *Routledge dictionary of language and linguistics*, London, Routledge, 2006.

Compte rendu des séances des États du Grand-Duché de Luxembourg, sessions de 1843.

Englebert, Annick, *Cours d'histoire de la langue française et de la francophonie*, 2015. <www.diachronie.be/hlff/index.html> [dernière consultation : 19.06.2017].

Erfurt, Jürgen, *Les différents concepts de la francophonie : applications et contradictions*, in : Kremnitz, Georg, et al. (edd.), *Histoire sociale des langues de France*, Rennes, Presses Universitaires de Rennes, 2013, 61–70.

Fehlen, Fernand, *Une enquête sur un marché linguistique multilingue en profonde mutation – Luxemburgs Sprachenmarkt im Wandel*, Luxembourg, SESOPI Centre intercommunautaire, 2009.

Fehlen, Fernand, *Die Stellung des Französischen in Luxemburg*, in : Sieburg, Heinz (ed.), *Vielfalt der Sprachen – Varianz der Perspektiven. Zur Geschichte und Gegenwart der Luxemburger Mehrsprachigkeit*, Bielefeld, transcript, 2013, 37–79.

Fehlen, Fernand, *L'imposition du français comme langue seconde du Luxembourg. La loi scolaire de 1843 et ses suites*, Synergies Pays germanophones. Revue du Gerflint 8 (2015), 23–35.

Fehlen, Fernand, *« Ce qu'il faut, c'est une véritable politique linguistique », Le sociolinguiste Fernand Fehlen met en perspective les luttes de pouvoir qui se jouent autour de la question linguistique. Interview conduit par Marie-Laure Rolland*, Die Warte – Perspectives 29/2522 (27.10.2016), 6s.

Fehlen, Fernand, et al., *Les langues*, in : Allegrezza, Serge, et al. (edd.), *La société luxembourgeoise dans le miroir du recensement de la population*, Luxembourg, Saint-Paul, 2014, 95–112.

Fehlen, Fernand/Heinz, Andreas, *Die Luxemburger Mehrsprachigkeit. Ergebnisse einer Volkszählung*, Bielefeld, transcript, 2016.

Fehlen, Fernand/Pigeron-Piroth, Isabelle, *Les langues dans les offres d'emploi au Luxembourg (1984–2014)*, Luxembourg, Université du Luxembourg, 2015. <orbilu.uni.lu/handle/10993/21300> [dernière consultation : 26.06.2017].

Francard, Michel, *Des mots qui disent « ce que nous sommes » : le français au Grand-Duché de Luxembourg*, Nos Cahiers. Lëtzebuerger Zäitschrëft fir Kultur 35/4 (2014), 31–48.
Francard, Michel, et al., *Dictionnaire des belgicismes*, Louvain-La-Neuve, De Boeck Duculot, 2015.
Hilgert, Romain, *Die nächsten 20 Jahre hoch das Lëtzebuergesch !*, d'Lëtzebuerger Land 64 (17.03.2017), 2s.
Hoffmann, Fernand, *1839–1989 : fast 150 Jahre amtlicher Zwei- und privater Einsprachigkeit in Luxemburg : mit einem nationalsozialistischen Zwischenspiel*, in : Dahmen, Wolfgang, et al. (edd.), *Germanisch und Romanisch in Belgien und Luxemburg. Romanistisches Kolloquium VI*, Tübingen, Narr, 1992, 150–164.
Holtus, Günter/Overbeck, Anja/Völker, Harald, *Luxemburgische Skriptastudien. Edition und Untersuchung der altfranzösischen Urkunden Gräfin Ermesindes (1226–1247) und Graf Heinrichs V. (1247–1281) von Luxemburg*, Tübingen, Niemeyer, 2003.
Holtus, Günter/Overbeck, Anja/Völker, Harald, *Altfranzösische Urkunden, 1237 bis 1281. Edition der Urkunden Gräfin Ermesindes (1226–1247) und Graf Heinrichs V. (1247–1281) von Luxemburg*, Universität Trier, s.a. <www.rmnet.uni-trier.de/cgi-bin/RMnetIndex.tcl?hea=qf&for=qafranzu> [dernière consultation : 24.06.2017].
Kayser, Édouard M., *Quelque part entre Vienne et Londres ... : le Grand-Duché de Luxembourg de 1815 à 1867*, Luxembourg, Saint-Paul, 1990.
Kramer, Johannes, *Zweisprachigkeit in den Benelux-Ländern*, Hamburg, Buske, 1984.
Kramer, Johannes, *Einige Bemerkungen zum Französischen in Luxemburg*, in : Dahmen, Wolfgang, et al. (edd.), *Germanisch und Romanisch in Belgien und Luxemburg. Romanistisches Kolloquium VI*, Tübingen, Narr, 1992, 203–223.
Kramer, Johannes/Willems, Aline, *Luxembourg*, in : Reutner, Ursula (ed.), *Manuel des francophonies*, Berlin/Boston, De Gruyter, 2017, 226–245.
Kreins, Jean-Marie/Leyder, Dirk, *Renouveler ou renouer ? La Commission royale des études et le collège – pensionnat de Luxembourg (1773–1777–1789)*, in : Birsens, Josy S.J. (ed.), *400 Joer Kolléisch*, vol. 1 : *Du collège jésuite au collège municipal : 1603–1815*, Luxembourg, Saint-Paul, 2003, 239–266.
Kremnitz, Georg, et al. (edd.), *Histoire sociale des langues de France*, Rennes, Presses Universitaires de Rennes, 2013.
Kurschat, Ines, *Glaubensätze*, d'Lëtzebuerger Land 64 (02.06.2017), 2.
Lauret, Bertrand, *Enseigner la prononciation du français : questions et outils*, Paris, Hachette, 2007.
Lodge, R. Anthony, *A sociolinguistic history of Parisian French*, Cambridge, Cambridge University Press, 2004.
Lüdi, Georges, *French as a pluricentric language*, in : Clyne, Michael (ed.), *Pluricentric languages. Differing norms in different nations*, Berlin/New York, De Gruyter, 1992, 149–178.
Margue, Paul, *La pêche miraculeuse. Les familles des jésuites originaires de la ville de Luxembourg à l'époque de la fondation du collège*, in : Birsens, Josy S.J. (ed.), *400 Joer Kolléisch*, vol. 1 : *Du collège jésuite au collège municipal : 1603–1815*, Luxembourg, Saint-Paul, 2003, 115–127 (= 2003a).
Margue, Paul, *Luxemburg in Mittelalter und Neuzeit. 10. bis 18. Jahrhundert*, Luxembourg, Bourg-Bourger, [6]2003 (= 2003b).
Pauly, Michel, *Histoire du Luxembourg*, Bruxelles, Éditions de l'Université de Bruxelles, 2013.
Pinnel, Roland, *Le « Kolléisch » au temps du département des forêts (1795–1814)*, in : Birsens, Josy S.J. (ed.), *400 Joer Kolléisch*, vol. 1 : *Du collège jésuite au collège municipal : 1603–1815*, Luxembourg, Saint-Paul, 2003, 267–287.

Pöll, Bernhard, *Le français langue pluricentrique ? Études sur la variation diatopique d'une langue standard*, Francfort et al., Lang, 2005.

Pöll, Bernhard, *Französisch außerhalb Frankreichs. Geschichte, Status und Profil regionaler und nationaler Varietäten*, Berlin/Boston, De Gruyter, ²2017.

Reisdoerfer, Joseph, « *D'Halett läit am Tirang !* » *: recherches sur l'influence lexicale du lorrain et du wallon sur le luxembourgeois*, Études romanes 5 (1992), 6–74. <w3.restena.lu/cul/Hal%201992/index.htm> [dernière consultation : 19.06.2017].

Reisdoerfer, Joseph, *Een neie lëtzebuergeschen Dixionär. Prolegomena zu einem neuen Wörterbuch der luxemburgischen Sprache*, Die Warte – Perspectives 4/1686 (27.01.1994), 1 et 5/1687 (03.02.1994), 1.

Reisdoerfer, Joseph, *Synthèse du dossier d'habilitation : Langues et Cultures dans la région d'Entre Deux*, Université de Nancy 2, Esch/Alzette, 1999.

Reisdoerfer, Joseph, *Dramata festiva mixta musica : Étude sur le théâtre des jésuites au Collège de Luxembourg*, in : Birsens, Josy S.J. (ed.), *400 Joer Kolléisch*, vol. 1 : *Du collège jésuite au collège municipal : 1603–1815*, Luxembourg, Saint-Paul, 2003, 173–186.

Reisdoerfer, Joseph, *Lëtzebuerg – Luxemburg – Luxembourg : Les fonctions du français au Grand-Duché de Luxembourg*, Arena Romanistica 2 (2008), 94–122. <www.scribd.com/doc/13741687/FrLuxAR> [dernière consultation : 19.06.2017].

Reisdoerfer, Joseph, *Linéaments d'une histoire du français au Grand-Duché de Luxembourg*, Nos cahiers. Lëtzebuerger Zäitschrëft fir Kultur 37 (2016), 9–33.

Reisdoerfer, Joseph/Reisdoerfer-Holtz, Anja, *R.P. Martini Du Cygne Audomarensis e Societate Jesu « Fernandes Comoedia ». Étude sur le théâtre des Jésuites au Collège de Luxembourg*, in : Muller, Jean-Claude/Wilhelm, Frank, *Le Luxembourg et l'étranger : présences et contacts – Luxemburg und das Ausland : Begegnungen und Beziehungen. Pour les 75 ans du professeur Tony Bourg*, 1987, 21–44.

Rey, Alain/Duval, Frédéric/Siouffi, Gilles, *Mille ans de langue française. Histoire d'une passion*, vol. 1 : *Des origines au français moderne*, vol. 2 : *Nouveaux destins*, Paris, Perrin, 2011.

Schmitt, Christian, *Regionale Varianten des Französischen in Europa : Luxemburg*, in : Holtus, Günter/Metzeltin, Michael/Schmitt, Christian (edd.), *Lexikon der Romanistischen Linguistik*, vol. 5/1 : *Französisch*, Tübingen, Niemeyer, 1990, 723–726.

Schneider, Bernhard, *Katholische Reform, Konfessionalisierung und spanische Kirchenpolitik. Zur Entstehung des Luxemburger Jesuitenkollegs zwischen 1583 und 1603*, in : Birsens, Josy S.J. (ed.), *Fir Glawen a Kultur. Les Jésuites à Luxembourg – Die Jesuiten in Luxemburg (1594–1994)* = Hémecht 46 (1994), 17–36.

Schock, Pol, « *It's identity, stupid !* ». *Warum die Debatte um die Luxemburger Sprache eine Identitätsfrage ist, die wir nicht unterschätzen sollten*, Die Warte – Perspectives 29/2522 (27.10.2016), 8s.

Sieburg, Heinz, *Die Stellung der deutschen Sprache in Luxemburg. Geschichte und Gegenwart*, in : Sieburg, Heinz (ed.), *Vielfalt der Sprachen – Varianz der Perspektiven. Zur Geschichte und Gegenwart der Luxemburger Mehrsprachigkeit*, Bielefeld, transcript, 2013, 81–106.

SIP 2008 = Service Information et Presse du Gouvernement Luxembourgeois, *À propos ... des langues au Luxembourg*, Luxembourg, Service Information et Presse du Gouvernement Luxembourgeois (SIP), 2008.

Spang, Paul, *Von der Zauberflöte zum Standgericht : Naziplakate in Luxemburg, 1940–1944*, Luxembourg, Sankt-Paulus, ²1992.

Thewes, Guy, *À propos ... de l'histoire du Luxembourg*, Luxembourg, Service Information et Presse du Gouvernement Luxembourgeois (SIP), 2017.

Timm, Christian, *Französisch in Luxemburg*, Tübingen, Narr, 2014.
Trausch, Gilbert, *Manuel d'histoire luxembourgeoise*, vol. 4 : *Le Luxembourg à l'époque contemporaine : du partage de 1839 à nos jours*, Luxembourg, Bourg-Bourger, ²1981.
Trausch, Gilbert, *La situation du français au Luxembourg : une prééminence précaire dans un pays d'expression trilingue*, in : Lamesch, Alfred (ed.), *Le français, langue des sciences et des techniques. Actes du colloque organisé par l'Extension de l'Université libre de Bruxelles, l'Ambassade de France et le Centre Universitaire de Luxembourg, 21 et 22 mars 1986*, Luxembourg, Extension de l'Université libre de Bruxelles/RTL-Édition, 1987, 93–118.
Trausch, Gilbert, *Histoire du Luxembourg*, Paris, Hatier, 1992.
Trausch, Gilbert, *Manuel d'histoire luxembourgeoise*, vol. 3 : *Le Luxembourg sous l'Ancien Régime : 17e, 18e siècles et débuts du 19e siècle*, Luxembourg, Ministère de l'Éducation nationale, ³1993.
Trausch, Gilbert, *Luxemburg als Nachbar Deutschlands*, in : Schwabe, Klaus/Schinzinger Francesca (edd.), *Deutschland und der Westen im 19. und 20. Jahrhundert*, vol. 2 : *Deutschland und Westeuropa*, Stuttgart, Steiner, 1994, 213–240.
Trausch, Gilbert, *Histoire du Luxembourg : le destin européen d'un petit pays*, Toulouse, Privat, 2002.
Van Werveke, Nicolas, *Kulturgeschichte des Luxemburger Landes*, 2 vol., Esch-sur-Alzette, Schortgen, 1983/1984 (réimpression de Luxembourg, Soupert, 1923–1926).
Verdelhan-Bourgade, Michèle, *Plurilinguisme : pluralité des problèmes, pluralité des approches*, Tréma 28 (2007), 5–16. <http://journals.openedition.org/trema/246> [dernière consultation : 08.04.2018].
Videsott, Paul, *À propos du plus ancien document en français de la chancellerie royale capétienne (1241)*, Bibliothèque de l'École des Chartes 168 (2010), 61–81.
Völker, Harald, *Altfranzösisch in deutscher Feder ? Sprache und Verwaltung in der Grafschaft Luxemburg im 13. Jahrhundert*, in : Dahmen, Wolfgang, et al. (edd.), *Schreiben in einer anderen Sprache. Zur Internationalität romanischer Sprachen und Literaturen. Romanistisches Kolloquium XIII*, Tübingen, Narr, 1997, 35–52.
Wampach, Camille, *Urkunden- und Quellenbuch zur Geschichte der altluxemburgischen Territorien bis zur burgundischen Zeit*, 10 vol., Luxembourg, St. Paulus-Druckerei, 1935–1955. <www.luxemburgensia.bnl.lu/cgi/luxonline1_2.pl?action=co&sid=urku_quell> [dernière consultation : 24.06.2017].
Zahlen, Paul, *50 ans de migrations*, in : Schuller, Guy (ed.), *Le Luxembourg 1960–2011*, Luxembourg, Institut national de la statistique et des études économiques (STATEC), 2012. <www.statistiques.public.lu/fr/publications/series/luxembourg/2012/12-12/index.html> [dernière consultation : 26.06.2017].

Clémentine Rubio
Diffusion du français en Palestine ottomane et idéologies linguistiques

Résumé : L'objectif de cet article est de relier l'histoire de l'enseignement du français aux perspectives politiques et idéologiques qui la sous-tendent, dans une approche de sociolinguistique historique. L'interprétation des archives diplomatiques françaises en Palestine pour la fin de la période ottomane permet de concevoir la diffusion du français comme le véhicule d'idéologies linguistiques qui opèrent comme prisme déformant sur des réalités complexes. S'intéresser à ces idéologies linguistiques permet d'étudier des conceptions sous-jacentes aux politiques de diffusion pour mieux comprendre ces dernières. Ainsi les archives diplomatiques françaises du poste de Jérusalem nous permettent-elles d'interroger la relation étroite entre langue, pensée et nation.

Mots-clés : histoire de la diffusion du français, politiques de diffusion, idéologies linguistiques, Palestine

1 Penser l'histoire du français par la diffusion : sociolinguistique historique et archives diplomatiques

Cet article propose d'emprunter une des nombreuses voies possibles qu'ouvre l'objectif annoncé de « repenser l'histoire du français ». Plusieurs contributions de ce volume s'intéressent à l'évolution du français au contact d'autres langues, le présent article propose une étude de ces contacts, non pas du point de vue de leurs manifestations internes, mais du point de vue des conceptions des langues que ces contacts font circuler. La proposition est alors de repenser l'histoire du français à travers ces contacts, en considérant ceux-ci comme les résultantes de choix politiques et en les envisageant à travers les contacts d'idéologies linguistiques qui les accompagnent. La perspective adoptée ici étant celle d'une sociolinguistique historique, qui n'est ni une perspective très développée, ni un objet homogène, il convient ici de clarifier à quelle sociolinguistique historique il est fait référence.

Clémentine Rubio, Université de Tours

1.1 Sociolinguistique historique

Une partie importante des chercheurs en sociolinguistique historique sont partis du constat d'une absence de dimension sociale dans l'histoire des langues. Le projet défendu dans la conception de la sociolinguistique historique qu'ils défendent vise à renouveler les manières d'interpréter les processus liés à la langue. Cela peut se manifester par exemple par un intérêt plus important pour les représentations qui encadrent, accompagnent, nourrissent les « faits de langue ». C'est ce qui est défendu notamment dans un ouvrage de 2009 dirigé par Aquino-Weber/Cotelli/Kristol, consacré au domaine gallo-roman (*Sociolinguistique historique du domaine gallo-roman : enjeux et méthodologies*). L'une des orientations de la sociolinguistique historique proposée dans cet ouvrage est celle d'un élargissement de ce que l'on entend par « langue », grâce auquel on peut inclure non seulement le « bon usage » mais aussi envisager la langue par le prisme notionnel de la variation. Pour étudier ces faits de langue et les représentations qui les accompagnent, les différentes définitions existantes de la sociolinguistique historique supposent une transposition des méthodes sociolinguistiques à un objet passé : « tous les auteurs en conviennent, pour faire de la sociolinguistique historique, il s'agirait d'appliquer à des sources historiques les concepts et la méthode de la sociolinguistique synchronique » (Aquino-Weber/Cotelli 2010, 66). Cette conception de la sociolinguistique s'appuie sur l'idée qu'une étude historique nécessite un travail sur des coupes synchroniques successives (Rubio 2016, 44).

Cet article s'appuiera sur une conception de la sociolinguistique historique focalisant davantage sur une autre manière de considérer l'histoire. L'histoire est envisagée selon la proposition de Michel Foucault dans *Les mots et les choses* (1966, 358), comme entretenant une relation particulière aux autres disciplines de sciences humaines : « un rapport étrange, indéfini, ineffaçable, et plus fondamental que ne le serait un rapport de voisinage dans un espace commun » (Foucault 1966, 379). L'histoire est à la fois une toile de fond à toutes les autres disciplines (on peut comprendre ce qui est en interrogeant ce qui a été), et ce qui ruine toute prétention à l'universalité (ce qui a été ne sera pas nécessairement dans le futur) (Foucault 1966, 379). La sociolinguistique historique ne peut être alors uniquement une sociolinguistique sur des objets *passés*, mais envisagera l'inscription historique comme un préalable même de l'interprétation. Ainsi, le présent article adopte une perspective où l'histoire est envisagée comme une clé de compréhension des rapports à la langue, notamment dans une dimension politique et idéologique. Le cas retenu ici pour aborder ces questions est celui de la politique de diffusion du français en Palestine, sur la période du milieu du 19e siècle au début du 20e siècle.

1.2 Histoire du français par sa diffusion, histoire des idéologies linguistiques

Penser l'histoire du français à partir des politiques de diffusion suppose ici d'orienter davantage l'étude vers les politiques linguistiques que sur la langue française « en elle-même ». Il s'agit de souligner que la présence du français hors de son territoire traditionnel est le produit d'une politique volontariste pensée etsoutenue par des moyens considérables. Ces conditions politiques sont envisagées comme une entrée pour étudier les idéologies linguistiques qui sont diffusées avec les langues, et grâce auxquelles ces langues sont diffusées. En abordant ces politiques linguis-tiques extérieures par le prisme des idéologies, il s'agira de partir d'un cas d'étude précis pour tâcher de comprendre en quoi les idéologies linguistiques participent du projet même de diffusion, et en quoi elles font de cette diffusion une diffusion non seulement linguistique mais idéologique.

Les idéologies linguistiques abordées dans cet article sont envisagées dans un premier temps selon la définition assez large de Kathryn Woolard :

> « Les idéologies langagières et linguistiques considèrent et mettent en œuvre des liens entre la langue et l'identité, l'esthétique, la morale et l'épistémologie. À travers de tels liens, elles sous-tendent non seulement les formes et les usages linguistiques mais également la notion même de personne et de groupe social, en même temps que des institutions fondamentales telles que les rituels religieux, la socialisation des enfants, les relations de genre, l'État-nation, l'École et la Loi ».[1]

Cette définition embrasse la diversité d'objets concernés par les idéologies linguistiques (bien plus vaste que le simple champ du langagier/linguistique).

1.3 Archives diplomatiques et intérêt pour l'histoire du français

Arrêtons-nous un instant sur les matériaux utilisés et ce qu'ils peuvent présenter comme intérêt pour l'objectif fixé de repenser l'histoire du français du

---

[1] La traduction est tirée de Costa/Lambert/Trimaille (2012, 98). Citation originale : « [They] envision and enact ties of language to identity, to aesthetics, to morality, and to epistemology. Through such linkages, they underpin not only linguistic form and use but also the very notion of the person and the social group, as well as such fundamental social institutions as religious ritual, child socialization, gender relations, the nation-state, schooling, and law » (Woolard 1998, 3). – Pour des questions d'économie de place, la notion d'idéologies linguistiques a été choisie ici, sans qu'elle ne soit contrastée avec d'autres prismes notionnels possibles. Sur les frontières poreuses entre représentations, imaginaires, idéologies linguistiques, cf. notamment Tending (2014, 180–195).

point de vue de la diffusion et des idéologies linguistiques. La politique de diffusion du français sera étudiée depuis le point de vue diplomatique. Les documents utilisés sont par conséquent des archives diplomatiques : les archives des différents postes diplomatiques français à l'étranger (ambassades, consulats, vice-consulats), ainsi que les archives du ministère des affaires étrangères rapatriées dans les centres d'archives de Nantes et de la Courneuve. Les idéologies linguistiques ayant cours en Palestine sont ici celles qui sont manifestes dans les discours et échanges des diplomates français à Jérusalem, à travers les archives du consulat général de France à Jérusalem du milieu du 19ᵉ au début du 20ᵉ siècle. Pourquoi le consulat général de France à Jérusalem ? Cette institution est l'incarnation de la France en Palestine (Palestine ottomane jusqu'en 1918). Elle constitue une présence physique de la France sur le territoire, c'est un ancrage, une implantation locale hors du territoire hexagonal. Ce consulat de Jérusalem, ouvert de manière définitive en 1843, est ainsi l'acteur historique central des politiques de diffusion du français en Palestine. Cette centralité l'inscrit dans un réseau complexe de relations avec les autres acteurs de l'enseignement du français, écoles congréganistes et écoles juives, ou centres culturels.

Les archives du consulat général de France à Jérusalem sont constituées en grande majorité, jusqu'au milieu du 20ᵉ siècle, de correspondances. Il peut s'agir de correspondances politiques, comme des courriers échangés entre le ministère et les postes diplomatiques ou avec différents partenaires institutionnels, commerciaux, etc. Les échanges avec les écoles françaises ou les écoles locales proposant le français, mais aussi avec les associations de diffusion du français (Alliance Israélite Universelle, Alliance Française, Mission Laïque Française) sont particulièrement intéressants pour étudier la politique consulaire de diffusion du français. L'intérêt pour l'histoire du français est notamment d'envisager le français et sa circulation en incluant les mouvements politiques qui l'ont porté et les idéologies linguistiques qui ont tout à la fois servi à justifier un expansionnisme linguistique et accompagné les rencontres entre langues et entre locuteurs.

Dans le cas d'étude qui sert d'appui à cet article, ces questions sont d'autant plus intéressantes qu'elles s'appliquent à un territoire qui ne fit jamais partie de la sphère coloniale de la France. En effet, si la fin du 19ᵉ siècle est une période de conquête coloniale pour la France et la Palestine (qui passera sous autorité britannique à la chute de l'Empire ottoman en 1918), l'une et l'autre de ces entités n'ont jamais été dans un rapport de domination politique officielle. Pourtant, l'histoire des relations franco-palestiniennes est ancienne, et s'est construite dans l'affrontement lors des croisades successives, mais aussi dans la coopération notamment avec les différentes Capitulations[2] et le rôle de protecteur des chrétiens d'Orient accordé à la France par les autorités ottomanes.

Ces Capitulations garantirent tout d'abord aux négociants français la sécurité de leurs biens et de leurs personnes, des privilèges fiscaux et la possibilité d'être jugés par leurs consuls en cas de procès ainsi qu'une relative liberté de culte. Ces accords, modifiés et renouvelés jusqu'au début du 19ᵉ siècle, ont par la suite été progressivement élargis « aux desservants des Lieux saints, aux pèlerins et aux ordres missionnaires, avant de devenir un protectorat permanent des catholiques, sujets ou ‹ protégés › de la France dans l'Empire ottoman » (Sanchez 2009, 76). Par ce processus d'élargissement, issu de négociations, la protection qui concernait d'abord uniquement les sujets français visitant la Terre Sainte, y commerçant ou y vivant, a ensuite concerné les catholiques locaux et par extension les chrétiens d'Orient. Ce statut de protectorat religieux a des conséquences politiques non négligeables. Il accorde à la France une forme de souveraineté hors de son territoire, et accorde à des sujets étrangers, une extraterritorialité, une possibilité de s'extraire aux lois du pays (Ferragu 2000, 2).

L'intérêt de la France pour le territoire et son statut spécifique s'est prolongé dans le temps, bien que celui-ci n'ait pas suffi à faire obtenir à la France le mandat sur la Palestine, comme ce fut le cas pour le Liban voisin. On peut d'ailleurs lire dans les archives que les politiques de diffusion n'ont pas été très différentes au 19ᵉ et au début du 20ᵉ siècle en Palestine et dans les pays voisins qui passèrent sous mandat français. En effet, malgré ce non-aboutissement d'un projet colonial, la Palestine a longtemps été l'objet de convoitises françaises et les archives témoignent parfois d'une certitude de la France au sujet de l'obtention du mandat sur la Palestine tout comme sur le Liban. L'étude du cas palestinien permet ainsi de comprendre les politiques de diffusion à partir d'un territoire envisagé dans un projet colonial mais n'ayant jamais été une colonie *de facto*. Autrement dit, la Palestine, en tant que territoire qui n'est pas une ancienne colonie française, mais sur lequel la France a néanmoins mené une politique d'influence, permet de nuancer la distinction courante entre anciennes colonies et étranger dit « traditionnel ».[3] Aslanov (2006, 29) souligne,

---

[2] Série de traités avec l'Empire ottoman qui officialisèrent, à partir du 16ᵉ siècle, les accords ayant existé de manière plus ou moins formelle jusque-là.
[3] Une note de synthèse datant de 1994 (Centre des Archives Diplomatiques de Nantes, Jérusalem, Série 5, dossier 150) est particulièrement intéressante pour tenter de comprendre le type de relation entretenue entre la France et le territoire, car bien qu'elle soit récente, cette note appuie son découpage sur les relations anciennes de la France au territoire. Cette note découpe le Proche et le Moyen-Orient en fonction du type de coopération à y établir. La Palestine (sous le nom de Jérusalem) est incluse à la liste des pays « où la France a exercé une influence

dans son ouvrage sur le français au Levant, qu'on a souvent associé francophonie et passé colonial et pour cette raison peu étudié la présence française dans des territoires peu ou jamais colonisés par la France (il cite comme exemples la Turquie, la Palestine, l'Égypte). Pourtant, la langue française y a une plus longue tradition de présence[4] que dans un grand nombre de pays qui furent colonisés. Cette longue histoire de rencontres a par ailleurs toujours porté avec elle une part de contacts de langue.

2 Diffusion de langue, diffusion d'idéologies : parler, penser, être français

Je propose d'entrer dans une des facettes des idéologies linguistiques qui semblent sous-tendre la diffusion du français en Palestine en ce tournant du 20e siècle. L'époque en question est celle d'une expansion coloniale, et la diffusion du français (ou la « propagation », pour reprendre les termes de l'époque) est alors associée tant par les institutions consulaires que par les congrégations religieuses à une mission civilisatrice d'une part, et à des objectifs d'influence d'autre part. La mission civilisatrice de la France est parfois formulée comme mission civilisatrice de la langue française, donnant une idée du poids symbolique de la langue dans cet expansionnisme territorial et idéologique. Associée à la langue, cette mission civilisatrice suppose que l'on prête d'une certaine manière au français des vertus ou des pouvoirs de transformation de l'Autre (l'« indigène », l'élève ...).

Cette conception d'une langue transformatrice est manifeste dans les archives diplomatiques en particulier à travers deux mises en tension prégnantes dans les archives : celle établie entre la langue et la pensée française et celle établie entre la langue et la nation française.

---

intellectuelle qui peut encore servir de substrat à notre coopération » (cette liste inclut l'Égypte, la Syrie et l'Iran) et non à celle des pays « historiquement d'influence britannique où notre culture ne peut prétendre s'appuyer sur un passé culturel » (qui inclut des pays comme l'Arabie-Saoudite, le Koweït, ou le Qatar). Le Liban est quant à lui considéré comme ayant une « identité spécifique et [des] liens culturels et linguistiques avec la France requérant une approche particulière ». On comprend par cette catégorisation institutionnelle que les Territoires Palestiniens sont perçus comme appartenant à un entre-deux, ni à une sphère d'influence francophone la plus proche, ni tout à fait à une sphère d'influence anglophone.

4 Même si Aslanov (2006, 143) souligne par ailleurs qu'il n'y a pas eu nécessairement continuité de présence, celle-ci ayant été plus faible avec la présence italienne et l'importance que prit le vénitien entre le 16e et le 19e siècle.

2.1 Parler français, c'est penser français (et inversement) ?

Dans un rapport de fin d'année envoyé en 1894, les Frères des Écoles Chrétiennes, une des premières congrégations à avoir établi une école en Palestine, valorisent auprès du consul de Jérusalem les résultats de leur enseignement en associant la langue et ce qu'ils nomment les « idées françaises ». Le courrier dit : « Plus que jamais la population de notre localité sympathise avec nos institutions. Elle s'assimile notre langue nationale et nos idées avec rapidité ».[5] À de nombreuses reprises dans les archives, la langue est ainsi associée aux « idées » qu'elle véhiculerait. La diffusion du français, selon les auteurs des documents diplomatiques, s'accompagne de façon simultanée et dépendante d'une diffusion d'idées françaises. Les « idées » mentionnées ici renvoient dans une certaine mesure aux notions de « culture » ou de « civilisation » française, mais il semble à partir d'autres extraits que les représentations attachent aussi une dimension cognitive à la langue.

Dans un courrier datant de 1881, vantant le travail des Frères de la Doctrine Chrétienne[6] au ministre, le Consul rapporte une cérémonie ayant eu lieu à Jérusalem et demande au ministre tout le soutien possible pour cette œuvre qu'il considère comme à l'origine d'un « mouvement incontestable des esprits [qui] ne permet pas de douter qu'une ère nouvelle ne se soit ouverte en Palestine. L'École y jouera désormais un rôle non moins important que le Catéchisme ». Le consul soutient en effet que l'influence française a tout à gagner à passer par ces écoles où « l'on est aussi sincèrement Français que Catholique ». Dans ce que relève le consul, la force de ces établissements réside dans l'ambition poursuivie : « On ne cherche point seulement dans l'École des Frères à apprendre aux enfants à parler, on s'efforce aussi et surtout de leur apprendre à penser et à agir en Français ».[7] Par l'enseignement de la langue française, on favoriserait le fait de pouvoir « penser en français », ce qui supposerait alors que l'apprentissage de la langue permet de penser autrement que dans la/les langue(s) des « indigènes » (en l'occurrence majoritairement l'arabe, l'hébreu ou le turc). Dans ces discours, l'idéologie linguistique en présence suppose une association entre la langue et une forme de construction culturelle, mentale ou cognitive.

On retrouve cette même conception dans un courrier du vice-consul de Jaffa en 1912, courrier qu'il adresse au consul de Jérusalem en expliquant l'importance de financer l'école des sœurs (scolarisant les filles) : « Les mamans sont les

---

5 Centre des Archives Diplomatiques de Nantes (désormais CADN), Jérusalem, Série A, dossier 90 (97). Courrier des FEC au consul (1894).
6 CADN, Jérusalem, Série A, dossier 88 (62). Courrier du consul à l'ambassadeur (1881).
7 CADN, Jérusalem, Série A, dossier 88 (62). Courrier du consul à l'ambassadeur (1881).

premières éducatrices de l'enfance. Jeunes filles, leur intelligence s'est développée ici dans notre langue, et c'est pour ça qu'on peut voir de tout petits enfants de nationalité ottomane mais qui parlent français ».[8] Dans cet extrait, et cela est le cas dans un grand nombre de courriers de l'époque, on conçoit que l'intelligence, la pensée, se développent dans une langue. C'est là une idée courante, une idéologie circulante qui n'est pas propre uniquement au contexte du Levant, comme en témoignent plusieurs extraits proposés par Spaëth (1998). L'extrait d'*Histoire de la colonisation française* de Georges Hardy (1928) permet de rendre compte de la conception selon laquelle cette capacité à former une pensée par l'enseignement de la langue est conçue dans des objectifs politiques :

> « Pour transformer les peuples primitifs de nos colonies, pour les rendre le plus possible dévoués à notre cause et utiles à nos entreprises, nous n'avons à notre disposition qu'un nombre très limité de moyens, et le moyen le plus sûr c'est de prendre l'indigène dès l'enfance, d'obtenir de lui qu'il nous fréquente assidûment et qu'il subisse nos habitudes intellectuelles et morales pendant plusieurs années ; en un mot de leur ouvrir nos écoles où son esprit se forme à nos intentions »　　(Hardy 1928 ; cité dans Spaëth 1998, 79).

L'intelligence se développerait, selon cette conception, dans une langue particulière et l'on peut imaginer alors l'enjeu perçu par les institutions françaises de s'assurer que les enfants des espaces sur lesquels ils souhaitent avoir une influence pensent en français.

Ce lien très étroit entre la langue et la pensée dans la façon qu'ont les acteurs de la diffusion du français de considérer le français, semble être envisagé dans une conception déterministe, relativiste des langues. Selon cette vision, les différentes langues ne pourraient exprimer les mêmes réalités et certaines seraient de surcroît plus à même de transmettre certains concepts. Cette vision n'envisage les individus et les sociétés que comme monolingues et conçoit les langues comme des entités distinctes et immuables entre lesquelles on ne peut établir de ponts. Dans les archives diplomatiques, les langues apparaissent ainsi comme réifiées, et sont envisagées comme étant « imperméables » (Canut 2001, 142). L'individu ne s'élèverait pas avec ses langues, mais il en embrasserait une nouvelle, le français, clé pour accéder à la civilisation, dans un rapport hiérarchisé des langues et des cultures. L'idéologie linguistique supposant cette portée universelle du français remonte notamment au siècle des Lumières pendant lequel émerge la théorie selon laquelle la syntaxe du français serait porteuse de l'« ordre naturel » de la pensée ; théorie défendue ensuite en

---

[8] CADN, Jérusalem, Série A, dossier 118 (subventions). Courrier du vice-consul de Jaffa au consul (1912).

particulier par Rivarol dans son célèbre Discours sur l'universalité de la langue française à l'Académie de Berlin en 1784.

2.2 Parler français, c'est être Français (et inversement) ?

L'extrait du courrier de 1912 du vice-consul de Jaffa cité *supra* et vantant l'intérêt d'adresser l'enseignement aux jeunes filles afin qu'elles puissent élever par la suite leurs enfants directement en français, est intéressant également pour la conception de la relation entre langue et nation qu'il véhicule. Le vice-consul y exprime en effet que « c'est pour ça qu'on peut voir de tout petits enfants de nationalité ottomane mais qui parlent français ».[9] Le fait de parler français tout en étant ottoman est présenté ici par le vice-consul comme un paradoxe. On peut lire cela sous deux angles éclairants pour la question des idéologies linguistiques qui nous intéressent : d'une part, la conception selon laquelle la langue serait capable de franciser ; d'autre part, la conception monolingue et mono-nationale qui sous-tend cette proposition.

Si l'on s'intéresse au premier angle, afin d'essayer de comprendre ce que peut signifier, pour ces acteurs, l'acte d'enseigner la langue et la civilisation française, on peut comprendre qu'il s'agit de transmettre un mode de pensée, une mentalité, de former une intelligence, mais aussi qu'il s'agit de transmettre une certaine francité culturelle ou ontologique. Se pose en effet la question, choisie pour titre d'un article sur l'Alliance Française par Noriyuki Nishiyama (2005) : *La langue française produit-elle des « Français » ?*. Cet article rappelle l'idéologie fondatrice de l'Alliance Française et le lien substantiel entre politique d'expansion, politique d'assimilation et diffusion du français par l'Alliance Française. L'auteur cite un extrait de *Ce que c'est que l'Alliance Française* écrit par Pierre Foncin (l'un des membres fondateurs de l'Alliance Française) : « la conquête matérielle n'est rien sans la conquête morale et les indigènes placés sous notre protectorat ne pourront devenir Français de cœur s'ils n'ont appris à parler notre langue » (Foncin 1889 ; cité par Nishiyama 2005, 126). On est là en présence d'une idéologie linguistique sous-jacente et diffusée puisque l'on peut retrouver dans les archives du poste de Jérusalem et dans des termes très proches cette même conception de la langue qui donnerait accès à une francité (de cœur, de sang, ou de race). Ainsi, par exemple, on trouve dans un courrier du vice-consul de Jaffa susmentionné,

---

9 CADN, Jérusalem, Série A, dossier 118 (subventions). Courrier du vice-consul de Jaffa au consul (1912).

datant de 1903, un appel aux Français de sa circonscription et à « ceux qui n'étant pas nés français le sont devenus de cœur ».[10] Dans une lettre des Frères des Écoles Chrétiennes au consul général,[11] l'un des élèves écrit quant à lui la chose suivante : « Pour ce doux pays nous ne sommes des étrangers qu'en apparence car le sang qui coule dans nos veines est déjà francisé ». La francisation décrite par cet élève[12] n'est pas sans rappeler l'expression d'Onésime Reclus, l'inventeur du mot *francophonie*, qui faisait lui aussi usage de cette métaphore sanguine : « dès qu'une langue a ‹ coagulé › un peuple, tous les éléments ‹ raciaux › de ce peuple se subordonnent à cette langue » (Reclus 1899, 842). « Français de cœur », « Français de sang », « Français de race », les conceptions qui ont cours en Palestine reflètent l'idéologie linguistique de l'époque qui veut que la diffusion du français permette de « prolonger au-delà des mers, par des annexions pacifiques, la race française qui s'accroît trop lentement sur le continent »,[13] objectif affiché de l'Alliance Française dès le lendemain de sa création, dans une brochure datant de 1884 et transmise par le MAE au consul à Jérusalem.

En apprenant à parler français, les « indigènes » pourraient ainsi prétendre à l'appartenance à la « race » française. Et en diffusant le français hors de son territoire, on diffuserait non seulement une langue, mais également une « race ». En termes de représentations, cela signifie que même si le terme de « race » est employé, on ne l'envisage pas nécessairement au sens génétique de races différentes, distinctes, puisque l'on considère que tous peuvent être éduqués, le français étant un moyen de cela. Il s'agirait alors davantage d'une « race » à base culturelle, peut-être plus conforme en ce sens aux idéaux révolutionnaires (par opposition à une race génétique). Ces différents extraits laissent ainsi penser que toute personne parlant français serait à envisager comme étant française. Ou plus vraisemblablement, que toute personne apprenant ou « possédant » la langue française serait transformée dans son caractère et ses mœurs au point de devenir français. La distinction entre appartenance nationale, raciale, culturelle, linguistique devient alors confuse. Les frontières entre ces catégories apparaissent comme franchissables et il semble que la race puisse s'entendre comme quelque chose de l'ordre de l'identité plutôt qu'une composante fixe et physiologique.

---

10 CADN, Jérusalem, Série A, dossier 120 (subventions). Courrier du vice-consul de Jaffa au consul (1903).
11 CADN, Jérusalem, Série A, dossier 88 (261). Courrier des FEC au consul (autour de 1910).
12 Que celle-ci traduise une réalité vécue ou non, le courrier en question étant un courrier d'éloges et où l'on met en scène la parole d'élèves. Ces courriers ont nécessairement des enjeux notamment financiers qui expliquent qu'on choisisse d'y encenser l'action française.
13 CADN, Jérusalem, Série A, dossier 120 (subventions). Brochure Alliance Française (1884).

Cependant, si ces frontières sont franchissables, elles le sont unilatéralement. Jamais n'est mentionnée la possibilité pour les Français de devenir « indigènes », le processus de transformation n'existant que dans le sens du « progrès » ou de la « civilisation » que sous-entend la mission civilisatrice. Cette progression renvoie à une conception selon laquelle ce qui est différent est en fait une version moins avancée de ce que sont les Français – et de ce qu'est la langue française, alors considérée comme la langue universelle.[14] D'autre part, malgré cette conception progressive du processus de civilisation, jamais l'égalité réelle, l'assimilation totale ne semblent atteintes. Cette accession à la francité apparaît surtout comme un horizon d'attente dans les écrits idéologiques et ne reflète pas une réelle facilité d'« ascension » d'un monde à l'autre.

Le français se distingue en outre des langues locales en présence (arabe, hébreu, ottoman) qui ne semblent pas, elles, conçues comme porteuses d'une civilisation et d'une pensée. Ainsi, si de nombreuses descriptions des « mœurs locales » s'inscrivent dans une conception hiérarchisée des cultures, ces cultures ne sont pas décrites comme étant rattachées à des langues « arriérées ».[15] Pour autant, ces langues ne semblent pas, contrairement au français, être associées à une pensée, des idées, une culture.

Enfin, ces différents extraits d'archives reflètent une conception bien française (et plus largement d'une partie de l'Europe de l'époque) de la relation qui existerait entre langue et nation, d'autant plus manifeste que cette relation est confrontée à une réalité ottomane plus complexe et plus souple. L'apparente contradiction que relève le vice-consul de Jaffa à la vision de « tout petits enfants de nationalité ottomane mais qui parlent français » trahit la difficulté de ce diplomate et d'autres à envisager la conception ottomane d'un empire plurilingue et plurinational. Plus encore, la « confusion des races et des religions » relevée dans un rapport de 1906 sur les écoles françaises d'Orient,[16] est considérée comme l'une des sources du « retard » perçu par les Français. Ce rejet français d'une société pluriculturelle est analysé avec justesse par Henri Besse dans un article sur le français dans l'Empire ottoman. Il y rapporte que l'Empire ottoman est perçu comme un « mélange confus de races différentes, religions ennemies, institutions contradictoires » (Besse 2007, 40) et remarque que « la France passée

---

14 Dans la lignée du discours de Rivarol cent ans plus tôt qui place le français au sommet de la hiérarchie des langues (Rivarol ^{1}1784, 2014).
15 Contrairement à ce qui a pu être le cas dans un certain nombre de colonies africaines françaises, où circulait « le postulat sous-jacent [posant] la nullité des langues indigènes face à la supériorité essentielle de la langue française » (Spaëth 1998, 47).
16 CADN, Jérusalem, Série A, rapport du MAE sur la situation des écoles françaises d'Orient (1906).

du principe ‹ un royaume – une religion › à ‹ un État – une langue › n'était manifestement pas la mieux à même de comprendre des territoires qui, durant tout l'Empire ottoman ont échappé à ces principes » (Besse 2007, 54). Or, il me semble intéressant de déplacer le regard en mettant ces conceptions qui sont diffusées hors de France en perspective avec ce qui a cours en France.

La langue française est en effet devenue un des critères fondamentaux de définitions de la nation. Pour consolider la France en tant que nation, une guerre aux patois a été menée et l'instruction publique élargie pour promouvoir un français standard, langue de la classe dominante. Le français diffusé et associé à la civilisation n'est ainsi pas n'importe quelle variation du français. La première période de diffusion du français en Palestine est intervenue un demi-siècle après le célèbre rapport de l'Abbé Grégoire (datant de 1794), selon lequel, sur une population de 26 millions d'habitants, 46% auraient une connaissance limitée ou nulle de la « langue nationale » (Lodge 1997, 262). La France peut ainsi, elle aussi, être considérée comme un territoire recouvrant une diversité de peuples, de langues et de cultures à cette époque (notamment du fait de l'Empire colonial, mais aussi au sein même de l'Hexagone).[17] La diffusion du français en Palestine à partir de 1843 ne correspond ainsi pas à la diffusion de « la langue de France » mais d'une langue particulière, la *langue d'État* de France. Cette situation linguistique en France et la chasse aux patois a d'ailleurs des échos en Palestine. Les acteurs du réseau de propagation de la langue viennent en effet de diverses régions, ce qui est déploré par l'auteur d'un article du Monde Illustré de 1903 sur les écoles de l'Alliance Israélite Universelle en Palestine qui se révèle être aussi dur dans son jugement avec les patoisants de France qu'avec les « indigènes » : « L'institution, comprenant 100 élèves, est dirigée par Mlle Dufour, une jeune israélite parisienne, fine, distinguée et auprès de qui les enfants acquièrent une diction qui repose heureusement du français patoisé dont on a trop souvent les oreilles écorchées en ce pays. »[18] Vue sous cet angle, la politique de diffusion du français en Palestine n'est finalement qu'un prolongement de la politique de diffusion du français en France.

Dans une composition complexe, les idéologies linguistiques ayant cours mêlent, dans le territoire métropolitain puis en dehors, foi en l'universalité de la langue française (d'une certaine langue française), en sa supériorité et en sa capacité à donner l'accès à la civilisation mais aussi à la « pensée » voire à la « race » française.

---

[17] Dans Lodge (1997) par exemple, une carte des départements patoisants en 1863 permet de prendre la mesure de la place du français dans la seconde moitié du 19ᵉ siècle.
[18] CADN, Jérusalem, Série A, dossier 138 (166 à 169). Article du Monde Illustré (1903).

3 Conclusion

Le cas palestinien choisi ici sert à la fois de cas-typique en ce sens qu'il nous permet d'aborder des idéologies linguistiques prototypiques d'une époque, et dans le même temps de cas-limite dans la mesure où il interroge la frontière entre sphère coloniale et « étranger traditionnel ».

Un cas-typique d'abord en effet, car le vocabulaire et l'esprit qui soustendent les archives du poste diplomatique français de Jérusalem sont dans la juste continuité de ceux qui émanent de France et de ceux qui circulent dans le monde. Plus qu'une émanation, ils en sont certainement au contraire la manifestation essentielle, ces idéologies linguistiques ayant certes préexisté aux politiques de diffusion et à l'expansionnisme linguistique mais les ont aussi fort probablement accompagnées et s'en sont nourries. Lipiansky (1992, 61) au sujet des idéologies plus générales (et non au sujet particulier des idéologies linguistiques), affirme que l'idéologie « promeut une vision du monde conforme à la position, aux intérêts et aux pratiques du groupe énonciateur dans sa relation aux autres groupes sociaux. Elle cherche à faire reconnaître l'ordre social qu'elle conforte, comme légitime et ‹ naturel › et par là même, elle favorise la méconnaissance de son caractère ‹ intéressé › et arbitraire ». L'approche de Lipiansky a cela d'heuristique qu'elle déplace la focale de la définition des idéologies vers ses fonctions. Il peut être pertinent en effet de poser la question de ce que ces idéologies visent ou ce qu'elles permettent.

L'idéologie linguistique monolingue, mono-nationale et hiérarchisée est bien proposée comme un prisme pensé comme universel qui vient invalider à la fois la pluralité perçue dans les territoires concernés par la diffusion extraterritoriale (comme en Palestine ottomane) et la pluralité de la France hexagonale. Ces idéologies linguistiques interrogent la notion même de langue, et avec elle, celles de pensée et de nation : est-ce parler français qui fait nation ? Est-ce penser français qui fait nation ? S'agit-il, par les politiques de diffusion particulièrement volontaristes dans le cas de la France, de diffuser ou d'agrandir une nation ? de convaincre d'une vision du monde voire même d'y soumettre ?

Enfin le cas palestinien est un cas-limite dans la mesure où il permet de souligner une certaine continuité entre la politique française dans son empire colonial et la politique française hors de celui-ci. Aslanov (2006, 189) soulignait le peu de travaux sur le français au Levant :

> « Comme la francophonie levantine est un cas de figure susceptible de remettre en question les idées reçues sur le lien nécessaire entre francophonie et colonialisme (ou néo-colonialisme), elle a souvent été négligée dans les recherches générales sur la francophonie. [...] les généralistes de la francophonie ont rarement daigné prendre en compte ces cas de figure subtils d'une francophonie préexistant au fait colonial et lui survivant dans bien des cas ».

La Palestine fait partie de ces territoires qui ne furent jamais dans la périphérie coloniale directe de la France mais qui pour autant ont fait l'objet de politiques de diffusion du français importantes, qui expliquent partiellement la place que le français y occupe toujours aujourd'hui.

4 Bibliographie

Aquino-Weber, Dorothée/Cotelli, Sara, *Réflexions épistémologiques autour de la sociolinguistique historique*, in : Boyer, Henri (ed.), *Pour une épistémologie de la sociolinguistique. Actes du Colloque international de Montpellier, 10–12 décembre 2009*, Limoges, Lambert-Lucas, 2010, 65–72.

Aquino-Weber, Dorothée/Cotelli, Sara/Kristol, Andres, *Sociolinguistique historique du domaine gallo-roman : enjeux et méthodologies*, Berne et al., Lang, 2009.

Aslanov, Cyril, *Le français au Levant, jadis et naguère : à la recherche d'une langue perdue*, Paris, Champion, 2006.

Besse, Henri, *Le français « langue des élites » dans les (ex-)territoires de l'Empire ottoman d'après le dictionnaire de F. Buisson*, Documents pour l'histoire du Français Langue Étrangère ou Seconde 38/39 (2007), 33–55.

Canut, Cécile, *À la frontière des langues*, Cahiers d'études africaines 41 (2001), 443–464. <https://journals.openedition.org/etudesafricaines/104> [dernière consultation : 16.06.2018].

Costa, James/Lambert, Patricia/Trimaille, Cyril, *Idéologies, représentations et différenciations sociolinguistiques : quelques notions en question*, in : Trimaille, Cyril/Éloy, Jean-Michel (edd.), *Idéologies linguistiques et discriminations*, Paris, L'Harmattan, 2012, 247–266.

Ferragu, Gilles, *Église et diplomatie au Levant au temps des Capitulations*, Rives méditerranéennes 6 (2000), 69–78. <https://journals.openedition.org/rives/67> [dernière consultation : 16.06.2018].

Foucault, Michel, *Les mots et les choses. Une archéologie des sciences humaines*, Paris, Gallimard, 1966.

Lipiansky, Edmond Marc, *Représentations sociales et idéologie. Analyse conceptuelle*, in : Aebischer, Verena/Deconchy, Jean-Pierre/Lipiansky, Edmond Marc (edd.), *Idéologies et représentations sociales*, Cousset, Delval, 1992, 35–63.

Lodge, R. Anthony, *Le français : histoire d'un dialecte devenu langue*, Paris, Fayard, 1997.

Nishiyama, Noriyuki, *La langue française produit-t-elle des « Français » ? : la stratégie de diffusion du français par l'Alliance Française au sein de l'empire colonial*, in : Griolet, Pascal/Calvet, Louis-Jean (edd.), *Qu'est-ce que l'impérialisme linguistique ?*, Paris, INALCO/EDISUD, 2005, 119–133.

Reclus, Onésime, *Le plus beau royaume sous le ciel*, Paris, Hachette, 1899.

Rivarol, Antoine de, *De l'universalité de la langue française*, ed. Laferrière, Dany, Paris, Flammarion, ^{1}1784, 2014.

Rubio, Clémentine, *Vers une sociolinguistique historique*, Glottopol. Revue de sociolinguistique en ligne 28 (2016), 38–52. <http://glottopol.univ-rouen.fr/telecharger/numero_28/gpl28_02rubio.pdf> [dernière consultation : 16.06.2018].

Rubio Rostom, Clémentine, *Une langue en mission : histoire des politiques linguistiques et didactiques françaises en Palestine*, Thèse de doctorat, Tours, 2018. <http://www.theses.fr/2018TOUR2008> [dernière consultation : 03.09.2019].

Sanchez, Karene, *Politiques, éducation et identités linguistiques. Le collège des Frères des écoles chrétiennes de Jérusalem (1922–1939)*, Utrecht, LOT, 2009.

Spaëth, Valérie, *Généalogie de la didactique du français langue étrangère : l'enjeu africain*, Paris, CIRELFA-Agence de la francophonie, 1998.

Tending, Marie-Laure, *Parcours migratoires et constructions identitaires en contextes francophones. Une lecture sociolinguistique du processus d'intégration de migrants africains en France et en Acadie du Nouveau-Brunswick*, Thèse de doctorat, Université François-Rabelais de Tours, 2014.

Woolard, Kathryn A., *Language ideology as a field of inquiry*, in : Schieffelin, Bambi B./Woolard, Kathryn A./Kroskrity, Paul (edd.), *Language ideologies, practice and theory*, Oxford, Oxford University Press, 1998, 3–47.

Juhani Härmä
Le français et le suédois dans les correspondances finlandaises des 18ᵉ et 19ᵉ siècles : Contacts de langues

Résumé : Les Archives nationales de Finlande renferment un grand nombre de lettres écrites en français par des notables finlandais aux 18ᵉ et 19ᵉ siècles. Ce qui caractérise ces lettres, c'est que ni l'émetteur ni le destinataire n'avaient le français comme langue maternelle ; officiellement, celle-ci était le suédois. Le rôle joué par les deux langues pouvait se manifester de manières différentes. Parfois, la correspondance entre deux épistoliers se déroulait dans une des langues pendant des années, après quoi ceux-ci changeaient brusquement de langue. Une lettre en suédois pouvait aussi être truffée de mots et d'expressions en français, ou bien, mais plus rarement, la langue pouvait changer au milieu d'une lettre. Ce corpus, resté méconnu, soulève d'importantes questions de sociolinguistique historique et relève d'une situation complexe de multilinguisme et de plurilinguisme. Cet article examinera la correspondance de deux personnalités éminentes de l'époque, J.A. Ehrenström et G.M. Armfelt, qui étaient amis et dont les carrières et le rôle important qu'ils ont joué dans l'histoire de la Suède et de la Finlande se ressemblaient. Leurs manières d'écrire différaient cependant beaucoup ; ce qui les unissait, c'était l'utilisation du suédois et du français, même s'ils faisaient un emploi très différent des deux codes. Les lettres d'Ehrenström étaient d'une facture plutôt classique et conforme aux normes, tandis qu'Armfelt changeait de style selon les destinataires et selon ses humeurs.

Mots-clés : correspondance, lettres, sociolinguistique historique, contact de langues, alternance de codes

1 Introduction

Les Archives nationales de Finlande[1] renferment un grand nombre de lettres écrites en français par des notables finlandais aux 18ᵉ et 19ᵉ siècles. L'intérêt de

---
[1] C'est au siège principal des Archives nationales, situé à Helsinki, que sont conservés les documents étudiés ici.

Juhani Härmä, Université d'Helsinki

https://doi.org/10.1515/9783110541816-010

ces lettres tient au fait que ni l'émetteur ni le destinataire n'avaient le français comme langue maternelle, mais, officiellement, le suédois, bien qu'à l'époque le concept de langue maternelle fût plus vague, étant donné que plusieurs notables suédois ou finlandais, souvent issus de la noblesse, avaient dès leur enfance reçu une éducation en français. Ce corpus, resté méconnu, relève d'une situation linguistique relativement complexe et soulève d'importantes questions de sociolinguistique historique.[2]

Cet article a pour but d'apporter une modeste contribution à une histoire européenne de la francophonie, à laquelle la Finlande, à ma connaissance, n'a pratiquement jamais été associée.[3] Les correspondances que je présenterai brièvement ici devraient être incluses comme un chapitre de première importance dans une histoire de la francophonie en Finlande ; il y a en effet des témoignages écrits de la présence du français dans ce pays au moins dès le 17e siècle. À partir du milieu du 17e siècle, les thèses ou dissertations de la première université de Finlande, l'Académie Royale de Turku (*Åbo* en suédois), étaient agrémentées de dédicaces et de « gratulations » ou hommages[4] en français, et cela même si les dissertations étaient rédigées dans une autre langue, en général le latin (pour une présentation détaillée, cf. Härmä/Suomela-Härmä 2007 ; Härmä 2010). À l'époque, le français vient en quatrième position par ordre de préférence, après le latin, le grec et le suédois. Ces paratextes, selon la terminologie de Genette (1987), sont des témoignages non seulement de la présence du français dans cette province du royaume de Suède, mais également du multilinguisme et du plurilinguisme[5] qu'on retrouve au cours des siècles postérieurs.

---

[2] Je remercie M. Matti Klinge, professeur honoraire d'histoire de l'Université de Helsinki, d'avoir attiré mon attention sur ces correspondances, ainsi que les réviseurs anonymes pour leurs commentaires et certaines références bibliographiques.

[3] En feuilletant les histoires de la langue française et divers manuels, je n'ai trouvé quelques lignes sur la Finlande que dans Rettig (2006, 1807s.), dans un chapitre consacré aux pays nordiques. Ce petit texte, correct en tant que tel, ne rend pas justice aux documents que j'ai étudiés. – Il est vrai que la Finlande faisait partie intégrante de la Suède jusqu'en 1809, et c'est probablement ce point de vue qu'adopte par ex. Brunot (1966, 423–444) dans ses quelque vingt pages consacrées à la Suède, où aucune place n'est cependant réservée à la Finlande.

[4] Il s'agit d'un type de texte qui a totalement disparu ; ces paratextes étaient des félicitations adressées par des tiers (parents, amis, mécènes) au candidat soutenant la thèse, et imprimées dans le volume même tout comme les dédicaces. Un même volume pouvait contenir des paratextes dans plusieurs langues. On retrouve des paratextes en français dans les dissertations jusqu'au début du 19e siècle.

[5] Il n'existe aucun consensus sur l'emploi de ces deux termes dans la littérature spécialisée ; au contraire, une grande confusion semble y régner, et les différences dans les usages anglophone et francophone sont notables. Je ne peux pas présenter ici un panorama de la question, mais je préfère utiliser le terme « plurilinguisme » pour renvoyer aux connaissances individuelles des

Cette étude s'articule en deux volets. Dans un premier temps, je décrirai le contexte historique et sociolinguistique dans lequel s'opèrent l'utilisation du français et les contacts de cette langue avec le suédois. Ces informations mal connues, qui n'ont jamais été rassemblées ni présentées auparavant, sont nécessaires pour comprendre le cadre dans lequel s'insèrent les épistoliers et leurs correspondances. Ces informations sont donc à inscrire dans une grande histoire de la langue française ou de la francophonie. Le second volet consiste en une présentation rapide du français tel qu'il apparaît dans quelques correspondances finlandaises des siècles passés, et notamment de l'alternance codique (*code-switching*). Il s'agit d'un type de documents qu'on trouve également dans d'autres pays européens (pour la Suède, cf. Östman/Östman 2008 ; Östman 2012), mais ces textes sont nés dans des conditions spécifiques et présentent des traits propres à chaque nation ou culture.[6] L'alternance codique sera illustrée par les correspondances de deux contemporains dont les carrières se ressemblaient à maints égards et qui avaient été amenés à se croiser à différentes reprises. Ils représentaient des tempéraments fort différents, malgré les liens d'amitié qui les unissaient.

2 Contexte historique et socio-culturel

Aux 18e et 19e siècles, la Finlande n'existe pas encore en tant qu'État indépendant ; restée sous domination suédoise depuis le milieu du 12e siècle, elle est annexée à la Russie impériale en 1809 dans les remous des guerres napoléoniennes. La Finlande devient alors grand-duché autonome de l'Empire russe, et Helsinki remplace Turku comme capitale de la Finlande en 1812. Le suédois demeure à la fois langue de l'élite et langue véhiculaire pendant cette période d'autonomie qui se terminera par l'indépendance de la Finlande en 1917, corollaire de la Révolution russe.

Les langues en présence dans la société finlandaise durant les siècles en question (18e et 19e siècles) sont le suédois, l'allemand, le français, le latin, le finnois et le russe. Toutefois, ces langues n'étaient pas toutes en contact simultanément. Les rapports linguistiques peuvent paraître complexes ; en effet, le finnois, langue majoritairement parlée par la population depuis toujours, joue

---

locuteurs, et « multilinguisme » pour référer à la politique linguistique d'une nation ou d'une communauté autorisant la coexistence et la pratique de plusieurs langues. C'est surtout de plurilinguisme qu'il s'agira ici.

6 Il conviendrait de comparer les lettres écrites en français à la même époque par des Suédois et des Finlandais, surtout au 19e siècle, où les deux pays se détachent et s'éloignent l'un de l'autre de diverses façons, malgré les nombreux liens qui subsistent.

un rôle négligeable dans cette interaction entre langues. Par ailleurs, ce n'est qu'au 19e siècle que le russe devient une langue de première importance par rapport à toutes les autres langues en présence, et il faudrait réévaluer la position de celles-ci par rapport au russe. Cette question est cependant trop complexe pour être examinée ici et devrait faire l'objet d'une étude à part.[7]

La présence de la langue française en Finlande se fonde, dès les débuts, sur le rattachement de la Finlande à la Suède. Le français occupe dès le 17e siècle une place importante en Suède,[8] ce qui a des conséquences également pour la Finlande. L'histoire du français en Finlande reste largement à écrire, d'autant que

---

[7] À l'époque dont il est question, la population de la Finlande se divisait *grosso modo* en deux groupes : les classes supérieures et le peuple (Lindgren/Lindgren 2005, 258–260). La première catégorie était surtout constituée de suédophones, dont une minorité connaissait le finnois ou le parlait mal (mais assez pour communiquer par ex. avec les domestiques de langue finnoise) ; cela dépendait aussi des régions. Le peuple était divisé en suédophones et en finnophones, qui ne maîtrisaient pas la langue de l'autre groupe linguistique. Pour monter dans la hiérarchie sociale, un finnophone des couches inférieures devait apprendre le suédois (ce n'était pas la seule condition, bien sûr), mais les grands changements de ce type dans le paysage linguistique n'ont eu lieu qu'après la rédaction des correspondances de cette étude, à savoir *grosso modo* à partir du milieu du 19e siècle. On ne retrouve dans ces correspondances aucune trace d'une influence quelconque du finnois. Ehrenström (cf. Section 3) écrit en suédois et en français, et ses lettres contiennent aussi des citations en allemand et en latin, mais rien en finnois, à part des toponymes finnois qui n'ont pas d'équivalent suédois (par ex. le nom de la ville de Kuopio). Il avait pourtant appris le finnois en parcourant le pays pendant plusieurs années au service de l'armée (cf. ci-dessous). Saari (2012, 181) donne une excellente présentation de la situation linguistique de la Finlande aux siècles précédents. Saari donne les chiffres suivants : en 1610, le nombre des suédophones dans une population de 350.000 était de 20% environ. En 1749, la population avait augmenté à 427.000, mais le pourcentage de suédophones restait le même. En 1800, la population était de 833.000, et les suédophones étaient de 15%. Actuellement, ce chiffre est de 5% dans une population de 5,5 millions. (Durant les siècles précédents, ceux qui n'étaient pas suédophones étaient majoritairement finnophones, mais aujourd'hui il y a un nombre croissant d'allophones).

[8] On peut alléguer plusieurs raisons pour expliquer le prestige dont la langue et la culture françaises ont joui en Suède pendant des siècles : en bref, on peut mentionner les contacts culturels, scientifiques et diplomatiques entre les deux pays depuis le Moyen Âge, la position de la Suède comme grande puissance européenne, les nombreux voyages des Suédois en France (et vice-versa) et l'exemple donné par les autres cours européennes (Italie, Hollande, Russie). On cite toujours à ce propos Gustave III, dont le règne brutalement interrompu (1771–1792) marque l'apogée de l'influence française ; Gustave était en effet le neveu de Frédéric II de Prusse, grand champion de la culture française. Cependant, Jean-Baptiste Bernadotte monte sur le trône suédois en 1810, alors même que l'âge d'or de la culture française était terminé. Wolf (2008, 3327–3329) donne un bon résumé de la question. Östman/Östman (2008, 30–36) rappellent cependant que l'admiration pour la France n'a jamais fait l'unanimité en Suède.

cette histoire méconnue est loin d'être insignifiante. En effet, le français a été la langue de l'élite finlandaise pendant quelques siècles, même s'il n'a pas réussi à consolider sa position dans la Finlande indépendante du 20ᵉ siècle, où l'allemand est devenu la première grande langue étrangère, supplantée à son tour par l'anglais durant ces dernières décennies.[9]

Avant de passer à la présentation de mon corpus de lettres, je signalerai un type de matériau qui reste à étudier et qui est constitué de documents administratifs rédigés en français durant la domination russe, à savoir de 1809 à 1917. Ces documents sont conservés aux Archives nationales de Finlande, et leur nombre est difficile à déterminer.[10] La majorité des documents administratifs de différents types provenant de cette période sont soit en suédois, langue des dirigeants finlandais, soit en russe, langue de l'Empereur (le tsar) et de ceux qui détenaient le pouvoir. Mais comme les Finlandais ignoraient le russe et les Russes le suédois, c'est le français qui devient alors *lingua franca*. C'est ainsi qu'on trouve des documents officiels rédigés dans un idiome qui n'avait aucune position officielle dans le pays. On connaît l'importance du français à la cour de Saint-Pétersbourg et dans la noblesse russe, ainsi qu'à la cour des rois de Suède et dans la noblesse suédoise.[11] Ces documents témoignent eux aussi du multilinguisme déjà mentionné plus haut.

---

9 Le nombre des locuteurs maîtrisant le français est actuellement peut-être plus ou moins le même qu'au 19ᵉ siècle, mais ces locuteurs se répartissent de manière différente de nos jours du point de vue de leur catégorie sociale. À ma connaissance, il n'y a pas de statistiques à l'appui de ces estimations, mais des professionnels de l'enseignement estiment le nombre de ceux qui connaissent au moins un peu le français à moins de 5% de la population actuelle (communications personnelles ; encore faudrait-il s'accorder sur ce que signifie « connaître le français »). Vu le nombre restreint de ceux qui constituaient l'élite il y a environ deux cents ans, on peut faire la même estimation pour cette époque. Dans le temps, tous ceux qui connaissaient le français appartenaient clairement aux couches supérieures de la population. De nos jours, tous ceux qui vont au lycée peuvent théoriquement étudier le français, même s'il y a des obstacles d'ordre pratique, certaines localités ne pouvant pas proposer de cours par manque de financement. De même, il est possible de suivre des cours du soir et d'accéder à un enseignement qui n'existait pas avant la fin du 19ᵉ siècle. Toutefois, les classes dirigeantes finlandaises actuelles ne connaissent en général pas le français, qu'il s'agisse des leaders politiques ou des responsables de la vie économique ou culturelle.
10 Le système de catalogage des Archives n'indique pas la quantité de ces documents, qui ont dû servir à certains historiens. Leur utilisation nécessite la connaissance non seulement du suédois (deuxième langue nationale de la Finlande), mais aussi du russe et du français. Quoi qu'il en soit, ces textes n'avaient pas fait l'objet d'études linguistiques avant mes recherches qui ont démarré en 2012.
11 Sur l'importance du français à la cour de Saint-Pétersbourg et dans les milieux cultivés russes, cf. Rey/Duval/Siouffi (2011, II, 56–59), Gretchanaia (2012) et Offord et al. (2015).

Ce qui constitue à mon avis les documents les plus intéressants pour la présence et pour l'étude du français en Finlande, ce sont les lettres écrites dans cette langue par des Finlandais pour communiquer entre eux. Les Archives nationales de Finlande, qui constituent le principal dépôt de ces correspondances, contiennent des milliers, voire des dizaines de milliers de ces lettres. Il est possible d'en trouver aussi dans d'autres archives, mais toutes les lettres n'ont naturellement pas été conservées.[12]

Pourquoi les Finlandais de langue suédoise s'écrivaient-ils des lettres en français ? – Parce que le français était la langue des classes supérieures en Europe en général ; c'était la langue de la culture et de la communication, elle était aussi langue véhiculaire en Europe du Nord et notamment en Suède, comme nous l'avons déjà vu.[13] L'emploi du français était naturel, car ces épistoliers maîtrisaient le français presque aussi bien que leur langue maternelle, le suédois (dans le maniement duquel ils pouvaient également commettre des fautes d'orthographe).[14] La notion de langue maternelle était plus floue à l'époque que maintenant ; beaucoup avaient en effet appris le français dès leur enfance avec un précepteur, et il n'était pas rare que leurs parents leur parlent en français. Les épistoliers alternent les deux langues dans leurs correspondances ; parfois l'alternance se fait dans une même lettre, mais il est courant que la correspondance se déroule tantôt dans une langue, tantôt dans l'autre, sans raison apparente ni aucune explication. Toutes les personnes dont j'ai étudié la correspondance jusqu'à ce jour étaient des nobles ; tous n'étaient certes pas riches, mais tous faisaient partie de l'élite, certains étant hauts fonctionnaires ou grands propriétaires.

C'est donc dans ce contexte socio-historique, dans une zone relativement périphérique, que le français occupe la position d'une grande langue de culture et d'une langue véhiculaire, même si ce n'était le fait que d'un cercle assez

---

[12] Malheureusement le système de catalogage des Archives nationales ne permet pas d'obtenir de chiffres précis (cf. ci-dessus).

[13] Sur le Danemark et la Norvège, cf. Rettig (2008, 1807) et Brunot (1966, 397–422).

[14] Je n'insiste pas sur la notion de faute, terme qu'on pourrait utiliser ici entre guillemets, et je ne peux pas discuter dans ce contexte cette question complexe. Comme l'a évoqué un réviseur anonyme de cet article, la standardisation de l'orthographe n'en était qu'à ses débuts. On peut effectivement penser que les épistoliers finlandais écrivaient en partie de façon « phonétique ». Il est également vrai que la standardisation des orthographes suédoise et finlandaise était en retard par rapport au processus de normalisation amorcée en France. Des deux épistoliers dont j'analyserai les lettres dans cette étude, le premier, Ehrenström, né en 1762, emploie au 19e siècle des formes appartenant plutôt au 18e siècle. Dans le cas du second, Armfelt, on pourrait souvent parler de coquilles ou de fautes d'inattention, comme on le verra dans les exemples.

restreint de personnes, à savoir la classe dirigeante. Je propose maintenant de présenter un peu plus en détail l'alternance codique suédois/français. Il est impossible de donner des chiffres, car ces très nombreuses lettres n'ont jamais été répertoriées dans les archives selon la langue. Une telle entreprise pourrait d'ailleurs parfois s'avérer compliquée, du fait que la langue « matrice » ou langue principale de la lettre (cf. plus bas) ne peut pas toujours être déterminée.

3 Correspondances de J.A. Ehrenström et de G.M. Armfelt

Cette section se concentrera sur deux épistoliers contemporains, Ehrenström et Armfelt, tous deux actifs à la fin du 18ᵉ et au début du 19ᵉ siècle, et auteurs de lettres durant cette même période. La correspondance abondante de Johan Albrecht Ehrenström (1762–1847),[15] haut fonctionnaire finlandais, présente des exemples relativement « classiques » de cette alternance, comme nous le verrons plus loin. Durant la première moitié du 19ᵉ siècle, il correspondait avec un grand nombre de personnes, en suédois et en français, et l'ensemble des lettres qu'il a écrites s'élève à plusieurs milliers. J'ai étudié sa correspondance établie avec deux autres hauts fonctionnaires finlandais qui travaillaient au service de l'Empereur russe, après l'annexion de la Finlande en 1809, et qui étaient donc stationnés à Saint-Pétersbourg pour défendre les intérêts de la Finlande à la cour impériale (cf. Härmä 2012 ; 2013 ; 2015).[16]

---

15 Le nombre de lettres écrites par Ehrenström et conservées aux Archives nationales est de 1100 environ (information communiquée personnellement par un fonctionnaire des Archives). Ehrenström a dû écrire durant sa vie plusieurs milliers de lettres en suédois et en français. Il était né à Helsinki dans une famille noble mais démunie ; son père était un officier suédois, et le jeune Johan Albrecht a fait dans son adolescence une carrière militaire de plusieurs années, du fait qu'il n'était pas possible de lui assurer une scolarisation régulière. Plus tard, grâce à son talent, il travaille à Stockholm au service de Gustave III jusqu'à la mort de celui-ci. Puis, tombé en disgrâce et emprisonné, il est rappelé à Helsinki en 1811, au moment où la ville devient la capitale du nouveau grand-duché russe en 1812. Il dirige alors les travaux de reconstruction de la ville et en conçoit le nouveau centre néoclassique. Ajoutons que malgré le fait qu'il était autodidacte, il connaissait, en plus du suédois et du français, l'allemand et l'anglais, et devait être capable de se débrouiller aussi en finnois et en russe.
16 D'après les correspondances conservés aux Archives nationales, les principaux correspondants d'Ehrenström étaient Robert Henrik Rehbinder (1777–1841) et Carl Johan Walleen (1781–1867). Rehbinder était secrétaire d'État aux affaires finlandaises à la cour de sa Majesté Impériale à Saint-Pétersbourg, où il décède après trente ans de carrière. Carl Johan Walleen était membre du Comité des affaires finlandaises à Saint-Pétersbourg, et plus tard gouverneur

Pour simplifier les choses, mes exemples sont rangés en deux catégories : (1) l'*insertion* et (2) l'*îlot textuel* (terme de Jacqueline Authier ; cf. Maingueneau 2015).

(1) L'*insertion* (cette terminologie s'inspire de Gardner-Chloros 2009 ; une autre classification est proposée par Clyne 2003) peut se confondre avec l'*emprunt*. Comme il s'agit d'insérer un mot ou un court syntagme dans un énoncé d'une autre langue, on peut effectivement penser dans certains cas qu'il s'agit d'un emprunt. La question n'est pas aisée à trancher, mais je considérerai ici les insertions fréquentes comme des exemples de l'alternance codique dans ce grand cadre où deux langues sont maniées simultanément. Il s'agit d'un débat qui continue toujours (cf. aussi Clyne 2003, 70–73), mais il me semble logique de considérer les occurrences rares ou apparemment fortuites d'une autre langue comme des emprunts sporadiques, tandis que leur emploi fréquent, presque systématique, comme c'est le cas chez nos épistoliers, mérite donc d'être considéré comme relevant de l'alternance codique. Parmi les occurrences relevées, on peut distinguer deux cas de figure : (1a) les éléments français en suédois, et (1b) les éléments suédois en français.

(1a) Les insertions françaises en suédois sont très fréquentes ; j'ai noté en italique les mots français ou d'origine française, que leur forme ait été adaptée graphiquement et/ou morphologiquement en suédois ou non.[17] On remarquera donc que certains mots apparaissent sous leur forme originale, et que d'autres ont été modifiés, ce qui n'a rien de surprenant. Étant donné que les mots adaptés ne sont pas des emprunts déjà établis dans la langue suédoise du 19e siècle, ils peuvent à juste titre être considérés comme relevant de l'alternance codique.

(1) Sedan i går har jag här lärdt känna en Architect från Berlin, nu *employerad* af H.ʳ Lohmann i Åbo, hvars *talent* är utöfver all min förmodan. Han har hämtat med sig några af sina arbeten, och de hafva *frapperat* mig genom den uphöjda och rena smak som deruti råder, samt i synnerhet genom den *élégance* hvarmed de äro ritade, och som står i bredd med det förnämsta jag sett i den *genren* (1814).

---

de la province de Viborg, ville finlandaise se trouvant à 150 km à l'ouest de Saint-Pétersbourg. Tous les deux étaient donc natifs de Finlande.

17 Un des réviseurs de cet article m'a fait remarquer que les exemples qui suivent font penser à la « Alamodesprache » décrite par Helfrich (1990). On constate effectivement beaucoup de similitudes, même si les contextes sont différents. Par ailleurs, les lettres de mon corpus ne contiennent pas de réflexions métalinguistiques sur l'emploi du français, ce qui est le cas des lettres allemandes étudiées par Helfrich.

'J'ai rencontré hier un architecte de Berlin, employé par M. Lohmann à Åbo, dont le talent dépasse toutes mes attentes.[18] Il a apporté avec lui quelques-uns de ses travaux, qui m'ont frappé par leur goût supérieur et sobre et en particulier par leur élégance qui peut se mesurer avec tout ce que j'ai vu de mieux dans ce genre'.

(2) H. M[ts] öfriga *occupationer* gifva en slags *justification* åt vår närvarande *inactivité*. Fiender som vilja fort fram till sitt mål, äro synnerligen besvärade af sina motståndares köld och *tranquillité*, och det händer ofta att de då i sin brådska förlöpa sig, och derigenom oförsigtigt *decouvrera* sina ensidiga och vrånga afsigter (1813).

'Les autres occupations de Sa Majesté [l'Empereur] donnent une certaine justification à notre inactivité actuelle. Les ennemis qui veulent rapidement atteindre leur but sont particulièrement gênés par la froideur et la tranquillité de leurs adversaires, et il arrive que dans leur hâte ils se trompent et révèlent ainsi leurs intentions biaisées et erronées'.

(3) Dessa inkast ökas ännu af Herr Statsrådet sjelf med flera ganska *importanta*, hvaribland jag i synnerhet fästat mig vid det att det möjligen torde hafva ingått i de sabelerandes plan att *profitera* af Gr. Ats kända *impatience* och retlighet för att genom *degouts* och *humiliationer* förleda honom till något steg, hvarmedelst de kunde för alla tider blifva honom *quitt* (1813).

'Le nombre de ces activités a augmenté grâce à Monsieur le Conseiller lui-même, et à cause de celles-là, relativement importantes, j'ai surtout noté que le projet des batailleurs consistait peut-être à profiter de la célèbre impatience et susceptibilité du Comte Armfelt, en le conduisant, au moyen de dégoûts et d'humiliations, à faire un pas grâce auquel ils pourraient se libérer de lui à tout jamais'.

(1b) Les insertions suédoises en français sont beaucoup moins fréquentes et jouent des rôles différents. (Le soulignement provient toujours d'Ehrenström, les italiques de moi).

---

18 Il s'agit de C.L. Engel, qui deviendra le réalisateur des projets de construction d'Ehrenström. – Les traductions proposées sont approximatives.

(4) A tous les autres maux s'étaient encore joints des ulcères, [*Ligg-Sår*][19] qui augmentoient la difficulté de le soigner (1815).

(5) Il y auroit certainement un bon profit à faire, en montrant pour de l'argent le très-remarquable *kurslāde*.[20] Jamais, je crois, on n'aura pas vû pareil à S^t. Petersbourg. [...] Pour l'année passée nous reçevons de la Direction des Douanes 19,869 roubles 6 ½ kopek, *Salt Tulls-medel*, destinés aux Eglises (1816).

(6) Il me paroit à moi, qui a aussi été *Föredragande*[21] auprès d'un grand souverain, qu'il ne seroit pas impossible de trouver une occasion favorable, en présentant les affaires du Comité des Batisses, de prevenir S. M^{té} de mon desir de quitter ma place, après quatre années de travail infatiguable (1816).

Il s'agit souvent de termes techniques relatifs au travail de fonctionnaire d'Ehrenström et difficiles à traduire, ou bien de termes dont il ignore probablement l'équivalent français. Il faut se rappeler que l'émetteur et le destinataire connaissent tous les deux le suédois à la perfection, et le français presque aussi bien. Aucune traduction ne devait donc être nécessaire. Pourquoi donc s'écrivent-ils en français et non dans leur langue maternelle ? C'est ainsi qu'Ehrenström écrit à l'un de ses correspondants pendant longtemps en suédois, mais passe soudain au français, sans donner d'explication à ce changement de langue.

(2) La deuxième catégorie se compose d'éléments ou d'unités plus longs, contenant souvent un verbe fini : locutions, propositions, et même phrases. Il s'agit dans plusieurs cas de citations, réelles ou imaginaires[22] ; ce sont donc des *îlots textuels*.

---

[19] Ce mot suédois signifie plutôt 'escarre' qu''ulcère'. Les crochets proviennent d'Ehrenström.
[20] Le soulignement est donc dû à Ehrenström, qui souligne ainsi presque tous les éléments de ses lettres devant être considérés comme des citations dans une langue autre que la langue matrice. Cependant, il omet de le faire pour les mots employés couramment, comme *talent* ou *élégance* (cf. supra), qui n'étaient pas encore adaptés à l'époque, du point de vue de la graphie, dans la langue suédoise (actuellement *talang* et *elegans*). Le mot souligné par Ehrenström ici renvoie à un traîneau, et le deuxième mot souligné à la taxe sur le sel.
[21] 'Rapporteur'. – Le terme technique un peu maladroit de *Comité des Batisses*, forgé par Ehrenström, est censé rendre le suédois *Nybyggnadscomitén* (le Comité des nouvelles constructions, qui était en charge de la création du nouveau centre de la ville).
[22] La phrase française de l'exemple (8) n'a peut-être jamais été prononcée par personne, mais au moins semble-t-elle plausible à Ehrenström (même s'il est plus probable qu'elle soit prononcée en suédois plutôt qu'en français). Cette interprétation s'applique également à l'exemple (7).

(2a) Les éléments français en suédois :

(7) kan han ingalunda erhållas för en ringare summa än 4000 rubel. *Reste à savoir si l'on ne trouve pas cette pretention trop forte.* Men utan att plasera här en sådan man, uphörer man icke att i Finlands nya Hufvudstad hopa nya architektoniska fel och dumheter, på de som redan i stor mängd här existera (1814).

'On ne peut pas l'embaucher [l'architecte Engel] pour une somme inférieure à 4000 roubles. Reste à savoir si l'on ne trouve pas cette prétention trop forte. Mais si on ne place pas ici un tel homme, on continuera à accumuler dans la nouvelle capitale de la Finlande des erreurs et bêtises architecturales, en plus de celles qui existent en grand nombre'.

(8) och hvilken således måste fullbordas, *en depit* af alla dumma anmärkningar och *critiques*, hvilka uphöra så snart det Herculanska arbetet står färdigt för deras ögon. Då heter det : *qui l'auroit crû* ? (1814)[23]

'Et qui [la construction d'une nouvelle rue] devra donc être terminée, en dépit de toutes les remarques et critiques stupides, qui s'arrêteront aussitôt que ce travail herculéen sera achevé devant leurs yeux. Alors on dira : qui l'eût cru ?'

(9) H.^{s} Exc.^{s} skrifvelse är på franska språket, och jag beklagar att i hans cantzli icke finns någon som är detsamma mera mägtig. Der talas om *le devouement de S. M. I^{ale}.* mot mig, om Gen. Gouv.^{rs} *vénération*, o.s.v. Detta är sannerligen både ömkligt och löjligt (1814).[24]

'L'écrit de Son Excellence [le Gouverneur Général] est en langue française, et je regrette qu'il n'y ait personne dans sa chancellerie qui soit plus compétent. On y parle du dévouement de Sa Majesté Impériale pour moi, de la vénération du Gouverneur Général, etc. C'est vraiment à la fois triste et ridicule'.

---

23 À noter la locution prépositionnelle hybride *en depit af*, composée de deux mots français et d'une préposition suédoise. Pourquoi Ehrenström n'emploie-t-il pas la préposition simple du suédois *trots*, ayant la même signification ?
24 Ce dernier exemple est le seul des trois où il s'agit avec certitude d'une véritable citation, provenant d'un texte du Gouverneur Général, le représentant de l'Empereur en Finlande. Les deux exemples précédents pourraient être des citations imaginées par Ehrenström.

(2b) Les éléments suédois en français :

(10) C'est triste qu'il n'y a pas d'autre résultat des confessions de bouche entre le G.G. [Gouverneur Général] et le Baron de Tr. [Troil] sur le schisme fatal survenû entre eux, que la decision de la part du dernier, <u>att saken får hafva sin gång</u>[25] (1818).

(11) Oserai-je vous rappeler, Monsieur, la situation desesperante de <u>Fältskären Isac Petter Lindströms 6 omyndiga fader- och moderlösa barn i Iakinvara socken</u> ?[26] Leur frere ici, un brave et honnête garçon, mais pauvre comme un rât d'eglise, vient souvent me demander, en pleurant [...] (1816).

(12) Pour l'affaire de l'*Inquartering* dans cette ville, il me paroit que la Justice Impériale exige [...] que les amendes auxquelles le Gouverneur de Province a condamné les plaignans <u>för otidig och oanständig skrifart emot Nybygg^s Comitén</u>,[27] soient confirmées (1816).

Dans l'une des lettres écrites par Ehrenström, la langue change au beau milieu du texte. La lettre commence en suédois, mais après l'insertion d'une longue citation en français, tirée de la lettre d'une autre personne, suédophone comme Ehrenström, elle se poursuit et se termine en français. On peut affirmer que la « matrice » est suédoise, car la lettre commence dans cette langue, mais la partie en français constitue plus de la moitié du texte. On peut en principe s'interroger sur les raisons psycho- ou sociolinguistiques qui ont causé ce changement de langue ; en l'occurrence, il y a cependant une explication, à savoir la longue citation en français, après laquelle Ehrenström ne repasse plus au suédois et termine sa lettre dans la langue de la citation.

Gustaf Mauritz Armfelt (1757–1814),[28] ami d'Ehrenström et son aîné de cinq ans, écrivait moins bien le français qu'Ehrenström, même s'il était amené à le

---

25 'Que les choses pourront suivre leur cours'.
26 'Les six enfants mineurs et orphelins du rebouteux I.P. L. dans la commune de Iakinvara'. – Le nom actuel de cette localité est Jaakkimavaara. Par ailleurs, les noms de lieux finlandais, tel le nom de la ville de Kuopio qui n'a pas d'équivalent suédois, sont les seuls mots en finnois qu'on trouve dans ces lettres.
27 'Pour leurs accusations effrontées et indécentes envers le Comité des bâtisses'. – À noter qu'Ehrenström ne traduit jamais le terme technique *inquartering* qui apparaît à la première ligne, même si l'équivalent français *hébergement* existe (il s'agit de l'hébergement obligatoire des soldats russes chez des particuliers).
28 Armfelt est né près de Turku, la capitale à l'époque, dans une famille noble de province. Il existe plusieurs similitudes dans les vies et les carrières des deux amis. Tous deux ont servi

parler beaucoup plus que son ami, notamment pendant ses séjours à l'étranger et à la cour de l'Empereur à partir de 1811. Ehrenström, par contre, est resté à Helsinki de 1811 jusqu'à sa mort en 1847, à l'exception de quelques voyages en province. Malgré son abondante correspondance en français, il ne devait pas avoir eu très souvent l'occasion de parler cette langue, sauf lors de ses rencontres avec le Gouverneur Général.[29]

La correspondance d'Armfelt vient d'être numérisée (en 2015/2016) par les soins des Archives nationales de Finlande. Ce que je présenterai rapidement ciaprès n'est qu'un début ou une esquisse ; ces milliers d'images numérisées contiennent en effet une abondante correspondance qui s'étend sur plusieurs décennies, et il faudra beaucoup de temps pour l'étudier.[30]

La correspondance d'Armfelt contient davantage d'exemples où on passe d'une langue à une autre à l'intérieur d'une seule lettre que celle d'Ehrenström, et il peut même s'agir d'un mouvement de va-et-vient entre le français et le suédois. L'alternance entre les deux langues peut se manifester dans des lettres adressées à la même personne ; la langue matrice peut être tantôt le français, tantôt le suédois, comme dans le cas d'Ehrenström. Il ne semble pas y avoir d'explication évidente à cet état de choses ; on pourrait penser que c'est le sujet de la lettre qui dicte le choix, mais en général il n'y a pas de sujet principal.[31] Souvent les lettres constituent une chronique des événements quotidiens de la vie de l'épistolier. Toutefois, les lettres d'Armfelt contiennent des insertions

---

pendant plusieurs années dans l'armée, mais seul Armfelt s'est distingué par des actions militaires. Tous deux sont devenus des collaborateurs proches de Gustave III, leur sort changeant du tout au tout après la mort du roi. Armfelt a mené une vie mouvementée et aventureuse, aussi bien sur les plans professionnel (en tant que diplomate, officier et courtisan) que privé, avant d'entrer au service de l'Empereur russe, qu'il a servi pendant quelques années, et de succomber à une grave maladie près de Saint-Pétersbourg. Ehrenström, bouleversé par la mort de son ami, continue à travailler pour la cause finlandaise tout en servant l'Empereur, mais toujours à Helsinki.

29 R.H. Rehbinder, l'un des correspondants d'Ehrenström, était dans une situation différente de celle d'Ehrenström. Dans le cadre de son travail à la cour, il a dû parler français au quotidien pendant les trente ans qu'il y a passés. Par ailleurs, cette langue faisait aussi partie de sa vie sociale, puisque c'était la langue qui prévalait dans les cercles de la haute société.

30 Chaque image contient une page d'une lettre. Les lettres dont je m'occupe n'ont précédemment intéressé que les historiens, en premier lieu finlandais ou suédois. Tous ne connaissent pas le français, ce qui pose évidemment de grands problèmes pour l'étude de correspondances qui contiennent des lettres aussi bien en français qu'en suédois. Du point de vue linguistique, ces documents sont de toute façon restés méconnus jusqu'à récemment.

31 Une exception toutefois : les longues lettres d'Ehrenström où celui-ci vitupère contre Napoléon, la France et les Français en général, durant les années 1814–1815. La critique dirigée contre Napoléon est le seul thème de ces lettres.

comme celles d'Ehrenström, mais il convient de noter quelques phénomènes intéressants qu'on ne retrouve pas chez Ehrenström.

Le jeune Armfelt, employé au service du roi Gustave III jusqu'à l'assassinat de celui-ci en 1792, écrit au « chancelier du royaume » de Suède (le précurseur du ministre des Affaires étrangères) quelques lettres commençant en français, dans lesquelles il passe ensuite au suédois pour revenir finalement au français. Ces lettres sont d'une facture classique, comme il se doit quand on écrit à un supérieur. Elles contiennent peu d'alternance codique à l'intérieur d'une même phrase, contrairement aux lettres envoyées aux membres de sa famille, à savoir à son épouse et à son père. Le ton des lettres adressées au père est respectueux, mais en même temps affectueux et parfois même amical. Les lettres destinées à sa jeune épouse sont d'un style familier (apparemment proche de l'oral), pleines de protestations d'amour. Le changement codique à l'intérieur des lettres est typique, et il serait vain de se demander quelle est la langue matrice. Le français et le suédois peuvent apparaître dans des paragraphes séparés, mais la transition peut se faire aussi au milieu d'un paragraphe ou d'une phrase. Il est souvent impossible de dire ce qui détermine le changement de code. Cela peut être une citation dans une autre langue, qui entraîne ensuite l'utilisation de cette langue par la suite (cf. supra au sujet de la lettre bilingue d'Ehrenström).

Exemple de la correspondance d'Armfelt :

(13) Je crois que vous pouvés vous dispanser d'ecrire au Roy, car je suis sur qu'il n'y fait aucune attention même si pourrat-il que votre lettre ne sera pas decachetée comme il en arrive à plusieurs autres, le mieu serait si vous viendérés ici 6 semaines en personne, j'ose vous assurer que vous n'auriés pas besoin de faire grande depanse. Quel plaisir naurois-je pas de vous embrasser cher & aimable Papa.

Ameublementen i Residence Huset kan ej öka fören i sommar, emedlertid äro tapeterna beställda, nog behöves saker i en landhöfdinges husholl, men det lilla som kan behöfvas af meubler etc. hoppas jag ej skall gå öfver 1000 mäter taget till det högsta, kan man få en Assistance Auction komma öfver något *tant mieux* __[32] Tottie & Arvidson är ett hederligt folck som går

---

[32] Armfelt n'est pas le seul épistolier à employer ce « nouveau signe de ponctuation » : un long tiret qui semble remplacer le point ou la virgule. Il y aurait sans doute lieu d'étudier la ponctuation des épistoliers.

in i hvad arrangementer min Herrfar vill, nog gifva de sex procent efter de sjelfva hafva som 12 à 20 ibland mera.³³

Lewenhaupt est un tres galant homme qui m'a repondu qu'il esperoit pouvoir d'arranger avec vous au mois d'avrill quand il viendera en Finlande, le malheur est qu'il n'est pas en argent, mais au lieu de cela il ne manque pas de probité & de droiture (extrait d'une lettre de 1782, envoyée de Stockholm à son père à Turku/Åbo).

Le paragraphe central de cet extrait traite de l'ameublement de la résidence prévue pour une visite du père d'Armfelt à Stockholm. Comme dans la correspondance d'Ehrenström, ce paragraphe est truffé de mots français (*ameublement, résidence, meuble, assistance, arrangement*). Comme je l'ai noté précédemment, tous ces mots n'étaient probablement pas encore adoptés en suédois il y a un peu plus de deux cents ans. Dans certains cas, la différence graphique est mineure (*möbler* en suédois moderne pour *meubles*). On remarque aussi la locution *tant mieux* au milieu du paragraphe (mes italiques) ; cette expression a bien un équivalent suédois, *desto bättre*, mais les choix de ce type faits par Armfelt sont légion et seraient bien difficiles à expliquer.

Parfois, le changement de code marque une transition nette, tel le cas des salutations finales qui peuvent être dans une langue différente de ce qui précède. Moins le ton de la lettre est formel, plus il semble y avoir d'alternance codique. Ainsi, cette autre lettre adressée au père :

(14) Je ne conçois pas que le drap que je vous ai envoÿé ne vous convient pas car j'ai de la même prix un habit de cours qui est fort joli det skall kallprässas³⁴

---

33 Traduction approximative de ce paragraphe : 'L'ameublement de la résidence ne peut pas avancer avant l'été, cependant les papiers peints ont été commandés, il faut bien avoir des choses chez un gouverneur de province, mais le petit nombre de meubles etc. ne devrait pas surpasser, je l'espère, mille mètres [?] tout au plus, si on peut faire venir une entreprise d'enchères c'est *tant mieux* __ Tottie & Arvidson sont des gens honnêtes qui peuvent faire les arrangements que Monsieur mon Père souhaite, ils donneront bien six pour cent puisqu'ils auront eux-mêmes de 12 à 20 parfois plus'.

34 Le soulignage provient d'Armfelt (de même que celui apparaissant dans le dernier paragraphe). J'utilise les italiques pour mettre en relief les mots français dans cet exemple. Traduction approximative du passage en suédois : '... qui est fort joli il doit être repassé à froid ainsi il sera beau __ mon gentil papa pourrait-il trouver deux jeunes et braves chevaux pour l'été on propose ici des prix bon marché car je pourrai avoir une belle redingote de dix ans avec des habits d'équitation en velours brodés d'or. – La conduite de la bourgeoisie de la ville d'Åbo est abominable, s'ils voulaient être polis envers le gouverneur et le roi ils devraient meubler les pièces principales de la résidence du Gouverneur, ce qui ne profiterait ni à mon père ni à ses

så blir det vackert __ kunde min söta pappa få tvänne unga raska klippare tills i sommar så bjudes här tämeligen låg betalt ty jag kan få en ganska vacker ridskört 10 år gammal med en samets blå salmundering broderad med guld.

Borgerskapets i Åbo *conduite* är *abominable*, ville de göra landshöfdingen och kungen med detsamma en artighet då borde de meublera de förnämsta rummen i Landshöfdinge huset, därmed vunne ej min far eller någon af hans successorer, men staden lade in heder, och de vore säkra på att deras öfverhet vore *convenablement* logerade då de gjorde dem den äran och komma till deras *bicoque*. Drottningen vill ej låta be i kyrkan fören fostret får lif, hon är ganska tjock när man ser hänne om morgnarna i sin *deshabillé*.

Je vous prie d'assurer ma chere Mère de mon homage tendre et respectueux de vous persuader de mon attachement et soumission, fasse le ciel que mes <u>vœux d'exaucer</u> pour la conservation du meilleur des peres (fin d'une autre lettre de 1782 à son père).

Armfelt souligne l'importance que le drap dont il est question au début de l'extrait soit repassé à froid, et il passe donc au suédois à ce moment-là. Le paragraphe suivant traite de la bourgeoisie de la ville de Turku ; Armfelt commente ce que son père lui a écrit précédemment, et la dernière phrase du paragraphe constitue une remarque sur la grossesse de la reine – une remarque qui ne semble pas avoir de rapport avec le début du paragraphe. Pour les salutations finales, on repasse au français (avec une phrase anacoluthique).

Le style et le taux d'alternance codique d'Armfelt varient selon ses humeurs et selon ses correspondants ; les lettres à sa femme Hedda (Hedvig) semblent parfois plus débridées et déréglées que les autres. Les lettres d'Armfelt peuvent même être considérées comme des exemples d'un mélange de langues apparemment désordonné.

Fin d'une lettre adressée à sa femme (non datée, probablement vers 1790) :

(15) här är öfver tjugu Danska officerare af distinction som vi med besynnerlig nåd hantera __ Voila ma charmante Amie en peu de mots le detail de tout ce qui s'est passé depuis mon depart, c'est avec infiniment de plaisir que je te rend compte de toutes ses bagatelles, sur du vif interet que tu prends

---

successeurs, mais l'honneur de la ville serait sauf, et ils seraient certains que leurs autorités seraient convenablement logées lorsqu'elles leur feraient l'honneur de venir dans leur bicoque. La reine ne veut pas qu'on prie à l'église avant que le fœtus ne prenne vie, elle est très grosse quand on la voit le matin dans son déshabillé'.

dans tout ce qui regarde ton tjocka poijke[35] qui se porte a merveille, un peu echausfé a la verité, mais sans cela fort occupé & de fort bonne humeur preuve qu'un camp me convient infiniment mieux qu'une Dictee __ j'espere que ma petite Hedda se porte mieux de jour en jour et que la Madelaine pas encore repentante s'agrandie et s'embellie de jour en jour __ nous sommes a coup sur de retour au mi– du mois prochain __ J'espere que ta santé sera alors assez retablie pour me reçevoir en bonne et chretienne femme si tant est que mes reves de cette nuit s'accomplissent ; il ne faut pas penser a ces sortes de choses là à un camp où il n'y a pas une seule femme __ mais il me sera impossible d'exister un instant sans le plus tendre attachement et l'amour le plus constant pour ma divine Hedda __ milles & milles baisers de cœur & d'ame a toi __

Le début de la lettre est en suédois (on parle dans le passage cité d'officiers danois de « distinction » qui séjournent au même campement militaire qu'Armfelt), mais Armfelt passe au français après la phrase donnée au début de l'extrait. Ce changement de langue ne peut pas s'expliquer par exemple par une différence de contenu entre la première et la seconde parties. On remarquera l'usage abondant du tiret mentionné plus haut ; en fait, les signes de ponctuation traditionnels sont quasi-inexistants.[36]

4 Conclusion

J'ai tenté de mettre ici en parallèle deux épistoliers de lamême époque, qui se connaissaient bien et dont les carrières avaient plusieurs points communs. L'utilisation du français était un des facteurs qui liaient ces personnages, Ehrenström et Armfelt, mais également leurs compatriotes Rehbinder et Walleen (cf. note 16), les uns aux autres. Tous ceux qui avaient un certain statut dans la société de l'époque devaient connaître cette langue. De fait, ils n'étaient pas très nombreux, ce qui explique qu'ils se connaissaient personnellement. En outre, les quatre hommes mentionnés ci-dessus étaient tous issus de la noblesse, ce qui comptait sans aucun doute beaucoup dans leurs relations et

---

[35] L'expression dont Armfelt se sert souvent pour parler de lui-même, *tjocka poijke*, signifie 'gros garçon'.
[36] Comme dans toutes les lettres d'Armfelt, le déchiffrement de plusieurs mots pose problème, mais cela ne nuit cependant pas à l'ensemble, dans la mesure où on étudie les lettres du point de vue du discours et non par ex. du lexique.

créait une sorte de complicité. Ils n'avaient pas la même éducation, Ehrenström étant autodidacte, tandis que Rehbinder était titulaire d'un diplôme universitaire de droit ; mais ils partageaient la même culture. Ils n'avaient pas non plus la même fortune, mais cela importait moins que leur appartenance à l'élite du pays. Ce qui les liait n'impliquait cependant pas forcément des relations d'amitié. Ehrenström considérait Armfelt comme un grand ami, tandis que sa correspondance avec Rehbinder et Walleen restait plutôt formelle et distante mais toujours courtoise ; ceux-ci lui rendaient la pareille.

Les épistoliers, en particulier Ehrenström et Armfelt, se distinguent nettement par leur écriture : Ehrenström est toujours clair, précis, sobre et soigné, malgré un certain nombre de fautes. En revanche, le style des lettres d'Armfelt varie considérablement selon le destinataire. Il était capable d'écrire des lettres formelles et disciplinées à ses supérieurs, mais se laissait aller dans les lettres destinées à ses parents et à son épouse. Dans ces lettres, il laissait libre cours à ses états d'âme et montrait sa gaieté et sa bonne humeur. On ne peut cependant pas éviter de remarquer leur caractère désordonné et le mélange en apparence illogique des deux langues, dont la correction ne semble pas le préoccuper outre mesure.

C'est sans conteste la position du français comme langue de culture et comme langue véhiculaire même dans le Grand Nord qui rend possible l'alternance codique que j'ai brièvement évoquée. Cette alternance, en particulier le mélange des langues, est difficile à expliquer sans recourir à des notions psycholinguistiques et au concept de *stream of consciousness* (flux de conscience), auquel il est difficile de ne pas penser en lisant Armfelt. L'emploi des deux langues permet une sorte de connivence entre les correspondants, et souligne aussi leur culture et leur appartenance à la haute société ; tous les Finlandais n'étaient absolument pas en mesure de communiquer avec aisance dans deux langues, loin de là.

5 Bibliographie

Brunot, Ferdinand, *Histoire de la langue française des origines à 1900*, vol. 8 : *Le français hors de France au XVIIIe siècle*, première partie : *Le français dans les divers pays d'Europe*, Paris, Colin, ^{2}1966, 423–444.
Clyne, Michael, *Dynamics of language contact. English and immigrant languages*, Cambridge, Cambridge University Press, 2003.
Gardner-Chloros, Penelope, *Code-switching*, Cambridge, Cambridge University Press, 2009.
Genette, Gérard, *Seuils*, Paris, Seuil, 1987.
Gretchanaia, Elena, *« Je vous parlerai la langue de l'Europe … » : La francophonie en Russie (XVIIIe–XIXe siècles)*, Bruxelles et al., Lang, 2012.
Härmä, Juhani, *Paratextes français dans les dissertations finlandaises des siècles passés. Aspects textuels et énonciatifs*, in : Iliescu, Maria/Siller-Runggaldier, Heidi M./Danler,

Paul (edd.), *Actes du XXVe Congrès International de Linguistique et de Philologie Romanes. Innsbruck, 3–8 septembre 2007*, vol. 5, Berlin/New York, De Gruyter, 2010, 115–122.

Härmä, Juhani, *L'alternance codique français–suédois dans des lettres finlandaises des XVIIIe et XIXe siècles*, in : Ahlstedt, Eva, et al. (edd.), *Actes du 18e Congrès des romanistes scandinaves*, Göteborg, Göteborgs Universitet, 2012, 374–384.

Härmä, Juhani, *Stratégies évidentielles dans des lettres finlandaises du XIXe siècle*, in : Norén, Coco, et al. (edd.), *Modalité, évidentialité et autres friandises langagières. Mélanges offerts à Hans Kronning à l'occasion de ses soixante ans*, Berne et al., Lang, 2013, 171–182.

Härmä, Juhani, *Stratégies de politesse dans des lettres finlandaises écrites en français au XIXe siècle*, in : *Actes du 19e Congrès des Romanistes scandinaves. Reykjavik, 12–15 août 2014*. <http://conference.hi.is/rom14/files/2015/08/JUHANIHARMA.pdf> [dernière consultation : 05.04.2018].

Härmä, Juhani/Suomela-Härmä, Elina, *Daignez agréer ce foible hommage ... Dédicaces et hommages dans les dissertations de l'Université royale de Turku*, in : Härmä, Juhani/Suomela-Härmä, Elina/Välikangas, Olli (edd.), *L'art de la philologie. Mélanges en l'honneur de Leena Löfstedt*, Helsinki, Société Néophilologique, 2007, 101–129.

Helfrich, Uta, *Sprachliche Galanterie ?! Französisch-deutsche Sprachmischung als Kennzeichen der « Alamodesprache » im 17. Jahrhundert*, in Kramer, Johannes/Winkelmann, Otto (edd.), *Das Galloromanische in Deutschland*, Wilhelmsfeld, Egert, 1990, 77–88.

Lindgren, Klaus/Lindgren, Anna-Riitta, *Språkbyten bland ståndspersonerna i storfurstendömet Finland*, in : Bladh, Gabriel/Kuvaja, Christer (edd.), *Dialog och särart*, Helsingfors, Svenska litteratursällskapet i Finland, 2005, 256–319.

Maingueneau, Dominique, *Manuel de linguistique pour le texte littéraire*, Paris, Colin, 2015.

Offord, Derek, et al., *French and Russian in Imperial Russia. Language use among the Russian elite*, 2 vol., Edinburgh, Edinburgh University Press, 2015.

Östman, Margareta/Östman, Hans, *Au Champ d'Apollon. Écrits d'expression française produits en Suède (1550–2006)*, Stockholm, Kungl. Vitterhets Historie och Antikvitets Akademien, 2008.

Östman, Margareta, *Glanures servant de suite à Au Champ d'Apollon. Écrits d'expression française produits en Suède (1550–2006)*, Stockholm, Stockholms Universitet, 2012.

Rettig, Wolfgang, *Romanismen in nichtromanischen Sprachen : Gallizismen*, in : Ernst, Gerhard, et al. (edd.), *Histoire linguistique de la Romania. Manuel international d'histoire linguistique de la Romania*, vol. 2, Berlin/New York, De Gruyter, 2006, 1806–1821.

Rey, Alain/Duval, Frédéric/Siouffi, Gilles, *Mille ans de langue française : histoire d'une passion*, 2 vol., Paris, Perrin, 2011.

Saari, Mirja, *The development of Finnish into a national language*, in : Hüning, Matthias/Vogl, Ulrike/Moliner, Olivier (edd.), *Standard languages and multilingualism in European history*, Amsterdam/Philadelphia, Benjamins, 2012, 179–204.

Wolf, Barbara, *Romanische Sprachen als Verkehrssprachen : Neuzeit*, in : Ernst, Gerhard, et al. (edd.), *Histoire linguistique de la Romania. Manuel international d'histoire linguistique de la Romania*, vol. 3, Berlin/New York, De Gruyter, 2008, 3318–3339.

Continuités et ruptures en français d'Outre-mer et dans l'émergence des langues créoles

Ingrid Neumann-Holzschuh et Julia Mitko
Tout le monde parle différent mais on se comprend pareil : Le rôle de l'adjectif-adverbe dans le français nord-américain

Résumé : Suivant l'hypothèse de Martin Hummel, deux types majeurs de modification adverbiale – opérée à l'aide soit d'adjectifs employés comme adverbes (Type A), soit d'adverbes portant une marque adverbiale morphologique (Type B) – sont en concurrence dans les langues romanes. Le présent article entend étudier plus en détail le constat de Hummel selon lequel les variétés romanes du Nouveau Monde, moins exposées à la pression normative que les variétés européennes, préfèrent le Type A dans la conversation orale spontanée. À cette fin, on a exploité des corpus oraux canadiens provenant des provinces maritimes (Acadie), des Îles-de-la-Madeleine et du Québec, ainsi que des corpus louisianais (États-Unis). Si les hypothèses de Hummel peuvent être confirmées, les résultats de l'analyse montrent par ailleurs que l'apparition du Type A ou du Type B dépend non seulement de facteurs géographiques (Nouveau Monde/Ancien Monde), du registre linguistique et du style (formel/informel, code écrit ou oral), mais aussi de l'âge de l'informateur : il semble en effet que l'augmentation dans l'emploi du Type B constatée par Hummel en France pour la diachronie se répète au niveau intergénérationnel dans le Nouveau Monde. En outre, cet article suggère l'existence d'un continuum entre les variétés faisant un usage restreint du Type B et celles, comme le français québécois, qui emploient couramment les adverbes en *-ment* dans la conversation de tous les jours.

Mots-clés : hétérogénéité du système adverbial, clivage Nouveau Monde/Ancien Monde, variations géographiques et stylistiques, différences intergénérationnelles

1 L'adverbe – une « classe de mots » ?

Comme l'avait déjà fait remarquer Schwarze (1982, 61) au début des années 1980 (cf. Pittner/Elsner/Barteld 2015, 1), les études sur l'adverbe débutent généralement par des commentaires sur les difficultés définitoires concernant cette « classe de mots », identifiée le plus souvent uniquement en termes

Ingrid Neumann-Holzschuh et Julia Mitko, Universität Regensburg

https://doi.org/10.1515/9783110541816-011

négatifs par rapport à l'adjectif, et de plus, toutes les définitions pèchent par le fait qu'on peut opposer des contre-exemples à chaque critère définitoire avancé, à moins d'exclure des sous-groupes entiers de la classe (par ex. les focaliseurs ou les connecteurs).

1.1 Problèmes définitoires

Selon une définition courante, les adjectifs modifient les noms, tandis que les adverbes modifient les verbes et d'autres catégories d'un niveau hiérarchique supérieur, alors qu'ils ne modifieraient pas les noms (pour la discussion des définitions courantes, cf. Pittner/Elsner/Barteld 2015, 3 ; cf. Hummel 2017a, 14). Or, il s'avère que les adverbes focaliseurs (*seulement, uniquement, même* ...) se réfèrent même le plus souvent à un nom et passent donc pour atypiques (*même les rois se trompent* ; Ramat/Ricca 1994, 290, note 2, et 308).[1]

On avance aussi que les adjectifs s'accordent en genre et en nombre alors que les adverbes sont (généralement) invariables. Ce critère fait pourtant abstraction du fait que dans le style informel notamment les cas d'accord d'un adjectif-adverbe spécifiant un adjectif ou même un verbe ne sont pas rares et qu'il en existe même des exemples (certes minoritaires) dans la langue standard.[2]

---

1 Nous désignons comme « adverbes focaliseurs » ceux que Guimier (1996, 135s.) qualifie d'adverbes « paradigmatisants ». Dans la foulée de Nølke (1983, 19), il définit l'adverbe paradigmatisant de la façon suivante : « un adverbial paradigmatisant introduit en tant que présupposé un paradigme d'éléments semblables à l'élément auquel il est attaché dans la phrase actuelle » (Guimier 1996, 135s.). Par exemple, la phrase « *Pierre également est venu* présuppose un[e] classe d'éléments semblables à l'élément *Pierre*, sur lequel porte l'adverbe *également* ; concrètement, une telle phrase présuppose que d'autres personnes que Pierre sont venues. » (Guimier 1996, 136). Guimier voit dans les adverbes paradigmatisants des outils de focalisation.
2 Citant des exemples du *Dictionnaire historique de l'adjectif-adverbe* (Hummel/Gazdik, en préparation), Hummel (2017b, [13]) souligne que « la pratique spontanée de la langue est sans doute caractérisée par un usage variable de l'accord » et repère de nombreux cas d'accord de l'adverbe – et même de l'adverbe « ad-verbal » (placé auprès du verbe), surtout dans son corpus informel. Il s'agit d'un phénomène courant, attesté dans l'histoire du français. Hummel (2017b, [14]) résume : « La tendance générale privilégie sans doute l'emploi invarié, mais on trouve pratiquement pour chaque paire « verbe + adjectif » un exemple au moins où l'adjectif adverbal est accordé quoiqu'il assume plutôt une fonction adverbiale ». Pour une perspective panromane, cf. aussi Hummel (2014, 41). – On connaît l'accord de l'adverbe en français standard dans les cas où il modifie un adjectif : c'est le cas avec *tout* en emploi adverbial, mais aussi avec quelques autres adjectifs en fonction adverbiale (*des roses fraîche(s) écloses – des fenêtres grand(es) ouvertes* ; Riegel/Pellat/Rioul 2011, 655). – Pour l'accord de l'adverbe dans des variétés de l'italien du Centre et du Sud de l'Italie, cf. Ledgeway (2017).

Les adverbes sont considérés comme des éléments dispensables (Ramat/Ricca 1994, 290). Or, c'est oublier les cas d'adverbes de lieu et de temps dont l'omission rend la phrase agrammaticale lorsqu'ils ont un statut d'argument (*Je viens d'ici.* → **Je viens de. Il habite là-bas.* → **Il habite.*). Ils sont aussi atypiques dans la mesure où ils peuvent suivre une préposition ou être le sujet de la phrase (Ramat/Ricca 1994, 308).

Vu le flou définitoire, la catégorie des « adverbes » s'avère être une « classe reliquat » ou « fourre-tout » (Guimier 1996, 1), une « catégorie résiduelle » (Riegel/Pellat/Rioul 2011, 646), voire « poubelle » (Pittner/Elsner/Barteld 2015, 1), où se trouvent rangés tous les mots qui ne cadrent pas dans les définitions des catégories lexicales majeures telles que « nom », « verbe », « adjectif » et ne sont ni des prépositions ni des conjonctions (Pittner/Elsner/Barteld 2015, 1 ; Rauh 2015, 39 ; Hummel 2017a, 15). Il en résulte d'une part la grande hétérogénéité des éléments rangés parmi cette classe, et d'autre part le manque de délimitation vis-à-vis des autres classes de mots :

> « Because of its great heterogeneity, the adverb class is the most nebulous and puzzling of the traditional word classes. Indeed, it is tempting to say that the adverb is an item that does not fit the definitions for other word classes » (Quirk et al. 1985, 438).

> « The extreme heterogeneity of the supposed word class of adverbs is the first serious problem we are confronted with when trying to shed some light on the internal structuring of the category » (Ramat/Ricca 1994, 307).

Cette hétérogénéité des adverbes se manifeste sur tous les plans linguistiques (cf. Blumenthal 1990, 41) :
- sur le plan sémantique d'abord, où l'on distingue, dans « la classification la plus traditionnelle », toute une gamme d'adverbes selon leur sens (adverbes de manière, de quantité ou d'intensité, de temps, de lieu, d'affirmation, de doute ; cf. Blumenthal 1990, 41)[3] ;
- sur celui de la syntaxe ensuite, parce que même les adverbes sémantiquement proches peuvent diverger quant à leur distribution dans la phrase (cf. *souvent/parfois* ; Blumenthal 1990, 41 ; cf. aussi Pittner/Elsner/Barteld 2015, 11 ; Rauh 2015, 41) ;

---

3 Dans leur *Grande grammaire du français* (à paraître), Abeillé et al. distinguent onze sous-classes sémantiques (cf. Abeillé et al. 2017, 124). – Sur le plan sémantico-fonctionnel, Ramat/Ricca (1994, 307s.) distinguent six sous-groupes majeurs (*predicate adverbs, degree adverbs, sentence adverbs, setting adverbs of space and time, focalizers, text adverbs*), qui englobent à leur tour jusqu'à quatre sous-groupes internes.

– aux niveaux fonctionnel et pragmatique aussi, où on peut distinguer les adverbes « endophrastiques », « **constituants internes** à la phrase, qui affectent le contenu même de l'élément sur lequel ils portent et, ce faisant, participent à la construction du **sens référentiel** de la phrase » (Guimier 1996, 5s., souligné par l'auteur ; Petraş 2016, 210, note 2), des adverbes « exophrastiques », qui sont des « **constituants externes** à la phrase, en ce sens qu'ils ne participent pas à la construction de son sens référentiel, mais représentent des traces de l'intervention du locuteur, qui commente tout ou partie de son énoncé ou de l'acte qui le produit » (Guimier 1996, 6, souligné par l'auteur ; Petraş 2016, 210, note 2) ;
– sur le plan morphologique, enfin, car beaucoup de langues, dont l'anglais et quelques langues romanes, disposent d'une marque morphologique spécifique de l'adjectif pour signaler la fonction adverbiale (-*ly*, -*ment*).[4] Mais premièrement, ce marquage est loin d'être systématique, même dans le cas de la modification d'un verbe, généralement et depuis toujours considérée comme une fonction centrale de l'adverbe (comme l'indique déjà le terme *ad-verbe* lui-même), et deuxièmement, la fonction adverbiale est remplie, même dans les langues disposant d'une marque morphologique de l'adverbe, par des éléments morphologiquement très différents, dont les noms,[5] les adjectifs (cf. les paragraphes suivants de cet article), des syntagmes désormais figés[6] et des syntagmes prépositionnels.[7]

---

[4] Notons qu'en français, le suffixe -*ment* sert parfois également à former un adverbe à partir d'une base nominale : *nuit* → *nuitamment, vache* → *vachement* (Guimier 1996, 2), *diable* → *diablement, bougre* → *bougrement* (Riegel/Pellat/Rioul 2011, 656), voire d'une interjection (*fichtrement, bigrement* ; Guimier 1996, 2), ce qui affaiblit l'hypothèse de certains chercheurs selon laquelle ce suffixe -*ment* serait un élément flexionnel – attaché aux seuls adjectifs dans certaines fonctions sans en modifier le sens (ils constitueraient dans cette hypothèse des « variantes contextuelles des adjectifs » ; Dal 2007, 142) – et plaide plutôt en faveur de l'hypothèse d'un élément dérivationnel (cf. ci-dessous).

[5] Par ex. *habitude* en français louisianais, cf. ci-dessous (cf. aussi Neumann-Holzschuh/Mitko 2018, 754).

[6] Pittner/Elsner/Barteld (2015, 11) donnent l'exemple de **hiu dauga* ('ce jour'), devenu *heute* 'aujourd'hui' en allemand. En français, l'adverbe *aujourd'hui* est lui aussi le résultat d'une univerbation (cf. le terme chez Ramat/Ricca 1994, 293 *passim*) : *au* + *jour* + *de* + *hui* (*hui* remontant à HODIE 'aujourd'hui' en latin) et la formation moderne *au jour d'aujourd'hui*, courante dans la langue parlée, répète l'ancienne formation de la double expression de l'élément désignant le jour en question. Pour l'univerbation, cf. également en français l'adverbe figé *peut-être*.

[7] Les exemples en sont nombreux en français standard (du type *à reculons, de même, par cœur, tout à fait*) comme non-standard (cf. *sus empremier* 'autrefois, jadis, dans l'ancien temps, avant, au commencement' en acadien).

Difficiles donc à définir, les adverbes sont en outre difficiles à délimiter parce qu'ils sont sujets à des processus de recatégorisation (Pittner/Elsner/Barteld 2015, 11). Nous qualifions de recatégorisation ce que Petraş (2016, 222) nomme « décatégorisation », c'est-à-dire le processus lors duquel un terme appartenant à une catégorie grammaticale passe à une autre, tout en perdant certaines particularités syntaxiques de la catégorie d'origine. En ce qui concerne les adverbes, cette recatégorisation se manifeste à deux niveaux : d'une part, comme nous venons de le voir, les membres d'autres classes de mots peuvent adopter des fonctions adverbiales et se figer en adverbes ; d'autre part, les adverbes peuvent élargir leur emploi à d'autres sous-classes adverbiales, des adverbes de manière se transformant par exemple en adverbes de phrase, puis en particules de discours ou en connecteurs.[8] Cette forme de développement allant d'un emploi plus « objectif » à un emploi plus centré sur le locuteur, donc « subjectif », et du même coup d'un emploi référentiel à un emploi pragmatique a été qualifiée de « grammaticalisation », se manifestant sous la forme d'une « subjectivisation » et correspond selon l'hypothèse de Traugott (1995) à un schéma de grammaticalisation universel.

Pour le premier type de recatégorisation, nous pouvons indiquer le cas du nom *habitude* en Louisiane, qui prend en fonction adverbiale le sens de 'd'habitude' ou d'"habituellement, autrefois, par le passé'.[9]

habitude (Louisiane) :
- c'était S.L.I. [South Louisiana Institute] habitude (LOU – Stäbler 1995b, 10) ('autrefois')
- Habitude on avait TV5 ; on a p'us. (LOU – DLF 2010 : s.v. *habitude*², 327) ('autrefois', 'par le passé')

---

[8] « [...] adverbs are very flexible. They may extend their range of application from one adverbial subclass to other subclasses » (Pittner/Elsner/Barteld 2015, 11). – Lamiroy/Charolles (2004) étudient les adverbes *simplement, seulement* et *(mal)heureusement* qui, à différents degrés, il est vrai, sont passés de la catégorie des adverbes de manière aux adverbes de phrase pour finir par adopter la fonction de connecteurs dans un sens proche de 'mais', sans pourtant perdre la capacité de remplir leur fonction originale (en suivant Traugott 1995, ils parlent de « persévérance » dans le cas où un élément grammaticalisé garde sa capacité de figurer dans son emploi original ; Lamiroy/Charolles 2004, 67). – En Acadie, l'adverbe *bien* figure encore comme adverbe de manière lorsqu'il modifie un verbe ; mais sous la forme *ben*, outre une particule de discours très courant, il est également devenu un connecteur adversatif au sens de 'mais' avec un emploi encore plus fréquent que la conjonction standard (cf. Neumann-Holzschuh 2009 ; Neumann-Holzschuh/Mitko 2018, 637–643). – Notons que Guimier (1996) range les connecteurs parmi les adverbes à fonctionnement exophrastique ; comme les adverbes métalinguistiques (*brièvement, précisément* ...) et les adverbes paradigmatisants (*également, seulement* ... ; cf. ci-dessus, note 1), ils portent selon lui « sur le dire ».

[9] Pour les abréviations dans les exemples, cf. ci-dessous, paragraphe 7.1.

- Habitude, je vas au village le lundi matin. (LOU – DLF 2010 : s.v. *habitude²*, 326) ('d'habitude')

D'autres exemples sont les noms *manière* et *genre* qui, à l'instar de l'anglais *kind of*, expriment aujourd'hui couramment l'approximation[10] : en Acadie et en Louisiane, c'est l'ancien nom *manière* qui est utilisé dans ce but, alors qu'au Québec, c'est *genre*.

manière (Acadie, Louisiane) :
- Mais une palourde, c'est / c'est un / ça / ça vint manière OVAL [anglais, 'ovale'] une miette. (NÉ – Hennemann, RL, BSM)
- c'était manière de vite mais j'ai dit « oui » (NB – Wiesmath 4, M : 161s.)
- lui [= le canard] il va manière euh prrt prrt prrt comme ça-là des fois équand il est après voltiger (LOU – Stäbler 1995b, 34)

genre (Québec, très fréquent dans le parler des jeunes, cf. CFPQ) :
- genre full subtilement là (QU – CFPQ, sous-corpus 9, 15 à 20 ans)
- ben à l'extérieur c'est genre MEILLEUR parce que en dedans t'as comme moins de place (QU – CFPQ, sous-corpus 9, 15 à 20 ans)

L'adjectif-adverbe *pareil* constitue un autre exemple de recatégorisation. Il est systématiquement employé en fonction adverbiale dans deux sens distincts à travers toutes les tranches d'âge[11] : il peut être soit adverbe de manière au sens de 'de la même façon', soit, plus fréquemment, prendre le sens concessif de 'quand même, malgré tout' (cf. Neumann-Holzschuh/Mitko 2018, 762s.) et a ainsi évolué vers un connecteur ; il est donc aussi un exemple de la recatégorisation du deuxième type mentionnée ci-dessus. Cet emploi est répandu dans tous les corpus consultés sans exception, et il est également connu en français de France. Notons aussi le tour fréquent *pareil comme* dans les comparaisons.

pareil 'de la même façon' :
- un prêtre peut se tromper pareil comme nous-autres (NÉ – Ryan 1998, 98)

---

[10] Sans pourtant que leur qualité de noms soit perturbée dans d'autres contextes, cf. « c'était une manière pour faire la vie » (LOU – Stäbler 1995b, 8), où *manière* reste un nom à part entière. – Remarquons que dans le langage des jeunes, *comme* en tant qu'adverbe sert à atténuer l'énoncé et exprime couramment l'approximation en Acadie et au Québec, à l'instar de la particule *like* en anglais (cf. Chevalier 2001 ; Neumann-Holzschuh/Mitko 2018, 783–787) : « h'aimerais coumme/maintenir la culture acadienne OBVIOUSLY/pis/tu sais si tu restes en ville/tu peux point vraiment fare ça/coumme/aussi/aisément » (NÉ – Fritzenkötter 2015, 266, BSM) ; « on est comme moins reconnu » (IdlM – Falkert 2010, corpus : 97) ; « [cette prof-là] qui est comme assez euh (.) assez directe pis comme BÊTE avec tout le monde là » (QU – CFPQ, sous-corpus 9, 15 à 20 ans).

[11] Soulignons que *pareil* peut en outre apparaître en fonction adjectivale.

- tout le monde vivait pareil (NÉ – Hennemann, AF, IM, 93 ans)
- le monde pense plus pareil euh. c'est plus les mêmes coutumes (NB – Wiesmath 1, R : 902, 49 ans)
- on est pas touT [tut] fait pareil (NB – Arrighi 2005, texte 18, Catherine, 34 ans)
- Moi j'avais mis mon garde-manger contre la porte et elle alle a fait pareil (LOU – *Découverte*, Pointe-aux-Chênes, Terrebonne)

pareil 'quand même, malgré tout' :
- I veut pas m'laisser partir ; j'vas y aller pareil (NÉ – É. Boudreau 1988, 186)
- on a vi pareil (NÉ – Hennemann, AF, IM, 93 ans)
- pis i voulaient pas qu'i pratique sa religion pis i la pratiquait pareil (NB – Wiesmath 6, L : 58s., 74 ans)
- moi je suis mariée je suis libre pareil (NB – Arrighi 2005, texte 18, Catherine, 34 ans)
- tout le temps la même affaire mais : c'est le FUN pareil (IdlM – Falkert 2010, corpus : 55, 20 ans)
- Une barque, oui, well, c'est selon qui tu veux faire. Y en a des ronds, les autres fois le monde en faisait des ronds, et des fonds plattes. C'est tout une barque pareil (LOU – *Découverte*, Isle Jean Charles, Terrebonne)
- je vas le faire pareil (QU – CFPQ, sous-corpus 17, 15 à 20 ans)
- on va y aller pareil (QU – CFPQ, sous-corpus 25, 20 à 25 ans)
- elle a fait le saut pareil (QU – CFPQ, sous-corpus 7, 35 à 40 ans)
- je vas en manger pareil (QU – CFPQ, sous-corpus 23, 45 à 50 ans)
- les gens continuent à vivre pareil là (QU – CFPQ, sous-corpus 8, 70 à 75 ans)
- faut tu payes pareil (QU – CFPQ, sous-corpus 4, 80 à 85 ans)

(pour le français québécois, cf. aussi sous-corpus 2, 25 à 30 ans, et sous-corpus 20, 60 à 65 ans)

La locution adverbiale *de même* a également subi une extension d'usage, car elle est couramment employée dans une fonction adjectivale au sens de 'pareil' dans les variétés étudiées ici, comme c'était possible historiquement en français de France (par ex. *des affaires de même* 'de pareilles affaires' ; NÉ – Hennemann, ID, PUB, 85 ans), sans pourtant avoir perdu la capacité d'apparaître dans une fonction adverbiale comme en français de France (cf. Neumann-Holzschuh /Mitko 2018, 767s.).

1.2 Adjectifs et adverbes – des catégories différentes ?

Les limites entre la classe de mots des adverbes et les autres classes, particulièrement les adjectifs, et les limites à l'intérieur même de la classe des adverbes sont donc à la fois floues et perméables (Ramat/Ricca 1994, 298 ; Hummel 2017a, 15). Rauh (2015, 35) parle de *fuzzy boundaries*, ce qui a conduit certains linguistes à douter de l'existence même d'une catégorie de mots dits « adverbes » ou du moins à en modifier la conception. Présentons brièvement trois positions différentes, tentant en particulier de délimiter les adverbes par rapport aux adjectifs. Nous passerons ensuite à l'approche de Martin Hummel, qui servira de base à notre étude.

Abeillé et al. (2017, 113) sont convaincus qu'on peut opérer une distinction nette entre les adjectifs et les adverbes et ce, sur la base de critères morphosyntaxiques. En ce qui concerne les adjectifs à l'intérieur de la phrase verbale, ils différencient entre ceux qui sont accordés (*Marie semble contente, Marie vivait heureuse dans cet endroit*) et ceux qui ne s'accordent pas, qualifiés soit de compléments comme dans *Elle risque gros*, soit d'ajouts (« adjunct ») au verbe (*Marie travaille dur*) ; ces derniers ont souvent une interprétation résultative ou indiquent le degré (Abeillé et al. 2017, 128–131). Il s'agit, selon eux, d'adjectifs parce qu'ils ne peuvent être placés entre l'auxiliaire et le participe passé ou devant l'infinitif sans rupture prosodique. Au total ces auteurs établissent les hypothèses suivantes pour distinguer entre les deux classes de mots : seuls les adjectifs sont variables et s'accordent en genre et en nombre avec l'élément qu'ils modifient, et seuls les adjectifs peuvent régir un complément infinitif ; à l'inverse, seuls les adverbes peuvent apparaître entre l'auxiliaire et le participe passé (**Marie a heureuse vécu dans cet endroit*) ou avant l'infinitif sans rupture prosodique (*Marie voudrait vivre heureuse/*heureuse vivre*) (cf. Abeillé et al. 2017, 133). Même si dans la plupart des cas examinés par Abeillé et al. (2017, 135s.), les formes accompagnant le verbe et n'incluant pas le suffixe *-ment* sont des adjectifs selon leurs critères, les auteurs admettent aussi que dans la langue informelle, certains « adjectifs » sont actuellement en train d'être réanalysés comme adverbes de degré (par ex. *Elle s'est grave énervée.*).

D'autres auteurs, tels Ramat/Ricca (1994) proposent le concept de « prototypicalité » pour mieux cerner la nature des adverbes. Mais comme il ressort de l'étude de ces derniers, on obtiendra des adverbes « prototypiques » différents selon les critères sous-jacents.[12] Après avoir discuté dans leur première partie les limites floues entre adverbes et autres classes de mots, constatant au passage la nature scalaire de la catégorie des adverbes en proposant une échelle d'opacité (cf. Ramat/Ricca 1994, 289–303), ils emploient le concept de prototypicalité à

---

[12] Blumenthal (1990), qui distingue quatre sous-classes fonctionnelles abstraites d'adverbes (*attributifs internes* et *externes* et *relationnels internes* et *externes*), opère lui aussi avec l'idée de prototypicalité en constatant que « de nombreux adverbes occupent des positions intermédiaires » (Blumenthal 1990, 44). – D'un point de vue sémantique, Hallonsten Halling (2017) étudie 41 langues à travers le monde et parvient à la conclusion que les adverbes (définis comme des lexèmes dénotant une propriété et modifiant un verbe) qui dénotent la vitesse sont les plus prototypiques, suivis de ceux dénotant la valeur, puis de ceux dénotant une dimension.

l'intérieur même de la classe des adverbes, en se référant à l'anglais. Ils considèrent les adverbes de manière modifiant une phrase verbale et formés avec -*ly* comme le groupe central,[13] les regardant comme les plus productifs parmi les sous-groupes adverbiaux (Ramat/Ricca 1994, 313). Ils montrent entre autres que c'est à partir de ceux-ci que peuvent évoluer d'autres sous-groupes, les adverbes de degré, de phrase, et même les focaliseurs.

Si l'on avance en revanche le critère de la fréquence pour repérer les adverbes prototypiques, l'hypothèse de la prototypicalité des adverbes en -*ly* exprimant la manière devient intenable. Les adverbes courts et opaques sont plus fréquents que les adverbes portant la marque morphologique et les adverbes en -*ly* eux-mêmes servent plus souvent d'adverbes de phrase, de degré et de focaliseurs que d'adverbes de manière. Il en va de même dans les langues romanes avec les adverbes avec ou sans la marque morphologique issue du latin MENTE (cf. Ramat/Ricca 1994, 317–322). Ajoutons que l'adverbe morphologiquement marqué n'est pas forcément plus productif que les adjectifs-adverbes, ni en anglais ni dans les langues romanes, mais qu'il faut tenir compte du niveau de langue pour en juger (cf. ci-dessous).

Vu l'hétérogénéité des éléments de la « classe de mots » des adverbes, Rauh (2015, 42) suppose que l'existence d'une telle classe repose sur le besoin ressenti par les linguistes d'organiser la masse immense des mots en les rangeant dans des rubriques qui soient cognitivement maîtrisables :

> « As a whole, this category has no grammatical function or purpose. The only reason for its existence as a peculiar category with a rather heterogeneous extension is to divide the large number of words of a language into a cognitively manageable number of categories with their members sharing certain properties and which may form the basis for grammatical analyses of various kinds ».

Une troisième approche nie jusqu'à l'existence d'une classe de mots regroupant les « adverbes » (« single category claim »). Pour l'anglais, Giegerich (2012) avance l'hypothèse que le suffixe -*ly* attaché aux adjectifs, est une marque flexionnelle et non dérivationnelle, de sorte que les formes en -*ly* sont des adjectifs fléchis. Selon lui, « l'adverbe » n'est pas une catégorie lexicale mais une fonction modificatrice, exercée par la catégorie « adjectif » dans des contextes autres que ceux normalement associés avec l'adjectif (Giegerich 2012, 342). La même position est défendue par Dal (2007, 135) en ce qui concerne les adver-

---

[13] À juste titre, Rauh (2015, 38) critique le fait que ce point de vue ne considère qu'une partie des adverbes, qu'elle appelle « the core of the class of adverbs ».

bes de manière en -*ment* en français qui sont selon elle « des formes réalisant des adjectifs dans des contextes non nominaux ».[14] Elle trace donc une ligne de partage à l'intérieur même des formes classées traditionnellement comme adverbes, distinguant les adverbes de manière en -*ment* qui sont selon elle des adjectifs et forment une classe ouverte, des autres adverbes qui, en français standard actuel du moins, constituent une classe fermée et appartiennent désormais à une « catégorie lexicale mineure » (Dal 2007, 137). Face à cette approche, nous partageons la critique de Hummel (2017a, 33) et sommes d'avis, tout comme lui, que la séparation de la flexion et de la dérivation divise en deux objets distincts ce qui constitue en réalité un continuum (pour le développement de morphèmes, cf. aussi Bybee 1985).[15]

2 Une approche flexible de la classe des adverbes

Il ne s'agit pas pour nous, dans le cadre de cet article, d'aborder plus avant les problèmes théoriques concernant le classement des adverbes et leur caractère hétérogène ; on consultera à ce propos l'abondante littérature consacrée aux adverbes (cf. par ex. Nøjgaard 1992–1995 ; Guimier 1996 ; Gezundhajt 2000 ; Molinier/Levrier 2000 ; Hummel 2013 ; 2014 ; 2017a et 2017b ; Magnus 2014 ; Hummel/Kröll 2015 ; Pittner/Elsner/Barteld 2015). Dans ce qui suit, nous partageons l'approche différenciée de Hummel (2000 ; 2013 ; 2014 ; 2017a ; 2017b). Bien qu'il souligne la proximité des adjectifs et des adverbes qui se trouvent unis de par leur fonction d'attribution (cf. Hummel 2013, 3) – les deux modifient des unités supérieures dans la hiérarchie –, il n'adopte pas la position des défenseurs du « one category

---

[14] Cf. Dal (2007, 142) : « [...] aucune des propriétés des adverbes de manière en -*ment* du français internes au domaine verbal ne permet de conclure de façon assurée qu'ils résultent de l'application d'une règle de construction de lexèmes. Un faisceau d'indices permet en revanche de voir en eux les résultats d'une règle de réalisation de lexèmes [...] ».
[15] Cf. Hummel (2017a, 33) : « Clearly, separating inflection from derivation divides a continuum into two different objects, at least if we do not consider the opposition of inflection and derivation as a theoretical and heuristic one, as we should do. In fact, both En. -*ly* and Romance -*mente* are long-term grammaticalizations of full nouns [...]. Hence, diachrony is marked by transitions including not only derivation, but also composition [...]. If inflection is the endpoint of diachronic grammaticalization, there is necessarily a transition from composition to inflection, possibly via derivation. [...] Consequently, the existence of a morpheme sharing properties with inflection, derivation, and possibly composition comes as no surprise, even from synchronic points of view. Hence, attempts to clearly separate inflection from derivation at the level of object language run the risk of being a pointless exercise (cf. Štekauer 2015), if no nuancing devices are introduced (prototypicality, optimality etc.) ».

claim », et soutient au contraire que la complexité des interfaces entre adjectifs et adverbes demande une solution plus complexe (cf. Hummel 2017a, 15). S'il maintient l'idée de l'existence de classes de mots, c'est pour des raisons purement heuristiques (Hummel 2017a, 16). Tout en développant une approche flexible des classes de mots et en élargissant la perspective à d'autres langues romanes, à l'anglais ainsi qu'à des aspects diachroniques et diasystématiques, il consacre également un certain nombre d'observations aux variétés du français parlées dans le Nouveau Monde. Hummel prend comme point de départ la classification de Hengeveld (1992 ; cf. aussi Hengeveld/Rijkhoff/Siewierska 2004), qui répartissait différentes langues en « langues flexibles », « langues différenciées » et « langues rigides »,[16] mais il modifie cette approche, constatant que la modification attributive (Hummel 2017a, 16s.) est réalisée par différents moyens. La classification de Hengeveld ne reflète pas la réalité linguistique dans les langues romanes, comme le français, ou germaniques, comme l'anglais ; cela devient évident si l'on tient compte du fait qu'en français, par exemple, il existe quatre sous-groupes, qualifiés par Hummel de « types », dont les membres peuvent apparaître dans une fonction adverbiale :

Type A : Les adjectifs – sous une forme non-marquée ou neutre – remplissent des fonctions adjectivales et adverbiales ; lorsqu'ils apparaissent en fonction adverbiale, on les qualifiera dans ce qui suit d'*adjectifs-adverbes*.[17]

Type B : Les adjectifs dotés d'un morphème (en français : *-ment*) remplissent les fonctions adverbiales.[18]

Type C : Des paraphrases remplissent les fonctions adverbiales (*de manière X, de façon X* ou des syntagmes prépositionnels figés ou non, comme *en ce moment*).

Type D : Le type englobe la classe fermée des « adverbes lexicaux » (*bien, mal*).

---

[16] Les « langues flexibles » recourent à une forme non-marquée ou neutre, lorsque l'adjectif est employé en tant qu'adverbe (par ex. l'allemand) ; les « langues différenciées » séparent morphologiquement la classe des adjectifs et celle des adverbes ; les « langues rigides » utilisent aussi des verbes ou des noms en fonction adverbiale, et les syntagmes prépositionnels peuvent également être employés dans ce but (cf. Hummel 2017a, 18).
[17] Cf. Hummel/Gadzik (en préparation). Notons que dans Neumann-Holzschuh/Mitko (2018) nous parlons dans ces cas d'*adjectifs adverbialisés* suivant Hummel (2000).
[18] Les adjectifs apparaissent, en revanche, dans les fonctions adjectivales. Hummel (2014, 36) refuse délibérément de trancher pour déterminer si cette marque de l'adverbe constitue un morphème flexionnel ou dérivationnel, voire un phénomène de composition de deux lexèmes.

Le Type A est baptisé « système monocatégoriel », le Type B « système bicatégoriel ». Dans ses publications, Hummel (2000 ; 2013 ; 2014 ; 2017a ; 2017b) montre que le Type A est le plus répandu dans les langues indo-européennes et constitue le type vernaculaire dans les langues romanes, alors que le Type B se développe au fur et à mesure que les langues sont soumises à un procès de standardisation. Le Type B et sa propagation relèvent donc du phénomène de l'élaboration du code écrit (« Sprachausbau », Kloss 1967 ; cf. Hummel 2014).[19] Il convient de souligner qu'il n'existe pas un seul système assurant la modification attributive, mais que des sous-systèmes coexistent avec notamment une forte concurrence entre le Type A et le Type B (Hummel 2013 et Hummel/Kröll 2015).

> « La diachronie du système adverbial des langues romanes s'explique fondamentalement par la coexistence compétitive d'un système monocatégoriel de tradition orale avec un système bicatégoriel qui s'impose progressivement comme standard d'écriture [...] »
>
> (Hummel/Kröll 2015, 39).

Cette concurrence aboutit à des résultats différents – favorisant soit le Type A, soit le Type B – selon le code (oralité ou scripturalité), la tradition (pression plus ou moins forte du standard), la région (Ancien Monde – Nouveau Monde) et le niveau de langue (standard – non-standard). Pour mesurer la dimension de cette concurrence, il faut étudier les adverbes au cas par cas, car elle peut être résolue différemment selon l'adverbe en question.[20]

Ajoutons que le centrage sur la fonction de « modification attributive », opéré par Hummel, exclue les adverbes de temps et de lieu, d'affirmation et de négation, ainsi que les connecteurs et les marqueurs du discours (cf. Hummel 2017a, 20). Ci-dessous, nous suivons Hummel également sur ce point, dans la mesure où il s'agira entre autres pour nous d'approfondir l'hypothèse de la concurrence entre les Types A et B et notamment le constat de Hummel selon

---

[19] Hummel (2013) souligne que, lors de la diffusion de la périphrase en ablatif « adjectif + MENTE » en latin notamment par les auteurs chrétiens des premiers siècles de notre ère, code écrit et code oral se sont mutuellement influencés. Cette influence perdure dans les langues romanes. Étudiant le cas de l'adverbe *vite* vs. *vitement*, Hummel/Kröll (2015) traitent en détail les interfaces entre oralité et scripturalité. – Pour l'histoire des adverbes italiens en -*ment* cf. Grübl (2018), selon qui l'analyse d'un échantillon de textes italiens des 13e et 14e siècles suggère que ces adverbes remontent à la tradition écrite, relevant de la langue de distance.

[20] Cf. Hummel (2013, 31) : disparition du type A (*comme* au sens de 'comment') ; disparition du type B (*mêmement, vitement*) ; différenciation sémantique (*haut – hautement*) ; différenciation fonctionnelle (*naturellement* est aujourd'hui le plus souvent adverbe de phrase) ; restriction à un certain code (*pareil – pareillement*) ; influence pragmatique ou métaphore (*cher – chèrement*) ; variation presque libre (*fort – fortement* au sens de 'avec force' ou 'avec intensité') ; disparition des deux formes (*isnel – isnelement*).

lequel le Type A est plus répandu dans les variétés du Nouveau Monde qu'en France (« New World-Old World-Gap », Hummel 2013, 14 ; 2014, 57). Dans cette hypothèse, ce constat s'expliquerait par le fait que l'usage privilégiait originairement le Type A et que ce trait de la langue populaire a pu se maintenir dans le Nouveau Monde, où la pression normative était moindre qu'en France. Les variétés du Nouveau Monde reflèteraient donc là, comme dans d'autres domaines (cf. Neumann-Holzschuh/Mitko 2018), un trait de la langue populaire telle qu'elle se parlait encore à l'époque de la colonisation.

3 Objectifs de cette contribution

Dans le présent article, il s'agit pour nous
- d'examiner la polyfonctionnalité des adjectifs-adverbes (modificateurs du verbe, de l'adjectif, de l'adverbe, ou emploi en tant qu'adverbe de phrase) ainsi que leur productivité (dans les variétés étudiées, ils ne constituent pas un paradigme fermé) ;
- d'évaluer le rôle des formes en -ment en présentant d'une part leur champ d'application, d'autre part les types d'adverbes qui prennent fréquemment ce suffixe ;
- de comparer les variétés acadiennes et louisianaises avec le québécois en nous appuyant sur des corpus oraux, afin de mieux évaluer l'hypothèse de l'influence de la pression normative sur la fréquence des adjectifs en fonction adverbiale. Le Québec s'est longtemps aligné sur la norme hexagonale et a introduit une scolarisation conséquente en français bien avant les autres régions étudiées ici ; dans ces dernières, qui plus est, la scolarisation passait par l'anglais jusqu'au 20e siècle ;
- d'aborder brièvement la question de l'influence de l'anglais (populaire) sur les variétés étudiées, les adjectifs-adverbes étant surtout courants en anglais américain populaire (cf. ci-dessous, paragraphe 5, et Hummel 2014, 40).

Pour ce qui est des corpus consultés, nous exploitons le Corpus de français parlé au Québec (CPFQ)[21], alors que, pour l'Acadie et la Louisiane, nous recourons aux corpus

---

[21] Le corpus québécois CFPQ entend refléter la langue des années 2000. Ont été interviewées des personnes de différentes tranches d'âge qui se connaissent généralement très bien dans des lieux qui leur sont familiers, et sous l'égide d'un interviewer qui intervient peu dans la conversation libre. Signalons que par rapport aux autres corpus, les locuteurs du CFPQ ont

qui servaient déjà de base à la rédaction de la *Grammaire comparée des français d'Acadie et de Louisiane* (GraCoFAL, Neumann-Holzschuh/Mitko 2018).

Nous tenons à souligner que deux raisons nous poussent à renoncer largement aux indications chiffrées, sauf pour donner un ordre de grandeur de l'usage : premièrement, notre base de données étant réduite, plutôt que d'avancer des chiffres nous préférons souligner des tendances d'usage se dessinant nettement dans les corpus consultés. Deuxièmement, toute tentative d'opérer avec des statistiques se heurte en la matière à une question de principe : la polyfonctionnalité même des adverbes et, partant, le caractère ambigu de nombreux adverbes, même dans un contexte donné.[22] L'adverbe *vraiment* en est un exemple : exophrastique, il sert d'adverbe de phrase et porte sur la phrase entière (*vraiment* équivalant à la paraphrase *je dis vrai en disant que* ...) ou bien renforce « la valeur de vérité de l'énoncé » (Guimier 1996, 158) ; avec certains verbes il prend une valeur intensive (*je l'ai vraiment aimée*) et fonctionne alors de façon intra-prédicative, valeur tout à fait courante aussi lorsqu'il porte sur un adjectif (*vraiment bon*). La distinction entre les différents emplois n'est pas toujours claire, notamment dans les cas fréquents où *vraiment* accompagne un adjectif (cf. Guimier 1996, 159).[23]

Dans la mesure du possible, nous avons quand même regroupé les adverbes en modifieurs du verbe, modifieurs de l'adjectif/adverbe et adverbes de phrase pour comparer nos résultats avec ceux de Hummel (2000, 430s.) sur l'acadien du Nouveau-Brunswick et de Ramat/Ricca (1994), qui se penchent sur la fonction principale des adverbes dans le cadre de leur étude sur la prototypicalité des ceux-ci (cf. ci-dessus, 1.2).

---

généralement une formation plus approfondie, sauf pour le groupe d'âge des plus âgés, ce qui doit bien sûr être pris en compte dans l'analyse.

22 Guimier (1996) souligne à plusieurs reprises la polyfonctionnalité des adverbes dans son ouvrage. Cf. « Un adverbe peut être endophrastique ou exophrastique, ou il peut être les deux à la fois. L'adverbe se caractérise fréquemment par un très grand flou dans sa portée » (Guimier 1996, 13) ; « [...] un même adverbe, non seulement est souvent susceptible de plusieurs types de fonctionnement, mais encore combine parfois, dans un même contexte, des caractéristiques propres à plusieurs modes de fonctionnement. [...] Il en résulte de nombreux cas d'indétermination ou d'ambiguïté concernant la valeur de l'adverbe en contexte » (Guimier 1996, 161). Cf. aussi Guimier (1996, 139s.) à propos de l'ambiguïté des adverbes paradigmatisants.

23 « En fait, devant un adjectif, le statut de *vraiment* est fluctuant et un énoncé tel que *j'étais vraiment inquiet* est ambigu. Si l'adverbe est fortement accentué – l'accentuation emphatique tend alors à l'isoler du groupe prédicatif – son fonctionnement est authentiquement exophrastique (= *j'étais inquiet, c'est vrai/je l'affirme*). Sans accentuation particulière, il est intégré au groupe adjectival et prend une valeur intensive (= *j'étais très inquiet*). Comme l'intensif prototypique *très*, *vraiment* est alors sous la portée de la négation » (Guimier 1996, 159).

4 La fréquence des différentes catégories d'adverbes

Nous nous intéressons dans cette étude aux adverbes en tant que modifieurs des verbes, des adjectifs/adverbes ou portant sur la phrase. Nous n'examinerons pas les adverbes focaliseurs (*seulement, même, uniquement, justement*, etc.), les marqueurs du discours ni les adverbes de temps ou de lieu.

Les corpus consultés font ressortir les tendances suivantes : en ce qui concerne la fréquence des différentes catégories d'adverbes retenues, nous constatons que sur les trois groupes considérés ici (modifieurs de verbe, d'adjectif/d'adverbe ou adverbes portant sur la phrase) et si l'on considère les adverbes en -*ment* et les adjectifs-adverbes pris dans leur ensemble, les adverbes de phrase (dont notamment *vraiment*) sont dans les corpus les plus fréquents. Cela s'explique principalement par le fait que, contrairement au groupe des plus de 80 ans, les locuteurs les plus jeunes ont tendance à insister sur l'authenticité de leur dire en employant des adverbes de phrase tels que *vraiment* (cf. ci-dessous, 4.2).

Les adverbes de phrase devancent les modifieurs d'adjectif et d'adverbe, alors que la catégorie « modifieur d'un verbe » n'arrive qu'à la troisième place. Seul le groupe des plus âgés emploie principalement les adverbes en tant que modifieurs d'un verbe, sans tenir compte, rappelons-le, des adverbes de temps et de lieu, ni de ceux qui structurent le texte et marquent la progression du discours.

4.1 Le Type A

Si l'adjectif non modifié morphologiquement (Type A) est fréquemment employé en tant qu'adverbe dans les corpus oraux que nous avons consultés, portant sur l'Acadie (NÉ – Nouvelle-Écosse, NB – Nouveau-Brunswick, ÎPÉ – Île-du-Prince-Édouard), les Îles-de-la-Madeleine, le Québec et la Louisiane, on constate, malgré tout, dans l'usage de ces régions des différences qu'il s'agira de présenter par la suite.

Ryan (1998) souligne la grande vitalité de l'adjectif-adverbe dans le parler de la Baie Sainte-Marie (NÉ) et il explique le phénomène d'une part par les tendances internes visant à l'économie de l'expression grâce à la simplification formelle, d'autre part par l'influence de l'anglais populaire, bien présent sur le terrain (Ryan 1998, 102). Souvent, les adjectifs-adverbes ont une contrepartie en anglais (*People used to write different. She talks funny. I was brought up strict*) ; de plus, Ryan (1998, 100s.) relève deux emprunts directs, *right easy* ('très facilement') et *rough* (*J'avais été élevé terriblement rough*),[24] et un calque structural et lexical (*Ça se comprend réel bon*). Si l'on ne saurait nier une certaine influence de l'anglais, les hypothèses de Ryan ne sont pourtant pas convaincantes, parce que, comme l'a démontré Hummel, il s'agit dans le cas des adjectifs-adverbes d'un procédé ancien, plus ancré dans le langage populaire que les formations en *-ment* et non pas d'un développement récent au cours duquel le suffixe *-ment* se serait perdu.[25]

Dans les corpus consultés, nous avons pu constater que les adjectifs-adverbes caractérisent surtout la langue des aînés et des locuteurs moins instruits, les deux facteurs étant bien sûr liés dans une certaine mesure, car dans ces corpus, la formation scolaire des locuteurs plus âgés (plus de 50 ans) est généralement inférieure à celle des locuteurs de moins de 50 ans.

4.1.1 L'adjectif en fonction adjectivale

Parmi les structures « verbe + adjectif », il faut distinguer les cas où l'adjectif apparaît en fonction adverbiale de ceux où il garde son caractère adjectival dans certains types de prédications.

Dans le cas d'une prédication seconde, l'adjectif se rapportant au sujet est employé comme en français de France (Hummel 2017b, [2]). Les adjectifs ne sauraient être remplacés par des formes en *-ment*, car la forme adjectivale correspond à la fonction d'attribut du sujet. Ces constructions sont courantes dans tous les corpus.

- Le monde s'en allait jeune dans ce temps-là, travaillait jeune (NÉ – Hennemann, IS, IM, 90 ans)
- Le monde vivait vieux (NÉ – Hennemann, IS, IM, 90 ans)
- i a mouri /euh/ pas mal vieux, hein ? (NÉ – Hennemann, EL, IM, 72 ans)
- i allont virer plus français (NÉ – Hennemann, ID, PUB, 85 ans)
- Ça s'élève touT [tut] seuls. (NÉ – Hennemann, IS, IM, 90 ans) (C'est-à-dire les enfants ne sont plus élevés par leurs parents, parce que les parents travaillent pendant toute la journée.)
- alle a viré folle là (NB – Arrighi 2005, texte 18, Catherine, 34 ans)
- le Homard était / se vendait trop CHEAP (ÎPÉ – Arrighi, texte 4, Théodore, 78 ans)

---

[24] Cf. aussi au NB dans le corpus d'Arrighi : « on y va : ROUGH là » (NB – Arrighi 2005, texte 18, Suzanne, 41 ans).
[25] Dans le cas des adjectifs-adverbes, il ne s'agit pas d'adverbes tronqués. La troncation du suffixe aboutirait à une forme féminine : *hautement* → *parler *haute* (cf. Hummel 2017b, [6]).

- mon père a été élevé pauvre (LOU – Stäbler 1995b, 128, 70 ans)
- il guettait content (LOU – Conwell/Juilland 1963, 180) (Il s'agit sans doute d'un calque de l'anglais *he looked happy*.)
- les tests sortent toujours négatifs (QU – CFPQ, sous-corpus 29, 65 à 70 ans)

Souvent, c'est le résultat ou l'aboutissement de l'opération verbale (Abeillé et al. 2017 ; Guimier 1989) qui est visé par l'emploi de l'adjectif.
- je m'en vas faire sûr de ça (NÉ – Hennemann, EL, IM, 72 ans)
- faites certain que vous / vous / vous l'appuyez le jeune là (NÉ – Hennemann, BJ, IM, 29 ans)
- quand on partait pas trop large on loadait son bagage (…) à bord du DOREY (ÎPÉ – Arrighi, texte 4, Théodore, 78 ans)
- pour il chesse . droit et pas . craqué (LOU – Stäbler 1995b, 86, 65 ans)

On verra pourtant dans le paragraphe 4.1.2 ci-dessous que la focalisation sur le résultat s'observe aussi dans de nombreux cas où l'adjectif est employé comme adverbe modifiant un verbe.

Certains types de structure « verbe + adjectif » sont très fréquents, également en français de France, notamment celui où l'adjectif modifie un objet interne ou implicite (Abeillé et al. 2017 ; Hummel 2017b ; Riegel/Pellat/Rioul 2011, 657).
- Nous-autres mangeons ben sain maintenant (NÉ – Hennemann, ID, PUB, 85 ans)
- pour manger frais (NÉ – Arrighi, texte 22, Édith, 89 ans)
- t'as jamais conduit automatique ? (NB – Arrighi, texte 11, Stéphanie, 23 ans, étudiante) ('une voiture automatique')
- on a mangé gros sur l'avion (QU – CFPQ, sous-corpus 8, 70 à 75 ans)
- ça faisait bon (QU – CFPQ, sous-corpus 4, 80 à 85 ans) ('cela rendait [le steak] bon')

L'objet peut aussi être exprimé à la surface :
- y a du monde qui les fait [diferãt] [*les* = « les ROAST PIG »] (NÉ – Hennemann, SC, BSM, 45 ans)
- tu les achètes touT STAMPés, tu les achètes touT [tut] parés (NÉ – Hennemann, EL, IM, 72 ans)
- je l'avais rôti joliment sec (LOU – Stäbler 1995b, 235, locutrice d'environ 60 ans)
- je l'avais tiré sec (LOU – Stäbler 1995b, 237, environ 60 ans)
- on pourrait le faire PARTIEL (QU – CFPQ, sous-corpus 7, 35 à 40 ans)
- c'est pas donné à tout le monde de faire ça COMPACT t'sais (QU – CFPQ, sous-corpus 6, 40 à 45 ans)

4.1.2 L'adjectif en fonction adverbiale

4.1.2.1 Type A modifiant un verbe

Dans tous les corpus consultés, on constate que les locuteurs ayant plus de 50 ans et notamment ceux de plus de 70 ans ont tendance à éviter les adverbes en *-ment* pour modifier un verbe ou un adjectif/adverbe. La langue des locuteurs les plus âgés (plus de 80 ans) est marquée par la concentration sur les adverbes courts, lexicalisés et servant en premier lieu à conférer au discours une structure temporelle ou argumentative (*pis, ensuite, pis après, pis après là*). Cette génération recourt aussi plus fréquemment à la modification du verbe par un adjectif-adverbe, soit dans les formes courantes en français standard (*coûter cher, travailler dur*), soit dans les formes non-acceptées dans le standard (*on mange différent*).

En Acadie, le Type A prédomine pour modifier un verbe, sauf dans le parler des locuteurs les plus standardisants. Dans ce contexte, nous tenons à souligner une différence par rapport au corpus québécois et au parler hexagonal : alors que dans ces derniers, on trouve en fonction adverbiale principalement les adjectifs les plus courants et courts, qui entrent dans des tours verbaux figés (*couper court, travailler dur, parler haut, chanter faux*), en Acadie, en revanche, on trouve aussi des adjectifs « savants » (*légal*) et longs (*naturel*).

- y en a qui/qui les arrangeait différent (NÉ – Arrighi 2005, texte 22, Édith, 89 ans)
- pis le monde mange différent [en comparaison avec l'ancien temps] (NÉ – Hennemann, IS, IM, 95 ans)
- on était élevés strict (NÉ – Hennemann, EL, IM, 72 ans)
- des [sic] Acadiens aussi vivent très différent que les Québécois (NB – Arrighi 2005, texte 13, Angèle, 47 ans, secrétaire)
- C'était engraissé naturel là (NB – Wiesmath 1, B : 569, 50 ans ; Hummel 2000, 430)
- Une fois que vous la vendez légal (NB – Hummel 2000, 430 et 2017a, 21, se référant au corpus Wiesmath)
- ton animau grandissait naturel (NB – Hummel 2000, 430 et 2017a, 21, se référant au corpus Wiesmath)
- l'étoèle pis les choses qui brillent euh positif à l'intérieur de nous-autres (NB – Hummel 2000, 430, se référant au corpus Wiesmath)
- moi je croyais sûr que ce tait [= c'était] un orignal (NB – Arrighi 2005, texte 18, Suzanne, 41 ans)

- pis on marche . un petit peu lent pis on va à l'église (ÎPÉ – Arrighi 2005, texte 7, Rose, locutrice âgée)
- on va vous placer correct (IdlM – Falkert 2010, corpus : 108, 85 ans)
- je vas aller direct (IdlM – Falkert 2010, corpus : 158, 79 ans)

Comme en français parlé de France, les verbes de parole (*parler, dire, bégayer* ...) favorisent l'apparition de la forme adjectivale en fonction adverbiale, et en Acadie, c'est également le cas du verbe *s'habiller*.
- Y avait des chuses qu'i disait comique (NÉ – Ryan 1998, 100)
- Il s'habille drôle (NÉ – Ryan 1998, 100)
- lorsqu'a parle tu penses qu'a parle différent que son mari qui a été né à Pubnico (NÉ – Hennemann, LaD, PUB, 64 ans)
- on pourra en parler un petit peu plus profond (NB – Hummel 2017a, 21, se référant au corpus Wiesmath)
- mais pour parler plus sérieux (NB – Arrighi 2005, texte 18, Suzanne, 41 ans)
- tout le monde parle différent mais on se comprend pareil (NB – Arrighi 2005, texte 15, Marco, jeune étudiant)

Notons que *terrible*, en tant que modifieur d'un verbe, marque également l'intensité.
- Il a mouillé terrible (FA – Poirier 1993 [1925] : s.v. *adverbe* ; cf. Arrighi 2005, 379)
- ç'a changé terrible (IdlM – Falkert 2010, corpus : 468s., 74 ans)

Dans l'exemple suivant, l'adverbe qui commente l'acte de dire est formé en *-ment*, alors que l'adverbe de manière apparaît sous la forme adjectivale, ce qui correspond bien à la tendance générale :
- le monde que/qu'avait le/un syndrome de Tourette automatiquement i disait qu'i z-étaient du démon i les tuaient : automatique
(NB – Arrighi 2005, texte 18, Suzanne, 41 ans)

Notons que les locuteurs jeunes et mieux formés emploient couramment les adverbes en *-ment*, en Acadie aussi. C'est le cas par exemple du locuteur BJ dans le corpus néo-écossais de Hennemann ou des locutrices Rachelle et Stéphanie dans le corpus néo-brunswickois d'Arrighi (cf. ci-dessous, 4.2).

C'est en Louisiane que la tendance à recourir au Type A est la plus nette. Dans le corpus de Stäbler (datant de la fin des années 1980, et majoritairement composé de locuteurs de plus de 60 ans), on note la quasi-inexistence des adverbes en *-ment*, surtout en tant que modifieurs verbaux. La forme adjectivale apparaît en fonction adverbiale, de sorte qu'on peut noter la prédilection pour le Type A même dans ce corpus assez restreint (Stäbler 1995b). Soulignons dans ce contexte que dans leur description du parler louisianais, Conwell/Juilland (1963) ne mentionnent même pas la formation de l'adverbe par le suffixe -*ment* (cf. aussi Hummel 2000, 431) et que Guilbeau (1950, 245) avait déjà noté la faible productivité du suffixe -*ment* pour former des adverbes (cf. toutefois ci-dessous, 4.2, pour le corpus *Découverte*).

- Tante Lydia là a parle [= elle parle] drôle (LOU – Stäbler 1995b, 44, 83 ans)
- qu'il a pas brûlé plus mauvais (LOU – Stäbler 1995b, 97, 65 ans)
- a m'avait bourgonné joliment mauvais là-là (LOU – Stäbler 1995b, 120, 65 ans)
- là tu trouves ça facile (LOU – Stäbler 1995b, 194, 72 ans) (ici, au sens de 'facilement')
- c'était pas marié légitime (LOU – Stäbler 1995b, 125, 70 ans)
- Pauvre bête, il bégayait tellement mauvais que il pouvait pas user le phone du tout (LOU – DLF 2010 : s.v. *tellement*, 608, Lafayette)

On aura noté que c'est souvent la focalisation sur le résultat (cf. *qu'il a pas brûlé plus mauvais* 'qu'il n'a pas été brûlé plus gravement') qui favorise l'emploi de l'adjectif-adverbe.

Dans le corpus québécois, l'emploi de l'adjectif-adverbe non conforme à la norme est généralement moins fréquent qu'en Acadie et en Louisiane. L'adjectif-adverbe s'observe principalement dans les cas également permis dans la langue standard, surtout dans le langage des jeunes, qui utilisent d'ailleurs de préférence les adverbes en -*ment* pour modifier le verbe (pour -*ment*, cf. ci-dessous, 4.2). Mais on trouve aussi :

- tu fais obligatoire quatre mois (QU – CFPQ, sous-corpus 25, 20 à 25 ans)
- ça communique direct (QU – CFPQ, sous-corpus 7, 35 à 40 ans)
- elle a peut-être creusé trop creux (QU – CFPQ, sous-corpus 12, 60 à 65 ans)
- on voit pas assez large (QU – CFPQ, sous-corpus 12, 60 à 65 ans) [cet énoncé se réfère à un problème technique dans la situation de l'enregistrement]
- ç'a m'a pincé direct là (QU – CFPQ, sous-corpus 20, 60 à 65 ans)
- vous vous êtes en venus direct ici ? (QU – CFPQ, sous-corpus 8, 70 à 75 ans)
- il voit pas clair (QU – CFPQ, sous-corpus 11, 85 ans+) [c'est-à-dire il aurait besoin de nouvelles lunettes]

Gros s'emploie couramment à travers toutes les classes d'âge au sens d'"énormément' :

- il pleuvait vraiment gros (QU – CFPQ, sous-corpus 9, 15 à 20 ans)
- ça a pesé GROS là (QU – CFPQ, sous-corpus 19, 20 à 25 ans)
- ils ont baissé gros (QU – CFPQ, sous-corpus 8, 70 à 75)
- ça a changé gros (QU – CFPQ, sous-corpus 8, 70 à 75 ans)

4.1.2.2 Type A modifiant un adjectif/adverbe

Le Type A n'est pas restreint au rôle de modifieur d'un verbe, mais s'observe aussi occasionnellement devant les adjectifs.[26] Ici, l'adverbe sert généralement de quantifieur et d'intensifieur (Hummel 2014, 42). Au total, vu la faible fréquence d'occurrences des adjectifs-adverbes dans cette fonction, on peut retenir que l'adjectif-adverbe est moins un moyen de modifier un autre modifieur (adjectif/adverbe) qu'un moyen d'exprimer la manière de faire.
- Ça se comprend réel bon (NÉ – Ryan 1998, 100)
- Je ne joue rien que quand les chiffres sont gros hauts (NÉ – Hennemann, corpus oral 6)
- il y a un gros, gros chat, terrible gros chat qui a tombé derrière lui (LOU – DLF 2010 : s.v. *terrible²*, 613, Acadiana)

C'est principalement l'adjectif-adverbe *droit,* prononcé généralement [drɛt] dans les variétés étudiées, qui apparaît dans cette fonction (cf. Neumann-Holzschuh/Mitko 2018, 760).
- droit asteur (NÉ – Hennemann, IS, IM, 90 ans) ('juste maintenant')
- droit au ras-là (LOU – Stäbler 1995b, 217, 72 ans) ('directement à côté')
- droit là-là (LOU – Stäbler 1995b, 222 [âge non indiqué]) ('directement là-bas')
- drette drette juste en face (QU – CFPQ, sous-corpus 5, 55 à 60 ans)

Mais là aussi, il faut tenir compte de l'âge et de la formation du locuteur. Ainsi, Stéphanie, locutrice âgée de 23 ans, étudiante vivant au Nouveau-Brunswick, utilise l'adverbe *directement* pour spécifier l'adverbe *là* ; en général, son discours est caractérisé par l'absence de l'adjectif-adverbe et par toute une panoplie très diversifiée d'adverbes en *-ment,* notamment dans la fonction d'adverbes de phrase (*éventuellement, probablement, malheureusement* et d'autres).
- tu peux le manger directement là là (NB – Arrighi 2005, texte 11, Stéphanie, 23 ans)

---

26 Jespersen (1992, 96–103) qualifie ces adverbes d'adverbes « tertiaires » (Hummel 2014, 40).

Notons pour le corpus québécois que la fonction d'intensification est particulièrement importante pour les jeunes, et s'observe essentiellement dans le langage des moins de 25 ans ; il s'agit du domaine où ils utilisent le plus grand nombre d'adverbes, généralement des adverbes en *-ment* (notamment *vraiment*), mais aussi la forme anglaise *full* et les préfixes augmentatifs *super* et *hyper*. Cependant, la forme *super* a également fait son entrée dans le langage des plus de 35 ans et apparaît jusqu'à la tranche d'âge des 70 à 75 ans. Les exemples, notamment dans le langage des jeunes, sont légion dans le corpus consulté et on ne saurait en présenter qu'un petit échantillon.

- *full sportive* (QU – CFPQ, sous-corpus 3, 15 à 20 ans), *c'est full téteux* (QU – CFPQ, sous-corpus 3, 15 à 20 ans), *c'est full quétaine* (QU – CFPQ, sous-corpus 3, 15 à 20 ans), *full spécial* (QU – CFPQ, sous-corpus 17, 15 à 20 ans), *full full f-full méchante là* (QU – CFPQ, sous-corpus 17, 15 à 20 ans), *full vite* (QU – CFPQ, sous-corpus 17, 15 à 20 ans), *full long* (QU – CFPQ, sous-corpus 10, 20 à 25 ans), *c'est full pas loin* (QU – CFPQ, sous-corpus 19, 20 à 25 ans)
- *vraiment super bien* (QU – CFPQ, sous-corpus 10, 20 à 25 ans), *super découragé* (QU – CFPQ, sous-corpus 10, 20 à 25 ans), *super intelligents* (QU – CFPQ, sous-corpus 29, 60 à 65 ans), *super bonne* (QU – CFPQ, sous-corpus 8, 70 à 75 ans)
- *hyper fortes* (QU – CFPQ, sous-corpus 9, 15 à 20 ans)
- *hyper dispendieux* (QU – CFPQ, sous-corpus 7, 35 à 40 ans)

Autres adjectifs en fonction d'adverbe :
- mais il est pas dur sérieux là (QU – CFPQ, sous-corpus 3, 15 à 20 ans)
- c'est fou raide (QU – CFPQ, sous-corpus 19, 20 à 25 ans)

4.1.2.3 Type A modifiant une phrase

Rarement, l'adjectif-adverbe apparaît dans le rôle d'un adverbe de phrase. Une exception notable constitue la forme *sûr* au sens de 'certainement, sûrement' en LOU, attestée également en français dialectal (FEW 11, 389a), mais absente du corpus acadien, et la forme *sérieux* au sens de 'sérieusement', fréquente dans le corpus québécois dans la tranche d'âge des 20 à 35 ans (cf. les sous-corpus 25, 20 à 25 ans ; 2, 25 à 30 ans ; 26, 30 à 35 ans) et *certain* dans le corpus québécois dans la tranche d'âge des 50 à 75 ans.

- ils ont sûr bien appris (LOU – *Découverte*, Church Point, Acadia)
- je vas sûr le faire (LOU – *Découverte*, Mamou, Évangéline)
- il va arriver sûr (LOU – DLF 2010 : s.v. *sûr*, 596)
- il avait sûr six mois (LOU – *Découverte*, Mamou, Évangéline)

- Ça c'est sûr bon (LOU – DLF 2010 : s.v. *sûr*, 596) (pour *sûr*, cf. aussi les textes 2, 4 et 9 dans Stäbler 1995b)
- tu dois arrêter certain (QU – CFPQ, sous-corpus 1, 50 à 55 ans)
- elle devait s'ennuyer certain (QU – CFPQ, sous-corpus 12, 60 à 65 ans)
- elle se fait brasser certain (QU – CFPQ, sous-corpus 20, 60 à 65 ans) (cf. aussi sous-corpus 8, 70 à 75 ans)
- mais euh TAbarnouche [sic] c'est un film [...] là moi euh je me sentais pas ben après ça là sérieux t'sais c'est vraiment euh c'est TRÈS CRU là [...] (QU – CFPQ, sous-corpus 10, 20 à 25 ans)

D'autres cas ont été notés en Louisiane :
- O.K. prouvable le weekend (LOU – Stäbler 1995b, 158, 22 ans) ('probablement')
- je conte ça comme une farce . mais ç'a arrivé vrai (LOU – Stäbler 1995b, 171, 84 ans) ('vraiment')

Dans l'exemple suivant, la locutrice évite le cumul de deux formes en *-ment*, ne marquant que le premier adverbe qui sert à structurer le discours, alors que le deuxième – *professionnel* – indique le cadre de validité de son énoncé :
- deuxièmement professionnel ben tu penses pas à ça (NB – Arrighi 2005, texte 18, Suzanne, 41 ans)

4.2 Type B : Les adverbes en *-ment*

Avant d'entrer dans les détails, faisons trois constats concernant les adverbes en *-ment*.

(1) Ils jouent un plus grand rôle dans le langage des jeunes et des personnes mieux scolarisées que chez les aînés et les personnes moins instruites. Prenons l'exemple du CFPQ : sans compter les focaliseurs ni les adverbes structurant le texte ou indiquant le temps, on obtient les moyennes suivantes dans une tranche de 30 minutes de conversation :
- chez les locuteurs de 15 à 30 ans (sous-corpus 3, 9, 10, 25 et 2 pris ensemble) : 40 adverbes en *-ment* ;
- chez les 30 à 50 ans (sous-corpus 26, 7, 23 pris ensemble) : 19 adverbes en *-ment* ;
- chez les 50 à 70 ans (sous-corpus 1, 12, 20, 29) : 15 adverbes en *-ment* ;
- chez les 70 à 85 ans et plus (sous-corpus 8, 4, 11) : 6 adverbes en *-ment*.

L'importance des adverbes en *-ment* décroît donc avec l'âge. Dans le corpus de Hennemann, le locuteur BJ, originaire de l'Isle Madame, âgé de 29 ans, utilise dans l'interview 27 adverbes en *-ment* en 65 minutes (sans compter les focaliseurs, les adverbes de temps ni ceux qui structurent le texte), une dame âgée de 90 ans du même corpus en utilise 9 en 78 minutes (dont sept fois *vraiment*).

(2) Ils sont employés, en Acadie, principalement comme adverbes de phrase, au Québec en outre comme modifieurs d'un verbe et comme modifieurs d'un adjectif dans le parler des moins de 25 ans (cf. ci-dessous). En Louisiane, le corpus Stäbler confirme la prédilection pour les adverbes en *-ment* en fonction d'adverbe de phrase, alors que dans le corpus plus vaste, *Découverte*, on relève aussi des adverbes en *-ment* dans le rôle de modifieurs des adjectifs/adverbes et que certains locuteurs les emploient aussi en tant que modifieurs du verbe.[27]

(3) Le nombre de leurs types et de leurs occurrences (« tokens ») est plus élevé dans le corpus québécois que dans les autres corpus consultés. À titre d'exemple : le locuteur BJ (29 ans), de l'Isle Madame, du corpus Hennemann, utilise 7 types différents d'adverbes en *-ment* en 65 minutes (27 occurrences). Dans le CFPQ, on trouve en revanche en 30 minutes de conversation :
- chez les locuteurs de 15 à 20 ans (sous-corpus 3 et 9) : respectivement 13 types (et 38 occurrences) et 17 types (et 62 occurrences) ;
- chez les 20 à 25 ans (sous-corpus 10) : 17 types (et 37 occurrences) ;
- chez les locuteurs de 25 à 30 ans (sous-corpus 2) : 14 types (et 29 occurrences).

Se référant aux parlers acadiens, Arrighi (2005, 378) constate à juste titre que « le phénomène le plus saillant est certainement la réduction notable d'emploi du suffixe *-ment* ». Nous pouvons confirmer ce constat également pour le français louisianais, tout en soulignant que plutôt que d'une *réduction* des formes en *-ment*, nous préférons parler de la faible fréquence de ces formes, étant donné que leur emploi n'a jamais été ancré dans les variétés qui nous intéressent.

4.2.1 Type B modifiant un verbe

Dans le corpus louisianais de Stäbler (1995b), d'ampleur très restreinte et donc guère représentatif, deux adverbes en *-ment* ont pu être repérés en fonction de modifieur verbal, dont l'un, la forme archaïque *vitement*, a aussi été relevé

---

[27] Notons que le corpus *Découverte* signale une cinquantaine d'adverbes en *-ment* modifiant soit un verbe, soit un adjectif/adverbe, soit la phrase. L'importance relative des adverbes en *-ment* s'explique largement par leur emploi fréquent chez une locutrice (originaire de Mamou, Évangéline), et par les adverbes très usuels *joliment* et *tellement* qui servent à renforcer un verbe ou un adjectif/adverbe.

dans le DLF (2010).[28] Dans le corpus *Découverte*, on compte une dizaine d'adverbes en *-ment* qui modifient le verbe.
- je peux lire joliment couramment (LOU – Stäbler 1995b, 154, 84 ans)
- et on l'a éteint . vitement (LOU – Stäbler 1995b, 94, 65 ans)
- Il court si vitement (LOU – DLF 2010 : s.v. *vitement*, 653)
- j'ai appris le catéchisme couramment (LOU – *Découverte*, Pointe Noire, Acadia, 84 ans)
- mais il jouait pas régulièrement (LOU – *Découverte*, Mamou, Évangéline, 73 ans)

Les formes en *-ment* dans le corpus de Stäbler et dans *Découverte* servent principalement d'intensifieurs (notamment *joliment* et *tellement*), d'adverbes de phrase (dans le corpus *Découverte*) ou de focaliseurs (*seulement*).

En Acadie, les adverbes en *-ment* sont d'une importance mineure lorsqu'il s'agit de modifier un verbe : pour risquer une approximation, environ 10% des adverbes en *-ment* modifient un verbe (à titre d'exemple : au NB, 11% et aux IdlM, 8,3% des adverbes).[29] La gamme des types est plutôt restreinte. Apparaissent surtout les adverbes *tellement, complètement, autrement, énormément, rarement* et *facilement*. Les locuteurs les plus jeunes et les plus standardisants utilisent occasionnellement les adverbes en *-ment* pour modifier un verbe, les aînés n'en emploient pratiquement aucun dans les corpus acadiens consultés. La locutrice la plus standardisante dans le corpus d'Arrighi (texte 1), Rachelle, 40 ans, vivant au Nouveau-Brunswick et responsable commerciale dans une entreprise locale importante, n'utilise par contre jamais les adjectifs-adverbes non standard et recourt pour modifier les verbes à différents adverbes en *-ment* (*différemment, énormément, facilement, exactement* et *constamment*). Mais en général, les adverbes en *-ment* sont peu courants en Acadie dans cet usage.
- i sont entourés complètement d'anglophones (NÉ – Hennemann, JG – lycéenne de 16 ans)
- Des cannes c'est pas de quoi que je rouvre tellement (NÉ – Hennemann, EL, IM, 72 ans ; traduction : 'Je n'ai pas l'habitude d'ouvrir des boîtes [pour faire un repas]')

---

28 Pour une analyse détaillée de l'adjectif/adverbe *vite* et l'adverbe *vitement*, cf. Hummel/Kröll (2015).
29 Pour le NB, cf. Hummel (2000, 430) qui se réfère au corpus de Wiesmath sur le Sud-Est du NB. Les chiffres portant sur les IdlM sont le résultat de nos propres calculs.

- i écoutaient rarement la musique (NÉ – Hennemann, MD, IM, 61 ans)
- on s'aurait promené un peu plus différemment (NB – Arrighi 2005, texte 1, Rachelle, 40 ans, responsable commerciale)
- ça me plaît énormément (NB – Arrighi 2005, texte 1, Rachelle, 40 ans)
- je vais faire ma vie là autrement (NB – Arrighi 2005, texte 18, Catherine, 34 ans)
- pour moi c'est plus' important d'être bien dans ce que je fais. que : de gagner ma vie autrement pis ['et'] être malheureuse (IdlM – Falkert 2010, corpus : 25–26, 39 ans)
- je suis toute seule avec eux autres là pis on reçoit énormément (IdlM – Falkert 2010, corpus : 28, 39 ans)
- et puis. mettre un quota sus la morue. avec des dragues que les mailles seraient. assez grand pour que le/la/la petite morue pourrait passer facilement (IdlM – Falkert 2010, corpus : 192, 68 ans)

Dans le corpus québécois, la gamme des adverbes en -ment est sensiblement plus large et ils servent également de modifieurs d'un verbe, même s'ils trouvent leur véritable emploi comme adverbes intensifieurs et adverbes de phrase (cf. ci-après). Moins fréquents dans le groupe des septuagénaires et plus usuels chez les plus jeunes, les adverbes en -ment modifieurs d'un verbe apparaissent cependant dans toutes les tranches d'âge. On peut retenir que la suffixation à l'aide de -ment constitue un moyen courant, en québécois, pour former un adverbe modifiant un verbe.
- je m'exprimais ouvertement (QU – CFPQ, sous-corpus 17, 15 à 20 ans)
- manger [...] super facilement (QU – CFPQ, sous-corpus 10, 20 à 25 ans)
- ça se ferait facilement (QU – CFPQ, sous-corpus 10, 20 à 25 ans)
- les femmes sont classées différemment (QU – CFPQ, sous-corpus 10, 20 à 25 ans)
- tu gardes ça précieusement là (QU – CFPQ, sous-corpus 19, 20 à 25 ans)
- il compétitionne solidement avec (QU – CFPQ, sous-corpus 25, 20 à 25 ans)
- tu veux appeler ça autrement (QU – CFPQ, sous-corpus 25, 20 à 25 ans)
- faut regarder globalement (QU – CFPQ, sous-corpus 2, 25 à 30 ans)
- est-ce que tu as vu Maurice physiquement (QU – CFPQ, sous-corpus 26, 30 à 35 ans)
- il travaille énormément (QU – CFPQ, sous-corpus 7, 35 à 40 ans)
- elle est montée au ciel directement (QU – CFPQ, sous-corpus 23, 45 à 50 ans)
- il avait neigé abondamment (QU – CFPQ, sous-corpus 5, 55 à 60 ans)
- je peux avoir deux semaines plus facilement (QU – CFPQ, sous-corpus 29, 65 à 70 ans)
- ça chauffait drôlement (QU – CFPQ, sous-corpus 29, 65 à 70 ans)

- ça peut pas durer éternellement (QU – CFPQ, sous-corpus 4, 80 à 85 ans)
- ils peuvent vivre plus facilement (QU – CFPQ, sous-corpus 4, 80 à 85 ans)

4.2.2 Type B modifiant un adjectif/adverbe

Ici, l'âge du locuteur est le facteur décisif pour expliquer l'apparition d'un adverbe en -*ment*. De fait, chez les jeunes locuteurs les adverbes en -*ment* constituent le moyen par excellence pour rendre le discours plus expressif. Dans ce contexte, *vraiment* est l'adverbe le plus important dans les corpus acadiens consultés et au Québec, *tellement* est lui aussi assez courant. En Louisiane, *joliment* – usuel aussi dans les parlers acadiens – joue le rôle principal dans l'intensification, *tellement* est également courant (dans le corpus *Découverte*, on compte dans cette fonction 13 occurrences de *joliment*, 7 occurrences de *tellement* et une occurrence de *terriblement*).[30] Retenons aussi que l'adverbe *très* n'est guère utilisé dans les parlers acadiens et louisianais ; à sa place, *beaucoup* et *b(i)en*, qui ne sont pas pris en compte ici, peuvent renforcer un adjectif/participe passé/adverbe (cf. Neumann-Holzschuh/Mitko 2018, 781s.).
- vraiment fascinant (NB – Arrighi 2005, Rachelle, 40 ans)
- c'est vraiment gros [hm] c'est pas mal peuplé (IdlM – Falkert 2010, corpus : 233, 20 ans)
- la maison brûlait joliment bien (LOU – Stäbler 1995b, 94, 65 ans)
- il était si/ si tellement brûlé (LOU – Stäbler 1995b, 95, 65 ans)
- il va bâtir quelque chose joliment proche pareil (LOU – Stäbler 1995b, 217, 72 ans)
- joliment bien connu (LOU – Stäbler 1995b, 219, 72 ans)
- Et j'ai été élevé joliment pauvre, comme tout le monde ici dans le bas de bayou (LOU – *Découverte*, Pointe-aux-Chênes, Terrebonne)
- il était joliment plus vieux que moi (LOU – *Découverte*, Mamou, Évangéline, 73 ans)

Notons que l'expressivité est encore renforcée lorsque l'adverbe est redoublé.
- vraiment vraiment intéressant (NÉ – Hennemann, EL, IM, 72 ans)
- c'est vraiment, vraiment rare (NÉ – Hennemann, SC, BSM, 45 ans)

---

30 *Joliment* est attesté dès le 17e siècle avec un sens intensif en français de France. Dans les parlers qui nous intéressent ici, il peut avoir un sens intensif ('vraiment', 'beaucoup', 'très') ou exhaustif ('tout à fait', 'complètement') et peut aussi apparaître dans les contextes péjoratifs (cf. Brasseur 2001 : s.v. *joliment*, 261, DLF 2010 : s.v. *joliment*, 352 ; Neumann-Holzschuh/Mitko 2018, 770).

Ce procédé de renforcement est très courant dans les corpus consultés, notamment chez les personnes âgées, mais soulignons que chez elles le redoublement apparaît surtout avec les formes sans suffixe -*ment*, notamment avec l'adverbe *beaucoup* au sens de 'très'.[31]

L'adverbe *quasiment* au sens de 'presque', qui peut modifier soit un adjectif ou un adverbe, soit une phrase, est courant dans les corpus acadiens et québécois.[32]
- Il fait quasiment noir. (NÉ – É. Boudreau 1988, 201)
- ta boête on va dire arrivait quasiment pleine (NB – Wiesmath 1, B : 458, 50 ans)
- mon dîner était quasiment cuit quante je partas (IdlM – Falkert 2010, corpus : 60, 92 ans)
- quasiment chaud (QU – CFPQ, sous-corpus 9, 15 à 20 ans), quasiment contents / quasiment gentil (QU – CFPQ, sous-corpus 2, 25 à 30 ans)

Dans ce contexte, l'existence des adverbes *wellment* et *wayment* en Acadie mérite d'être mentionnée. Sous cette forme, *wellment* a une valeur intensive et correspond à 'vraiment', 'très', 'beaucoup'. En Nouvelle-Écosse, *wellment* a été attesté par Starets (1986, 469) et Ryan (1998, 95), et son existence est confirmée, du moins pour le langage des jeunes Acadiens, par Fritzenkötter (2015, 146). À côté de *wellment*, on trouve *wayment*, de même sens (King 2013, 100).[33] Qu'un adverbe anglais soit combiné avec un suffixe français pour marquer l'adverbe signale une certaine productivité de ce suffixe en Acadie, du moins dans le langage des jeunes.

C'est surtout dans le corpus québécois que l'on constate la grande importance des adverbes en -*ment* pour rendre le discours expressif. Dans la tranche d'âge des moins de 25 ans, les adverbes intensifieurs sont au moins aussi fréquents, sinon plus fréquents (selon le corpus), que les adverbes en -*ment* modi-

---

[31] Par exemple : « c'était beaucoup beaucoup im / important » (ÎPÉ – Arrighi 2005, texte 3, Aldine, « âgée », sans indication précise) ; « ç'a été beaucoup beaucoup dur les premiers quatre cinq ans » (NÉ – Hennemann, BM, IM, 32 ans). Le redoublement est surtout fréquent dans le cas des adverbes courts, modifiant les verbes, comme dans : « fallait manger le co / la viande vite vite pour pas la perdre » (NÉ – Arrighi 2005, texte 23, Édith, 85 ans).
[32] *Presque* n'étant guère courant en français acadien et louisianais, c'est *quasiment* qui apparaît dans les sens de 'presque', 'à peu près', 'en quelque sorte' ; l'adverbe est attesté dès le début du 16e siècle et passe aujourd'hui pour familier ou régional en France (*Le Petit Robert* 2013 : s.v. *quasiment*) (Neumann-Holzschuh/Mitko 2018, 771s.).
[33] Pour l'hypothèse selon laquelle *wellment* et *wayment* seraient des formes dissimilées remontant à l'adverbe acadien *moyennement*, cf. King (2013, 100).

fiant la phrase. Les adjectifs sont régulièrement renforcés par un adverbe. Il s'agit d'un trait particulier du discours de la jeune génération.[34] Notons pour les adverbes dans le rôle d'intensifieurs :
- chez les 15 à 20 ans : respectivement 50% (sous-corpus 3) et 45% (sous-corpus 9)
- chez les 20 à 25 ans : 51%

Étant donné la foule d'exemples, nous ne pouvons citer qu'un petit échantillon.
- ses doigts sont tellement croches ; vraiment drôle ; vraiment petite ; vraiment laid ; vraiment bon ; particulièrement bon ; absolument rien ; vraiment sociale ; tellement hot ; vraiment cave (QU – CFPQ, sous-corpus 3, 15 à 20 ans)
- vraiment laid ; tellement bête ; vraiment poches ; tellement pas égal ; tellement pas bonne ; vraiment faciles ; vraiment bizarre ; complètement différentes ; sérieusement poches (QU – CFPQ, sous-corpus 9, 15 à 20 ans)
- tellement présent ; vraiment violent ; vraiment super bon ; ça goûtait tellement pas bon ; vraiment dégueulasse ; vraiment creuse ; vraiment profond ; vraiment bête ; vraiment important ; vraiment conne (QU – CFPQ, sous-corpus 10, 20 à 25 ans)
- vraiment vulgaire ; vraiment difficile ; vraiment sévère ; tellement surpris ; on avait tellement été chiens ; vraiment laide ; vraiment pas belle ; vraiment croche (QU – CFPQ, sous-corpus 19, 20 à 25 ans)
- vraiment plate ; vraiment pas sympathique ; vraiment chiant ; vraiment drôle; vraiment gai; tellement hot ; complètement ridicule ; crissement rough (QU – CFPQ, sous-corpus 25, 20 à 25 ans)
- vraiment BIG là ; vraiment pire (QU – CFPQ, sous-corpus 2, 25 à 30 ans)

Dans les autres tranches d'âge, les adverbes en -ment servent en premier lieu à modifier la phrase.

4.2.3 Le type B modifiant la phrase

Hummel (2017b, [10]) fait remarquer que « le test traditionnel pour identifier l'adverbe de phrase [...] met en évidence le fait que le rapport sémantique et

---

[34] Soulignons que les adverbes en -ment ne sont pas les seuls à entrer ici en jeu. Dans le sous-corpus 9, par exemple (15 à 20 ans), on relève 42 adverbes modifiant un adjectif ou adverbe dans une tranche de 30 minutes, si l'on tient compte aussi des formes *full, ben, très* et *assez* et du préfixe augmentatif *hyper*. On compte 28 adverbes en -ment dans cette rubrique.

fonctionnel est plutôt de type adjectival » : *Curieusement, il ne m'a pas appelé* équivaut à *C'est curieux / Je trouve curieux qu'il ne m'ait pas appelé*. L'adverbe en -*ment* est ainsi en quelque sorte un « intrus », réalisant « une prédication qui est adjectivale du point de vue sémantique » (Hummel 2017b, [10]). Cette pénétration dans le domaine adjectival s'est opérée, selon Hummel, au cours de l'histoire de l'expansion des formes en -*ment* avant d'être freinée par le contre-courant puriste au siècle classique. Il n'en reste pas moins que les adverbes en -*ment* trouvent encore leur véritable place dans la fonction d'adverbe de phrase.[35]

Il en est de même en Acadie. Le rôle le plus important est joué par *vraiment*. S'observent en outre : *probablement, apparemment, sûrement, (pas) nécessairement*. C'est seulement chez les locuteurs les plus standardisants que d'autres adverbes de phrase jouent un certain rôle.

- techniquement je suis né à Antigonish (NÉ – Hennemann, BJ, IM, 29 ans)
- il a probablement fait la pêche avec huit Terre-Neuviens (NÉ – Hennemann, BJ, IM, 29 ans)
- c'était vraiment / vraiment / vraiment le / vraiment le FUN (NÉ – Hennemann, EL, IM, 72 ans)
- c'est définitivement pour goûter à la culture (NB – Arrighi 2005, texte 1, Rachelle, 40 ans)
- mais y a vraiment tout un mélange (NB – Arrighi 2005, texte 1, Rachelle, 40 ans)
- c'est vraiment que=que chose que je fais tout seul là (IdlM – Falkert 2010, corpus : 24, 39 ans)
- oui. mais probablement c'était là y avait plus' de fermes y avait plus' de monde dehors aussi là t'sais (IdlM – Falkert 2010, corpus : 39 à 40, 39 ans)
- je sais pas y a sûrement des/ des/ de l'argent là (IdlM – Falkert 2010, corpus : 98, 15 ans)

Signalons qu'on note en général dans les corpus louisianais consultés (*Découverte* ; Stäbler 1995b) la très faible fréquence des adverbes en -*ment*, également dans la fonction d'adverbe de phrase.

- Et tout naturellement il y avait plusieurs frères et sœurs avant lui (LOU – *Découverte*, Carencro, Lafayette)
- Naturellement, j'ai monté, j'ai décidé que je pouvais le monter (LOU – *Découverte*, Châtaignier, Évangéline, 88 ans)

---

[35] Cf. Hummel (2014, 36) : « sentential adverbs in English and Romance are generally analysed or illustrated with Type B adverbs ».

– c'est probablement dans le temps que j'ai commencé l'école (LOU – *Découverte*, Hessmer, Avoyelles, 81 ans)

Dans le corpus québécois, les adverbes en -*ment* sont le plus souvent employés comme adverbes de phrase : chez les plus de 30 ans, entre les deux tiers et les trois quarts des adverbes en -*ment* servent à modifier la phrase dans le CFPQ dans des tranches d'environ 30 minutes de conversation.

Toutefois, dans le groupe des moins de 25 ans, les adverbes ayant le rôle d'intensifieurs sont au moins aussi importants, sinon plus importants (selon le corpus). Mais dans ce même groupe, le nombre total d'adverbes en -*ment* dépasse de beaucoup l'usage des aînés, et cela vaut également pour les adverbes en -*ment* comme adverbes de phrase. On peut constater que plus le locuteur est jeune, plus il semble avoir besoin de souligner sa sincérité en employant l'adverbe de phrase *vraiment*.[36] Or, comme le remarque à juste titre Guimier (1996, 156), la sincérité du locuteur est présupposée même en l'absence d'un marqueur illocutoire ; la souligner ainsi, c'est donc aussi un moyen « d'établir une relation de confiance avec son interlocuteur. En d'autres termes, même si l'adverbe est explicitement orienté vers le locuteur, il est également tourné vers l'interlocuteur […] ».

La gamme des adverbes de phrase est large chez les moins de 35 ans. On note dans les sous-corpus respectifs du CPFQ entre autres les formes suivantes : *vraiment, étrangement, sûrement que, supposément que*,[37] *nécessairement, malheureusement, décidément, sérieusement, concrètement, effectivement, franchement, techniquement, honnêtement, clairement là*. Notons pour les sous-corpus des plus de 35 ans, entre autres : *vraiment, effectivement, franchement, supposément, sûrement*. Dans le CFPQ, les adverbes de phrase deviennent nettement plus rares chez les plus de 55 ans.

5 Bilan

Au vu des corpus consultés, nous pouvons à la fois confirmer et nuancer les résultats de Hummel (2013 ; 2014 ; 2015 ; 2017a ; 2017b), selon lequel les variétés

---

36 La fonction importante des adverbes qui soulignent l'authenticité et la véracité du dire est aussi soulignée par Görke (2015, 325s.) pour la France dans une étude portant sur l'intensification dans le langage des jeunes. Görke indique notamment les adverbes *franchement, vraiment* et l'adjectif-adverbe *sérieux* à côté des expressions comme *je te jure* et *ma parole*.
37 Pour l'emploi du *que* « parasitaire » dans les variétés acadiennes et louisianaise, cf. Neumann-Holzschuh/Mitko (2018, 671–674).

du Nouveau Monde appartiennent aux langues préférant le Type A. Selon Hummel, l'expansion du Type B est tardive par rapport au type « originel » A. Le Type B s'est répandu au cours du processus de standardisation et avec l'expansion de la culture scripturale. Là où la pression normative était moindre et où la culture est longtemps restée principalement orale, le Type B n'a pas pu s'établir dans la même mesure.

> « [...] informal spoken Acadian and Louisiana French are generally supposed to continue metropolitan oral traditions from the 17th century. If this is the case, we can assume that in the 17th century spoken French basically used Type A. [...] There seems to have been a rather clear-cut division between oral usage of Type A and preference for Type B in written texts in this century [epoch from 1650 to 1750]. This is not as surprising as it may seem at first glance, since the same discrepancy opposes present-day informal oral usage and written standard in American Spanish and Portuguese. Similarly, Type B is used in formal written texts in Acadia [...] » (Hummel 2017a, 21s).

Hummel inclut dans ses observations les autres langues romanes présentes dans le Nouveau Monde :

> « [...] all American varieties of Romance share the feature of prevailing Type A usage in informal oral communication. In Europe, Type A is used where the historical impact of standardization was low (southern Italian dialects, Sardinian) or came late (Romanian). This places the situation in America in line with the traces left by the oral traditions in Europe » (Hummel 2014, 57).

> « À l'intérieur des grandes langues romanes, l'extension du système monocatégoriel est plus grande dans toutes les variétés du Nouveau Monde (français acadien, français de Louisiane, l'espagnol et le portugais d'Amérique, etc.) en raison de la plus grande vigueur des traditions orales originelles » (Hummel/Kröll 2015, 41s.).

Il parle d'un écart (« gap ») entre le Nouveau et l'Ancien Monde tout en rejetant l'hypothèse d'un « *colonial lag* », parce que les variétés du Nouveau Monde ne sont pas « en retard » sur un développement entamé d'abord en Europe ; elles ont plutôt conservé une tradition ancrée de tout temps dans l'usage oral en faisant preuve d'une plus grande résistance vis-à-vis des modèles linguistiques et des normes prescriptives (Hummel 2014, 59). Or, Hummel a raison de le souligner, plus les locuteurs sont scolarisés et appréhendent une situation comme formelle, plus ils recourent au Type B de formation d'adverbe, même dans les variétés nord-américaines.[38]

---

[38] Cf. Hummel/Kröll (2015, 42) : « Si les adverbes en -*ment* s'utilisent aujourd'hui [en Acadie et en Louisiane], notamment en Acadie, on observe tout de même que leur usage oral dépend du niveau scolaire des locuteurs et du degré de formalité de la situation communicative (Hummel 2000, 427–433) ». – Hummel (2000, 430s.) constate pour le corpus néo-brunswickois de

Nous tenons pourtant à préciser ces résultats. Les corpus consultés montrent qu'il n'y a pas seulement un clivage entre les plus instruits et les moins instruits, mais qu'il y en a aussi entre les plus âgés et les plus jeunes. Certes, ces facteurs sont corrélés, puisque, aujourd'hui, la scolarisation est systématique, ce qui n'était pas encore le cas dans la jeunesse des informateurs les plus âgés. Mais on distingue aussi des traits typiques du parler des jeunes qui tendent généralement à employer beaucoup plus d'adverbes intensifieurs et d'adverbes de phrase et qui utilisent également des formes en -*ment* pour les adverbes modifiant un verbe. Leurs aînés évitent les formations en -*ment* pour modifier les verbes, et s'ils renforcent aussi les adjectifs/adverbes par des adverbes, c'est à une moindre échelle et en recourant à d'autres formes (*ben, beaucoup*). Il en va de même avec les adverbes de phrase où les adverbes en -*ment* trouvent toutefois leur véritable place.

En ce qui concerne les langues créoles, les quelques attestations de mots en -*man* (entre autres *vitman*) sont complètement lexicalisées (cf. Ludwig 1996a, 188–191 pour le créole guadeloupéen). Se référant à une étude de G. Hazaël-Massieux (1983) portant sur le créole guadeloupéen, Ludwig (1996a, 93, 116–157 ; 1996b) souligne l'absence de marques morphosyntaxiques dans les créoles à base française ainsi que la proximité catégorielle des adverboïdes et adjectivoïdes. Toutes les « pré-classes de mots »[39] peuvent assumer la fonction d'adverbe et, sauf quelques lexèmes dont la catégorie est fixée, n'assument leur valeur spécifique que dans un contexte syntaxique concret. En créole guadeloupéen, on observe pourtant une certaine productivité du suffixe -*man* dans le langage contemporain à la suite du contact étroit entre le créole et le français (Ludwig 1996a, 191).

Si on veut établir un continuum variationnel de fréquence des adverbes en -*ment*, on placera donc par ordre croissant les créoles – si on veut bien les intégrer dans le schéma – devant la Louisiane, celle-ci précédant les parlers de la Nouvelle-Écosse, le Nouveau-Brunswick et de l'Île-du-Prince-Édouard, et ceux-ci devançant les Îles-de-la-Madeleine. En québécois, l'adverbe en -*ment* est tout à fait courant dans toutes les fonctions analysées ici, mais il faut dire que là aussi,

---

Wiesmath que 29 des 38 adverbes en -*ment* du corpus se trouvent dans les textes plutôt standardisants (textes 9 à 14), particulièrement dans les textes les plus standardisants 13 et 14 (17 adverbes) ; seuls 9 – dont 7 fois *vraiment* dans une fonction intensifiante – sont relevés dans les textes plus familiers (1 à 7).

39 Il existe en créole des lexèmes tendant par leur qualité sémantique à remplir certaines fonctions syntaxiques, mais ils ne sont pas restreints à ces fonctions et peuvent en remplir d'autres. C'est pourquoi Ludwig (1996a, 114–116 ; 1996b) préfère parler de « pré-classes » plutôt que de « classes » de mots.

le clivage entre les aînés et les plus jeunes est important, étant donné la fréquence extrême des intensifieurs dans le langage de ces derniers.

emploi peu fréquent des adverbes en *-ment*	→ → →			emploi courant
créoles à base française	Louisiane	NÉ, NB, ÎPÉ	IdlM	Québec

Fig. 1: Fréquence d'emploi du Type B.

Pour ce qui est du rôle de l'anglais dans ce scénario, Hummel souligne à maintes reprises les parallèles synchroniques et diachroniques entre l'anglais et le français dans l'emploi des adjectifs-adverbes et des adverbes en *-ly/-ment*. L'anglais et les langues romanes hésitent entre un système monocatégoriel et un système bicatégoriel (Hummel 2014, 60). Pour l'anglais oral Hummel cite la grammaire de Biber et al. (1999), selon lesquels

> « [c]onversation and academic prose represent opposite extremes of use : in conversation, over 60% of the common adverbs are simple forms, and only about 20% *-ly* forms ; in academic prose, about 55% of the common adverbs are *-ly* forms, and slightly over 30% simple forms » (Biber et al. 1999, 540 ; cités dans Hummel 2014, 56).

Mais Hummel/Kröll (2015, 41s.) soulignent aussi que le clivage, au-delà de l'opposition oral *vs.* écrit, concerne également la différence entre le Nouveau Monde et l'Ancien Monde, les adverbes en *-ly* étant plus fréquents en anglais européen.

> « [...] la situation de l'anglais américain présente les mêmes caractéristiques [que les langues romanes en Amérique du Nord] face à l'anglais de l'Europe, où les adverbes en *-ly* sont plus fréquents (*to speak clear/clearly*) » (Hummel/Kröll 2015, 41s.).

6 Conclusion

Sur la base des corpus consultés, l'approche flexible et fonctionnelle de Hummel concernant la question épineuse des classes de mots nous semble pertinente. L'hypothèse de l'existence du Type A en français comme une classe de mots possédant à la fois des fonctions adjectivales et adverbiales rend justice au développement diachronique et à la diversité variationnelle. Le Type A semble être le type préféré, en Acadie et en Louisiane, pour modifier un verbe. On y rencontre ce type même avec les adjectifs savants, si tant est qu'ils soient employés. Les adverbes en *-ment*, en revanche, n'apparaissent que rarement dans cette fonction, ils sont surtout employés comme adverbes de phrase ou comme intensifieurs et focaliseurs (*seulement, justement*) ; ces derniers n'ont pas été pris en compte dans le cadre de notre étude. Le fait que l'anglais non-standard et régional suive les mêmes tendances peut constituer un facteur supplémentaire, mais sûrement pas déclencheur et décisif, du maintien du Type A dans ces variétés.

Il faut nuancer le tableau pour le Québec. Dans le corpus québécois consulté, les adverbes en *-ment* sont tout à fait courants dans toutes les fonctions, notamment comme adverbes de phrase et comme intensifieurs et focaliseurs, mais aussi comme modifieurs d'un verbe ; en outre, la gamme d'adverbes en *-ment* est plus large que dans les autres corpus étudiés ici. De plus, on a remarqué un clivage important entre le parler des aînés et des plus jeunes, ces derniers recourant plus fréquemment aux adverbes en *-ment* et employant en général beaucoup plus d'adverbes intensifieurs pour rendre le discours plus expressif.

Alors que le français acadien et le français louisianais se montrent relativement proches en ce qui concerne la faible fréquence des adverbes en *-ment* et la prédilection envers l'adjectif-adverbe pour modifier les verbes, le français québécois semble plus proche du français parlé de France. Cela concerne d'ailleurs aussi quelques autres détails comme le choix de l'adverbe *manière* pour exprimer l'approximation en français acadien et français louisianais, et de la forme *genre* au Québec et en France.

Si on a constaté que dans le Nouveau Monde, plus les locuteurs sont jeunes, plus ils recourent aux formes en *-ment*, on voit ici se répéter, au niveau intergénérationnel, ce que Hummel a révélé pour la diachronie en France : en France, la scolarisation conséquente à partir de la fin du 19e siècle a fait progresser le Type B même dans les zones rurales qui avaient conservé le Type A plus longtemps que les villes (cf. Hummel 2000, 428s. ; cf. aussi Hummel 2013 ; 2014 ; 2017a ; 2017b). De même, le Type B progresse aujourd'hui dans le parler des jeunes en Acadie.

Nous avançons l'hypothèse qu'il existe en Acadie et en Louisiane une prédilection pour les formes non-marquées (Type A) tant que leur emploi reste transparent. Rappelons que ce type est ancien et qu'il ne s'agit pas de la perte du suffixe *-ment*, du moins en ce qui concerne l'usage traditionnel en Acadie et en Louisiane. Le Type A n'est pas restreint aux adjectifs courts et aux tours lexicalisés comme dans le standard, mais reste productif pour modifier les verbes, voire d'autres adjectifs ou même des phrases. Les français d'Acadie et de Louisiane ont mieux préservé ce type que le français parlé en France et même au Québec, où la tradition scolaire est mieux ancrée et où le standard a toujours exercé une pression plus forte que dans les variétés en marge de la francophonie. Selon Hummel (2000, 428), l'usage de l'adjectif-adverbe relève aujourd'hui en France soit du parler « argotique » des grandes villes, soit du dialecte rural, où il est en voie de disparition. Il y a pourtant une niche où les adjectifs-adverbes regagnent fortement du terrain ces dernières années : en effet, leur brièveté les rendant « souvent plus percutant[s] que l'adverbe en -*ment* », ils sont très prisés dans le langage publicitaire (Guimier 1996, 68). Le Type A n'a donc jamais disparu de l'usage populaire, malgré la montée en puissance du Type B au cours de l'histoire.

7 Bibliographie

7.1 Abréviations, sources et dictionnaires

Abréviations

NÉ = Nouvelle-Écosse
BSM = Baie Sainte-Marie
PUB = Pubnico
IM = Isle Madame
NB = Nouveau-Brunswick
ÎPÉ = Île-du-Prince-Édouard
IdlM = Îles-de-la-Madeleine
LOU = Louisiane

Corpus

Arrighi, Laurence, *Étude morphosyntaxique du français parlé en Acadie. Une approche de la variation et du changement linguistique en français*, Thèse de doctorat, Moncton, 2005.
Découverte (2003) = Piston-Hatlen, Deborah (ed.), *À la découverte du français cadien à travers la parole – Discovering Cajun French through the spoken word*, CD-ROM, Bloomington, Indiana University Creole Institute, 2003.
Falkert, Anika, *Le français acadien des Îles-de-la-Madeleine. Étude de la variation phonétique*, Paris, L'Harmattan, 2010.
Hennemann, Julia, *Le parler acadien de l'Isle Madame/Nouvelle-Écosse/Canada. Cadre sociolinguistique et spécificités morphosyntaxiques*, Berlin, Schmidt, 2014.
Stäbler, Cynthia, *La vie dans le temps et asteur. Ein Korpus von Gesprächen mit Cadiens in Louisiana*, Tübingen, Narr, 1995 (= 1995b).
Wiesmath, Raphaële, *Le français acadien. Analyse syntaxique d'un corpus oral recueilli au Nouveau-Brunswick/Canada*, Paris, L'Harmattan, 2006.

Nous citons les corpus comme suit :

– « Hennemann » renvoie au CD-ROM portant sur la Nouvelle-Écosse (la Baie Sainte-Marie, Pubnico et l'Isle Madame) que l'auteure a mis à notre disposition et dont la partie portant sur l'Isle Madame est accessible sur internet (http://parleracadien.ESV.info) ; le corpus

a servi de base à son analyse du parler acadien de l'Isle Madame (Hennemann 2014). NÉ renvoie à la Nouvelle-Écosse ; figurent ensuite des abréviations renvoyant au locuteur et à la région (BSM = Baie Sainte-Marie, PUB = Pubnico, IM = Isle Madame).
- NB renvoie au Nouveau-Brunswick, « Wiesmath » au CD-ROM accompagnant l'étude de Wiesmath (2006) ; le chiffre indique le numéro du texte, la lettre renvoie au locuteur ; à la suite se trouve le passage cité.
- « Arrighi » renvoie au CD-ROM servant de base à l'étude d'Arrighi (2005), mis à notre disposition par l'auteure. Suivent le numéro du texte et le prénom du locuteur.
- IdlM renvoie aux Îles-de-la-Madeleine, « Falkert 2010 » au corpus accompagnant l'étude de Falkert (2010), le chiffre indique la page.
- « Stäbler (1995b) » renvoie au deuxième tome de l'étude sur le français louisianais de Stäbler, parue en 1995.
- Pour la Louisiane, nous citons aussi le corpus *Découverte* (2003).
- CFPQ renvoie au *Corpus de français parlé au Québec* (https://recherche.flsh.usherbrooke.ca, consulté en août 2018 ; cf. ci-dessus, note 21).

Dans la mesure du possible, nous indiquons aussi l'âge de l'informateur ou de l'informatrice.

Dictionnaires

Brasseur, Patrice, *Dictionnaire des régionalismes du français de Terre-Neuve*, Tübingen, Niemeyer, 2001.
DLF (2010) = Valdman, Albert, et al. (edd.), *Dictionary of Louisiana French. As spoken in Cajun, Creole, and American Indian Communities*, Jackson, University Press of Mississippi, 2010.
FEW = Wartburg, Walther von, et al., *Französisches Etymologisches Wörterbuch. Eine Darstellung des galloromanischen Sprachschatzes*, Bonn/Bâle, Klopp/Zbinden, 1922–2003. <https://apps.atilf.fr/lecteurFEW/index.php>.
Le Petit Robert. Dictionnaire alphabétique et analogique de la langue française. Texte remanié et amplifié sous la direction de Josette Rey-Debove et Alain Rey, Paris, Le Robert, 2013.

7.2 Études

Abeillé, Anne, et al., *Adjectives and adverbs in the « Grande grammaire du français »*, in : Hummel, Martin/Valera, Salvador (edd.), *Adjective adverb interfaces in Romance*, Amsterdam/Philadelphie, Benjamins, 2017, 113–139.
Arrighi, Laurence, *Étude morphosyntaxique du français parlé en Acadie. Une approche de la variation et du changement linguistique en français*, Thèse de doctorat, Moncton, 2005.
Biber, Douglas, et al., *Longman grammar of spoken and written English*, Harlow, Longman, 1999.
Blumenthal, Peter, *Classement des adverbes : pas la couleur, rien que la nuance ?*, Langue française 88 (1990), 41–50.

Boudreau, Éphrem, *Glossaire du vieux parler acadien : mots et expressions recueillis à Rivière-Bourgeois (Cap-Breton)*, Montréal, Éditions du Fleuve, 1988.

Bybee, Joan, *Morphology : a study of the relation between meaning and form*, Amsterdam/Philadelphie, Benjamins, 1985.

Chevalier, Gisèle, *Comment « comme » fonctionne d'une génération à l'autre*, Revue québécoise de linguistique (2001) 30, 13–40.

Conwell, Marilyn/Juilland, Alphonse, *Louisiana French Grammar*, vol. 1 : Phonology, Morphology and Syntax, La Haye, Mouton, 1963.

Dal, Georgette, *Les adverbes de manière en « -ment » en français : dérivation ou flexion ?*, in : Hathout, Nabil/Montermini, Fabio (edd.), *Morphologie à Toulouse. Actes du colloque international de morphologie 4ème Décembrettes*, Munich, Lincom Europa, 2007, 121–147.

Falkert, Anika, *Le français acadien des Îles-de-la-Madeleine. Étude de la variation phonétique*, Paris, L'Harmattan, 2010.

Fritzenkötter, Stefanie, *Das akadische Französisch an der Baie Sainte-Marie/Neuschottland/Kanada. Ausgewählte soziolinguistische, morphosyntaktische und lexikalische Aspekte in einem jugendsprachlichen Korpus*, Berlin, Schmidt, 2015.

Gezundhajt, Henriette, *Adverbes en « -ment » et opérations énonciatives. Analyse linguistique et discursive*, Berne et al., Lang, 2000.

Giegerich, Heinz J., *The morphology of « -ly » and the categorial status of 'adverbs' in English*, English Language and Linguistics 16 (2012), 341–359.

Görke, Adrian, *Sprachliche Intensivierung in französischer und spanischer Jugendsprache*, Bochum, Westdeutscher Universitätsverlag/Europäischer Universitätsverlag, 2015.

Grübl, Klaus, *La storia degli avverbi italiani in « mente » : nuove prospettive sull'origine di un paradigma morfologico*, in : Becker, Martin/Fesenmeier, Ludwig (edd.), *Configurazioni della serialità linguistica. Prospettive italoromanze*, Berlin, Frank & Timme, 2018, 31–48.

Guilbeau, John, *The French spoken in Lafourche Parish, Louisiana*, Ph.D. diss., Chapel Hill, University of North Carolina, 1950.

Guimier, Claude, *Sur l'adjectif invarié en français*, Revue des langues romanes 93 (1989), 109–120.

Guimier, Claude, *Les adverbes du français : le cas des adverbes en « -ment »*, Paris, Ophrys, 1996.

Hallonsten Halling, Pernilla, *Protoypical adverbs: from comparative concept to typological prototype*, Acta Linguistica Hafniensia 49 (2017), 32–52.

Hazaël-Massieux, Guy, *Les parties du discours en créole de la Guadeloupe*, Travaux du Cercle linguistique d'Aix-en-Provence 1 (1983), 73–85.

Hengeveld, Kees, *Non-verbal predication. Theory, typology, diachrony*, Berlin/New York, De Gruyter, 1992.

Hengeveld, Kees/Rijkhoff, Jan/Siewierska, Anna, *Parts-of-speech systems and word order*, Journal of Linguistics 40 (2004), 527–570.

Hummel, Martin, *Adverbale und adverbialisierte Adjektive im Spanischen. Konstruktionen des Typs « Los niños duermen tranquilos » und « María corre rápido »*, Tübingen, Narr, 2000.

Hummel, Martin, *Attribution in Romance: Reconstructing the oral and written tradition*, Folia Linguistica 34 (2013), 1–42.

Hummel, Martin, *The adjective-adverb interface in Romance and English*, in: Sleeman, Petra/Van de Velde, Freek/Perridon, Harry (edd.), *Adjectives in Germanic and Romance*, Amsterdam/Philadelphia, Benjamins, 2014, 35–71.

Hummel, Martin, *Adjectives with adverbial functions in Romance*, in: Hummel, Martin/Valera, Salvador (edd.), *Adjective adverb interfaces in Romance*, Amsterdam/Philadelphie, Benjamins, 2017, 13–46 (= 2017a).

Hummel, Martin, *La structure « verbe + adjectif ». « Parler vrai », « dire juste », « faire simple » et compagnie*, Revue Romane [article pré-publié en ligne le 20 décembre 2017] (= 2017b).

Hummel, Martin/Gazdik, Anna, *Dictionnaire historique de l'adjectif-adverbe*, en préparation.

Hummel, Martin/Kröll, Andrea, *« Vite » et « vitement ». Étude diachronique variationnelle d'une exception*, Revue de Linguistique Romane 79 (2015), 39–92.

Jespersen, Otto, *The philosophy of grammar*, Chicago, University of Chicago Press, 1992, [1]1924.

King, Ruth E., *Acadian French in time and space. A study in morphosyntax and comparative sociolinguistics*, Durham, Duke University Press, 2013.

Kloss, Heinz, *« Abstand languages » and « Ausbau languages »*, Anthropological Linguistics 9 (1967), 29–41.

Lamiroy, Béatrice/Charolles, Michel, *Des adverbes aux connecteurs: « simplement », « seulement », « malheureusement », « heureusement »*, Travaux de Linguistique 49 (2004), 57–79.

Ledgeway, Adam, *Parameters in Romance adverb agreement*, in: Hummel, Martin/Valera, Salvador (edd.), *Adjective adverb interfaces in Romance*, Amsterdam/Philadelphie, Benjamins, 2017, 47–80.

Ludwig, Ralph, *Kreolsprachen zwischen Mündlichkeit und Schriftlichkeit*, Tübingen, Narr, 1996 (= 1996a).

Ludwig, Ralph, *L'adjectif en créole guadeloupéen. Une approche prototypique*, in : Véronique, Daniel (ed.), *Matériaux pour l'étude des classes grammaticales dans les langues créoles*, Aix-en-Provence, Publications de l'Université de Provence, 1996, 137–149 (= 1996b).

Magnus, Ilse, *The distribution of adverbials in declarative sentences in French*, in: Delbecque, Nicole/Lahousse, Karen/Van Langendonck, Willy (edd.), *Non-nuclear cases*, Amsterdam/Philadelphie, Benjamins, 2014, 173–216.

Molinier, Christian/Levrier, Françoise, *Grammaire des adverbes. Description des formes en « -ment »*, Genève, Droz, 2000.

Neumann-Holzschuh, Ingrid, *Les marqueurs discursifs « redoublés » dans les variétés du français acadien*, in : Bagola, Béatrice (ed.), avec la collaboration de Hans-J. Niederehe, *Français du Canada – français de France VIII. Actes du 8e Colloque international. Trèves, du 12 au 15 avril 2007*, Tübingen, Niemeyer, 2009, 137–155.

Neumann-Holzschuh, Ingrid/Mitko, Julia, *Grammaire comparée des français d'Acadie et de Louisiane. Avec un aperçu sur Terre-Neuve*, Berlin/Boston, De Gruyter, 2018.

Nøjgaard, Morten, *Les adverbes français. Essai de description fonctionnelle*, 3 vol., Copenhague, Munksgaard, 1992–1995.

Nølke, Henning, *Les adverbes paradigmatisants : fonction et analyse*, Copenhague, Akademisk Forlag, 1983.

Petraş, Cristina, *De l'adverbe d'intensité à l'adverbe exophrastique en français acadien du sud-ouest de la Nouvelle-Écosse*, Le français moderne 84 (2016), 210–225.

Pittner, Karin/Elsner, Daniela/Barteld, Fabian, *Introduction*, in : Pittner, Karin/Elsner, Daniela/Barteld, Fabian (edd.), *Adverbs. Functional and diachronic aspects*, Amsterdam/Philadelphie, Benjamins, 2015, 1–17.

Pittner, Karin/Elsner, Daniela/Barteld, Fabian (edd.), *Adverbs. Functional and diachronic aspects*, Amsterdam/Philadelphie, Benjamins, 2015.

Poirier, Pascal, *Le Glossaire acadien*, ed. Pierre M. Gérin, Moncton, Les Éditions d'Acadie, 1993, ¹1925.
Quirk, Randolph, et al., *A comprehensive grammar of English*, Londres, Longman, 1985.
Ramat, Paolo/Ricca, Davide, *Prototypical adverbs. On the scalarity/radiality of the notion ADVERB*, Rivista di Linguistica 6 (1994), 289–326.
Rauh, Gisa, *Adverbs as a linguistic category (?)*, in : Pittner, Karin/Elsner, Daniela/Barteld, Fabian (edd.), *Adverbs. Functional and diachronic aspects*, Amsterdam/Philadelphie, Benjamins, 2015, 19–45.
Riegel, Martin/Pellat, Jean-Christophe/Rioul, René, *Grammaire méthodique du français*, Paris, Presses Universitaires de France, ⁴2009 (deuxième tirage 2011).
Ryan, Robert W., *Des manifestations d'économie formelle et sémantique observées au sein du système adverbial du parler franco-acadien de la Baie Sainte-Marie (Nouvelle-Écosse)*, in : Brasseur, Patrice (ed.), *Français d'Amérique. Variation, créolisation, normalisation. Actes du colloque « Les français d'Amérique du Nord en situation minoritaire » (Université d'Avignon, 8–11 octobre 1996)*, Avignon, CECAV, 1998, 93–104.
Ryan, Robert W., *« C'est intéressant à mort ! » Des procédés d'intensification du message observés chez une locutrice acadienne de l'Île-du-Prince-Édouard*, in : Brasseur, Patrice/ Falkert, Anika (edd.), *Français d'Amérique : approches morphosyntaxiques. Actes du colloque international « Grammaire comparée des variétés de français d'Amérique » (Université d'Avignon, 17-20 mai 2004)*, Paris, L'Harmattan, 2005, 303–311.
Schwarze, Christoph, *Was ist ein Adverb ?*, Linguistische Berichte 81 (1982), 61–65.
Stäbler, Cynthia, *Entwicklung mündlicher romanischer Syntax. Das « français cadien » in Louisiana*, Tübingen, Narr, 1995 (= 1995a).
Starets, Moshé, *Description des écarts lexicaux, morphologiques et syntaxiques entre le français acadien des enfants acadiens néo-écossais et le français standard*, Québec, CIRB, 1986.
Štekauer, Pavol, *The delimitation of derivation and inflection*, in : Müller, Peter O., et al. (edd.), *Word-Formation. An international handbook of the languages of Europe*, vol. 2, Berlin/Boston, De Gruyter, 2015, 218–235.
Traugott, Elizabeth C., *Subjectification in grammaticalisation*, in: Stein, Dieter/Wright, Susan (edd.), *Subjectivity and subjectivisation. Linguistic perspectives*, Cambridge, Cambridge University Press, 1995, 31–54.

France Martineau et Wim Remysen
Bouleversements sociaux et normes orthographiques : L'exemple du Régime anglais dans l'histoire du français québécois

Résumé : Cet article s'intéresse au français pratiqué par certains membres de l'élite canadienne-française, et notamment à leur pratique de l'orthographe, sous le Régime anglais (1760–1867). L'historiographie du français québécois insiste généralement sur la dimension conservatrice de cette période, pendant laquelle le Canada français se trouve relativement isolé de la France, avec laquelle les rapports officiels seront rompus. S'il est vrai qu'un certain conservatisme s'installe dans les usages orthographiques des scripteurs canadiens de l'époque, notre analyse montre que certaines des nouvelles pratiques innovatrices qui se mettent en place en France durant cette période atteignent néanmoins l'ancienne colonie française. Leur diffusion est rendue possible grâce à l'existence de réseaux ouverts sur l'espace atlantique auxquels s'insèrent des membres de l'élite canadienne-française de l'époque (étudiés ici à partir de l'exemple de la famille des Papineau). Elle s'explique aussi par l'arrivée de nouveaux immigrants français désireux de s'établir au Canada (nous prenons ici à témoin le cas de prêtres français immigrés après la Révolution française). Avant tout, notre étude montre l'intérêt d'explorer les usages de l'élite, dont la langue se caractérise par une importante variation interindividuelle, en tenant compte des parcours individuels de ses membres.

Mots-clés : élite canadienne-française, Régime anglais, orthographe, norme, réseauxsociaux

1 Introduction

Aux 17e et 18e siècles, la France connaît une expansion coloniale importante, à l'origine de l'implantation des parlers français en Amérique du Nord (cf. Thibault 2003 ; Martineau 2015 pour une synthèse). Deux variétés de français sont issues de ces premiers peuplements : le français laurentien – qui a sa source dans la

---

France Martineau, Université d'Ottawa
Wim Remysen, Université de Sherbrooke

https://doi.org/10.1515/9783110541816-012

vallée du Saint-Laurent, aujourd'hui le Québec, et qui se diffuse vers l'ouest (par exemple les Grands Lacs, l'Ouest canadien et américain), vers la Nouvelle-Angleterre et vers des régions de la Louisiane – et le français acadien, qui a sa source en Nouvelle-Écosse, et qui se diffuse dans les provinces maritimes, dans certaines régions du Québec (Îles-de-la-Madeleine, côte sud de la Gaspésie, Basse Côte-Nord), dans certaines régions de la Nouvelle-Angleterre, et en Louisiane. Le 18ᵉ siècle voit la perte progressive des colonies en Amérique française. L'Acadie cède une partie de son territoire en 1713 avec le traité d'Utrecht, puis c'est au tour de la vallée du Saint-Laurent et des territoires limitrophes, ainsi que de la Louisiane, d'être cédés avec le traité de Paris en 1763. La conséquence est double : un certain isolement avec la France, et un contact plus étroit avec le groupe anglophone.

Notre article[1] s'intéresse à la période qui a suivi la Conquête britannique, dans la vallée du Saint-Laurent, en particulier à celle qui s'étend de 1760 (Conquête) jusqu'aux débuts d'une reprise plus importante des liens culturels avec la France, soit dans la seconde moitié du 19ᵉ siècle, après la Confédération canadienne (1867). La perspective historique s'est surtout penchée sur la période pré-Conquête et sur l'implantation et la diffusion du français dans différentes aires nord-américaines (cf. notamment Poirier 1994 ; Massignon 1962). Pour l'après-Conquête et les effets de l'isolement avec la France, les études se fondent le plus souvent sur des commentaires métalinguistiques de voyageurs de passage au Canada, qui ne permettent pas toujours de brosser un portrait fidèle de l'état de la langue, limités qu'ils sont à des observations souvent ponctuelles et fragmentaires (cf. Caron-Leclerc 1998). La langue, telle qu'elle est pratiquée par les locuteurs de différentes classes sociales, par exemple dans leurs correspondances privées, demeure moins explorée (mais cf. les travaux de Martineau, dont Martineau 2007 ; 2011 ; 2014). Ce sont pourtant là des sources premières pour comprendre les usages des différentes composantes de la langue, incluant les usages orthographiques (cf. notamment Martineau 2007 qui compare usages orthographiques et morphosyntaxiques), et les normes en circulation, de façon à éclairer ainsi les relations France/Canada.

Notre article se veut une réflexion sur l'articulation entre histoire externe/interne ainsi que, plus largement, sur la question de la périodisation lorsqu'on travaille sur l'histoire de la langue. En effet, la Conquête est souvent perçue

---

[1] Cet article a bénéficié de l'appui du Conseil de recherches en sciences humaines du Canada grâce à la subvention GTRC *Le français à la mesure d'un continent* (directrice : France Martineau) et au projet *Aux sources du français québécois 1763–1840 : pratiques et discours linguistiques*, France Martineau (titulaire principale) et Wim Remysen (co-titulaire). Nous remercions les évaluateurs anonymes de cet article de leurs suggestions.

comme une période charnière dans l'histoire du français québécois, début d'un isolement important qui a contribué à la formation d'une variété distincte. C'est sans tenir compte des bouleversements sociaux, politiques et culturels qui surviennent à peu près à la même époque en France, à travers la Révolution française et la montée de la bourgeoisie. Nous montrerons que la perspective sur le contact linguistique et la diffusion du changement – et donc par effet contraire, celle sur l'isolement linguistique – doit tenir compte notamment des réseaux de circulation des personnes, vers la France mais aussi vers le Canada français, diffusant ainsi des normes et pratiques linguistiques. Après un bref survol de l'historiographie sur la situation linguistique après la Conquête, nous examinerons les usages orthographiques de certains membres de l'élite canadienne-française, à partir de la correspondance familiale des Papineau, famille bourgeoise de l'époque. Nous comparerons ces traits à ceux de membres de l'élite religieuse française, immigrés au Canada, dont plusieurs sont devenus des figures influentes dans leur communauté d'accueil, notamment dans le domaine de l'éducation.

2 Le Régime anglais dans l'historiographie du français québécois

À peine 10.000 immigrants se sont installés en Nouvelle-France (cf. Charbonneau/Guillemette 1994, 169), en provenance principalement de trois régions : Poitou-Aunis-Saintonge (27,6%), Normandie-Perche (24,9%) et Île-de-France (17,8%). Selon Choquette (1997), ces Français vont devenir paysans en Nouvelle-France et ce nouveau statut social tranche avec celui qu'ils avaient en France. En effet, les colons sont en grande majorité originaires des villes ou des gros bourgs d'une vaste région comprenant l'Île-de-France et les territoires d'oïl à l'ouest ; ils sont aussi en général plus éduqués que la moyenne des Français, lorsqu'on prend comme base leur capacité à signer leur nom. Cette composition démographique permet d'expliquer le nivellement linguistique entre les particularités des français régionaux qui se serait produit très tôt aux débuts de la colonisation, phénomène que l'on peut associer à l'accommodement linguistique défini par Trudgill (1986). Ainsi Morin (1994 ; 1996 ; 2002) montre un nivellement phonologique dans les débuts de la colonie laurentienne vers le modèle parisien ; de même Martineau (2005 ; 2011) souligne la convergence des usages de l'élite canadienne-française vers le modèle diffusé par Paris sur le plan grammatical. Bien que la langue des colons ait pu présenter des particularités – c'est le cas notamment du lexique, où les premiers particularismes apparaissent dès les 17e et 18e siècles (cf. Canac-Marquis/Poirier

2005 ; Gendron 2000 ; Poirier 2014 ; Thibault 2009) – il y a eu convergence vers le modèle parisien, qui devait tout au moins être familier à la plupart des colons.

Ce français parlé avec peu de traits saillants des patois ou des français régionaux explique les commentaires élogieux des voyageurs français de passage au Canada sous le Régime français. Ainsi, les Canadiens auraient une « prononciation sans accent », « sans mauvais accent » (cf. Caron-Leclerc 1998). Claude-Charles Bacqueville de La Potherie en 1709 affirme : « On parle ici parfaitement bien, sans mauvais accent. Quoi qu'il y ait un mélange de presque toutes les Provinces de France, on ne saurait distinguer le parler d'aucune dans les Canadiennes » (Caron-Leclerc 1998, 46). En 1755, Aleyrac renchérit : « Il n'y a pas de patois dans ce pays. Tous les Canadiens parlent un français pareil au nôtre » (Caron-Leclerc 1998, 62). Ces commentaires suggèrent que les voyageurs avaient des attentes quant au français parlé dans cette colonie éloignée, à l'image des particularités linguistiques qui existaient encore de façon marquée dans les régions d'une France non linguistiquement unifiée ; leurs commentaires reflètent leur surprise de trouver un français unifié. C'est pourquoi, dans l'étude de la relation entre représentations et usages, il est nécessaire d'établir à la fois les usages des scripteurs/locuteurs selon leur lieu d'origine, mais également la dynamique entre les locuteurs dans la communauté. Comme le souligne Martineau (2011), en citant les travaux de Landry (2005) et de Larin (2000), le modèle parisien a dû être très présent sous le Régime français, par la simple présence de Français de passage dans la colonie, dont un certain nombre, familiers avec le modèle en question, participaient à la vie culturelle et politique ; selon Landry, plus de 30.000 Français ont passé plus d'un hiver en Nouvelle-France. Cette convergence du français laurentien avec le français parisien n'exclut toutefois pas la présence de variation linguistique, d'autant qu'à l'époque la conformité à une norme linguistique clairement située n'est pas encore ce qu'elle sera après la Révolution française, avec la poursuite d'un idéal linguistique bourgeois et d'une langue nationale. La variation pour plusieurs phénomènes linguistiques est encore bien tolérée à l'époque, même dans la langue de l'élite.

Les commentaires élogieux des voyageurs sous le Régime français contrastent si fortement avec ceux sous le Régime anglais, parfois à peine à quelques décennies d'écart, qu'il faut y voir les conséquences de bouleversements linguistiques importants. Dès 1807, John Lambert écrit dans ses *Travels through Canada and the United States of North America* : « The Canadians have had the character of speaking the purest French ; but I question whether they deserve it at the present day » (Caron-Leclerc 1998, 73s.). D'autres témoignages font voir que le français canadien est négativement perçu, notamment parce qu'il est vu comme archaïsant ; en témoigne le commentaire de Théodore Pavie qui souligne, en 1850 : « Ils parlent un vieux français peu élégant » (Caron-Leclerc 1998, 116). Louis et Georges Verbrugghe en 1879 ont le commentaire suivant : « Le Bas-Canada [le Québec] tout entier semble une vieille province française qui serait restée fermée depuis deux cents ans » (Caron-Leclerc 1998, 267).[2] La nouvelle dynamique linguistique à l'origine de ces commentaires est en général attribuée à l'isolement culturel et social suite à la prise de pouvoir britannique, à la « décapitation » de l'élite française qui serait retournée en France, faute de pouvoir occuper des postes dans l'administration britannique, et de façon générale à une certaine frilosité de l'élite canadienne-française, qui, par ce retrait sur soi, aurait favorisé la diffusion d'archaïsmes et de régionalismes (cf. Poirier 2000).

Cette perspective fait porter le poids de la différence sur les zones en périphérie. Gendron (2007) montre qu'il est également nécessaire de tenir compte des bouleversements qui secouent la France, dont la Révolution française et la volonté pour la bourgeoisie montante de se démarquer des façons de parler de la noblesse, notamment par l'adoption de certains traits de prononciation (cf. aussi Schlieben-Lange 1996). Gendron (2007, 23) mentionne, au sujet des nouvelles modes de prononciation en France : « C'est une révolution phonétique qui accompagne la révolution politique ». Alors qu'en France, suite à la Révolution française, de nouvelles modes de prononciation voient le jour dans les usages de l'élite, ces usages ont du mal à s'exporter au Canada, isolé de la France, si bien que les voyageurs français de passage au Canada s'étonnent d'entendre des prononciations jugées désuètes ou populaires dans la bouche de l'élite. Comme l'indique Gendron (2007, 23), « [l]es changements survenus à Paris vont sonner le glas de la communauté d'accent entre Paris et Québec ».

Martineau (2011 ; 2014) a montré qu'il faut nuancer ce portrait trop homogène de l'élite canadienne-française et tenir également compte de la circulation des personnes ailleurs qu'au Canada. C'est ainsi que des membres de l'élite canadienne-française qui voyagent aux États-Unis et en Europe adoptent plus rapidement les usages français que les personnes, parfois issues des mêmes familles, qui ont un réseau plus fermé. Par ailleurs, même si l'immigration française au Canada est fortement ralentie après la Conquête, les Français n'ont jamais cessé de s'y établir (cf. Galarneau 1970 ; Fournier 1995). C'est le cas, entre autres, à la fin du 18e siècle, de quelques dizaines de nobles et de religieux français qui fuient leur pays natal, devenu hostile à leur égard après la Révolution française. Malgré leur nombre peu élevé, plusieurs d'entre eux se sont fortement impliqués dans leurs communautés

---

2 Ces commentaires négatifs ne tarderont pas à être récupérés par les Canadiens français eux-mêmes, comme en témoignent les quelques articles publiés dans *L'Aurore* par Michel Bibaud en 1817 et 1818 (cf. Remysen 2017).

d'adoption respectives,[3] notamment, dans le cas des prêtres, dans le système éducatif canadien. Les usages qu'ils apportent servent de modèle et se diffusent progressivement dans la bonne société canadienne même si, encore au milieu du 19e siècle, traits conservateurs et traits innovateurs se côtoient chez l'élite, prémisses à un courant de correction de la langue qui émerge au milieu du 19e siècle (cf. Bouchard 2002 ; 2011 ; Remysen 2009 ; 2010 ; 2012).

3 Bouleversements sociaux, changements linguistiques

La question de l'articulation entre les facteurs externes et internes intervenant dans le processus de changement linguistique est au cœur de la sociolinguistique, historique ou moderne. Comme la sociolinguistique historique adopte une perspective temporelle plus large que la sociolinguistique moderne, en embrassant de longues périodes, souvent caractérisées par des bouleversements sociaux ou politiques importants, elle permet d'aborder de façon privilégiée la question de l'influence potentielle des conditions sociales, politiques et culturelles sur les locuteurs et leurs usages linguistiques. La perspective adoptée est souvent macrolinguistique, en mettant en relation une périodisation fondée sur des événements externes (par ex., dans l'histoire du français, les invasions germaniques au Moyen Âge, ou encore la Conquête anglaise et la Révolution française au 18e siècle) et les changements institutionnels, culturels ou politiques qui en découlent (cf. par ex. Lodge 1997). Si ces conditions externes ne sont pas sans effet sur les individus, il n'est toutefois pas toujours clair comment elles influencent concrètement le locuteur et ses usages, et à plus long terme, la diffusion des changements dans le système linguistique. Ainsi, on a voulu voir dans le développement des discours métalinguistiques et la création de l'Académie française au 17e siècle une influence sur les usages de l'élite, mais cette influence est souvent décalée et en réalité, les discours des remarqueurs et grammairiens ont tendance à enregistrer des usages déjà en cours plutôt que de les précéder (cf. Ayres-Bennett/Seijido 2011 ; King/Martineau/Mougeon 2011).

C'est dire l'importance de fonder l'analyse de la langue sur les usages des locuteurs, tels qu'ils peuvent être retracés à travers leurs écrits personnels.

---

[3] À noter qu'il y a tout de même des tensions dans les communautés religieuses entre les membres canadiens et les membres français, nombreux à se retrouver dans des positions de pouvoir, souvent au détriment des Canadiens (cf. par ex. Laperrière 2006, qui évoque des tensions de ce genre chez les Sulpiciens de Montréal).

De plus en plus de travaux s'intéressent aux écrits d'« en bas », c'est-à-dire de scripteurs peu-lettrés, de façon à reconstituer la langue vernaculaire (pour le domaine français, mentionnons entre autres Branca-Rosoff/Schneider 1994 ; Martineau 2007 ; Ernst 2010 ; Steuckardt 2014). Rutten/Van der Wal (2011) ont montré l'importance de mettre en relation ce type d'écrits avec des écrits plus normés, sur une échelle de plus ou moins grande conformité à une norme explicite (cf. aussi Ernst 2010 ; Martineau 2013), d'autant que les scripteurs peulettrés tout comme ceux de l'élite ne forment pas un tout homogène. Les modèles de l'élite, culturels et linguistiques, déterminent en partie comment la communauté se représente et, de ce fait, sont essentiels pour comprendre les discours sur la langue et le prestige social accordé à certains usages. Cet article s'intéresse avant tout aux écrits de l'élite, canadienne-française et française, et à la variation linguistique comme reflet de la position des locuteurs face aux courants qui traversent la communauté. Notre hypothèse est que les membres de l'élite auront tendance, étant donné le poids de la langue comme capital social symbolique, à se conformer à la norme linguistique prescrite mais que, dans un contexte de variation linguistique, l'adoption de normes plus modernes dépend des réseaux dans lesquels ils évoluent.

Afin de comprendre les effets du social sur le linguistique, les études en sociolinguistique historique tendent à montrer l'importance d'une perspective microlinguistique, plus orientée vers le locuteur, ses usages, ses réseaux, de façon à rendre compte de la fluidité de la langue, au-delà des frontières territoriales ou sociales (cf. Conde-Silveste 2012 ; Tieken-Boon van Ostade 2000). Les notions de réseaux et de communautés de pratique (Milroy 1980 ; Milroy/Milroy 1990 ; Meyerhoff 2002) ne sont pas étrangères aux questions de transmission et de diffusion du changement linguistique. Les deux font intervenir la notion de contact linguistique (ici, contact entre deux variétés d'une même langue) et soulèvent la question des conditions qui, dans un tel contexte (migration et circulation des personnes), sont propices au changement linguistique. Dans notre article, nous adoptons cette perspective sur les réseaux en l'appliquant au contexte France/Québec d'après la Conquête, de façon à interroger différemment la nouvelle réalité des rapports entre l'ancienne colonie et la mère-patrie, par l'examen des usages des locuteurs et de leurs réseaux. Nous partons de l'idée que la variation linguistique chez l'élite est présente de part et d'autre de l'Atlantique et que le maintien de formes anciennes chez les locuteurs de l'élite, fussent-ils français ou canadiens-français, dépend de leurs relations à la norme de l'Ancien Régime. Plus particulièrement, l'adoption de nouveaux modèles chez les Canadiens-français se ferait par des individus circulant dans des réseaux ouverts sur l'espace atlantique ; la diffusion de ces nouvelles normes, avec la progression de la bourgeoisie canadienne-française à partir du milieu du 19ᵉ siècle, aurait creusé l'écart entre les usages de l'élite et ceux des classes sociales plus modestes.

Dans le contexte des rapports atlantiques, il est nécessaire d'analyser à la fois la dynamique linguistique en France et au Canada, dans une réelle perspective comparative (cf. Martineau 2009 ; Dubois 2003). D'une part, le Canada connaît un changement politique qui place le français en situation minoritaire, du point de vue institutionnel. La population canadienne-française connaît aussi un recul démographique, par le départ d'une partie de son élite vers la France, et par l'augmentation d'anglophones sur son territoire, dans des postes de pouvoir, au point où la métropole, Montréal, a pu être minoritaire francophone vers les années 1830 (cf. Linteau 2007, 65). D'autre part, en France, le français central, de Paris, n'a cessé d'augmenter en prestige au détriment des français régionaux et des patois ; la Révolution française, en cherchant de nouveaux modèles propres à la bourgeoisie, a scellé le sort des patois et a renforcé le déclassement des français régionaux. Elle a aussi destitué les anciens modèles culturels et linguistiques d'une partie de l'élite, attachée à l'Ancien Régime. Ces mouvements ont ébranlé les usages de l'élite. Mais dans quelle mesure ses membres déjà habitués aux modèles anciens ont-ils changé leurs usages ? Qui sont ceux qui ont modifié leurs habitudes ? Et quelle a été leur importance sur la diffusion du changement linguistique ? Enfin, la relation entre la France et le Canada est sans doute précarisée par la Conquête, mais il faut aussi tenir compte de l'immigration française au Canada d'une quarantaine de prêtres, moitié sulpiciens, moitié séculiers, fuyant la Révolution française entre 1792 et 1799 et de leur position dans les sphères de l'éducation, soit d'un mouvement d'une certaine élite, formée dans l'esprit de l'Ancien Régime, vers le Canada. Leur nombre est important puisqu'ils représentent 42 religieux pour environ 140 prêtres dans l'ensemble du diocèse de Québec. Leur rôle est aussi indéniable sur le plan religieux, culturel, voire politique : souvent plus éduqués que les prêtres canadiens, attachés aux valeurs de la France monarchique, et fréquemment en contact avec le pouvoir britannique, ils occupent des postes d'importance dans la communauté (vicaire général, curé de paroisses importantes, professeur) (cf. Fournier 2015 ; Laperrière 2006). Leur influence culturelle et religieuse (pastorale) a perduré jusqu'au milieu du 19ᵉ siècle environ, au moment où décèdent les derniers prêtres émigrés ; leur influence sur la langue est parfois évoquée, par exemple par Galarneau (1970, 213) et Gendron (2007, 71–73), mais n'a jamais été vraiment étudiée. Ce sont certainement des modèles, comme le laisse entendre le commentaire suivant de Michel Bibaud, signant sous le pseudonyme de Grammaticus dans le journal *L'Aurore* du 7 juillet 1817 (p. 3), à propos de certaines prononciations entendues dans la bouche des Canadiens français : « Je regarde même ces fautes comme presque impardonnables, dans ceux qui ont eu occasion d'étudier au collège [sic] de Montréal, où l'on a l'avantage d'avoir des professeurs qui, s'ils ne sont pas nés à Paris, ont du moins résidé assez longtems [sic] dans cette capitale, pour prendre le ton de la belle prononciation Française ».

En ce sens, la Révolution française a sans doute eu plus d'importance que celle qu'on y a accordée traditionnellement dans l'historiographie du français québécois, puisqu'elle a favorisé la mobilité d'un groupe défini, de France vers le Québec, à un moment tournant du français québécois, qui a pu renforcer ou freiner des changements déjà en cours en Nouvelle-France. Nous formulons ainsi l'hypothèse que l'emploi d'anciens modèles par des membres de l'élite française a pu contribuer à leur maintien dans la population laurentienne.

4 La correspondance des Papineau et du clergé français

Notre analyse des usages de l'élite se fonde sur deux corpus, l'un de correspondance familiale de la famille Papineau, famille bourgeoise canadienne-française,[4] et l'autre de correspondance d'ecclésiastiques français.[5] Dans tous les cas, la correspondance examinée couvre la période post-Conquête. Nous avons comparé deux générations, la première étant composée de personnes nées avant 1760 : Joseph Papineau, pour le Canada, et Philippe Desjardins et Pierre Gazel, pour la France ; et la deuxième de personnes nées avant 1795, soit Louis-Joseph Papineau et son frère Denis-Benjamin pour le Canada, et Louis-Joseph Desjardins pour la France.[6] À ces scripteurs nous avons ajouté ponctuellement l'examen de

---

4 La correspondance de la famille Papineau est éparpillée dans plusieurs fonds d'archives nationaux et provinciaux. Pour cet article, nous avons examiné essentiellement les fonds P7 et P417 de la BAnQ (Bibliothèque et Archives nationales du Québec). Les transcriptions de ces documents ont été intégrées au *Corpus de français familier ancien* (Martineau 1995–).
5 Les lettres de ces ecclésiastiques sont dispersées dans différents fonds d'archives québécois et français. Pour cette analyse, nous avons exploité des lettres appartenant à deux de ces fonds, le fonds Varicourt (BAnQ, Fonds P235), qui comprend des lettres écrites par trois prêtres français et toutes adressées à Pierre-Martin de Varicourt (prêtre qui était lui-même exilé en Angleterre), et le fonds PDQ,0,MQ (Archives du Monastère des Ursulines de Québec). Toutes ces lettres ont été versées au Corpus d'écrits des émigrés français au Bas-Canada : la correspondance des ecclésiastiques (Remysen 2015–).
6 Si Louis-Joseph Papineau et Louis-Joseph Desjardins n'appartiennent pas tout à fait à la même génération, leurs années de naissance (respectivement en 1786 et en 1766) nous permettent néanmoins de les situer dans un même groupe. Dubois (2003) note en effet une rupture importante entre les pratiques des scripteurs nés avant la décennie 1760–1770 et ceux qui sont nés après.

lettres d'autres scripteurs de façon à mieux situer certaines pratiques individuelles.

La famille Papineau est certainement l'une des familles les plus illustres dans le Québec du 19ᵉ siècle, avec des ramifications vers plusieurs familles francophones et anglophones influentes (Viger, Cherrier, Dessaulles, Bourassa, Trudeau, Leman, Mackay). Elle est présente dans le monde de la politique, de la littérature, des beaux-arts, du journalisme, des affaires publiques et de la magistrature. Les débuts de la famille, établie au Canada dès la fin du 17ᵉ siècle, sont pourtant modestes. Joseph Papineau (1752–1841) est né d'un père d'abord cultivateur, puis tonnelier. Selon le *Dictionnaire biographique du Canada en ligne*,[7] son père « veut que son fils suive ses traces et devienne artisan ou cultivateur mais, en 1758, la construction d'une école primaire par les sulpiciens [sic] donne à ce dernier la possibilité de prendre une autre orientation. En 1765, au terme de ses études primaires, Papineau poursuit sa formation sous la tutelle de Jean-Baptiste Curatteau, curé de Longue-Pointe (Montréal) » (Chabot 1988). Curatteau convainc les parents de Papineau d'envoyer leur fils parfaire ses études au Petit séminaire de Québec. Il devient alors arpenteur et met le pied dans les professions libérales. Son mariage avec Rosalie Cherrier (1756–1832), fille d'un riche notaire, dont il aura plusieurs enfants, lui permettra de s'élever socialement, d'avoir accès à la pratique de notaire et de se bâtir un réseau d'influences y compris auprès des communautés religieuses. Joseph Papineau représente en somme « la première génération d'une famille dont l'élévation sociale, la fortune, l'orientation de l'action et des choix politiques sont caractéristiques de certaines élites de son temps » (Chabot 1988). Nous avons examiné 17 lettres de ce scripteur.

À partir de la deuxième génération, la famille s'installe dans la bourgeoisie canadienne-française. Parmi les enfants de Joseph Papineau, Louis-Joseph, son fils aîné, « est l'héritier désigné, porteur des espérances familiales sur le plan politique. À la même époque, Denis-Benjamin administre la seigneurie de la Petite-Nation, André-Augustin est notaire et marchand à Saint-Hyacinthe où habite sa sœur Marie-Rosalie, qui épousera en 1816 le seigneur Jean Dessaulles, et Toussaint-Victor étudie au petit séminaire de Montréal et se destine à la prêtrise » (Chabot 1988). Nous avons examiné 19 lettres de Louis-Joseph et 12 lettres de Denis-Benjamin, les deux scripteurs se distinguent par les réseaux dans lesquels ils évoluent. Louis-Joseph (1786–1871) est seigneur de Petite-Nation, mais il habite Montréal et a voyagé en Europe et aux États-Unis ;

---

[7] Nous avons consulté plusieurs notices biographiques parues dans cet ouvrage pour rédiger cette partie (cf. notamment Baillargeon 1988 ; Baribeau 1985 ; Chabot 1988 ; Galarneau 1978 ; Ouellet 1972).

Denis-Benjamin (1789–1854) est agent seigneurial et a surtout vécu à la seigneurie de son frère, à près de deux cents kilomètres du centre culturel que représentait Montréal. Denis-Benjamin est aussi l'associé du libraire Hector Bossanges à Montréal (cf. Baribeau 1985).

Parmi les trois religieux français dont nous avons analysé la correspondance, Philippe-Jean-Louis Desjardins (1753–1833) est sans doute le plus connu. Originaire de Messas (Loiret), il fait des études à Orléans et à Paris et accède à la prêtrise en 1777. En 1792, Desjardins est contraint de fuir la Révolution et après un court exil en Angleterre, il s'établit au Canada. En tout, il y séjourne pendant cinq ans, de 1793 à 1802, avant de retourner en France. Pendant son séjour, Desjardins assume de nombreuses responsabilités, ce qui l'amène à côtoyer de très près plusieurs personnalités importantes de la colonie, tant dans les cercles politiques que religieux, aussi bien chez les nobles que chez les marchands, et aussi bien auprès des anglophones que des francophones : « Sa vaste culture, l'aisance de sa conversation et la chaleur de son accueil lui attiraient la sympathie. Chacun voulait l'avoir à sa table et la bonne société recherchait sa compagnie » (Galarneau 1978). Nous avons examiné 20 lettres de ce scripteur.

Le frère cadet de Philippe-Jean, Louis-Joseph Desjardins dit Desplantes (Messas, 1766–1848), est ordonné prêtre en 1790, à Bayeux. Refusant, comme son frère, de reconnaître la constitution civile du clergé, il s'exile avec lui en Angleterre avant de s'établir au Canada à partir de 1794. En 1795, il part comme missionnaire à la baie des Chaleurs, accompagné de l'abbé Jean-Baptiste-Marie Castanet. Il regagne Québec en 1801, après avoir vécu des années difficiles dans une région vaste et peu hospitalière. Il sera tour à tour vicaire et curé de la paroisse Notre-Dame de Québec, aumônier des religieuses de l'Hôtel-Dieu de Québec et, dès 1825 jusqu'en 1833, supérieur des Ursulines de Québec. Nous avons examiné 19 lettres de ce scripteur.

Né dans la région de Haute-Savoie, Pierre Gazel (1753–1825) est professeur au Collège de Narbonne. Il arrive au Canada en même temps que Philippe-Jean-Louis Desjardins, en 1793. À son arrivée à Québec, il est nommé chapelain à l'Hôpital général de Québec et devient précepteur des enfants du gouverneur du Bas-Canada, Lord Dorchester. D'une santé faible, Gazel est contraint de rentrer en Angleterre en 1796. Nous avons examiné 3 lettres de sa main.

5 Réseaux et modèles linguistiques

Nous nous pencherons sur la question des réseaux en lien avec les pratiques de ces scripteurs en examinant des traits qui sont en variation et, de ce fait, font l'objet de discussions à l'époque par les grammairiens. Nous illustrerons comment les deux modèles, l'ancien et le nouveau, circulent pendant la période et tenterons de faire voir comment certains scripteurs ont intégré très tôt le nouveau modèle, preuve de sa circulation dans certains réseaux auxquels participent notamment les prêtres français émigrés au Bas-Canada.

Nous avons choisi de nous intéresser à la variation orthographique parce que, comme d'autres composantes de la langue, elle permet de mettre en évidence la diffusion graduelle d'un changement à travers une communauté. Loin d'être aléatoire, le passage d'un modèle orthographique à l'autre suit une certaine logique sociale et certaines variantes orthographiques se chargent d'une valeur de symbole. L'orthographe, par les discussions explicites qu'elle engendre comme objet de culture diffusé à travers l'éducation et les imprimés, est ainsi particulièrement propice à mettre en évidence la circulation des normes chez l'élite. Comme Martineau (2007) l'a montré pour la fin du 18e siècle, l'élite tend à accorder de plus en plus d'importance à la maîtrise de l'écrit, phénomène que l'on retrouve dans d'autres sociétés occidentales de l'époque (cf. Vandenbussche 2007).[8] Notre analyse portera sur trois variables orthographiques : l'alternance entre les graphies ancienne *oi* et moderne *ai* (par ex. *avoit*/*avait*), l'alternance entre les graphies anciennes *ere*/*ére* et moderne *ère* (comme dans *Tres ch**ère** M**ére**, mani**ére***) et l'alternance entre les graphies anciennes *ans*/*ens* et modernes *ants*/*ents* sur les noms et adjectifs pluriels (par ex. *enf**ans**/enf**ants***).

5.1 Alternance entre graphie ancienne *oi* et graphie moderne *ai*

L'alternance entre les graphies *oi* et *ai* apparaît dans les noms de peuples (*fran**ç**ois, angl**ois***), dans certains adjectifs et verbes (*mauv**ois**, conn**oî**tre*) et dans la désinence de l'imparfait et du conditionnel (*j'av**ois**, il aur**oit***).[9] Bien que la variante moderne *ai* n'ait été entérinée par le dictionnaire de l'Académie française qu'à partir de 1835, elle se trouve déjà utilisée par certains scripteurs de l'élite française et canadienne-française dans la deuxième moitié du 18e siècle (Dubois 2003 ; Martineau 2007). Les deux graphies se font concurrence, non seulement dans la correspondance privée, mais aussi dans les imprimés. Ainsi, l'ancienne norme *oi* est encore bien présente

---

8 Pour une analyse d'un trait morphosyntaxique, cf. Martineau/Remysen (2015) sur l'alternance des adverbes de négation *pas*/*point* (*je n'ai pas*/*point perdu l'adresse*).
9 À noter que la prononciation [ɛ], surtout pour les désinences, était répandue dès les 16e et 17e siècles (cf. Catach 1995, 1107) et qu'on peut donc considérer, pour les contextes que nous examinons, que l'alternance est d'abord orthographique. La situation est différente pour des mots comme *coiffe* où l'ancienne diphtongue *oi* a évolué en *oe*, prononcée [wɛ] ou [we] et orthographiée au 17e siècle *coeffe* (cf. Catach 1995, 1124).

au début du 19ᵉ siècle dans les grammaires fréquemment utilisées au Québec, dont celle de Lhomond (cf. Piron/Remysen 2018).[10]

Les résultats de l'analyse des trois scripteurs canadiens-français apparaissent dans le Tableau 1 ci-dessous. Ceux-ci montrent chez le scripteur de la génération née avant la Conquête un emploi catégorique de l'ancienne graphie ; à la deuxième génération, les deux graphies sont présentes, mais avec un choix catégorique pour la nouvelle graphie chez Louis-Joseph et un choix pour ainsi dire aussi catégorique chez son frère cadet, mais pour l'ancienne graphie.

Tableau 1: Fréquence d'emploi de la variante conservatrice *oi* vs la variante moderne *ai* chez trois membres de la famille Papineau.

Génération	Scripteurs (année de naissance)	es[11]	oi	ai
Génération 1	Joseph Papineau (1752)	0% (0/114)	100% (114/114)	0% (0/114)
Génération 2	Louis-Joseph Papineau (1786)	0% (0/241)	0% (0/241)	100% (241/241)
	Denis-Benjamin Papineau (1789)	0% (0/103)	99% (102/103)	1% (1/103)

À titre comparatif, dans les lettres écrites par des scripteurs de la bourgeoisie française nés avant 1760 et analysées par Dubois (2003), l'ancienne graphie *oi* n'est attestée que dans environ 45% des cas, et ce pourcentage tombe à environ 15% pour ceux qui sont nés après 1770.[12] En d'autres mots, dès les années 1770, la variante ancienne est en perte de vitesse chez l'élite en France alors qu'elle se maintient mieux au Canada (ce que montre encore le Tableau 2, qui reprend des chiffres de quatre générations différentes, cf. Martineau 2014), dans le sens de l'hypothèse de Gendron (2007) pour des phénomènes de prononciation.[13]

---

10 Dans la première édition québécoise de 1800, la graphie *ai* est utilisée dans le mot français qui apparaît dans le titre (*Élémens de la grammaire française*) ainsi que dans le corps du texte, mais les tableaux de conjugaisons utilisent *oi* pour l'imparfait et le conditionnel. Dans l'édition de 1817, l'hésitation entre *oi* et *ai* existe toujours.
11 Il existe en effet une troisième graphie, *es*, qui alterne avec l'ancienne graphie *oi* chez certains scripteurs écrivant aux 17ᵉ et 18ᵉ siècles (par exemple *j'aves*) (cf. Martineau 2007). Cette graphie a été mise de l'avant au 17ᵉ siècle par les grammairiens Lesclache et Lartigaut, pour qui cette graphie était plus près de la prononciation que ne l'était *oi* (Martineau 2007, 208).
12 C'est à tout le moins ce que suggèrent les figures présentées dans Dubois (2003) ; ni les pourcentages précis ni les chiffres bruts ne sont fournis dans cette étude.
13 La variante *es* (présentée dans la note 11 plus haut) est attestée seulement chez une locutrice de la première génération.

Tableau 2 : Fréquence d'emploi de la variante conservatrice *oi* vs la variante moderne *ai* chez quatre générations de scripteurs canadiens-français (tiré de Martineau 2014).

Génération	es/oi	ai
Génération 1 (3 auteurs, nés entre 1752–1758)	82,1% (215/262)	17,9% (47/262)
Génération 2 (5 auteurs, nés entre 1785–1795)	49,8% (283/568)	50,2% (285/568)
Génération 3 (5 auteurs, nés entre 1818–1830)	8,9% (16/179)	91,1% (163/179)
Génération 4 (2 auteurs, nés entre 1842–1844)	0% (0/88)	100% (88/88)

Les réseaux des scripteurs jouent toutefois un rôle essentiel dans l'intégration d'innovations venues de France (cf. Martineau 2014). Le Tableau 3 montre ainsi que Joseph Papineau, qui correspond à la Génération 1, n'a pas intégré la nouvelle variante *ai*, et ce, même s'il a pu être en contact avec cette nouvelle graphie, par son étude de notaire ou par les livres imprimés qui garnissent son importante bibliothèque ; les lettres s'étalent sur plus de vingt ans, entre 1793 et 1822. C'est aussi cette variante *oi* que doit enseigner Victoire, sœur de Joseph, qui est institutrice dans la région du Détroit, puisque c'est celle qu'elle emploie de façon privilégiée, dans ces lettres datées entre 1811 et 1818. Au contraire, Rosalie, épouse de Joseph, issue d'une famille socialement plus élevée, présente un emploi relativement fréquent de la nouvelle graphie *ai*, à l'image des fréquences observées pour la France par Dubois (2003). L'importance d'une éducation urbaine et moderne est d'ailleurs soulevée dans l'une de ses lettres à sa belle-fille où elle s'inquiète de la qualité moins grande de l'éducation si ses petits-enfants restent à la seigneurie de Papineauville. On note toutefois l'emploi par Marie-Rosalie d'une très ancienne graphie, *es*, en concurrence avec *oi*, qui demeure présente dans l'ensemble de ses lettres, datées entre 1804 et 1830.

La question des réseaux dans le choix des usages est encore plus évidente à la deuxième génération. Louis-Joseph Papineau, qui voyage et qui est le moteur social et politique de la famille, a parfaitement intégré le nouveau modèle, tout comme son épouse Julie Bruneau, fille d'un marchand de Québec qui est aussi député. Leurs usages contrastent avec ceux de Denis-Benjamin et de son épouse Angèle Cornud, établis dans la seigneurie de Papineauville, qui ont donc moins accès aux réseaux culturels, et qui présentent un emploi

Tableau 3: Fréquence d'emploi de la variante conservatrice *oi* vs la variante moderne *ai* chez deux générations de Papineau (tiré en partie de Martineau 2014).

Génération	Scripteurs (année de naissance)	es	oi	ai
Génération 1	Joseph Papineau (1752)	0% (0/114)	100% (114/114)	0% (0/114)
	Victoire Papineau (1758)	0% (0/67)	100% (67/67)	0% (0/67)
	Marie-Rosalie Cherrier (1756)	24,7% (20/81)	17,3% (14/81)	58% (47/81)
Génération 2	Louis-Joseph Papineau (1786)	0% (0/241)	0% (0/241)	100% (241/241)
	Julie Bruneau (1795)	0% (0/42)	7,1% (3/42)	92,9% (39/42)
	Denis-Benjamin Papineau (1789)	0% (0/103)	99% (102/103)	1% (1/103)
	Angélique Cornud (1785)	0% (0/103)	96,2% (99/103)	3,8% (4/103)
	Marie-Rosalie Papineau (1788)	0% (0/79)	100% (79/79)	0% (0/79)

prédominant de la variante *oi*. C'est également le cas de Marie-Rosalie, seigneuresse de Saint-Hyacinthe, qui privilégie la variante *oi*.

Les lettres des prêtres français immigrés au Canada que nous avons examinées montrent que l'implantation de la variante moderne *ai* est certes plus avancée chez certains d'entre eux, notamment lorsqu'on les compare aux scripteurs canadiens-français, mais ce constat ne peut être généralisé (cf. Tableau 4). On remarque une nette différence entre d'une part Philippe Desjardins, bien intégré dans un important réseau social et très proche des lieux de pouvoir, et d'autre part Gazel, de la même génération que lui, et son frère Louis-Joseph, qui n'a pas eu la carrière de son frère aîné.

L'emploi quasi catégorique de la variante moderne *ai* chez Philippe Desjardins est en fait beaucoup plus moderne que les usages qui ont pu avoir cours en France, si on se fie aux résultats de Dubois (2003), et se rapproche des usages d'individus comme Louis-Joseph ou Julie, nés quelques décennies plus tard. À l'inverse, son frère cadet, né en 1766, se rapproche par ses usages de scripteurs français de la génération précédente, ou de ceux de scripteurs canadiens un peu

Tableau 4: Fréquence d'emploi de la variante conservatrice *oi* vs la variante moderne *ai* chez trois prêtres français immigrés au Canada.[14]

	Scripteurs (année de naissance)	oi	ai
Génération 1	Philippe Desjardins (1753)	11,4% (18/158)	88,6% (140/158)
	Pierre Gazel (1753)	96,4% (54/56)	3,6% (2/56)
Génération 2	Louis-Joseph Desjardins (1766)	95,2% (100/105)	4,8% (5/105)

plus âgés comme Joseph Papineau, ou plus jeunes mais plus isolés, socialement et géographiquement parlant, comme Denis-Benjamin et son épouse.

C'est donc dire que dans une même famille, où les membres ont pu recevoir une éducation semblable, l'emploi de l'une ou l'autre variante dépend beaucoup des réseaux de circulation. Joseph comme sa sœur Victoire ont une familiarité avec l'écrit de par leur profession, mais c'est la variante *oi* qui domine. Denis-Benjamin et Louis-Joseph ont tous deux fréquenté le Petit séminaire de Québec, où de l'avis de Fernand Ouellet (1972), « [les] programmes d'enseignement [...] étaient des plus traditionnels » ; on peut donc supposer que les normes linguistiques ont pu être celles de l'Ancien Régime, dont les valeurs étaient valorisées par les professeurs. Mais les deux frères ne font pas la même utilisation des variantes ancienne et moderne, ce qui est aussi le cas chez les frères Desjardins qui ont fait tous les deux leurs études classiques au Petit séminaire de Meung-sur-Loire, avant de poursuivre leurs études à Paris (au séminaire de Saint-Sulpice, dans le cas de Philippe-Jean-Louis, et au séminaire Saint-Martin, dans celui de Louis-Joseph). Qu'il s'agisse des frères Papineau ou Desjardins, c'est avant tout par leur intégration à des réseaux différents, en raison des carrières différentes qu'ils poursuivent, que les deux se distinguent.

5.2 Alternance entre graphie ancienne *ere/ére* et moderne *ère*

La variable que nous examinons dans cette section repose sur la présence/absence de l'accent, et sur l'alternance entre accent aigu et accent grave dans la séquence *ere* (variantes anciennes : *mere/mére* ; variante moderne : *mère*). Cette

---

14 La variante *es* n'est pas attestée dans les lettres analysées ici.

variable soulève des questions de normes orthographiques, comme dans la section précédente, en plus d'être reliée à la question des normes de prononciation.

L'accent aigu a été introduit en français dès le 16ᵉ siècle et s'il est utilisé chez les auteurs et imprimeurs de la Renaissance, il disparaîtra dans la première moitié du 17ᵉ siècle, sauf chez les réformateurs, avant de resurgir vers les années 1660–1680, sous l'influence des impressions hollandaises (cf. Catach 1995, 1127). Comme le mentionne Catach (1995, 1127), « [i]l faudra attendre Acad. 1740 et 1762 pour que soient définitivement adoptés, en français, les usages du système d'accentuation actuel, dont les bases étaient pourtant déjà en place en 1550, soit deux siècles auparavant ». Catach (1995, 1128) remarque que l'accent grave a été introduit tardivement, au 18ᵉ siècle, pour différentes raisons dont le fait que « l'accent aigu servait encore au cours du XVIIᵉ siècle à noter à la fois le *e* fermé et le *e* ouvert, non nettement distingués ». En effet, pour beaucoup de grammairiens, la différence de timbre n'est pas clairement distincte ; ainsi Catach (1995, 1128) rapporte que l'accent grave agit « comme un accent intermédiaire entre l'aigu et le circonflexe » pour un grammairien comme Féraud dans son *Dictionnaire grammatical de la langue françoise* (1761). Enfin, pour les imprimés, il y a aussi un problème très concret, le manque d'*è* graves dans les casses d'imprimeurs ; pour Catach, ce serait d'ailleurs l'explication au fait que le premier tome du dictionnaire de l'Académie de 1740 reçoit plus d'accents aigus que le second, situation qui sera corrigée à l'édition suivante de 1762.

Les discussions orthographiques autour du changement d'accentuation, d'aigüe à grave, sont en partie parallèles avec des changements dans la prononciation en France ; en effet, le passage de [e] à [ɛ] dans plusieurs mots en *ere* se fait graduellement entre le 17ᵉ et la fin du 18ᵉ siècle (cf. Gendron 2007, 52, citant Théodore Rosset, *Les origines de la prononciation moderne*, 1911, 122 et 124). Encore au milieu du 18ᵉ siècle, on hésite entre le timbre ouvert et fermé de la voyelle, qui résulte d'un changement phonétique, soit de la chute du *e* muet aux 16ᵉ et 17ᵉ siècles ; la voyelle pénultième passe alors d'une syllabe ouverte à une syllabe fermée (*pé.re* devenant *pèr* ; cf. Gendron 2007, 154, citant encore Théodore Rosset 1911, 130 et 110s.). L'ancienne prononciation avec le timbre fermé est alors connotée comme populaire ou rural en France : « Les paysans donnent le son de *e* fermé (é) à toutes les syllabes finales des mots en *ère, ière, erre, air, er, ere* ; ainsi ils disent : *pér, mér, lumiére, fére, tér, ér, amér, clér*, pour *père, mère, lumière, faire, terre, air, amer, clerc* » (Emile Agnel, *Observation sur la prononciation et la langue rustiques des environs de Paris*, 1855, 12, cité par Gendron 2007, 154).

Il est difficile d'établir un parallèle direct entre les alternances graphiques *ere/ére/ère* et la prononciation *e* ouvert/fermé. Ainsi, en l'absence d'accent sur *ere*, il est impossible de déduire la prononciation ; l'accent aigu sur *ére* peut résulter d'habitudes graphiques anciennes tout autant que d'une prononciation du *e* fermé, sans qu'il soit possible de le confirmer puisque l'accent aigu a été utilisé pour les deux prononciations ; et l'adoption de la nouvelle graphie *ère* peut ne pas correspondre à l'adoption d'une nouvelle prononciation, plus soutenue, bien que dans ce dernier cas de figure, l'adoption de la nouvelle graphie ait servi à distinguer la prononciation du *e* ouvert de celle du *e* fermé. On se trouve dans tous les cas dans la difficulté de reconstruire une prononciation, à partir de sources écrites. La régularité d'usages graphiques, des attestations dans d'autres documents de la même époque, des observations métalinguistiques sur la présence de telles prononciations à l'époque ainsi que les débats orthographiques sur la façon de les représenter sont autant d'indices qui permettent de confirmer un lien entre prononciation et graphie (cf. Juneau 1972 ; Martineau 2013 ; Martineau/ Bénéteau 2010).

Si Dubois (2003) ne distingue pas clairement les trois variantes *ere/ére/ère*, ses résultats suggèrent que la variante moderne *ère* n'est utilisée en moyenne que dans un cas sur trois par les scripteurs français nés avant 1760. La graphie *ère* progresse toutefois considérablement chez la génération suivante. Lorsqu'on compare avec nos résultats dans le Tableau 5, on voit que les scripteurs canadiens suivent un patron semblable à celui que nous avons trouvé pour la variable précédente. Joseph Papineau emploie de façon catégorique la variante la plus ancienne, soit l'absence d'accentuation. Il se trouve donc en décalage avec les scripteurs français de la même génération analysés par Dubois (2003). À la deuxième génération, Denis-Benjamin présente lui aussi un décalage, plus prononcé que son père si on tient compte du fait qu'on se trouve une génération plus tard ; quand il utilise l'accentuation, c'est le plus souvent avec la nouvelle variante (accent grave), mais l'ancienne variante, avec accent aigu, n'est pas complètement absente. Quant à Louis-Joseph, il est à l'opposé

Tableau 5: Fréquence d'emploi des variantes orthographiques conservatrices *ere/ére* et moderne *ère* chez trois membres de la famille Papineau.

Génération	Scripteurs	ere	ére	ère
Génération 1	Joseph Papineau (1752)	100% (43/43)	0% (0/43)	0% (0/43)
Génération 2	Louis-Joseph Papineau (1786)	3,2% (2/64)	0% (0/64)	96,8% (62/64)
	Denis-Benjamin Papineau (1789)	92,1% (58/63)	4,7% (3/63)	3,2% (2/63)

de son père et de son frère, avec un emploi presque catégorique de la nouvelle variante, en accord aussi avec son emploi de la graphie moderne *ai*.[15]

Pour ce qui est des prêtres français (cf. Tableau 6), les résultats concordent également avec ce nous avons constaté plus haut, à l'exception d'un des scripteurs. Philippe Desjardins se trouve en avance sur son temps, délaissant presque exclusivement la variante sans accent, et adoptant déjà la variante moderne en *ère* dans presque un cas sur deux. Toutefois, à la différence de sa pratique de *ai*, quasi exclusif, son écriture varie encore considérablement entre l'accent aigu et grave. Fait curieux, le frère cadet de Philippe adopte des pratiques somme toute relativement similaires à celles de son frère aîné, même s'il utilise un peu plus souvent la variante *ere* sans accent. Son utilisation de *ere/ére/ère* est à tout le moins plus innovatrice que celle de *oi/ai*. Pour sa part, Gazel, comme pour *oi/ai*, adopte un comportement très conservateur qui tranche avec celui de Philippe Desjardins, né dans la même année que lui.

Tableau 6: Fréquence d'emploi des variantes orthographiques conservatrices *ere/ére* et moderne *ère* chez trois prêtres immigrés au Canada.

Génération	Scripteurs	ere	ére	ère
Génération 1	Philippe Desjardins (1753)	3,7% (4/109)	49,5% (54/109)	46,8% (51/109)
	Pierre Gazel (1753)	50% (13/26)	26,9% (7/26)	23,1% (6/26)
Génération 2	Louis-Joseph Desjardins (1766)	11,5% (12/104)	42,3% (44/104)	46,2% (48/104)

Comment interpréter tous ces résultats ? Il n'est pas impossible que la graphie *ére* que l'on retrouve chez Denis-Benjamin (et même *ere* chez son père), de même que chez les prêtres français, soit le reflet d'une prononciation en *e* fermé, plus archaïsante. En effet, outre l'emploi de variantes graphiques conservatrices, Denis-Benjamin présente des emplois lexicaux conservateurs, comme l'a montré Martineau (2014), par exemple l'emploi de *hardes* au sens de

---

[15] Notons chez ce scripteur l'emploi, à l'occasion, de l'accent grave sur l'adjectif masculin *chèr* (par ex. *chèr curé*).

'vêtements, dans un sens général', ou de *mouiller* 'pleuvoir', emplois absents dans les lettres de son frère Louis-Joseph. Dans le cas des prêtres français, il n'est pas exclu que cette prononciation conservatrice était encore valorisée dans certains milieux français, dont le leur, au 18e siècle (voir plus haut) et qu'elle a pu influencer la graphie. Par ailleurs, chez les frères Desjardins, tout comme chez Gazel, la graphie conservatrice en *ére* est plus courante dans les trois mots *mére, pére, frére*, tous relatifs aux relations familiales,[16] alors que *ère* est plus fréquent dans tous les autres mots (par exemple *espère, guère*, etc.).

Tableau 7: Conditionnement lexical de la fréquence d'emploi de la variante orthographique conservatrice *ére* chez trois prêtres immigrés au Canada.

Génération	Scripteurs	Ensemble des mots	Seulement les mots mére, pére, frére	Ensemble des mots sans mére, pére, frére
Génération 1	Philippe Desjardins (1753)	49,5% (54/109)	71,1% (32/45)	34,4% (22/64)
	Pierre Gazel (1753)	26,9% (7/26)	80,0% (4/5)	14,3% (3/21)
Génération 2	Louis-Joseph Desjardins (1766)	42,3% (44/104)	62,7% (32/51)	22,6% (12/53)

Ce conditionnement lexical est cohérent avec d'autres données dont nous disposons concernant la prononciation. En effet, la prononciation avec l'*e* fermé s'est bien maintenue en français canadien dans certains mots (cf. Gendron 2007, 154, en s'appuyant sur le *Glossaire du parler français au Canada*), et notamment dans ceux qui appartiennent au champ lexical de la famille (cf. Saint-Amant Lamy 2016, dont l'analyse s'appuie sur les données de l'*Atlas linguistique de l'Est du Canada*). Contrairement à la variable précédente, où la variation *ai/oi* est strictement d'ordre orthographique, l'alternance *ere/ére/ère* s'explique peut-être par des habitudes de prononciation chez certains scripteurs. Si tel est le cas, les prêtres

---

[16] Dans le corpus analysé, ces mots (surtout le mot *frère*) sont fréquents en raison des nombreuses lettres que les frères Desjardins se sont envoyées. Dans le cas de Louis-Joseph, en outre, plusieurs lettres sont adressées à la mère supérieure des Ursulines, à qui il s'adresse souvent en écrivant *ma très chère* (ou *révérende*) *Mère/Mére*.

français immigrés au Canada ont pu contribuer au maintien du prestige de certaines prononciations pourtant vieillissantes en France.[17]

5.3 Alternance entre graphie ancienne *ans/ens* et moderne *ants/ents*

L'hésitation entre les graphies avec ou sans *t* dans le pluriel des participes présents, longtemps assimilés par les grammairiens à la catégorie des adjectifs, et des mots qui se terminent en *-ans* et *-ens* (*travaillans/travaillants, enfans/enfants, arpens/arpents*) constitue la troisième variable à l'étude. Les formes du pluriel *ans/ens* sont bien attestées jusqu'au 19e siècle, malgré les propositions de réforme faites par l'Académie à partir de la fin du 17e siècle. Il faut dire que l'Académie a elle-même changé à quelques reprises sa position concernant la graphie : si elle impose le *t* dans les formes du pluriel en 1673, elle n'applique généralement pas cette règle dans la première édition de son dictionnaire parue en 1694 ; elle revient même par la suite sur sa décision en 1740, jugeant les formes *ans/ens* plus simples (cf. Catach 1995, 1172). Ce n'est que dans la sixième édition de son dictionnaire, publiée en 1835, que l'Académie finit par entériner la règle moderne, avec *ant/ent* au singulier et *ants/ents* au pluriel, « quand le principe d'alignement morphologique du pluriel sur le singulier l'emporte définitivement, conservant ainsi dans tous les cas le *t* qui rattache le radical aux dérivés » (Catach 1995, 413).

Contrairement à ce que l'on aurait pu attendre du patron d'usage pour les deux précédentes variables, c'est ici Louis-Joseph Papineau, le scripteur qui présentait les variantes les plus novatrices (graphies *ai* et *ère*), qui emploie de façon presque catégorique la variante conservatrice *ans/ens* (cf. Tableau 8). Denis-Benjamin Papineau continue à suivre le modèle graphique de son père Joseph Papineau, mais cette fois-ci en utilisant la variante novatrice.

Le patron d'usage de Louis-Joseph correspond toutefois à celui des scripteurs français étudiés. En effet, si Philippe Desjardins, très en avant de son temps pour l'utilisation des variables orthographiques déjà étudiées, utilise majoritairement les anciennes formes *ans/ens*, Pierre Gazel, pourtant conservateur pour ces mêmes variables, adopte exclusivement les formes modernes *ants/ents* (cf. Tableau 9). Pour sa part, Louis-Joseph Desjardins est plutôt conservateur, comme son frère, ce qui rappelle l'utilisation qu'il fait de l'ancienne graphie *oi* pour *ai*.

---

[17] Cela expliquerait entre autres pourquoi Michel Bibaud qui, comme nous l'avons vu plus haut, invoque ces prêtres comme modèles, est d'avis que « la diphtongue *oi* a le son de l'*è* ouvert, [...] comme dans, *moi, roi, froid, il doit, cloison, voiture* » (*L'Aurore*, 7 juillet 1817, 3).

Tableau 8 : Fréquence d'emploi des variantes orthographiques conservatrices *ans/ens* et moderne *ants/ents* chez trois membres de la famille Papineau.

Génération	Scripteurs	ans/ens	ants/ents
Génération 1	Joseph Papineau (1752)	21% (8/38)	79% (30/38)
Génération 2	Louis-Joseph Papineau (1786)	95,1% (58/61)	4,9% (3/61)
	Denis-Benjamin Papineau (1789)	10% (4/40)	90% (36/40)

Tableau 9 : Fréquence d'emploi des variantes orthographiques conservatrices *ans/ens* et moderne *ants/ents* chez trois prêtres immigrés au Canada.

Génération	Scripteurs	ans/ens	ants/ents
Génération 1	Philippe Desjardins (1753)	90,5% (38/42)	9,5% (4/42)
	Pierre Gazel (1753)	0% (0/18)	100% (18/18)
Génération 2	Louis-Joseph Desjardins (1766)	73,9% (17/23)	26,1% (6/23)

Faut-il y voir le reflet du débat auquel a donné lieu la graphie en question ? Ou y a-t-il d'autres facteurs en cause ? Selon Catach/Honvault (2001, 307), les anciennes formes *ans/ens*, tout comme *oi*, étaient senties comme une marque de l'Ancien Régime. Ainsi « [o]n peut bien souvent reconnaître les opinions de celui qui écrit, sous l'Empire par exemple, à propos de l'emploi de la graphie *oi*, de même que l'ancienne orthographe *-ens*, *-ans* a été, sous Louis-Philippe, comprise comme une marque de royalisme bon teint ». Mais l'écart important entre l'emploi de *oi/ai* et celui de *ans/ens* chez Louis-Joseph Papineau et Philippe Desjardins suggère que les variantes conservatrices n'avaient pas toutes le même poids symbolique. Ainsi, pour ces scripteurs, la variante *ans/ens* a pu être sentie moins comme l'orthographe d'un ordre social révolu que comme la « bonne » orthographe. Comme le soulignent en effet Catach/Honvault (2001, 207s.), « [a]ux XVIIe–XVIIIe siècle [sic], [...] cette alternance *ant/ans*, *ent/ens* restera, avec le maintien de *oi* [wE], une des caractéristiques de la ‹ bonne › orthographe de l'ancien Régime durant tout le XIXe siècle et même au-delà, malgré la décision de 1835 de conserver en définitive le *t* partout (sauf à gens) ». Mais contrairement à la variante *oi*, déjà en régression avant l'entérinement de la variante *ai* dans le dictionnaire de l'Académie en 1835, la variante *ans/ens* s'est imposée plus longtemps chez les gens cultivés, pour des raisons qui restent à être élucidées, par des analyses complémentaires.

6 Conclusion

Notre article soulève des questions à la fois méthodologiques et théoriques pour l'étude de la variation et du changement linguistiques. Du point de vue méthodologique, notre examen des pratiques et usages linguistiques met en lumière l'importance de comparer des données qui, si elles ne sont pas entièrement comparables (si cela existe), n'en partagent pas moins des points communs. C'est ainsi que les usages canadiens ont souvent été étudiés à la lumière d'une norme institutionnelle, imprimée, telle que le dictionnaire de l'Académie. Notre étude montre que lorsqu'on examine les usages manuscrits, comme ceux de la correspondance privée, il existe une variation importante entre scripteurs, mais aussi chez un même scripteur ; il est donc essentiel de mettre en comparaison des documents privés à d'autres documents privés, provenant de scripteurs appartenant à une classe sociale similaire. En ce sens, notre travail souligne l'intérêt d'explorer les usages de l'élite,[18] longtemps perçus comme homogènes et se confondant avec la norme imprimée. Notre étude montre aussi l'utilité d'examiner de façon plus approfondie les parcours des scripteurs, que ce soit l'éducation qu'ils ont reçue, les livres disponibles dans leur bibliothèque personnelle, les réseaux sociaux et culturels auxquels ils ont accès à travers leur carrière ou leurs alliances matrimoniales, ainsi que leur mobilité. L'aller-retour entre l'analyse micro- et macro-linguistique permet alors de brosser des portraits plus nuancés de communautés qui se définissent au-delà des frontières territoriales.

Notre article s'intègre en outre dans des questionnements théoriques sur les effets du contexte externe (sociopolitique) sur le système linguistique. Nos résultats suggèrent ainsi que si la Conquête britannique a été pour la colonie de la Nouvelle-France une catastrophe culturelle et politique, les effets sur la langue, quoique tangibles, n'ont pas eu la même ampleur. Avant la Conquête, la distance entre le centre parisien – d'où sont diffusées les nouvelles normes en matière de goût culturel et de langue – et la province, dont fait partie à distance la Nouvelle-France, est à l'origine d'un certain décalage dans les usages

---

18 Cette élite est souvent négligée dans les études consacrées à l'histoire du français québécois qui se sont davantage concentrées sur la langue populaire.

de l'élite. Après la Conquête, un certain conservatisme dans les usages des scripteurs canadiens s'installe, mais les pratiques françaises innovatrices continuent à circuler dans l'ex-colonie. S'ensuit une importante variabilité interindividuelle, souvent liée à l'intégration à des réseaux plus ouverts sur l'Atlantique, ce que Milroy/Milroy (1990) définiraient comme des réseaux « ouverts ». Un individu comme Louis-Joseph Papineau est très bien intégré dans sa communauté d'origine, y est respecté, et par son parcours de vie politique qui l'a conduit à se déplacer en Europe, il s'est trouvé à pouvoir diffuser dans sa communauté d'origine les innovations d'une autre communauté. L'étude de la variation orthographique montre, d'une part, que tous les traits, conservateurs ou innovateurs, n'ont pas le même poids social et, d'autre part, que les scripteurs, une fois qu'ils ont acquis une graphie, tendent à la conserver au long de leur vie.

La perspective sur les réseaux, avec une mobilité vers un espace de référence linguistique (l'espace métropolitain vs le Canada), simplifie toutefois la question linguistique sur le territoire français en laissant supposer qu'il y existait une norme de référence, telle que définie par les institutions (comme l'Académie). Pourtant, l'analyse des usages des scripteurs français, notamment leur correspondance privée, montre que des normes, anciennes et nouvelles, ont pu coexister, ce que soulignent nos résultats sur les prêtres français. L'exploration des normes de l'élite française, religieuse et laïque, permettrait de nuancer le portrait linguistique de la France d'après la Révolution française et de mieux mettre en évidence les facteurs susceptibles d'expliquer cette variation.

La question des réseaux sociaux et culturels dépasse celle de la mobilité des individus d'une communauté « fermée » vers une communauté « ouverte » caractérisée par des innovations. Elle soulève aussi la question du poids qu'ont pu avoir certains individus, comme les prêtres français immigrés au Canada à la fin du 18e siècle. L'étude des modèles linguistiques qui ont été adoptés dans les institutions d'enseignement où ces religieux ont œuvré demande encore à être faite, de façon à comprendre les liens entre l'éducation et les imprimés, les réseaux de sociabilité, et la circulation des normes pour des scripteurs canadiens et français. Ainsi, les prêtres fuyant la Révolution française, instigateurs de variantes innovatrices mais aussi représentants du modèle d'Ancien Régime, ont-ils contribué au maintien de certaines variantes conservatrices dans la population laurentienne ? Et dans ce développement d'une norme nouvelle venue de la France révolutionnaire, quel a été le rôle du clergé canadien ? Il semble nécessaire, pour comprendre la dynamique linguistique au Canada français, d'orienter notre attention vers les acteurs sociaux en présence, dans un contexte politique tendu, où souvent le clergé français occupe des postes plus en vue que le clergé canadien-français, et où le clergé en général est très près du pouvoir britannique. L'arrivée de prêtres français dans le contexte de l'après-Conquête a sans doute marqué de façon durable les pratiques d'une partie de l'élite canadienne-française et, par l'autre, l'évolution de la variété canadienne-française plus largement.

7 Bibliographie

7.1 Sources

Martineau, France (ed.), *Corpus de français familier ancien*, Université d'Ottawa, 1995–. <www.polyphonies.uottawa.ca> [dernière consultation : 09.08.2018].

Remysen, Wim (ed.), *Corpus d'écrits des émigrés français au Bas-Canada : la correspondance des ecclésiastiques*, Université de Sherbrooke, 2015–.

7.2 Études

Ayres-Bennett, Wendy/Seijido, Magali, *Remarques et observations sur la langue française : histoire et évolution d'un genre*, Paris, Classiques Garnier, 2011.

Baillargeon, Noël, *Desjardins, Desplantes, Louis-Joseph*, in : Wilson, David A./Bélanger, Réal (edd.), *Dictionnaire biographique du Canada*, vol. 7, Québec/Toronto, Université Laval/University of Toronto, 1988. <www.biographi.ca/fr/bio/desjardins_louis_joseph_7F.html> [dernière consultation : 09.08.2018].

Baribeau, Claude, *Papineau, Denis-Benjamin*, in : Wilson, David A./Bélanger, Réal (edd.), *Dictionnaire biographique du Canada*, vol. 8, Québec/Toronto, Université Laval/University of Toronto, 1985. <www.biographi.ca/fr/bio/papineau_denis_benjamin_8F.html> [dernière consultation : 09.08.2018].

Bibaud, Michel [sous le pseudonyme de Grammaticus], *Communication*, L'Aurore du 7 juillet 1817, p. 3.

Bouchard, Chantal, *La langue et le nombril : histoire d'une obsession québécoise*, Montréal, Fides, 2002.

Bouchard, Chantal, *Méchante langue : la légitimité linguistique du français parlé au Québec*, Montréal, Presses de l'Université de Montréal, 2011.

Branca-Rosoff, Sonia/Schneider, Nathalie, *L'écriture des citoyens : une analyse linguistique de l'écriture des peu-lettrés pendant la période révolutionnaire*, Paris, Klincksieck, 1994.

Canac-Marquis, Steve/Poirier, Claude, *Origine commune des français d'Amérique du Nord : le témoignage du lexique*, in : Valdman, Albert/Auger, Julie/Piston-Hatlen, Deborah (edd.), *Le français en Amérique du Nord : état présent*, Québec, Presses de l'Université Laval, 2005, 517–538.

Caron-Leclerc, Marie-France, *Les témoignages anciens sur le français du Canada (du XVIIe au XIXe siècle)*, Thèse de doctorat, Québec, Université Laval, 1998.

Catach, Nina, *Dictionnaire historique de l'orthographe française*, Paris, Larousse, 1995.

Catach, Nina/Honvault, Renée, *Histoire de l'orthographe française*, Paris, Champion, 2001.

Chabot, Richard, *Papineau, Joseph*, in : Wilson, David A./Bélanger, Réal (edd.), *Dictionnaire biographique du Canada*, vol. 7, Québec/Toronto, Université Laval/University of Toronto,

1988. <www.biographi.ca/fr/bio/papineau_joseph_7F.html> [dernière consultation : 09.08.2018].

Charbonneau, Hubert/Guillemette, André, *Provinces et habitats d'origine des pionniers de la vallée laurentienne*, in : Poirier, Claude, et al. (edd.), *Langue, espace, société. Les variétés du français en Amérique du Nord*, Québec, Presses de l'Université Laval, 1994, 157–183.

Choquette, Leslie, *De Français à paysans : modernité et tradition dans le peuplement du Canada français*, Sillery/Paris, Septentrion/Presses de l'Université de Paris-Sorbonne, 1997.

Conde-Silvestre, Juan Camilo, *The role of social networks and mobility in diachronic sociolinguistics*, in : Hernández-Campoy, Juan Manuel/Conde-Silvestre, Juan Camilo (edd.), *The handbook of historical sociolinguistics*, Malden/Oxford/Chichester, Wiley-Blackwell, 2012, 332–352.

Dubois, Sylvie, *Letter-writing in French Louisiana. Interpreting variable spelling conventions, 1685–1840*, Written Language & Literacy 6 (2003), 31–70.

Ernst, Gerhard, *« qu'il n'y a orthographe ny virgule encorre moins devoielle deconsol et pleinne delacunne » : la norme des personnes peu lettrées (XVIIe et XVIIIe siècles)*, in : Iliescu, Maria/Siller-Runggaldier, Heidi/Danler, Paul (edd.), *Actes du XXVe Congrès International de Linguistique et de Philologie Romanes, Innsbruck, 3–8 septembre 2007*, vol. 3, Berlin/New York, De Gruyter, 2010, 543–551.

Fournier, Marcel, *Les Français au Québec 1765–1865*, Québec/Paris, Septentrion/Éditions Christian, 1995.

Fournier, Marcel, *Les Français émigrés au Canada pendant la Révolution française et le Consulat 1789–1804*, Québec, Septentrion, 2015.

Galarneau, Claude, *La France devant l'opinion canadienne (1760–1815)*, Québec/Paris, Presses de l'Université Laval/Colin, 1970.

Galarneau, Claude, *Desjardins, Philippe-Jean-Louis*, in : Wilson, David A./Bélanger, Réal (edd.), *Dictionnaire biographique du Canada*, vol. 6, Québec/Toronto, Université Laval/University of Toronto, 1978. <www.biographi.ca/fr/bio/desjardins_philippe_jean_louis_6F.html> [dernière consultation : 09.08.2018].

Gendron, Jean-Denis, *Le français des premiers Canadiens*, in : Plourde, Michel (ed.), *Le français au Québec : 400 ans d'histoire et de vie*, Québec, Fides/Publications du Québec, 2000, 39–44.

Gendron, Jean-Denis, *D'où vient l'accent des Québécois ? Et celui des Parisiens ?*, Québec, Presses de l'Université Laval, 2007.

Juneau, Marcel, *Contribution à l'histoire de la prononciation française au Québec*, Québec, Presses de l'Université Laval, 1972.

King, Ruth/Martineau, France/Mougeon, Raymond, *A sociolinguistic analysis of first person plural pronominal reference in European French*, Language 87 (2011), 470–509.

Landry, Yves, *Les immigrants en Nouvelle-France : bilan historiographique et perspectives de recherche*, in : Joutard, Philippe/Wien, Thomas (edd.), *Mémoires de Nouvelle-France : de France en Nouvelle-France*, Rennes, Presses Universitaires de Rennes/Septentrion, 2005, 65–80.

Laperrière, Guy, *Les communautés religieuses françaises au Québec (1792–1914)*, in : Lamonde, Yvan/Poton, Didier (edd.), *La Capricieuse (1855) : poupe et proue. Les relations France-Québec (1760–1914)*, Québec, Presses de l'Université Laval, 2006, 307–325.

Larin, Robert, *Brève histoire du peuplement européen en Nouvelle-France*, Sillery, Septentrion, 2000.

Linteau, Paul-André, *Brève histoire de Montréal*, Montréal, Boréal, 2007.

Lodge, R. Anthony, *Le français : histoire d'un dialecte devenu langue*, Paris, Fayard, 1997.

Martineau, France, *Perspective sur le changement linguistique : aux sources du français canadien*, Revue canadienne de linguistique 50 (2005), 173–213.

Martineau, France, *Variation in Canadian French usage from the 18th to the 19th century*, Multilingua 26 (2007), 203–227.

Martineau, France, *À distance de Paris : usages linguistiques en France et en Nouvelle-France à l'époque classique*, in : Aquino-Weber, Dorothée/Cotelli, Sara/Kristol, Andres (edd.), *Sociolinguistique historique du domaine gallo-roman : enjeux et méthodologie*, Berne et al., Lang, 2009, 221–242.

Martineau, France, *Normes et usages dans l'espace francophone atlantique*, in : Lusignan, Serge/Martineau, France/Morin, Yves Charles/Cohen, Paul, *L'introuvable unité du français : contacts et variations linguistiques en Europe et en Amérique (XIIe–XVIIIe siècle)*, Québec, Presses de l'Université Laval, 2011, 227–317.

Martineau, France, *Written documents : what they tell us about linguistic usage*, in : Van der Wal, Marijke/Rutten, Gijsbert (edd.), *Touching the past : studies in the historical sociolinguistics of ego-documents*, Amsterdam/Philadelphie, Benjamins, 2013, 129–147.

Martineau, France, *Québec et Acadie, convergences et divergences*, Minorités linguistiques et société 4 (2014), 16–41.

Martineau, France, *Le Canada français : XVIIIe et XIXe siècles*, in : Iliescu, Maria/Roegiest, Eugeen (edd.), *Manuel des anthologies, corpus et textes romans*, Berlin/Boston, De Gruyter, 2015, 406–417.

Martineau, France/Bénéteau, Marcel, *Incursion dans le Détroit. Édition critique du Jour Naille Commansé Le 29. octobre 1765 pour Le voiage que je fais au Mis a Mis*, Québec, Presses de l'Université Laval, 2010.

Martineau, France/Remysen, Wim, *Une langue au statut fragile : normes et usages du français québécois sous le Régime anglais*, Congrès de l'Association for French Language Studies, Caen, 17–19 juin 2015, communication non publiée.

Massignon, Geneviève, *Les parlers français d'Acadie. Enquête linguistique*, Paris, Klincksieck, 1962.

Meyerhoff, Miriam, *Communities of practice*, in : Chambers, Jack/Trudgill, Peter/Schilling-Estes, Natalie (edd.), *The handbook of language variation and change*, Oxford, Blackwell, 2002, 526–548.

Milroy, Lesley, *Language and social networks*, Oxford, Blackwell, 1980.

Milroy, Lesley/Milroy, James, *Social network analysis and social class : towards an integrated research model*, Language in Society 21 (1990), 1–26.

Morin, Yves Charles, *Les sources historiques de la prononciation du français au Québec*, in : Mougeon, Raymond/Béniak, Edouard (edd.), *Les origines du français québécois*, Québec, Presses de l'Université Laval, 1994, 199–236.

Morin, Yves Charles, *The origin and development of the pronunciation of French in Québec*, in : Nielsen, Hans F./Schøsler, Lene (edd.), *The origins and development of emigrant languages*, Odense, Odense University Press, 1996, 243–275.

Morin, Yves Charles, *Les premiers immigrants et la prononciation du français au Québec*, Revue québécoise de linguistique 31 (2002), 39–78.

Ouellet, Fernand, *Papineau, Louis-Joseph*, in : Wilson, David A./Bélanger, Réal (edd.), *Dictionnaire biographique du Canada*, vol. 10, Québec/Toronto,Université Laval/Université de Toronto, 1972. <www.biographi.ca/fr/bio/papineau_louis_joseph_10F.html> [dernière consultation : 09.08.2018].

Piron, Sophie/Remysen, Wim, *La grammaire de Lhomond comme outil linguistique dans le Québec du XIXe siècle : quels éléments normatifs au fil des rééditions ?*, in : Colombat,

Bernard, et al. (edd.), *Histoire des langues et histoire des représentations linguistiques*, Paris, Champion, 2018, 519–535.

Poirier, Claude, *Les causes de la variation géolinguistique du français en Amérique du Nord. L'éclairage de l'approche comparative*, in : Poirier, Claude, et al. (edd.), *Langue, espace, société. Les variétés du français en Amérique du Nord*, Québec, Presses de l'Université Laval, 1994, 69–95.

Poirier, Claude, *Une langue qui se définit dans l'adversité*, in : Plourde, Michel (ed.), *Le français au Québec : 400 ans d'histoire et de vie*, Québec, Fides/Publications du Québec, 2000, 111–122.

Poirier, Claude, *Le lexique du français du Québec : apports méconnus des parlers provinciaux de France*, in : Greub, Yan/Thibault, André (edd.), *Dialectologie et étymologie galloromanes : mélanges en l'honneur de l'éméritat de Jean-Paul Chauveau*, Strasbourg, Société de Linguistique Romane/Éditions de Linguistique et de Philologie, 2014, 331–353.

Remysen, Wim, *Description et évaluation de l'usage canadien dans les chroniques de langage : contribution à l'étude de l'imaginaire linguistique des chroniqueurs canadiens-français*, Thèse de doctorat, Québec, Université Laval, 2009.

Remysen, Wim, *L'emploi des termes « canadianisme » et « québécisme » dans les chroniques de langage canadiennes-françaises*, in : Martineau, France, et al. (edd.), *Le français d'ici : études linguistiques et sociolinguistiques sur la variation du français au Québec et en Ontario*, Toronto, GREF, 2010, 207–231.

Remysen, Wim, *Les représentations identitaires dans le discours normatif des chroniqueurs de langage québécois*, Journal of French Language Studies 22 (2012), 419–444.

Remysen, Wim, *« La science des mots n'est pas forte à la* Minerve *et au* Canada *» : l'idéologie du standard et le pouvoir de la norme dans le journal montréalais* Le Pays *(1852–1871)*, in : Puccini, Paola/Kirouac Massicotte, Isabelle (edd.), *Langue et pouvoir*, Bologne, I Libri di Emil, 2017, 13–33.

Rutten, Gijsbert/Van der Wal, Marijke, *Local dialects, supralocal writing systems*, Written Language & Literacy 14 (2011), 251–274.

Saint-Amant Lamy, Hugo, *La m[e]re de la m[3]re de ma m[a^j]re : neutralisation (et diphtongaison) des voyelles moyennes chez des locuteurs nés au tournant du 20e siècle*, Colloque *Les français d'ici*, Winnipeg, 7–9 juin 2016, communication non publiée.

Schlieben-Lange, Brigitte, *Idéologie, révolution et uniformité de la langue*, Liège, Mardaga, 1996.

Steuckardt, Agnès, *De l'écrit vers la parole : enquête sur les correspondances peu lettrées de la Grande Guerre*, in : Lavrentiev, Alexei, et al. (edd.), *Actes du 4e Congrès Mondial de Linguistique française. Section Histoire du français : Diachronie et Synchronie*, SHS Web of Conferences 8, 2014, 353–364. <https://doi.org/10.1051/shsconf/20140801159>

Thibault, André, *Histoire externe du français au Canada, en Nouvelle-Angleterre et à Saint-Pierre et Miquelon*, in : Ernst, Gerhard, et al. (edd.), *Histoire linguistique de la Romania. Manuel international d'histoire linguistique de la Romania*, vol. 1, Berlin/New York, De Gruyter, 2003, 895–911.

Thibault, André, *Français d'Amérique et créoles français des Antilles : nouveaux témoignages*, Revue de linguistique romane 73 (2009), 77–137.

Tieken-Boon van Ostade, Ingrid, *Social network analysis and the history of English*, European Journal of English Studies 4 (2000), 211–216.

Trudgill, Peter, *Dialects in contact*, Oxford, Blackwell, 1986.

Vandenbussche, Wim, *« Lower class language » in 19th century Flanders*, Multilingua 26 (2007), 279–290.

Sibylle Kriegel, Ralph Ludwig et Stefan Pfänder
Dialectes – créolisation – convergence

Quelques hypothèses à partir du berrichon et du poitevin-saintongeais

> Ich sage nicht : *entweder – oder*, sondern : *sowohl – als auch* ; es wird überhaupt in unseren Erörterungen das *nur* zu häufig, das *auch* zu selten gebraucht (ich erinnere z. B. an die über den Ursprung der Sprache geführten).
>
> Hugo Schuchardt

À Annegret Bollée, géante de la philologie créole
À Gilles Bruneau, Issoldunois de souche et de cœur

Résumé : Cette contribution poursuit un double but : (a) approfondir l'hypothèse du rôle indéniable des dialectes oraux du français dans la créolisation. Deux dialectes français représentatifs et relativement éloignés l'un de l'autre ont été choisis ici pour montrer que sur l'arc dialectal-régional qui va du centre à l'ouest de la France et qui s'étend vers le sud jusqu'au nord de Bordeaux, ce sont essentiellement les lexiques qui divergent, tandis qu'on constate davantage de similarités quant à la grammaire. Nous nous efforcerons tout d'abord de caractériser ces dialectes à travers des échantillons de textes anciens, afin de nous interroger sur leurs éventuelles proximités avec les créoles, tout en nous basant – dans la mesure du possible – sur des textes dialectaux et des descriptions de ces parlers allant du 17e au 19e siècle, considérant les dialectes comme relativement stables et conservateurs jusqu'au 19e siècle ; (b) proposer le concept de la convergence qui, à nos yeux, précise le « modèle zéro » d'Aboh/DeGraff (2017). Ce concept de convergence intégrera également la théorie de la grammaticalisation, élucidant certains paramètres cognitifs universels du changement linguistique. Nous appliquerons cette approche à un domaine grammatical-clé, et c'est ainsi que nous pourrons envisager une conciliation des deux scénarios de créolisation (continuité – rupture).

Mots-clés : créolisation, convergence, grammaticalisation, dialecte, berrichon, poitevin-saintongeais

---

Sibylle Kriegel, Aix Marseille Université, CNRS, LPL
Ralph Ludwig, Martin-Luther-Universität Halle-Wittenberg
Stefan Pfänder, Albert-Ludwigs-Universität Freiburg

https://doi.org/10.1515/9783110541816-013

1 La problématique : la créolisation et le facteur « romaniste »

Dans cette contribution,[1] nous nous proposons approfondir la question du rôle des dialectes français dans la créolisation (pour cette problématique, cf. Ludwig 2018). L'intérêt pour les dialectes provient de l'argument formulé, entre autres, par Robert Chaudenson (par ex. 2003) que de nombreuses traces des structures créoles, qui ne se trouvent plus dans le français standard actuel et qui pourraient ainsi faire penser à une copie d'autres langues ou à une nouvelle « invention », se retrouvent par contre dans les dialectes et français régionaux, codes linguistiquement conservateurs et aujourd'hui largement obsolescents. Seule l'analyse de ces dialectes – de l'arc dialectal français allant de la Normandie et du Centre jusqu'à la Gironde – permettrait donc d'appréhender réellement le rôle du français dans la créolisation.

Cette hypothèse et sa vérification empirique constituent un argument certain dans le débat sur deux scénarios de créolisation quant au rôle de la langue du colonisateur, à savoir, dans notre cas, du français : (1) scénario de la *continuité* ; (2) scénario de la *rupture*.

Existe-t-il donc un rapport de continuité ou de rupture entre français et créoles, ou non ?

Cette question vient d'être à nouveau posée par Mufwene (2015) ainsi que Aboh/Degraff (2017) ; les deux articles soulèvent les questions-clés de ce débat, tout en prenant clairement position. Ils refusent la théorie suivant laquelle il y aurait eu une rupture dans la transmission linguistique amenant à l'émergence des langues créoles ; celles-ci seraient une prolongation des langues romanes, rien ne justifierait un statut exceptionnel des langues créoles par rapport aux autres langues du monde, suivant une évolution « ordinaire ». Néanmoins, Aboh et DeGraff, plus explicitement que Mufwene, réservent une place importante à la grammaire universelle à l'intérieur de la créolisation.

Mufwene (2015) thématise en fait deux facettes différentes du scénario de continuité : il pose la question de savoir si les langues romanes sont plutôt le résultat de contacts linguistiques ressemblant à ceux qui ont permis l'émergence des langues créoles (cf. Schlieben-Lange 1977), ou bien si les langues créoles peuvent carrément être considérées comme de nouvelles variétés romanes (cf. Faine 1937 ; Hall 1958 ; Posner 1985 ; Trask 1996). L'auteur essaie de concilier les deux positions, affirmant qu'il existe de nombreux parallèles entre

---

[1] Nous remercions chaleureusement pour leurs interprétations, leurs lectures critiques et les nombreuses discussions Annegret Bollée, Florence Bruneau-Ludwig et Hector Poullet.

les deux types de langues – romanes et créoles – (adoption de la langue du conquérant, importance des langues de substrat), mais que d'autre part, les raisons qui permettraient de classer les *langues romanes* en tant que *langues créoles* ne suffisent pas tout à fait. Une différence fondamentale reste l'évolution d'une situation essentiellement endogène dans le cas du roman, et exogène dans le cas des créoles. Dans ce contexte, Mufwene (2015) affirme que les langues romanes se sont davantage éloignées du latin que les créoles du français (« the Romance languages appear to have diverged more extensively from their lexifier than the creoles have » ; Mufwene 2015, 11), mais sans préciser les critères typologico-structurels auxquels il se réfère.

Aboh/DeGraff (2017) reprennent de manière détaillée les arguments des partisans de la théorie du scénario de rupture. Ils rejettent énergiquement l'idée selon laquelle le créole haïtien émanerait d'une phase pidgin, impliquant une réduction du système (Parkvall 2008 ; McWhorter 2011 ; cf. Aboh/DeGraff 2017, 413–420), ainsi que celle de la supposition d'une transmission entravée (la théorie du « break in transmission », notamment soutenue par Thomason/Kaufman 1988 ; cf. Aboh/DeGraff 2017, 407s.). D'après Aboh et DeGraff, la théorie de la « transmission interrompue » ne correspond ni à la transmission de la langue latine dans les colonies romaines en Gaule ayant conduit à l'émergence des langues romanes, ni à l'écologie de la créolisation aux 17e et 18e siècles. Dans les deux cas – la romanisation des colonies romaines en Gaule et la créolisation des colonies françaises dans la Caraïbe – le rôle des locuteurs apprenant une langue seconde (L2, « second language acquisition », c'est-à-dire « non-native language acquisition by adults ») est central (Aboh/DeGraff 2017, 423 et 431s.). L'émergence du créole haïtien s'inscrirait donc dans la continuité de l'évolution des langues romanes : « H[aitian]C[reole] emerged with *bona fide* structural ‹ faits particuliers › suggesting its genetic affiliation with French » (Aboh/DeGraff 2017, 422). Ces auteurs soulignent que la parenté typologique entre latin et français est plus réduite que celle entre français et créole, notamment si l'on se réfère aux diverses variétés orales du français des 17e et 18e siècles.[2] L'importance des processus d'acquisition d'une langue seconde permet l'intervention à la fois d'éléments de la langue maternelle de ces locuteurs, et de schémas universaux liés à ce type d'acquisition. Aboh et DeGraff en donnent plusieurs exemples, tels que le complémentiseur *pour/pou* ; celui-ci peut régir une

---

2 « When we compare HC and French using the structural parameters identified by Meillet (1958, 148) to show that French ‹ fall[s] into a typological class that is quite remote from the structural type represented by Latin ›, our comparison shows that HC and French, especially colloquial 17th- and 18th-century varieties, are typologically closer to each other than French and Latin are – with respect to word order, case morphology, definite determiners, and so forth » (Aboh/DeGraff 2017, 422s.).

phrase contenant un sujet ouvert en moyen français (« et lour donna rentes pour elles vivre » ; Aboh/DeGraff 2017, 439), et en créole haïtien (« Jan achte yon liv pou pitit li ka li li » ; Aboh/DeGraff 2017, 440), mais non en français standard contemporain ; cependant, dans les langues gbe, présentes dans la situation de contact de la créolisation, cette construction avec *pou* a un équivalent (Aboh/DeGraff 2017, 440s.). Ainsi, dans la créolisation, il se produit une « cascade » de processus acquisitionnels de L1 et L2 (« L2A-L1A cascade », Aboh/DeGraff 2017, 456–458)[3] ; dans cette interaction complexe, des processus cognitifs tels que la réanalyse peuvent jouer un rôle certain. Les auteurs appellent leur théorie une « théorie zéro » (« null theory ») pour souligner qu'il s'agit d'une théorie potentiellement universelle qui n'implique aucun statut particulier, voire exceptionnel pour les langues créoles (cf. Aboh/DeGraff 2017, 402, note 2, 431).[4]

Cette contribution poursuit l'intention suivante. En premier lieu, nous approfondirons l'hypothèse du rôle des dialectes oraux du français dans la créolisation. Deux dialectes français représentatifs et relativement éloignés l'un de l'autre ont été choisis ici pour montrer que sur l'arc dialectal-régional mentionné, ce sont essentiellement les lexiques qui divergent, tandis qu'on constate davantage de similarités quant à la grammaire. Nous nous efforcerons tout d'abord de caractériser ces dialectes à travers des échantillons de textes anciens, afin de nous interroger sur leurs éventuelles proximités avec les créoles, tout en nous basant – dans la mesure du possible – sur des textes dialectaux et des descriptions de ces parlers allant du 17e au 19e siècle, considérant les dialectes comme relativement stables et conservateurs jusqu'au 19e siècle.[5]

En deuxième lieu, nous proposerons le concept de la convergence qui, à nos yeux, précise le « modèle zéro » d'Aboh/DeGraff (2017). Ce concept de convergence intégrera également la théorie de la grammaticalisation, élucidant certains paramètres cognitifs universels du changement linguistique. Nous appliquerons cette approche à deux domaines grammaticaux-clés, et c'est ainsi que nous pourrons envisager une conciliation des deux scénarios de créolisation évoqués.

---

[3] « [...] it thus appears that L2A[cquisition] did play a key role in Creole formation, with both the native languages of the L2 learners and general strategy of L2A influencing the shapes of their respective interlanguages and the ultimate outcome of creole formation. Our hunch is that L2A plays a similar role in other instances of language change [...] » (Aboh/DeGraff 2017, 456s.).

[4] Cf. également Blasi/Michaelis/Haspelmath (2017) : « Here we analyse 48 creole languages and 111 non-creole languages from all continents and conclude that the similarities (and differences) between creoles can be explained by genealogical and contact processes, as with non-creole languages, with the difference that creoles have more than one language in their ancestry ».

[5] Pour la problématique de la variation dialectale et régionale, cf. Chauveau (2007), ainsi que – plus précisément quant à la zone dialectale de la France de l'ouest – Rézeau (1984, 7–23).

Nous utiliserons désormais les abréviations suivantes : « crgua » (créole guadeloupéen), « crhaï » (créole haïtien), « FHR » (français hexagonal de référence), « frber » (français berrichon).

2 Les dialectes : quelques remarques sur le berrichon, le poitevin-saintongeais et leurs caractéristiques générales

Pour les deux dialectes en question, nous présenterons à chaque fois un échantillon de texte ancien. Nous caractériserons ensuite les traits de ces dialectes en comparaison avec les créoles antillais, partant du principe que ces derniers émergent avant les créoles de l'océan Indien, à savoir vers la fin du 17e siècle. Les créoles haïtien, guadeloupéen, martiniquais etc. s'avèrent davantage imprégnés par des formes orales plus anciennes du français, et notamment par les dialectes (cf. Kriegel/Ludwig 2018). Pour cette comparaison, nous nous servons non seulement de l'extrait dialectal cité, mais – surtout pour la description du berrichon – d'un corpus plus important, ainsi que d'un certain nombre de descriptions linguistiques.

Quant aux deux aires dialectales en question, il n'est pas fait distinction, dans ce contexte, entre les différentes variétés : seront relevés les traits essentiellement grammaticaux, qui caractérisent ce dialecte dans son ensemble et/ou qui rappellent des caractéristiques des créoles. Tout comme d'autres l'ont postulé, il s'avérera que – concernant certains traits et certaines stratégies – ces dialectes se rapprochent davantage des créoles que ne le fait le français standard d'aujourd'hui. Mais nous tenterons de préciser cette comparaison, à la suite de laquelle les limites de ce rapprochement deviendront plus claires.

2.1 Le berrichon

2.1.1 Aire, histoire et locuteurs

Le berrichon est parlé dans toute l'ancienne région du Berry dont la capitale était la ville de Bourges sous l'Ancien Régime. Cette région était, à l'arrivée de Jules César et des troupes romaines, habitée par le peuple celtique des Bituriges (cf. Coulon 2017) ; de nos jours, elle comprend le Cher, l'Indre, une partie de la Creuse, ainsi que quelques parcelles du Loiret et du Loir-et-Cher. Il s'agit donc d'une aire linguistique vaste, englobant plusieurs variétés. Le berrichon le plus typique est – ou a été – parlé, aux yeux de certains, à La Châtre, ou, pour reprendre la dénomination de George Sand, dans la Vallée Noire, c'est-à-dire entre les communes de La Châtre, Saint-Chartier et Nohant, comme l'explique Laisnel de la Salle (1875), qui fut au 19ᵉ siècle – avec le Comte Jaubert – l'un des grands spécialistes de la culture berrichonne :

> « C'est sans contredit dans le midi de notre ancienne province, et principalement dans ce que nous appelons le *Boischau*, que l'idiome berrichon est le plus curieux à étudier. Là, surtout, abondent les locutions originales, les vieilles maximes prudentes et sensées, les dictons plaisants et narquois, et il semble que le pittoresque de cette contrée se reflète dans le langage imagé de ses habitants. Situé sur les confins de la langue d'*oïl* et la langue d'*oc*, le bas Berry, et particulièrement l'arrondissement de La Châtre, se trouve parler un patois d'autant plus riche qu'il procède de ces deux vieilles langues, mères de notre français moderne. – En un mot, à l'exemple des *Bretons-Bretonnants*, les naturels de cette région sont de véritables *Berrichons-Berrichonnants*, et si jamais le besoin d'ériger une chaire de berrichon se fait sentir, on ne pourra guère la fonder ailleurs qu'à la Châtre »
>
> (de la Salle 1875, vol. 2, 162).

C'est ici que Ferdinand Brunot entreprend des enregistrements dialectaux en 1913 (cf. Bernard 2017, 8s.). Mais, puisque nous ne distinguons pas entre les différentes « parlures » du berrichon, et afin de relever les traits essentiellement grammaticaux qui permettent de rapprocher dialectes français et créoles, nous nous référons à toutes les formes du berrichon, englobant par exemple sa variante solognote (cf. Matho et al. 2011, 7–17).

Le livre de Laisnel de la Salle (1875) – préfacé par George Sand, elle-même profondément liée à la culture berrichonne[6] – marque une étape importante dans l'étude du berrichon ; mais ces vagues indications historiques et typologico-génétiques exigent quelques précisions. Le berrichon est clairement un dialecte d'oïl ; la Couronne de France intègre le Berry à son domaine à partir du 11ᵉ siècle.

---

6 Certains livres de George Sand sont profondément imprégnés de la culture et des croyances berrichonnes, comme *La mare au diable* (1981 ; ¹1846) ou les *Légendes rustiques* (2010 ; ¹1858). C'est elle qui semble avoir créé le terme de « littérature orale », terme-clé de la théorie moderne de l'oralité, en se référant aux contes berrichons, dans la préface de ses *Légendes rustiques* : « Le paysan se souvient encore des récits de son aïeule, mais le faire parler devient chaque jour plus difficile. Il sait que celui qui l'interroge ne croit plus, et il commence à sentir une sorte de fierté, à coup sûr estimable, qui se refuse à servir de jouet à la curiosité. D'ailleurs, on ne saurait trop avertir les faiseurs de recherches que les versions d'une même légende sont innombrables, et que chaque clocher, chaque famille, chaque chaumière a la sienne. C'est le propre de la *littérature orale* que cette diversité. La poésie rustique, comme la musique rustique, compte autant d'arrangeurs que d'individus » (Sand 2010, 10). Cf. également la préface de Sand (1875) aux *Croyances et légendes de la France* de Laisnel de la Salle, ainsi que Bernard (2017, 20s.).

Cependant, surtout la partie sud du Bas-Berry – et justement la zone de La Châtre – reste pendant longtemps plus ou moins limitrophe de la langue d'oc, et ce contact laisse ses traces. Sans le moindre doute, le berrichon a joué un rôle dans la colonisation.[7]

2.1.2 Exemple textuel

Citons en exemple un extrait d'une chanson ancienne, relevant de la tradition de la Fête des Rois. En chantant ces couplets, des enfants, et même des gens plus âgés réclamaient, dans la région de Châteauneuf (Cher), « la *part à Dieu*, c'est-à-dire celle des pauvres » (de la Salle 1875, vol. 1, 25) :

> Quoi que j'entends dans ceux maisons
> Parmi toute la ville ?
> Acoutez-nous, je chanterons
> De la Vierge Marie ;
> Chantez, chantez donc,
> Cabriolez donc !
> Chantez, chantez donc,
> Cabriolez donc !
>
> Avisez donc ce biau gâtiau
> Qu'il est dessur la table,
> Et aussite ce biau coutiau
> Qu'est au long qui l'argarde.
> Ah ! si vous peuvez
> Pas ben le couper,
> M'y faut le donner
> L'gâtiau tout entier.
>
> Ah ! si vous v'lez ren nous douner,
> Fates-nous pas attende,
> Mon camarad' qu'a si grand fred,
> Moué que le corps m'en tremble.
> Dounez-nous-en donc,
> J'avons qu'trois calons
> Dans nouter bissac,
> Fasons tric et trac.

---

[7] Cf. par ex. Donnadieu (2014), qui se penche sur le cas du Berrichon Hector-Louis de Barbançois, pionnier aux Amériques.

Ah ! dounez, dounez-nous-en donc,
Fates-moué pas attende,
Dounez-moué la fill' d' la maison
Ah ! c'est ben la pus gente !
Qu'est contre le feu
Qu' coup' la part à Dieu.
Je v'lons pas nous en torner
Que nouter jau (coq) l'ait chanté
(de la Salle 1875, vol. 1, 25s.).[8]

2.1.3 Remarques structurelles

2.1.3.1 Le verbe – le prédicat

Ainsi qu'il l'a été démontré dans Ludwig (2018), le système verbal du berrichon[9] comprend un certain nombre de démarquages ou de simplifications[10] qui – tendanciellement – le rapprochent du créole. Examinons d'abord la conjugaison, très caractéristique en berrichon.

Le *j(e)* combiné à la forme verbale de la première personne du pluriel désigne généralement – par opposition au français standard – la première personne du pluriel.

Berrichon :
Acoutez-nous, *je* chanterons
*J'*avons qu'trois calons
Dans nouter bissac
*J'*ons brandonné tous nos blés,

---

[8] Cette chanson est également reproduite dans van Bever (1909, 177s.).

[9] Cf., par ex., de la Salle (1875, vol. 2, 161–168) et Luron (2007). – Notre attention portant, dans ce contexte, essentiellement sur la grammaire, nous ne nous arrêterons pas sur la phonétique ; cf. pour celle-ci, et notamment pour la nasalisation progressive, inexistante en FHR moderne, mais très caractéristique d'un certain nombre de créoles français, comme frber *chin-ne* 'chaîne' et crgua *lannuit* 'la nuit' ; cf. Luron (2007, 78) et Ludwig (2018).

[10] Aboh/DeGraff (2017) se défendent avec véhémence contre l'application du terme de « simplification » aux créoles. Dans notre approche, nous utilisons « simplification » au sens de 'réduction de marquage'. Les créoles ont abouti ainsi à une plus grande clarté et à une réduction importante des formes irrégulières, des principes concurrents, etc. ; cette évolution caractérise de nombreuses langues dans le domaine de l'oralité informelle (Ludwig 1996). Aboh et DeGraff refusent surtout, dans le cas des langues créoles, la « simplification » au sens de 'réduction de catégories et d'instruments communicatifs', position que nous partageons entièrement.

Y faut nous en artorner.
Pour ça c'que *j'*avons d'gangné
(Chanson *Les brandons* ; van Bever 1909, 178s.).

Le berrichon manifeste ici deux stratégies de simplification, visant une plus grande économie cognitive :
- un démarquage du pronom : *j(e)* devient ambigu et signifie, suivant le contexte, la première personne du singulier ou du pluriel. La désambiguïsation se fait par le suffixe ou – dans le cas des verbes irréguliers – par l'ensemble de la forme verbale. Les langues créoles ne suivent pas cette tendance ; le marquage de personnes se fait par la prédétermination, c'està-dire que les pronoms non homophones précèdent la forme verbale qui est en général invariable, sauf s'il y a opposition entre forme courte et longue, comme en crgua *al* – *alé* pour FHR *aller*.
- une simplification très nette quant aux formes verbales : le nombre moindre de formes irrégulières, et l'opposition entre la formation des temps composés avec *avoir* et *être* est (plus ou moins) supprimée par la généralisation du verbe *avoir* comme auxiliaire. À un niveau plus abstrait, le berrichon fait preuve ici – et dans d'autres domaines – d'une tendance à réduire, par opposition au français standard, les phénomènes d'irrégularité et à clarifier le système ; et c'est cette stratégie que nous retrouvons dans la créolisation.

Il a souvent été avancé que la plupart des marqueurs de temps, de mode et d'aspect en créole ont une étymologie française. En berrichon, on trouve déjà la forme *tait* à la place de *était* en FHR, et ce avec une nette évolution vers une grammaticalisation, aboutissant au marqueur temporel *té* dans la créolisation.[11]

Berrichon :
Tous les jours, à la parade, Briquait il *tait* sus son darrière à la gauche du 3e p'loton [...]
'Tous les jours à la parade, Briquet était sur son derrière à la gauche du 3e groupe [...]' (Matho et al. 2011, 10s.).

Tant qu'à Briquet, il *tait* encore 3e p'loton quand c'est qu'j'ai quitté le régiment. Il bouëttaillait encore un peu, mais il *tait* tout d'même ben résous
'Quant à Briquet, il était encore 3e peloton lorsque j'ai quitté le régiment. Il boitait encore un peu, mais il était tout de même bien portant' (Matho et al. 2011, 16s.).

---

[11] Pour les détails de la grammaire aspecto-temporelle du crgua et de la particule *té*, cf. LMPT (2002, 26).

Créole guadeloupéen :
An *té* malad
1SG PST malade[12]
'J'étais malade' (LMPT 2002, 304).

2.1.3.2 Négation

De même que les créoles, le berrichon (comme très souvent le français oral populaire en général) utilise une seule particule de négation, en supprimant la première partie de la négation complexe par *ne … pas*. Par contre, ainsi que le constatent aussi Aboh/DeGraff (2017, 48–53), *pa* est antéposé au verbe en créole antillais, et toujours postposé en berrichon.

Berrichon :
J'v'lons *pas* nous en torner
'Je ne veux pas que nous nous en tournions'
J'veux *pas* l'savouër, qu'il dit l'colon.
'Je ne veux pas le savoir, fait le colonel'
(Matho et al. 2011, 14).

Créole guadeloupéen :
An   *pa*   chonjé sa
1SG.SBJ NEG   songer ça
'Je n'y ai pas pensé' (LMPT 2002, 29).

De ce point de vue, le berrichon se situe donc, en quelque sens, à mi-chemin entre le FHR et le crgua. De plus, en berrichon comme en créole, les deux techniques de négation, malgré la différence de position de *pas/pa*, permettent le maintien de l'ordre des mots à l'impératif, incluant un pronom d'objet direct. Cependant, en berrichon, c'est l'inversion qui est généralisée, alors que le créole guadeloupéen ne varie pas, dans aucune des deux constructions, l'ordre non marqué de la proposition affirmative. Mais, en tout cas, les deux langues divergent du FHR, puisque celui-ci prescrit deux ordres différents, à savoir l'inversion à l'affirmatif, et l'ordre non marqué à l'impératif négatif.

---

[12] En ce qui concerne les exemples créoles, nous donnons une version interlinéaire qui suit les *Leipzig Glossing Rules* (cf. https://www.eva.mpg.de/lingua/pdf/Glossing-Rules.pdf).

FHR :

Impératif affirmatif :   Donne-le moi
Impératif avec négation :   Ne me le donne pas

Berrichon :

Impératif affirmatif :   Acoutez-nous
                               'Écoutez-nous'
Impératif avec négation :   Fates-moue pas attende
                               'Ne me faites pas attendre'
                               Touche-y pas
                               'N'y touche pas ; ne le touche pas' (Jaubert 1864, 493).

Créole guadeloupéen :

Impératif affirmatif :   Gadé   -y
                               regarder   3SG.OBJ
                               'Regarde-le'
Impératif avec négation :   Pa   gadé   -y
                               NEG regarder   3SG.OBJ
                               'Ne le regarde pas'

2.1.3.3 La relative et autres phénomènes de jonction

En berrichon, l'opposition entre les pronoms relatifs *qui* et *que* semble être réduite à *que* et sa variante *qu'*.

Dounez-moué la fill' d' la maison,
Ah ! c'est ben la plus gente !
*Qu'*est contre le feu,
*Qu'*coup' la part à Dieu.

La relative « résomptive » (en termes de Gadet 2003) est très fréquente en vieux berrichon.[13]

---

[13] Cf. Gadet (2003, 252) : « Les résomptives sont caractérisées par la présence après un *que* d'entrée dans la subordonnée d'un pronom résomptif (clitique, pronom fort ou *ça*), d'un possessif, ou d'une ‹ préposition orpheline › (*pour, contre, sans, avec, dessous, dessus, dedans*) ». Cf. également Kriegel/Ludwig (2018).

Dam, oui ! Rapport que c'est l'nouvel adjudant-major *qu'il* a douné l'orde de tuer tous les chians du quarquier, paraît !
'Oui ! Rapport que c'est le nouvel adjudant-major qui a donné l'ordre de tuer tous les chiens du casernement' (Matho et al. 2011, 14s.).

[...] in' bounne fouè *qu'al* ['que elle'] sembiait pas les autres, au s'fasit attrappa per les gros jaus
'une bonne fois qui ne semblait pas les autres, il se fit attraper par les gros jaus' (Matho et al. 2011, 66s.).

Qu'/*que* devient en berrichon un jonctif non marqué généralisé :

Et le v'la qu'i s'met à s'promener de toutes ses forces, *qu'il* en aviont l'air d'eune bête en cage
'Et le voilà qu'il se met à se promener dans tous les sens, comme une bête en cage' (Matho et al. 2011, 14s.).

Dans ce dernier exemple, *qu'*/*que* est utilisé pour exprimer une relation consécutive.

La tendance à la réduction du marquage de la jonction et plus particulièrement de la subordination, qui aboutit en berrichon à la neutralisation entre les jonctifs *qui* et *qu(e)*, se retrouve, bien que sous une forme différente, en créole guadeloupéen. En créole guadeloupéen basilectal traditionnel, cette même opposition est neutralisée, non au profit de *qu(e)*, mais de *ki* :

Relative :
Bèf   *ki*   pa   ka   jouké   vin   mové
bœuf   REL   NEG   IPFV   joug   devenir   mauvais
'Le bœuf qui ne porte pas de joug devient mauvais' (LMPT 2002, 37).

Complétive d'objet :
An   ka   règrété   *ki*   Jan   sòti
1SG.SBJ   IPFV   regretter   REL   Jean   sortir
'Je regrette que Jean soit sorti' (Ludwig 1996, 308).

Cependant, des techniques qui renoncent davantage à l'utilisation d'un marqueur explicite sont possibles en créole guadeloupéen[14] :

---

[14] Pour la compensation de l'absence d'un pronom relatif par la grammaticalisation du *la* postposé, cf. Ludwig/Pfänder (2003). – Une certaine parenté entre l'expression de la relative en créole haïtien et le français dialectal (normand et angevin) quant à la généralisation du pronom relatif *qui* – *que* (au détriment de *dont*) est déjà signalée par Jules Faine (1937, 121s.).

Relative :
Sé   madanm -la   Ø ka   maré   paké   kann -la   ka   chanté
C'est madame DEF Ø IPFV amarrer paquet canne DEF IPFV chanter
'Les femmes qui lient les paquets de canne chantent' (Ludwig 1996, 305).

Complétive d'objet :
Mabo   ka   santi   Ø   i   ka   viv
Mabo IPFV   sentir   Ø   3SG.SBJ IPFV vivre
'Mabo sent qu'il vit' (LMPT 2002, 36).

Certains jonctifs absolument caractéristiques du créole guadeloupéen se trouvent déjà en berrichon, comme le marqueur de causalité *si tellement que* :

[…] tout le monde i n'en rigollaient *si tellement que* les consignés i s'embêtaient jamais anvec lui
'tout le monde en riait. À tel point que les soldats punis qui ne pouvaient sortir ne s'ennuyaient jamais avec lui' (Matho et al. 2011, 10s.).

Qui ça qu'on a assassiné ? Qu'i d'mande, *si tellement* rouge *qu*'il en n'tiont violet
'Qui a-t-on assassiné ? Demande-t'il, il était tellement rouge qu'il était violet' (Matho et al. 2011, 14s.).

Alors que le FHR, par opposition au berrichon, exclut la redondance sémantique de *si tellement … que*, en acceptant seulement *si … que*, ou alternativement *tellement … que*, le créole guadeloupéen utilise fréquemment *sitèlman* :

Tan   -la   sitèlman   bèl,   an   kay   an   lanmè
Temps DEF   si tellement   beau 1SG.SBJ   aller dans mer
'Le temps est si beau que je vais à la mer' (LMPT 2002, 293).

2.2 Le poitevin-saintongeais

2.2.1 Aire, histoire, locuteurs

Quant au poitevin-saintongeais, il nous importe de montrer qu'il s'intègre dans une grande zone dialectale du centre-ouest, laquelle possède une cohérence certaine et a joué un rôle indéniable dans la colonisation ; cet arc dialectal va donc du centre à l'ouest, et s'étend vers le sud jusqu'au nord de Bordeaux. C'est en ce sens qu'Anatole Boucherie (1865, 5) parle, dans la préface de son livre sur le *Patois de la Saintonge*, de « la grande famille des patois du centre-ouest ». La zone du poitevin-saintongeais a jadis été peuplée par les tribus celtiques des Pictons et des Santons et forme donc la partie méridionale de cet arc. Le dictionnaire du poitevin-saintongeais de Pivetea (1996) regroupe les « parlers de Vendée, Deux-Sèvres, Vienne, Charente, Charente-Maritime, nord-Gironde, sud Loire-Atlantique ». La plupart des manuels traitent ensemble le poitevin, le saintongeais, le charentais et même le vendéen (cf. par ex. Gautier 1993 ; Chaigne 1997 ; Chevrier 2000).

Le poitevin-saintongeais constitue un dialecte d'oïl, tout en ayant subi – plus que le berrichon – des influences de la langue d'oc au cours de l'histoire des conflits entre la Couronne de France et les dynasties méridionales.[15] Cette aire dialectale a fourni nombre de colons aux Amériques ; c'est ainsi que le fondateur du Québec, Samuel de Champlain, était originaire de la petite ville portuaire de Brouage, près de Rochefort.

2.2.2 Deux exemples textuels

Nous reproduisons deux brefs extraits de textes datant du 19e siècle, mais – vu le caractère conservateur de ces dialectes – représentatifs de stades linguistiques antérieurs.

Le premier appartient au saintongeais proprement dit et s'intitule *Le Nouel de Petit Jean*. Il est dû à la plume de François Marchandier (1830–1898), né dans la petite ville de Verteuil-sur-Charente (cité d'après van Bever 1922, 249s.).

> Çartain souer de décembre,
> J'énougelions, j'avions finit,
> J'allions quitter la chambre,

---

15 Boucherie (1865) ne considère pas que cette influence de la langue d'oc ait été déterminante : « Ne semble-t-il pas dès lors que notre patois, serré de si près et comme bloqué par la langue d'oc, aurait dû s'altérer profondément et former entre elle et la langue d'oïl une transition semblable à celle que représente le climat de la Saintonge entre les froids du Nord et les chaleurs du Midi ? Il n'en est rien pourtant. Si la langue d'oc peut revendiquer quelques mots que nous lui avons empruntés, c'est tout » (Boucherie 1865, 7). Cependant, Boucherie vise ici surtout les retombées les plus immédiates du contact, à savoir les copies (cf. ci-dessous). Mais l'écart géographique du saintongeais, très étroitement associé au poitevin (Boucherie 1865, 6), par rapport au centre de la langue d'oïl (à savoir au bassin parisien) ainsi que sa situation limitrophe avec l'occitan, est certainement aussi responsable du caractère conservateur de ce dialecte, à savoir du fait « qu'il a mieux conservé la forme latine » (Boucherie 1865, 6). Cependant, des analyses modernes font une place plus importante à l'influence de l'occitan ; cf. Chevrier/Gautier (2002, 15s.).

Quand la kioche sounit.
Hé ! qu'est-ou-tieu ? Le segretain
Prend-i la neut peur le matin ?
At-i trot but, maitre Chottin ?
Que l'armanat explique
Ce qu'i nous veut, tieút animau…
– Sachez, bon catholique,
Que demain ol ést Nau.

Van Bever (1922, 249s.) donne la traduction suivante :

> Certain soir de décembre, – Nous cassions des noix, nous avions fini, – Nous allions quitter la chambre, – Quand la cloche sonna.
> Hé ! qu'est-ce que cela ! le sacristain – Prend-il la nuit pour le matin ? – A-t-il trop bu, maître Chottin ? – Que l'almanach explique – Ce qu'il veut, cet animal. – Sachez, bon catholique, – Que demain c'est Noël.

Le deuxième exemple est un extrait de la célèbre *Chonson nouuelle d'in ieune garsan de village qui demandet ine feille en mariage, en langage poicteuin*. Elle a été publiée pour la première fois dans un recueil intitulé *La Gente Poetevin'rie* (Anonyme [1]1660 ; 1887, 93–96, version que nous citons ici). Elle est également reproduite chez Favre ([1]1867 ; 2002, XX–XXI) et, avec une graphie légèrement divergente, dans van Bever (1922, 180–183) :

Descet siant vequy Colin
Qui me vint vere aquet matin
Pre dire sons rire
Traz paroles à couuert
Y seu vaingu pre ve lé dire
Ayant troüy vetre huz ouuert.

Colin tu sé le bain vaingu
Parle à mé, parle que vou tu
Sans craindre, sans feindre
Parle à mé hardimont
[…]

Y mene demene
Si tres bain in precés,
Le Cury de nétre parésse
Est esbouy d'iqueu qu'y çay,

Y seu vaingu bon moesnagy
Y mé bain lés poulle coüy
[…].

Voici la traduction de van Bever (1922, 180–182) :

> En ce lieu est venu Colin[16] – Qui vient me voir chaque matin, – Pour me dire, sans rire. – Trois paroles à couvert. – Je suis venu pour vous le dire, – Ayant trouvé votre porte ouverte.
>   Colin, sois-tu le bienvenu ! – Parle à moi, parle, que veux-tu ? – Sans craindre, sans feindre ; – Parle à moi hardiment [...]
>   – Je mène, démène. – Je suis très bien empressé ; – Le curé de notre paroisse – Est étonné de ce que je sais.
>   Je suis devenu bon ménager, – Je mets bien les poules couver. –

2.2.3 Remarques structurelles

2.2.3.1 Verbe, conjugaison et systèmes pronominaux

Le *j'* combiné à la forme verbale de la première personne du pluriel désigne, de même qu'en berrichon, la première personne du pluriel :

J'énougelions, j'avions fini, / J'allions quitter la chambre, / Quand la kioche sounit.

Ainsi qu'exposé plus haut dans le cas du berrichon, il s'agit ici d'une stratégie de démarquage.[17] Il est à remarquer que les créoles ne suivent pas l'homophonie pronominale de la première personne du singulier et du pluriel. Étant

---

16 Liliane Jagueneau fournit l'explication suivante de la première ligne – difficile à interpréter – de ce texte (Message personnel, 18.09.2016) :

« ... seul *vequy* ('voici') a des occurrences assez fréquentes et ne fait aucun doute. Restent les deux premiers mots [...] je finis par être presque certaine de la proposition suivante :

– *descet* = *decez* (Rolea LV, p 267 dans éd. Gauthier) = *decé* (Glossaire des parlers populaires de Poitou, Aunis, Saintongea, Angoumois, Dubois et alii, SEFCO, 1992) = *deçae* (Dictionnaire français > poitevin-saintongeais/Poitevin-saintongeais > français, Geste éditions, 1996 ; *cf.* sur Internet : dicopoitevin.free) = en fr. *de-ci* (// /delez/delé/delae = de-là), *de ce côté-ci, par ici* ;

– *siant* = *cian* (que j'ai déjà rencontré, mais dont je ne retrouve pas les autres occurrences) = *cien* (Pivetea, 1996) = *ici* ; étymon : le même que fr. *céans*, avec la prononciation poitevine notée par « i ».

Deux adverbes de lieu, donc, de significations assez proches : 'De ce côté, ici, voici Colin' ».

17 Pour la conjugaison en poitevin-saintongeais, et en particulier pour la réalisation de la première personne du pluriel, cf. Beauchet-Filleau ([1]1864 ; 1970, XI–XVI) ; Boucherie (1865, 102–110) ; Gautier (1993, 82–118). – Boucherie (1865, 105) rappelle que cet emploi du pronom *je* pour la première personne du pluriel est largement répandu, « chez presque tous les paysans de France », et cite le fameux passage des *Femmes savantes* de Molière dans lequel la domestique Martine se défend contre sa patronne Bélise: « Mon Dieu, je n'avons pas étugué comme vous, / Et je parlons tout dret comme on parle cheux nous » ; cf. Ludwig (2008, 168–171).

donné que dans la créolisation, tous les suffixes de conjugaison sont éliminés – lesquels, en berrichon de même qu'en poitevin-saintongeais, distinguent la première personne du singulier et du pluriel malgré l'homophonie pronominale –, la différenciation pronominale est importante.

Le poitevin-saintongeais se sert de plusieurs périphrases pour exprimer des notions aspecto-temporelles qui se trouvent grammaticalisées en marqueurs aspecto-temporels en créole, telle l'expression du futur avec *pr* 'pour' ; *pou* devient marqueur du futur, notamment en créole haïtien.[18]

Poitevin-saintongeais :
Ol ét *pr* se faere
'cela va se faire' (Gautier 1993, 122).

Créole haïtien :
M   te   *pou* ale   lò   i   rive
1SG.SBJ PST AUX aller quand 3SG.SBJ arriver
'I was about to leave when he arrived' (Valdman 2015, 240).

On trouve en poitevin-saintongeais également des pronoms se rapprochant des formes créoles, à savoir :
– *i* pour la troisième personne au singulier masculin. Le créole guadeloupéen élimine l'opposition masculin/féminin et maintient le *i* en tant que forme généralisée (LMPT 2002, 18). En poitevin-saintongeais, de même qu'en créole guadeloupéen, il existe, à côté de la forme non marquée *i*, une forme d'insistance et une forme complément *li* (Gautier 1993, 71 ; LMPT 2002, 18).
– *vousàutres* comme pronom de la deuxième personne du pluriel dans la variété du pays mellois, étymologiquement à la base de *zòt* en créole guadeloupéen, par exemple crgua *Sé ba zòt an pòté-y*, qui signifie en FHR 'Je l'ai apporté pour vous' (Gautier 1993, 71 ; LMPT 2002, 18 et 341).

Dans le système pronominal, le poitevin-saintongeais possède cependant une forme qui le distingue clairement du berrichon, et qui n'a pas d'équivalent en créole : le pronom neutre *ou*, qui peut prendre différentes formes (*o, ol, z-ou*, etc. ; cf. Boucherie 1865, 97–102 ; Gautier 1993, 63–74) :

---

18 Cf. également les remarques de Aboh/DeGraff (2017) sur *pou(r)* en crhaï et en moyen français.

Hé ! qu'est-*ou*-tieu ?
'Hé ! qu'est-ce que cela ?' (cf. ci-dessus).

Il est surtout typique du poitevin-saintongeais et ne semble exister au-delà que dans le sud-ouest du Berry, c'est-à-dire dans la zone limitrophe entre les deux aires, et en tout cas de manière moins grammaticalisée (Boucherie 1865, 97). D'après Boucherie (1865, 100–102), ce pronom neutre provient du latin HOC, qu'on trouve dans certains textes moyenâgeux.

2.2.3.2 Marquage des actants
En poitevin-saintongeais, le bénéficiaire est souvent marqué prépositionnellement :

Parle *à mé* hardimont
'Parle à moi hardiment' (cf. ci-dessus).

L'emploi de *à* correspond au marqueur *ba* en créole :

An   ka   palé   *ba*   -w
1SG.SBJ IPFV parler   donner 2SG.OBJ
'Je te parle' (LMPT 2002, 248).

En créole guadeloupéen, le marquage prépositionnel du bénéficiaire est fréquent, mais non obligatoire ; l'expression alternative *An ka palé-w* est également grammaticale (LMPT 2002, 248).

2.2.3.3 Jonction
Quant à la relative et, plus généralement, à la polyvalence du jonctif *que*, le poitevin-saintongeais est proche du berrichon. Ceci vaut d'abord pour la fréquence de la relative réduite.

Poitevin-saintongeais :
j'ai rencontré mon ami *qu*'on m'avait dit qu'il était malade (Boucherie 1865, 114).

L'endrét *que* jhe va
'l'endroit où je vais'

La porte que t'a la cllai
'la porte dont tu as la clé' (Gautier 1993, 76).

En berrichon, nous avons constaté une tendance à la neutralisation entre *qui* et *que*, neutralisation réalisée de manière conséquente en créole. Cette tendance existe aussi en poitevin-saintongeais ; dans quelques variétés, *qui* est transformé en *qu(e)*, tandis que d'autres variétés conservent l'opposition (cf. Gautier 1993, 75–77).

En berrichon et en poitevin-saintongeais, *que* est utilisé comme jonctif non marqué pour relier un discours rapporté et éviter l'inversion.

Berrichon :
Qui ça qu'on a assassiné ? *Qu'*i d'mande [...]

FHR :
Qui a-t-on assassiné ? Demande-t-il [...] (cf. ci-dessus ; Matho et al. 2011, 14s.).

Poitevin-saintongeais :
Mon ami, *que* je lui dis (Boucherie 1865, 115)[19].

FHR :
Mon ami, lui dis-je.

Cet emploi de *que* ne se trouve pas en créole ; mais il montre qu'en français dialectal et en français du 16e siècle, il existe déjà une tendance à ne pas diverger de l'ordre SVO, qui devient de rigueur en créole.[20]

Lorsqu'il y a, en poitevin-saintongeais, jonction entre deux formes verbales dont la deuxième est infinie, elle se réalise souvent sans jonctif quelconque et sans élément interposé, comme en créole, par opposition au FHR.[21]

---

19 Boucherie (1865, 115) précise : « Quand un homme du peuple répète ses propres paroles ou celles d'un autre, il se sert invariablement de la conjonction *que* pour son entrée en matière [...] » ; et il souligne que cet emploi de *que* se trouve déjà chez Marguerite de Navarre (Boucherie 1865, 113).
20 Le crgua ne diverge de cet ordre que dans ses règles de focalisation, chapitre de grammaire très précis et élaboré en créole ; cf. LMPT (2002, 34s.).
21 Bien entendu, nous nous référons au FHR moderne. Aux 17e et 18e siècles, la construction du type *il me vient voir* est fréquente, comme dans la chronique du *Nouveau voyage aux isles de l'Amérique* du père dominicain Jean-Baptiste Labat (1742, ^{1}1722). Il affirme, en se référant à une communauté de nègres marrons : « On parloit dans le tems que j'étois à Saint Domingue, d'assembler des gens de bonne volonté *pour les aller chercher* [...] », et plus loin, en mentionnant la politesse du gouverneur de la Guadeloupe : « il eut la bonté de dépêcher une Pirogue, *pour me venir chercher* » (Labat 1742, vol. 7, 261s., 365).

Poitevin-saintongeais :

me *vint vere*

FHR :

Il *vient* me *voir*

Créole guadeloupéen :

I   ka   *vini*   *vwè*   mwen.
3SG.SBJ   IPFV   venir   voir   1SG.OBJ

Fait que nous avons déjà souligné en traitant du berrichon, on retrouve des jonctifs conservés en créole et – dans le cas de *dont auquel* – également en français antillais. Boucherie (1864, 113) mentionne :

Dont au quel. Encore une locution bizarre usitée chez les paysans et les gens du peuple. Ainsi, ils diront : ‹ c'est un homme *dont au quel*, etc. ›

Cette « locution » a donc survécu en créole.

Créole guadeloupéen :

Fò   mwen   ni   on   wòb   *dontokèl*   pou   mwen   ay   an
Faut   1SG.OBJ   avoir   INDF   robe   dont auquel   pour   1SG.SBJ   aller   dans
mayé   -la
mariage   DEF

'Il me faut une robe convenable pour aller au mariage' (LMPT 2002, 113).

Créole martiniquais :

Esepté   si   ou   ba   mwen   an   titim   *dontotjel*   mwen   pé
Excepté   si   2SG.SBJ   donner   1SG.OBJ   INDF   devinette   dont auquel   1SG.SBJ   pas
ké   sa   réponn
FUT   savoir   répondre

'Sauf si tu me poses une devinette à laquelle je ne saurai répondre' (Confiant 2007, vol. 1, 394).

2.3 Structure dialectale française et structure créole – la question de l'apport des langues africaines dans la créolisation

Nous avons voulu vérifier l'hypothèse suivant laquelle les créoles dits « français » puisent beaucoup d'éléments dans les dialectes français par un tour d'analyse de l'arc dialectal évoqué, décisif pour la créolisation, lequel a dû se limiter à l'examen de deux dialectes représentatifs, et il n'a, certainement, pas pu être exhaustif quant à la structure de ceux-ci.

Cependant, ces analyses ont suffi à révéler trois phénomènes généraux :
- L'arc dialectal en question, illustré ici par le berrichon et le poitevin-saintongeais, possède une cohérence certaine, au-delà des multiples différences phonologiques et lexicales. Ils sont, *grosso modo*, régis par des principes semblables de démarquage et d'oralité.
- Les langues créoles, au cours de la créolisation, c'est-à-dire de leur émergence, ont effectivement puisé un nombre significatif d'éléments, de techniques et de principes typologiques dans ces dialectes.
- L'héritage manifeste et concret des dialectes à l'intérieur des créoles ne doit cependant pas induire en erreur. Les dialectes possèdent encore toute la morphologie différenciée héritée du latin : une conjugaison incluant des formes irrégulières, qui reste essentiellement temporelle (et non aspectuelle), et contenant des paradigmes marqués tels que le subjonctif et le passif. La diathèse réfléchie, pleinement grammaticalisée et dérivée en dernier lieu du latin tardif (Kriegel 1999), est utilisée par le poitevin-saintongeais, davantage même que par le FHR, à des fins expressives, à l'instar de l'espagnol américain (cf. Gautier 1993, 120). Il est évident que certains principes typologiques de base des dialectes français sont repris et largement amplifiés dans la créolisation, tels que l'ordre SVO. Il est néanmoins fréquent que les éléments dialectaux qui deviennent centraux dans les créoles – comme par exemple les marqueurs aspecto-temporels – ne possèdent pas un statut systémique central dans les dialectes ; ils y jouent un rôle accessoire, latent et non entièrement grammaticalisé.

Donc, question suivante : comment expliquer que ces tendances plus ou moins sous-jacentes, ces procédés non ou peu grammaticalisés, etc. puissent devenir – à l'inverse et en relativement peu de temps (cf. Ludwig 2018) – centraux et pleinement grammaticalisés ?

Une réponse envisageable : ces éléments et procédés peu grammaticalisés auraient – au cours de la créolisation – été « doublés » par des phénomènes semblables dans d'autres langues de contact, et notamment les langues africaines, langues maternelles des esclaves « bozales » déportés d'Afrique et importés massivement aux Antilles, d'abord en nombre réduit pendant la phase de la société d'habitation, puis massivement à partir du passage à la société de plantation. Or, c'est justement au début de la société de plantation qu'émergent définitivement les langues créoles (cf. Ludwig 2018).

C'est dans cette optique que nous en arrivons au concept de la *convergence*. L'importance de la convergence dans l'émergence des langues créoles a notamment été soulignée par Mufwene (1996), qui précise cependant à juste titre, que ce mécanisme ne doit pas forcément être tenu responsable de tous les traits centraux des créoles.[22]

3 Le concept de la convergence

3.1 Expliquer le rapprochement structurel entre deux langues : les concepts de Gumperz/Wilson (1971) et de Bollée (2007 ; ¹1982)

Dans des situations de contact entre deux langues (ou codes, cf. ci-dessous) A et B, les deux langues en question peuvent se rapprocher structurellement. Ce phénomène – fréquent – se produit lorsqu'au moins un trait systémique ayant auparavant différencié ces langues est neutralisé, ce qui résulte le plus souvent du copiage (pour cette notion cf. Section 3.3) d'un trait de A par B, ou vice versa ; l'évolution interne d'une langue en contact peut également favoriser un tel rapprochement structurel. Ce phénomène de rapprochement structurel – c'est-à-dire d'augmentation de la congruence – devient plus évident lorsque ce processus n'implique pas seulement un trait, mais un ensemble de traits systémiques qui cessent d'être différenciateurs pour devenir congruents. Et ce même processus peut se rapporter non seulement à deux, mais à plusieurs langues en même temps ; c'est par exemple le cas dans ce qu'il est convenu d'appeler un *Sprachbund*, une aire de convergence plus globale.

Dans un article devenu célèbre, Gumperz et Wilson (1971) ont analysé un tel processus de contacts complexes dans le village indien de Kupwar, où quatre langues – des variétés locales du kannada, de l'urdu et du marathi ainsi

---

[22] « Structural convergence (often only partial) between the lexifier and the substrate languages was often an important factor, but it may not have applied in all cases nor independently of other factors » (Mufwene 1996, 122).

que, accessoirement, de l'hindi-urdu[23] – se rapprochent par des changements similaires, des évolutions morphologiques aboutissant à un résultat structurellement identique (c'est-à-dire par exemple à l'émergence d'un système de genre isomorphique avec le kannada de Kupwar (cf. Gumperz/Wilson 1971, 257), et des copiages (par exemple, le suffixe *-u*, copié du kupwar-marathi par toutes les langues impliquées ; cf. Gumperz/Wilson 1971, 265). Ces auteurs nomment ce rapprochement systémique réalisé à travers un changement de plusieurs traits « convergence ». Pour les marques concernées, ils parlent soit de 'changements' (*convergent changes*), soit de 'copies' (*borrowing*). Et ils insistent sur le fait que ce processus complexe dépend de conditions particulières variées, que nous appellerons « écologiques », comme un bilinguisme étendu et 'l'intratraduisibilité' (*intertranslatability*) des langues de Kupwar ainsi que le statut du marathi en tant que langue scripturale principale (Gumperz/Wilson 1971, 254–256).

Cette analyse, qui a l'énorme mérite de mettre en évidence la complexité d'un tel processus diachronique ainsi que la diversité des paramètres concernés, démontre que c'est le changement d'une marque systémique particulière qui est à sa base, mais elle ne précise pas les aspects typologiques et cognitifs que ce processus met en jeu, notamment lorsque Gumperz et Wilson omettent de spécifier les rapports entre changement et copiage. Sur ce plan, la définition d'Annegret Bollée s'avère plus concrète.

Bollée (2007) se base sur certaines réflexions des romanistes Gerold Hilty et Klaus Hunnius qui s'étaient interrogés sur la possibilité de copiages (« emprunts ») syntaxiques du gallo-roman à partir du superstrat germanique ; à ce propos, Hunnius avait constaté que l'influence d'une langue de contact ne pouvait se réaliser que si le système de la langue d'accueil « présente déjà des débuts et des points d'ancrage de cette innovation ».[24] Bollée en tire la conclusion que, dans un cas de convergence, soit un trait dans une langue de contact doit correspondre à un trait structurel dans l'autre langue de contact, si bien que les deux traits se renforcent mutuellement, soit une tendance déjà existante dans l'une des deux langues en contact doit être grammaticalisée par l'influence d'un trait structurel de l'autre langue.[25] Bollée donne un premier exemple

---

[23] Pour la distinction entre l'urdu local de Kupwar et l'hindi-urdu, cf. Gumperz/Wilson (1971, 272, note 1).
[24] « Fremden Einwirkungen [ist] nur dann nachhaltiger Erfolg beschieden, wenn das in der Einflusssphäre befindliche Sprachsystem Ansatz- und Anknüpfungspunkte für die Neuerung bietet » (Hunnius 1975, d'après Bollée 2007, 69).
[25] « Für das von Hilty und Hunnius beschriebene Phänomen, dass ähnliche Strukturen zweier im Kontakt befindlicher Sprachen aufeinandertreffen und einander verstärken oder dass eine

concernant la créolisation : dans plusieurs langues créoles – en créole louisianais, haïtien, mauricien, etc. – il existe l'article défini postposé *-la*. Celui-ci constitue, d'une part, la prolongation créolisée de l'article démonstratif français *-là*, mais il coïncide également avec l'article postposé homophone en ewe et dans d'autres langues africaines (Bollée 2007, 70).

Pour notre propre définition, nous retiendrons les éléments suivants :
- la focalisation d'un seul trait structurel comme base de la définition ;
- l'idée de la coïncidence de deux phénomènes : d'un trait ou d'une « tendance » au sein d'un système avec une influence extérieure à ce système aboutissant (plus ou moins) au même résultat ;
- l'idée de la reconnaissance d'une similarité entre deux systèmes au niveau d'un trait correspondant.

Il est évident qu'un tel modèle du processus de convergence, concernant au départ un seul trait, renforcé et grammaticalisé – de manière unidirectionnelle – dans l'une des deux langues en contact, peut être aisément élargi, et ce doublement :
- il peut être combiné à d'autres processus de convergence plus ou moins simultanés, touchant ainsi un faisceau de marques structurelles, comme dans le cas des langues de Kupwar ;
- il peut également être réciproque ; nous savons en effet depuis longtemps qu'une situation de contact entre deux ou plusieurs langues produit en général des effets mutuels au sein de toutes les langues impliquées (cf. Kriegel/Ludwig/Henri 2009 pour les influences mutuelles entre créole mauricien et bhojpouri, dans le cadre d'un scénario de convergence).

Nous nous limitons ici au cas le plus simple et tenterons d'abord de mieux comprendre son enjeu cognitif à travers le modèle de Jarvis et Pavlenko (2008). Puis, après avoir éclairci les rapports entre « convergence », « copie » et « congruence », nous étudierons le fonctionnement de la convergence par rapport au rôle des dialectes français dans la créolisation, en nous penchant particulièrement sur la notion de « tendance » préexistante et de grammaticalisation.

---

in einer Sprache zu beobachtende Tendenz durch die Einwirkung einer in einer anderen Sprache vorhandenen Struktur grammaticalisiert wird, ist in der Kreolistik der Terminus ‹ Konvergenz › üblich » (Bollée 2007, 70).

3.2 Convergence et « perceived similarity » (Jarvis/Pavlenko 2008)

Dans les processus de convergence, un acte cognitif et dialogal est central : le locuteur, dans une situation de communication marquée par le contact linguistique, cherche et perçoit, à partir d'une caractéristique dans une langue A, une similarité dans une langue B. Ce modèle combine donc des paramètres typologiques, cognitifs et discursifs, ainsi que l'approche écologique de Ludwig/ Mühlhäusler/Pagel (2019) en rend compte.

L'importance de la similarité est traditionnellement admise dans la théorie linguistique. Le concept de l'analogie repose sur la similarité, et c'est bien à travers l'analogie que la similarité est reconnue depuis longtemps comme étant l'un des facteurs de base de la communication humaine (cf. Meillet 1912 ; Bybee/Slobin 1982 ; Vosniadou 1989 ; Bybee/McClelland 2005 ; de Smet 2010 ; Ludwig 2014). Le terme de la « ressemblance familiale » (« Familienähnlichkeit »), qu'on doit à Wittgenstein, repris par Eleanor Rosch ainsi que toute la théorie des prototypes sémantiques, renvoie également à la perception de similarité (cf. Rosch 1977 ; Kleiber 1990). Le rôle des effets de similarité a été souligné par des études acquisitionnelles (cf. Andersen 1983 ; Gentner/Markman 1995 ; Ringbom 2007) ou encore, plus récemment, par la linguistique de contact (Palacios/Pfänder 2014).

Il est important d'insister sur le fait que cette similarité perçue, bien que n'étant pas purement individuelle et due au hasard, ne résulte pas d'un acte analytique linguistique : elle dépend de la subjectivité et de la compétence particulière du locuteur. Ainsi, Simone (1995) souligne que les similarités perçues par les locuteurs entre un phénomène de la langue A et un phénomène de la langue B, reposent sur l'identification de traits communs, sélectionnés à l'intérieur du phénomène en question (Simone 1995, 149).

Dans une étude expérimentale, Baptista/Gelman/Beck (2016) définissent ce qu'elles appellent la « convergence isomorphique » en la distinguant des notions de « transfert » et de « convergence aréale ». C'est leur notion de convergence isomorphique qui correspond largement à notre définition de la convergence. Tout comme elles, nous nous référons à une similarité existante dans les deux langues déjà avant qu'elles n'entrent en contact, même si nous insistons beaucoup sur le fait que cette similarité doit être reconnue dans un acte individuel et psychologique de la part du ou des locuteurs. Par ailleurs, ces auteurs précisent la notion de similarité en distinguant entre similarité morpho-phonologique et similarité sémantique. Dans l'exemple que nous développons en 4.2, nous mettons l'accent sur la similarité sémantique.

Dans notre modèle de la convergence, la perception de similarités par des locuteurs d'une langue ou d'un code A et B est nécessaire pour déclencher un processus de convergence entre A et B ; quant à la conceptualisation de la perception de similarité, nous nous basons sur la définition de Jarvis/Pavlenko (2008) :

> « A perceived similarity is a conscious or unconscious judgment that a form, structure, meaning, function, or pattern that an L2 user has encountered in the input of the recipient language is similar to a corresponding feature of the source language »
>
> (Jarvis/Pavlenko 2008, 179).

Cette définition est en accord avec le concept actuel de la littérature cognitive suivant lequel l'attitude permanente du locuteur consiste à chercher et à repérer des schémas linguistiques (le locuteur en tant que « pattern seeker », cf. Bod 2006).

3.3 Convergence – copiage – congruence

Le concept du « pattern seeker », appliqué au locuteur en situation de contact, explique aussi comment celui-ci repère des lieux – sémantiques et morphosyntaxiques – pour transférer des éléments d'une langue A à une langue B. Pour ce transfert (« transfer » chez Baptista/Gelman/Beck 2016), nous parlons de « copie » et de « copiage », au lieu de reprendre la théorie plus traditionnelle, qui recourt fréquemment à des définitions et présupposés difficiles à appréhender (comme « transfer », « borrowing », « emprunt », « calque », « interférence », etc.). Dans le cas de la convergence, nous pouvons dire qu'un locuteur combine une copie d'un élément de A, d'une part, à un élément ou à une tendance à l'intérieur du système de B, perçu(e) comme similaire, d'autre part. En choisissant le terme de copie, nous reprenons, tout en l'élaborant plus loin, la théorie du « code copying » de Johanson (2002 ; 2005 ; 2008). L'idée de base de Johanson consiste à constater et à souligner qu'aucune copie ne saurait être une reproduction fidèle de l'original ; chaque copie porte les traces du copiage et – dans le domaine linguistique – des changements de forme et/ou de sens qui se produisent au moment de son insertion dans un nouveau système.

De plus, le terme de « code » est préférable à celui de « langue » (que nous utilisons ici au sens large, et pour des raisons de simplification), car il est souvent impossible de distinguer entre « langue », « langue nationale », « dialecte », « variété », etc. Quant à notre modèle de convergence, nous parlons de « code A » pour la langue qui influence une autre langue (l'ewe dans le premier exemple de convergence cité par Bollée 2007 ; cf. ci-dessus), et de « code B » pour la langue influencée (le français en voie de créolisation dans le même exemple de Bollée 2007).

Dans l'élaboration de notre approche du copiage, nous distinguons entre « copie ouverte » et « copie couverte ».[26] La copie ouverte désigne les cas où à la fois le côté structurel et le côté sonore sont copiés (anglais *weekend* > français *week-end*), tandis que, dans le cas de la copie couverte, seul le côté sémantico-structurel fait l'objet de la copie (anglais *skyscraper* > français *gratte-ciel*). Étant donné que ce sont surtout des phénomènes de grammaire qui font l'objet de cette contribution, nous aurons essentiellement affaire à des copies couvertes.

Deux questions restent à résoudre, avant de se pencher rapidement sur le point des conditions et paramètres écologiques, évoqués dans notre résumé de l'article pionnier de Gumperz/Wilson (1971) : quel est le rapport entre « copie » et « convergence » ? En quoi consiste la distinction entre « convergence » et « congruence », terme également introduit en 3.1 ?

Dans notre approche de la convergence, cette dernière implique un acte de copiage à partir du code A, coïncidant avec un trait – de statut marginal – ou avec une tendance (cf. ci-dessous) dans le code B. La convergence présuppose donc une copie, alors que – à l'inverse – une copie peut exister sans convergence.

Pour la recherche diachronique, le concept de la convergence s'avère, de toute façon, être un modèle exigeant qui nous pose souvent un problème épistémique : dans un changement diachronique se produisant en situation de contact, il peut se faire que nous trouvions la preuve soit d'un changement intra-systémique, soit d'un changement dû à un copiage, alors qu'en réalité, il y a convergence des deux facteurs, mais sans que nous en ayons des preuves, ou même des indices, faute d'informations sur les détails concernés des systèmes en contact.

Reste à comparer les termes de « convergence » et de « congruence ». La convergence est, dans notre approche, un terme typiquement écologique, en ce sens qu'il est basé sur une activité discursive et cognitive du locuteur, qu'il est dynamique et favorisé par des conditions environnantes, selon la description de Gumperz/Wilson (1971), telles que le contexte social, les compétences et attitudes des locuteurs, le statut oral ou scriptural des langues impliquées, etc. La véritable incidence de ces conditions reste souvent difficile à décrire, de même qu'il semble, à l'heure actuelle, impossible de donner un catalogue précis de conditions qui stimulent la convergence. Mais cet obstacle épistémique n'enlève en rien l'importance de ces conditions.

---

26 Cf. Stolz/Stolz (1996) ; Kriegel/Ludwig/Henri (2009) ; Kriegel (2012) ; Kriegel/Ludwig/Salzmann (2019), cf. aussi Matras (2009 ; 2010) pour une distinction semblable entre « matter replication » et « pattern replication ». Pour un résumé de cette théorie, cf. également Gadet/Ludwig (2015).

Si la convergence fait appel à plusieurs paramètres – cognitif, actionnel, typologico-systémique – le terme de congruence, lui, est purement descriptif et statique, et désigne le degré de proximité typologico-structurelle entre deux ou plusieurs systèmes. Le degré de congruence entre deux langues peut varier, en l'occurrence augmenter, à travers des processus de convergence, de même qu'un certain degré de congruence facilite des convergences entre deux systèmes ; mais ceci n'empêche pas la convergence de rester dynamique, multifactorielle et ainsi écologique (Ludwig/Mühlhäusler/Pagel 2019 ; pour une application au créole, cf. Ludwig/Bruneau-Ludwig 2012), alors que la congruence est un concept purement typologico-structurel et statique.

4 Grammaticalisations et convergences : l'émergence des créoles

4.1 L'héritage franco-dialectal et africain dans la créolisation : convergence et grammaticalisation

Nous sommes donc d'avis que la convergence constitue non seulement un concept, mais aussi un programme de recherche. Pour pouvoir étudier son rôle dans la créolisation, il est indispensable de disposer d'informations précises sur toutes les langues réellement impliquées. Le présent article pose un regard approfondi sur les codes dialectaux du français qui ont pu former les codes B au moment de la créolisation. Il s'avère à nouveau – comme Robert Chaudenson et Salikoko Mufwene l'ont affirmé depuis longtemps, mais sans vraiment sonder la question sur le plan empirique – que les dialectes ont livré plus de « traits structuraux » ou de « tendances » que la norme plus ou moins contemporaine du français ne laisserait supposer. Cette méconnaissance du français oral dialectal serait responsable du fait qu'on ait attribué à l'influence africaine – et de manière unilatérale – certaines caractéristiques des créoles.

Le modèle de la convergence permet d'expliquer la simultanéité des deux influences linguistiques en situation de contact. Mais l'inverse est valable aussi : il faudrait en savoir plus sur certaines langues africaines entrant dans la créolisation linguistique de la société de plantation pour mieux comprendre leur enjeu à travers la convergence.

Insistons sur le terme de « tendance ». Bollée (2007), dans sa définition de la convergence, avait parlé soit d'une structure, soit d'une « tendance » existante dans une langue B, lesquelles pouvaient être renforcées – par effet de convergence dans une situation de contact – par l'apport simultané d'une autre langue A. La créolisation implique, dans les colonies françaises aux Antilles et ailleurs, la présence, dans la société d'habitation, d'une base française essentiellement dialectale et orale (langue B),[27] ainsi que d'un apport linguistique africain (langues A) lequel devient massif avec le changement de la société d'habitation à la phase suivante, c'est-à-dire à la société de plantation (cf. Ludwig 2018). Notre étude du berrichon et du poitevin-saintongeais a montré que les éléments qui rapprochent structurellement les dialectes des langues créoles ne sont souvent présents dans ceux-ci que sous forme de tendances, en tant que traits qui ne sont pas encore, ou peu grammaticalisés. C'est pourquoi nous pensons que ce sont ces tendances visées par la définition de Bollée qui jouent un rôle essentiel dans le concept de la convergence, dans son application à l'émergence des langues créoles, et qu'il s'agit plus précisément de tendances de grammaticalisation.

Le concept de la grammaticalisation est d'orientation cognitive et interactionnelle. C'est ainsi que, dans notre approche, « cognition » veut dire que la grammaticalisation se réfère aux catégories véhiculées par une langue, ainsi qu'à la perception du monde quotidien qu'elle transporte. Cet ancrage cognitif dans l'expérience quotidienne se manifeste dans le mécanisme primordial de la métonymie, c'est-à-dire dans la relation de proximité ou de contiguïté entre deux phénomènes de la réalité vécue. Par exemple, la phrase *Je vais acheter mon bouquin en ville* renvoie, à l'origine, à deux actions consécutives : /se déplacer/ et /acheter/. Pour aller faire cette course, il faut d'abord se rendre dans un lieu (le centre-ville, une librairie), pour ensuite y effectuer l'achat en question. Ceci implique que la deuxième action se déroule dans un futur, proche de la première action. D'où la plausibilité cognitivo-perceptuelle d'une chaîne de grammaticalisation /verbe de déplacement/ → /expression grammaticale du futur/.

Au fur et à mesure que le processus de grammaticalisation évolue, la fonction grammaticale se renforce au détriment du sens lexical d'origine. Dans la plupart des cas, l'établissement graduel d'un nouveau sémantisme va de pair avec une abstraction sémantique. Ce processus de « blanchiment sémantique » n'est pas sans lien avec l'expérience des locuteurs-en-interaction dans leur écologie quotidienne. Pour reprendre notre exemple : en nous basant sur l'expérience quotidienne actuelle, nous pouvons très bien affirmer *Je vais acheter mon bouquin sur Amazon*, c'est-à-dire sur internet, sans impliquer véritablement un déplacement.

---

27 Cf. la théorie du « founder principle » de Salikoko Mufwene (par ex. 1996) qui désigne ce français dialectal et oral aux Antilles, auquel les esclaves bozales arrivant d'Afrique étaient confrontés, en tant que point de départ de la créolisation. Pour l'étymologie et l'évolution historique des termes de *bozal* et de *criollo/créole* en général, cf. les récents éclaircissements apportés par Klimenkowa (2017).

Dans un tel usage, /aller/ se voit employé (a) comme un verbe de mouvement et (b) comme une marque de futur grammaticalisée. /Aller/ appartient donc à la fois au lexique (a) et à la grammaire (b).

Ces observations s'appliquent telles quelles à l'exemple que nous allons analyser par la suite. Il a souvent été observé que le concept du corps humain s'avère central dans de nombreux processus de grammaticalisation (cf. par ex. Heine/ Kuteva 2002 ; Raible 2016, 37). Dans l'exemple tiré du créole guadeloupéen *An ka lavé kò an-mwen* (littéralement : 'je lave mon corps' ; cf. ci-dessous, section 4.2), ainsi que dans des expressions analogues dans beaucoup de langues créoles qui, dans l'océan Indien, contiennent *lekor* (cf. ci-dessous), *kò/lekor* est – ou a été au départ – utilisé comme un lexème ('le corps'). Mais *kò/lekor*, obligatoirement accompagné du déterminant possessif (comme *an-mwen*), est aussi devenu une marque grammaticale de la réflexivité, exerçant la fonction occupée par le pronom réfléchi *se* du français, comme dans l'exemple seychellois suivant : *Mon demann mon lekor ...* 'Je me demande ... ' (cf. ci-dessous, section 4.2).

Dans le cadre de la convergence, nous devons cependant dépasser une restriction traditionnelle de la grammaticalisation : ce concept a fréquemment été appliqué dans un cadre monolingue (Lehmann 1982). Or, les écologies des créoles français sont toujours plurilingues. Dès l'ère coloniale, et jusqu'à nos jours, le contact linguistique entre plusieurs langues s'avère constitutif des langues créoles et, par conséquent, de leur analyse linguistique ; c'est pourquoi celle-ci exige un concept englobant un processus de grammaticalisation ancrée, voire déclenchée dans une situation de contact (« contact induced grammaticalization » ; cf. Gast/van der Auwera 2012 ; Drinka 2017). Mais, même dans une approche de la grammaticalisation adaptée au contact, l'émergence d'une nouvelle structure grammaticale dans un code B peut simplement être due à une copie à partir du code A, sans laquelle cette nouvelle structure semblerait être entièrement absente dans le code B (Thomason/Kaufman 1988 ; Thomason 2001).

Cette perspective traditionnelle se voit remise en question par d'autres auteurs qui, eux, soulignent que la stricte séparation entre lexique et grammaire n'est pas justifiée (Bisang 1998 ; Lehmann 2002 ; Kriegel 2003 ; Ludwig/Pfänder 2003). Dans cette seconde perspective, que nous suivons ici, une structure peut être « plutôt lexicale » (et donc partiellement grammaticalisée ; cf. « incipient grammaticalization » ; Hopper/Traugott 2003 ; Pakendorf 2013) dans une langue, et grammaticale (ou complètement grammaticalisée) dans l'autre langue. Ainsi, comme nous allons le voir en 4.2, les expressions impliquant le concept du corps humain ne sont que très partiellement grammaticalisées dans les dialectes français et les stades anciens de la langue française. Concernant les langues africaines ayant participé à l'émergence des créoles français de la Caraïbe, les données diachroniques dont nous disposons sont certes insuffisantes, mais nos données contemporaines permettent une extrapolation diachronique et reflètent un degré de grammaticalisation très avancé.

Le contact linguistique s'avère ainsi avoir une fonction de catalyseur, facilitant l'évolution rapide d'une construction partiellement grammaticalisée vers une grammaticalisation avancée (Haase/Nau 1996 ; Stolz 1996 ; Wischer 2001 ; Heine/Kuteva 2005 ; Mathews/Yip 2009 ; Montgomery-Anderson 2010 ; Große 2011 ; Matras 2011 ; Heine 2012). Dans la perspective de la convergence, nous sommes alors amenés à parler de « grammaticalisation partagée » (« shared grammaticalization », Robbeets/Cuyckens 2013 ; cf. aussi Tomič 2009 ; Cerutti 2014). Une telle approche répond au scepticisme de quelques spécialistes de la créolisation (par ex. Bruyn 1996) qui soulignent à juste titre que la grammaticalisation n'explique pas tous les changements survenus au cours de la créolisation. Somme toute, une analyse prudente tenant compte du statut (plus ou moins) grammaticalisé des structures en question dans toutes les langues en contact semble être de rigueur.

Nous nous limitons ici à l'étude d'un seul exemple représentatif – déjà ébauchée plus haut – afin d'illustrer ce mécanisme : l'émergence, en créole, du marquage de la diathèse réfléchie avec le concept du corps humain.

4.2 Les expressions du corps, marqueurs de la diathèse réfléchie

Il a déjà été signalé à plusieurs reprises que les créoles français utilisent la construction avec *kò* (< *corps*) pour exprimer la diathèse réfléchie, l'expression grammaticalisée standard en FHR impliquant le pronom personnel réfléchi *se* ayant été perdue au cours de la créolisation (Kriegel 2015). En créole guadeloupéen basilectal, on dirait donc :

An ka lavé *kò* *an-mwen*
1SG.SBJ IPFV laver corps DET.POSS
'Je me lave'.

Aujourd'hui, et vraisemblablement sous l'influence continuelle du français présent généralement dans les aires créolophones depuis le début du temps colonial, plusieurs créoles – guadeloupéen, martiniquais, seychellois et mauricien – connaissent également la construction suivante, analogue au français.

Créole guadeloupéen :
An   ka   lavé -mwen
1SG.SBJ IPFV laver 1SG.OBJ
'Je me lave'.

Cependant l'expression de la diathèse réfléchie au moyen du concept du corps humain est présente dans presque tous les créoles français. Des expressions désignant certaines parties du corps humain peuvent être employées dans la même intention communicative.

Créole haïtien :
Mari i   touye tèt   li
Mari DET.POSS tuer   tête   DET.POSS
'Her husband killed himself' (cf. Valdman 2015, 200).

Nous nous limiterons ici à la construction avec *kò* proprement dite, accompagnée du déterminant possessif, de loin la plus fréquente dans les différents créoles français, et qui se trouve en voie de grammaticalisation. Voici quelques exemples de la construction avec *kò* en créole guadeloupéen :

I   fèmé   kò   a-y   andidan chanm   a-y
3SG.SBJ fermer corps DET.POSS dans   chambre DET.POSS
'Il s'est enfermé dans sa chambre'.

Ba   kò   a-w   bann !
Donner   corps DET.POSS élan
'Dépêche-toi'.

Lévé   kò   a-w !
Lever corps DET.POSS
'Tire-toi de là'.

Ou   fouré   kò   a-w   adan on   bèl   bab
2SG.SBJ fourrer corps DET.POSS dans INDF beau ennui
'Tu t'es mis dans un beau pétrin' (LMPT 2002, 31).

Confiant (2007, vol. 1, 667) relève des exemples analogues pour le créole martiniquais :

Kò 'y pa bon
Corps DET.POSS NEG bon
'Il ne se sent pas bien'.

Sa ki fè i désidé di chapé *kò* 'y
Ce qui faire 3.SG.SBJ décider de échapper corps DET.POSS
'Aussi décida-t-il de s'en aller'.

Même en français antillais contemporain, on peut trouver des attestations allant dans le même sens.

Français haïtien littéraire :
Elle le barrait tel un bateau en rodage [...], avant de le ramener vers une mer moins démontée, le temps de *reposer la carcasse* (Louis-Philippe Dalembert 2017, 152).

L'expression du réfléchi avec le concept du corps humain est également présente dans les créoles de l'océan Indien. Ainsi, Kriegel (1996 ; 2015) présente des exemples tirés des créoles mauricien et seychellois.

Créole seychellois :
Mon demann *mon* lekor be kot zot ale ?
1SG.SBJ demander DET.POSS corps ben où 3.PL.SBJ aller
'Je me demande, ben, où sont-ils allés ?'
(enregistrement aux *Archives des Seychelles* ; cf. Kriegel 2015).

Depuis Addison van Name (1869), l'existence de réfléchis formés sur le concept du corps humain (ou de parties du corps humain) dans bon nombre de créoles fait l'objet de débats. Cette expression du réfléchi est très souvent avancée pour illustrer l'influence des langues substratiques, notamment africaines, dans les créoles (cf. déjà Sylvain 1936, puis Goodman 1964, et dernièrement Parkvall 2000), bien que l'existence de modèles potentiels en ancien français ait également été soulignée. L'argument de Sylvain (1936) – repris par Goodman (1964, 59) – qui avance que les attestations dans la *Chanson de Roland* et dans les chroniques de Villehardouin seraient trop anciennes pour expliquer cette construction dans les créoles français, est remis en question par Chaudenson (1979, 77). En citant le *Französisches Etymologisches Wörterbuch* (FEW, vol. 11/2, 1212), il fait valoir l'existence de l'expression avec *corps* dans les dialectes de l'ouest encore au 17e siècle, et plus spécialement en saintongeais.[28] Ainsi, Bollée (2007, 396), dans l'article présenté ci-dessus, range l'expression du réfléchi par le concept du corps humain dans les cas de convergence, et elle fournit un article détaillé sur *corps* dans la première partie du *Dictionnaire étymologique des créoles français d'Amérique* (Bollée et al. 2018). Dans cet article, elle illustre, entre autres, la fonction de *corps/kò* (et de ses variantes) en tant que marqueur du réfléchi dans les divers créoles de la Caraïbe, et elle se penche sur les origines de cette fonction, en renvoyant au FEW et à Chaudenson (1979).

La discussion reste à approfondir au vu de nouvelles données, provenant notamment du berrichon, du poitevin-saintongeais et d'un texte ancien en créole antillais (18e siècle). Ces données pourraient constituer le maillon manquant dans l'argumentation qui étaye l'hypothèse de la convergence, déjà avancée par Bollée. Elles confirment le rôle des dialectes, et surtout du saintongeais, que Chaudenson (1979) avait souligné afin d'établir une continuité entre ancien français et créoles, mais en se basant sur une assise empirique étroite.[29]

En tout cas, nous avons pu relever, en berrichon et surtout en poitevin-saintongeais, de nombreuses expressions mettant en jeu le concept du corps humain. Celles-ci témoignent tout d'abord de l'existence et, nous le verrons, de la survivance d'un concept linguistico-culturel qui, tout comme les créoles, laisse une place importante à la perception du corps humain. Deuxièmement, nous constatons que certaines tournures s'approchent de l'expression d'une diathèse réfléchie ; dans certains cas, le français de référence emploierait un verbe à la forme réfléchie. Bien entendu, il s'agit d'une tendance qui semble indiquer un emploi plus fréquent des expressions du corps dans ces dialectes que dans le FHR ; néanmoins, cette technique n'est pas entièrement étrangère au « français ordinaire » (cf. l'expression populaire *Ferme ta gueule/Ta gueule* pour dire *Tais-toi*).[30]

---

28 « ‹ Porter son corps › est même, on le voit, encore attesté en Charente-Inférieure (St-Seurin) ; notre hypothèse est donc une quasi-certitude ; les dialectes de l'Ouest usaient encore au XVIIe siècle de la locution ‹ son corps › comme substitut du pronom réfléchi ; cet usage n'était pas systématique, mais devait se limiter à un certain nombre d'expressions d'usage courant, survivances de l'emploi ancien » (Chaudenson 1979, 77).
29 Le FEW – outre une longue liste d'expressions avec *corps*, mais qui ne permettent pas d'attribuer une fonction de marqueur réfléchi à ce nom – ne cite en fait que deux seuls exemples du saintongeais (de la ville de Saint-Seurin), *porter son corps* et *ne pas être traître à son corps*, exemples qui sont tirés du dictionnaire de Furetière (1690), et qui ne sont pas clairs hors contexte. Chaudenson (1979) se réfère à la première expression citée par le FEW.
30 Pour le terme de « français ordinaire », cf. Gadet (1997).

Berrichon :
Moué que *le corps* m'en tremble (chanson berrichonne du 19ᵉ siècle ; cf. ci-dessus, 2.1.2.).
CORPS (Acad.). (Chez nous la prononciation est très-longue, *côr.*) – On dit d'Un malaise intérieur qu'on a mal *dans le corps* (*côr*), comme si les membres ne comptaient pas *dans le corps*. || Le dos. « Derrière mon *corps* » pour Derrière mon dos. – On emploie, en parlant d'Un objet qu'on se serait appliqué au dos, ou qui serait placé derrière soi, cette locution : *Avoir au darriée de son corps* [...] (Jaubert 1869, 180s.).

Poitevin-saintongeais :

Gare dun *ton charcois* !
'Fais attention à toi (gare donc ta carcasse)' (Chaigne 1997, 43)

taesàe sa goule, sun bét
'Fermer la bouche, se taire' (Gautier 1993, 119).

Jusqu'à maintenant, nous avons présenté des exemples de créoles contemporains et de dialectes français des 19ᵉ et 20ᵉ siècles. Il est certain que ces dialectes, obsolescents de nos jours, ont un caractère conservateur, comme l'a souligné Boucherie (1865) pour le saintongeais. Quant au stade de grammaticalisation de l'expression en question, une différence entre les créoles et les dialectes français est nette.

Dans les dialectes dont il est question ici, la technique dominante pour exprimer le réfléchi – à savoir l'emploi du pronom personnel réfléchi correspondant à *se* à la 3ᵉ personne – est pleinement conservé et fonctionnel. Si *corps* est employé dans la même finalité, il ne s'agit pas d'une technique à laquelle on pourrait attribuer un stade avancé de grammaticalisation. Dans cette fonction, elle est employée dans un but souvent rhétorique, expressif, etc., mais elle n'est pas toujours facile à discerner, et ces expressions avec *corps* remplissent fréquemment – et souvent en même temps – d'autres fonctions sémantiques.

Dans l'émergence des langues créoles, par contre, la technique pronominale de marquage de la diathèse réfléchie s'est perdue, ainsi que nous l'avons expliqué, tout au moins à la troisième personne. On pourrait dire que cette grammaticalisation n'a été possible en créole qu'en raison de la perte de la technique grammaticale non marquée du français.

Il est possible de préciser l'évolution historique de cette technique, tout d'abord quant à son émergence en créole. En effet, lorsqu'on examine la célèbre *Passion de Notre Seigneur selon St Jean en langage nègre*, probablement écrite entre 1720 et 1740 (Hazaël-Massieux 2008), on est frappé par la présence de nombreux exemples dans lesquels le corps humain, ou une partie du corps humain, permet d'exprimer la co-référence entre le sujet et l'objet. Cette fréquence peut être soit un indice de grammaticalisation avancée, soit un facteur de grammaticalisation. En tout cas, le lien entre cette fréquence et une grammaticalisation avancée semble évident, surtout pour ce qui concerne l'expression avec *corps a toé*, selon le schéma *kò* + possessif, qui correspond à l'usage le plus répandu aujourd'hui.

Créole antillais du 18ᵉ siècle :

ïo tous maré *mine* (M.-C. Hazaël-Massieux 2008, 63)
'Leurs visages se fermèrent tous' (G. Hazaël-Massieux 1996, 255).

n'a pas la peine cassé *bouche* pour arien (M.-C. Hazaël-Massieux 2008, 63)
'Inutile de vous fatiguer la bouche pour rien' (G. Hazaël-Massieux 1996, 255).

Largué *corps a toé !* (M.-C. Hazaël-Massieux 2008, 66)
'Délivre-toi toi-même' (G. Hazaël-Massieux 1996, 258).

La grande densité de l'emploi de cette technique sémantico-syntaxique dans le texte de la *Passion* semble traduire qu'il s'agit là d'un marquage particulièrement saillant du premier créole basilectal.

Si cette technique s'avère grammaticalisée en créole dès la première moitié du 18ᵉ siècle, comment évaluer ses bases linguistiques françaises de manière plus détaillée ? En fait, l'utilisation de *corps* comme marqueur diathétique est bien attestée en ancien français, ainsi dans la *Chanson de Roland*. Dans les deux exemples suivants, cette construction équivaut grammaticalement à *se diriger*.

Par tantes teres ad *sun cors* demened
'Il a mené son corps par tant de terres' (*Chanson de Roland*, v. 525).[31]
Jo cunduirai *mun cors* en Rencesvals
'Je mènerai mon corps à Roncevaux' (*Chanson de Roland*, v. 892).

D'autres emplois de *corps* se trouvent dans la *Chanson de Roland*, non seulement sémantiques, mais aussi dans des fonctions grammaticales différentes, comme l'emploi suivant, en tant que quasi-pronom d'objet :

---

[31] Nous citons l'édition bilingue de Moignet (1969). La traduction de cette édition cherche évidemment à rester proche du texte d'origine et ne rend pas les nuances grammaticales sur lesquelles nous insistons ici.

Sun cors demenie mult fierement asalt
'celui-ci, férocement, s'attaque à sa personne même' (*Chanson de Roland*, v. 729).

L'ancien français prête souvent une grande attention aux parties du corps dans lesquelles toutes les émotions se manifestent précisément.[32] Buridant (2000, 412s.) montre la gamme de fonctions d'expressions avec *cors* en ancien français ; il souligne que l'emploi avec un possessif *mon/ton/son (cors)* « peut alterner avec le pronom réfléchi » (413) et qu'il s'est ainsi éloigné du sens sémantique plein pour acquérir un certain degré de grammaticalisation. Cette expression du réfléchi – qui n'est, bien entendu, qu'une alternative au pronom réfléchi simple par rapport auquel elle apporte toujours, malgré ce début de grammaticalisation, une composante sémantique expressive – se perd dans le processus d'élaboration du « bon usage ». Et, alors que les concepts physiques deviennent plus abstraits dans l'évolution du français, ce sont les dialectes qui semblent hériter de cette attention accrue aux parties du corps.[33]

Quant à l'évolution ultérieure de cette technique en français, c'est un regard sur l'œuvre de Marguerite de Navarre qui nous permet de l'appréhender. Née dans l'Angoumois, de même que son frère François Ier, Boucherie (1865) la cite à plusieurs reprises comme source de l'évolution linguistique saintongeaise du 16e siècle : « Marguerite de Navarre, notre compatriote, dans les lettres de laquelle on trouve plus d'une trace du parler de la Saintonge » (73s.). Et effectivement, alors qu'on constate un emploi plus littéraire et sémantique de *corps* dans l'*Heptaméron*, recueil de nouvelles publié pour la première fois en 1558/1559, une large fourchette d'emplois différents de *corps* est bien présente dans les lettres adressées à son frère. Ces lettres, conservées d'abord seulement dans leur forme manuscrite d'origine et publiées plus tardivement, sont bien plus que l'*Heptaméron* tributaires de l'oralité et d'un français régional marqué par le saintongeais. Nous y remarquons par exemple les occurrences suivantes :

---

32 Cf. dans le roman courtois *Cligés* de Chrétien de Troyes le célèbre discours d'Alexandre, lorsqu'il s'interroge sur son amour de Soredamor, se demandant comment la flèche de l'amour a pu percer son corps (Chrétien de Troyes 1978, vv. 678–864).
33 Gautier (1993, 57) constate que le poitevin-saintongeais a tendance à employer le possessif avec les parties du corps, ce qui revient à dire que l'expression des parties du corps est tout à fait caractéristique de cette zone dialectale : *ine pochàie su sen épale* 'un sac plein sur l'épaule' ; *in penàe den sun bra* 'un panier au bras' ; *in chapea su sun calea* 'un chapeau sur la tête' ; *se nalàe de sun pai* 'partir à pied'.

Et s'il luy estoit possible de lesser aller *son corps* à sa voulenté, la mer l'auroit hientoust portée où je voys
(Marguerite de Navarre 1842, 52).

Et pour ce, Monseigneur, que ce porteur vous dira l'estat où il m'a laissée et l'ennuy que j'ay de ne pouvoir mener *mon corps* selon ma voulenté, je ne vous ennuiray de redite [...] (Marguerite de Navarre 1842, 229).

Cette structure réfléchie est sans aucun doute présente au 16ᵉ siècle dans l'ouest de la France. On peut lui attribuer un début de grammaticalisation : elle a été ressentie comme une structure particulière, et, paradoxalement, ce statut se déduit de sa disparition de l'écrit, à savoir de sa quasi-absence dans l'*Heptaméron*. Cette expression a donc été reléguée à l'oralité dialectale, qui l'a conservée, et les nombreuses expressions avec *corps* en poitevin-saintongeais encore attestées aux 19ᵉ et 20ᵉ siècles en témoignent. Mais, même dans les *Lettres* de Marguerite de Navarre, le constat sur les occurrences de cette expression diathétique reste valable : il s'agit d'exemples à situer dans une large gamme d'emplois, diffus, expressifs et utilisés à des fins rhétoriques. Ils ont un statut accessoire, à côté de l'encodage pronominal traditionnel du réfléchi, et c'est sous cette forme que la structure réfléchie avec *corps* a fait partie des registres du français oral transmis aux Antilles par les colons.

C'est pour toutes ces raisons que nous pensons que l'héritage – cependant indéniable – des dialectes français (langues ou codes B dans notre approche de la convergence) ne suffit pas à expliquer la rapidité et la radicalité de la grammaticalisation du marquage diathétique avec *kò* en créole basilectal émergeant, environ un siècle après l'arrivée des premiers colons français aux Antilles. À notre avis, l'énorme rapidité de cette grammaticalisation s'explique par deux autres facteurs simultanés.

Si l'on considère l'héritage dialectal comme premier facteur dans la grammaticalisation de la structure avec *kò* en créole, le deuxième est d'ordre potentiellement universel.[34] D'un point de vue typologique, le concept du corps humain est de loin la source la plus fréquente pour la grammaticalisation de la diathèse réfléchie. Ainsi, des langues n'ayant aucun rapport typologique ou génétique avec les langues étudiées ici, ont grammaticalisé ce type de construction (cf. Heine/Kuteva 2002, 58–60 ; Schladt 2000).

---

[34] Sur le rapport entre grammaticalisation et tendances universelles dans la formation des créoles, cf. par ex. Raible (2003).

Le troisième facteur concerne les langues de contact africaines, qui sont massivement présentes dans les colonies à partir du changement de la société d'habitation à la société de plantation (cf. ci-dessus), jouant le rôle de langues A dans un processus de convergence complexe. Quant à la construction avec *kò*, Schladt (2000, 110) note, après avoir souligné l'universalité du phénomène, qu'il s'agit d'un trait aréal particulièrement saillant en Afrique : « In Africa, body parts are almost exclusively the source of reflexive markers ».

Examinons quelques exemples de langues qui ont contribué à l'émergence des créoles des Petites Antilles. Eltis/Richardson (2010, 238) notent que c'est le golfe du Bénin qui a fourni le pourcentage le plus élevé d'esclaves en Guadeloupe et en Martinique (98.000 sur 290.000 esclaves en tout).[35] Sans pouvoir entrer dans les détails de la situation linguistique complexe du golfe de Bénin où sont pratiquées de très nombreuses langues appartenant à des sous-groupes typologiques différents, nous citerons deux exemples.[36] Ainsi, le yoruba (langue nigéro-congolaise, sous-branche Benue-Congo) dispose de réfléchis formés à partir de la notion du corps humain :

Olú feran ara rè
Olu like body his
'Olu likes himself' (Reuland/Schadler 2010).

Ceci est également le cas en akan, autre langue de substrat potentielle. Dans son article sur les sources diachroniques des réfléchis formés sur le concept du corps en akan (Niger-Congo, sous-branche kwa), Osam (2002, 1489) cite des expressions qui, sans relever de la diathèse réfléchie au sens strict du terme, se servent du concept du corps humain pour se référer à une personne :

Wo ho te den ?
2SG POSS body be-how
'How is your body ? How are you ?'

---

35 Pour les créoles mauricien et seychellois, dont nous avons cité un exemple, la langue de substrat à considérer en tout premier lieu est le malgache, langue austronésienne, qui dispose, elle aussi, de réfléchis faisant référence au corps humain. À ce sujet, voir Carden (1993) et Kriegel (2015).

36 Il convient de noter que la possibilité de former des réfléchis avec le corps humain est absente des langues gbe qui entrent également en jeu dans l'émergence des créoles français de la Caraïbe. Pour un débat sur l'absence de cette technique dans les langues gbe, voir Lefebvre (2004).

Le concept du corps humain *ho* se serait ensuite grammaticalisé pour devenir en akan marque du réfléchi (Osam 2002, 148) :

Ama e-pira no ho
Ama PERF-hurt 3POSS self
'Ama has hurt herself'.

Après avoir passé en revue les sources possibles (dialectes français et langues africaines) des réfléchis basés sur le concept du corps dans les créoles français, nous constatons que ces données sont à même d'appuyer l'hypothèse de Bollée), selon laquelle l'expression de la diathèse réfléchie dans les créoles français constitue un cas de convergence. La grammaticalisation du concept du corps humain en tant que marque du réfléchi, qui ressemble à ce que nous observons dans beaucoup de langues, et notamment des langues africaines, ne se serait probablement jamais produite sans la présence de modèles dans les dialectes français ; leur rareté dans les créoles anglais (Haspelmath et al. 2013) renforce clairement notre hypothèse. Il est certain que dans les dialectes, cette technique est un moyen accessoire lequel est utilisé à des fins émotivo-rhétoriques, en supplément de la véritable technique pronominale. Ici, ce type de grammaticalisation ne s'est donc pas produit à cause de la présence d'une technique très productive, à savoir celle des formes en *se*. Mais, même si l'on ne peut pas parler de grammaticalisation ni avancée ni accomplie au sujet des exemples de ces dialectes, il est évident que ce type d'expressions peut former le point de départ de processus de grammaticalisation, d'autant qu'il semble être bien plus fréquente dans les dialectes qu'en français standard. Les créoles français auraient donc grammaticalisé une technique existante dans les dialectes français parce que les locuteurs africains des premiers temps de la colonisation auraient perçu une similarité avec une grammaticalisation en cours dans leurs langues primaires, et parce que, parallèlement, ce parcours de grammaticalisation semble être potentiellement universel.

Cet exemple permet d'illustrer notre postulat théorique formulé en 4.1. Les langues parlées par les populations serviles ont fait fonction de catalyseur pour la grammaticalisation de la diathèse réfléchie avec le corps humain dans les créoles français dans lesquels la possibilité d'avoir recours à un pronom personnel réfléchi fait défaut. Le fait qu'il s'agisse d'une voie de grammaticalisation universelle, attestée dans beaucoup de langues différentes, a sûrement renforcé cette évolution.

5 Conclusions et questions finales

Nous pourrions appliquer le concept de la convergence à d'autres domaines de l'émergence de la grammaire créole, comme par exemple la construction relative avec *la* (Ludwig/Pfänder 2003), ou à certains marqueurs aspecto-temporels, etc. Aboh/DeGraff (2017) établissent toute une liste de domaines qui pourraient se prêter à une telle analyse. Cependant, n'oublions pas la constatation déjà citée de Mufwene (1996), suivant laquelle la convergence n'est pas à l'origine de tous les aspects centraux de la grammaire des créoles basilectaux.

Quelques aspects restent à éclaircir. Une première question concerne la convergence et la grammaticalisation : ces deux processus vont-ils forcément de pair ? Nous sommes d'avis que non. Nous avons traité la convergence dans le domaine grammatical, mais elle concerne aussi d'autres domaines comme la phonétique. Et même dans le domaine grammatical, le copiage d'un trait d'une langue de contact A pour constituer pleinement un trait similaire, auparavant pas entièrement formé dans B n'est peut-être pas nécessairement en lien avec un processus de grammaticalisation. Ainsi, la convergence ne serait pas forcément liée ni à la grammaticalisation, ni à un facteur universel renforçant la même évolution.[37] Mais cette question reste à résoudre dans l'avenir. Cependant, la co-occurrence de la convergence, de la grammaticalisation et d'un facteur universel nous semble être caractéristique pour la créolisation. Notre précision suivant laquelle la reconnaissance de similarité constitue un acte subjectif, est pleinement compatible avec l'insistance d'Aboh/DeGraff (2017) sur l'importance du clivage L1/L2 ainsi que de la restructuration dans le processus d'émergence des langues créoles.

Cette réflexion amène à un autre point du débat. Le regard plus précis sur les dialectes entraîne deux constats que nous formulerons de manière très générale.

Premièrement, ce regard révèle effectivement l'ampleur de l'héritage des créoles dans les dialectes français : sur nombre de points, les traits des créoles peuvent être reliés aux dialectes, plus qu'au français standard ; de toute façon, le « bon usage » était peu répandu au 17e, voire même encore au 18e siècle en France (cf. Ludwig/Schwarze 2012). Dans les dialectes, on trouve certes des tendances de démarquage de la morphologie ainsi que des techniques d'encodage qui distinguent les dialectes de ce qui est devenu le français standard. En ce sens, si nous relions le créole à ces tendances et à ces techniques, ou, plus concrètement, si nous relions par exemple l'encodage du réfléchi avec *kò* aux expressions dialectales avec *corps*, nous établissons certainement une continuité typologique entre le français et les créoles. D'ailleurs, les dialectes constituent un

---

[37] Sur ce point, nous suivons la définition de Bollée (2007), évoquée ci-dessus ; cf. 3.1.

genre de « missing link » entre les créoles, d'un côté, et l'ancien et le moyen français, de l'autre : les strates anciennes du français font parfois preuve de techniques analogues aux créoles, comme dans le cas de l'utilisation de *cors* dans la *Chanson de Roland*. Les dialectes sont, ainsi que l'a démontré Boucherie (1865) pour le poitevin-saintongeais, souvent de nature conservatrice et préservent des structures plus anciennes qui finissent par se perdre dans la voie vers le français standard ; c'est donc par ce biais dialectal que ces structures peuvent parvenir aux créoles.

Mais, d'autre part, le même regard sur les dialectes montre qu'une bonne partie de ce qui les lie aux créoles existe, au sein des dialectes, seulement en tant que tendances non ou peu grammaticalisées, comme techniques alternatives et non centrales. Dans les dialectes, les grands domaines de la grammaire française, par exemple la conjugaison temporelle et modale ou le marquage des diathèses, restent pleinement intacts. Dans la créolisation, l'élimination de la morphologie du français dialectal se produit en lien avec l'émergence, dans la société d'habitation, d'un savoir pragmatique d'hybridation et de démarquage dans une communication de contact (Ludwig 2018), englobant surtout la langue du colonisateur (le français, qui correspond au code B dans notre approche de la convergence) et celles des esclaves (principalement, des langues africaines, les codes A). Cette élimination se produit très rapidement, parallèlement à une grammaticalisation accélérée et radicale de techniques qui, dans les dialectes, n'avaient qu'un statut accessoire et marginal.

Le processus complexe amenant à l'émergence des langues créoles comprend donc le maintien de certaines caractéristiques typologiques connues des dialectes français, tout en incluant l'élimination d'une grande partie de leur morphologie, ainsi que la production d'une série de grammaticalisations très avancées d'autres traits, et cela en pratiquement un siècle seulement. Aucune évolution qui présenterait ces mêmes caractéristiques n'est linguistiquement attestée d'une phase quelconque de l'évolution des langues romanes, malgré toutes nos spéculations, par exemple quant au premier âge de la romanisation de la Gaule. Les grands changements typologiques entre le latin et le français, comme l'élimination de l'*accusativus cum infinitivo* et la généralisation de la subordination par *que*, l'émergence du nouveau futur et du conditionnel, etc. sont des évolutions lentes, impliquant des stades intermédiaires où l'ancien et le nouveau coexistent, et qui sont par ailleurs bien attestés en latin vulgaire. Il semble que ce soit en fonction de cette différence entre romanisation et créolisation qu'Aboh/DeGraff (2017) parlent, dans le cas de l'émergence des créoles, de « cascades » évolutives. Et c'est en ce sens que nous pensons que la convergence et la grammaticalisation accélérées et radicales réconcilient en fait les scénarios de continuité et de rupture dans la créolisation.

6 Bibliographie

6.1 Sources et dictionnaires

Anonyme, *La Gente Poetevin'rie. Ouecque le precez de lorget & de san vesin, & chonsons jeouses compousie in bea Poiteuin*, avec une introduction par L. Favre, Niort, Clouzot, 1660 (réédition 1887).

Bollée, Annegret, et al., *Dictionnaire étymologique des créoles français d'Amérique (DÉCA). Première partie : Mots d'origine française*, Hamburg, Buske, 2018.

Chaigne, Edgar, *Trésors du parler des pays de l'ouest : Poitou, Charentes, Vendée*, Bordeaux, Aubéron, 1997.

Chanson de Roland = Anonyme, *La Chanson de Roland*, texte original et traduction par Gérard Moignet, Paris, etc., Bordas, 1972.

Chrétien de Troyes, *Cligés*, ed. Alexandre Micha, Paris, Champion, 1978.

Confiant, Raphaël, *Dictionnaire créole martiniquais-français*, Matoury, Ibis Rouge, 2007.

Favre, Léopold, *Glossaire du Poitou, de la Saintonge et de l'Aunis et son supplément*, Niort, Favre, 1867 (réimpression Bouhet, La Découvrance, 2002).

FEW = Wartburg, Walther von, et al., *Französisches Etymologisches Wörterbuch. Eine Darstellung des galloromanischen Sprachschatzes*, Bonn/Bâle, Klopp/Zbinden, 1928–2003. <https://apps.atilf.fr/lecteurFEW/index.php> [dernière consultation : 30.05.2018].

Furetière, Antoine, *Dictionnaire universel, contenant generalement tous les mots françois tant vieux que modernes, & les termes de toutes les sciences et des arts*, La Haye, A. et R. Leers, 1690.

LMPT = Ludwig, Ralph, et al., *Dictionnaire créole*, Paris, SERVEDIT – Maisonneuve & Larose – Éditions Jasor, ²2002.

Marguerite de Navarre, *Nouvelles lettres de la Reine de Navarre adressées au Roi François Ier, son frère*, d'après le manuscrit de la bibliothèque du Roi, par F[rançois] Génin, Paris, Renouard, 1842.

Matho, Christophe, et al., *Les histoires extraordinaires en français et en patois berrichon*, avec la participation de Christian Benz et Marie du Berry, Romorantin, Communication Presse Édition, 2011.

Pivetea, Vianney, *Dictionnaire du Poitevin-Saintongeais. Parlers de Vendée, Deux-Sèvres, Vienne, Charente, Charente-Maritime, nord Gironde, sud Loire-Atlantique*, Mougon, Geste, 1996.

Rézeau, Pierre, *Dictionnaire des régionalismes de l'ouest entre Loire et Gironde*, Les Sablesd'Olonne, Le Cercle d'Or, 1984.

Sand, George, *La mare au diable*, Paris, Messidor, 1981, ¹1846.

Sand, George, *Légendes rustiques*, Clermont-Ferrand, Paleo, 2010, ¹1858.

Sand, George, *Préface : M. Laisnel de la Salle*, in : de la Salle, Laisnel, *Croyances et légendes du centre de la France. Souvenirs du vieux temps*, avec une préface de George Sand, vol. 1, Paris, Chaix, 1875, VII–XII.

van Bever, Adolphe, *Les poètes du terroir du XVe siècle au XXe siècle. Textes choisis*, vol. 1, Paris, Delagrave, 1909.

van Bever, Adolphe, *Les poètes du terroir du XVe siècle au XXe siècle. Textes choisis*, vol. 4, Paris, Delagrave, ²1992.

6.2 Études

Aboh, Enoch/DeGraff, Michel, *A null theory of creole formation based on universal grammar*, in : Roberts, Ian (ed.), *The Oxford handbook of universal grammar*, Oxford, Oxford University Press, 2017, 401–458.

Baptista, Marlyse/Gelman, Susan/Beck, Erica, *Testing the role of convergence in language acquisition, with implications for creole genesis*, International Journal of Bilingualism 20 (2016), 269–296.

Beauchet-Filleau, Henri, *Essai sur le patois poitevin ou Petit glossaire de quelques-uns des mots usités dans le canton de Chef-Boutonne et les communes voisines*, Niort/Melle, Clouzot/Moreau, 1864 (réimpression Genève, Slatkine Reprints, 1970).

Bernard, Daniel, *Le patois berrichon*, La Crèche, La Geste, 2017.

Bisang, Walter, *Grammaticalization and language contact constructions and positions*, in : Giacalone Ramat, Anna/Hopper, Paul J. (edd.), *The limits of grammaticalization*, Amsterdam/Philadelphie, Benjamine, 1998, 13–58.

Blasi, Damián/Michaelis, Susanne M./Haspelmath, Martin, *Grammars are robustly transmitted even during the emergence of creole languages*, Nature Human Behavior (2017). <https://www.nature.com/articles/s41562-017-0192-4> [dernière consultation : 22.06.2018].

Bod, Rens, *Exemplar-based syntax. How to get productivity from examples*, The Linguistic Review 23 (2006), 291–320.

Bollée, Annegret, *Die Rolle der Konvergenz bei der Kreolisierung*, in : Ureland, Per Sture (ed.), *Die Leistung der Strataforschung und der Kreolistik. Typologische Aspekte der Sprachkontakte. Akten des 5. Symposions über Sprachkontakt in Europa. Mannheim 1982*, Tübingen, Niemeyer, 2007 ; ¹1982, 391–405.

Boucherie, Anatole, *Patois de la Saintonge. Curiosités étymologiques et grammaticales*, Angoulême, Nadaud, 1865.

Bruyn, Adrienne, *On identifying instances of grammaticalization in Creole languages*, in : Baker, Philipp/Syea, Anand (edd.), *Changing meanings, changing functions. Papers relating to grammaticalization in contact languages*, Westminster, University of Westminster Press, 1996, 29–46.

Buridant, Claude, *Grammaire nouvelle de l'ancien français*, Paris, Sedes, 2000.

Bybee, Joan/McClelland, James L., *Alternatives to the combinatorial paradigm of linguistic theory based on domain general principles of human cognition*, in : Ritter, Nancy A. (ed.), *The role of linguistics in cognitive science*, special issue of The Linguistic Review 22 : 2–4, Berlin/New York, De Gruyter, 2005, 381–410.

Bybee, Joan L./Slobin, Dan I., *Rules and schemas in the development and use of the English past tense*, Language 58 (1982), 265–289.

Carden, Guy, *The Mauritian Creole « lekor » reflexive. Substrate influence on the target-location parameter*, in : Byrne, Francis/Holm, John (edd.), *Focus and grammatical relations in Creole languages*, Amsterdam/Philadelphie, Benjamins, 1993, 105–117.

Cerruti, Massimo, *From language contact to language variation*, Journal of Language Contact 7 (2014), 288–308.

Chaudenson, Robert, *Les créoles français*, Paris, Nathan, 1979.

Chaudenson, Robert, *La créolisation : théorie, applications, implications*, Paris, L'Harmattan, 2003.

Chauveau, Jean-Paul, *Grâce à l'apport des créoles à l'histoire du français, « trêve de balivernes »* !, in : Brasseur, Pierre/Véronique, Georges D. (edd.), *Mondes créoles et francophones. Mélanges offerts à Robert Chaudenson*, Paris, L'Harmattan, 2007, 189–199.
Chevrier, Jean-Jacques, *439 Expressions populaires en Poitou-Charentes-Vendée*, La Crèche, Geste, 2000.
Chevrier, Jean-Jacques/Gautier, Michel, *Le poitevin-saintongeais langue d'oïl méridionale*, Bruxelles, Bureau européen pour les langues moins répandues, 2002.
Coulon, Gérard, *Le Berry gallo-roman*, La Crèche, La Geste, 2017.
Dalembert, Louis-Philippe, *Avant que les ombres s'effacent*, Paris, Sabine Wespieser, 2017.
de la Salle, Laisnel, *Croyances et légendes du centre de la France. Souvenirs du vieux temps*, avec une préface de George Sand, vol. 2, Paris, Chaix, 1875.
De Smet, Hendrik, *English « -ing »-clauses and their problems. The structure of grammatical categories*, Linguistics 48 (2010), 1153–1193.
Donnadieu, Jean-Louis, *Un Berrichon méconnu pionnier aux Amériques. Hector-Louis de Barbançois (1763–1855)*, Revue de l'Académie du Centre (2014), 44–57.
Drinka, Bridget, *Language contact in Europe. The periphrastic perfect through history*, Cambridge, Cambridge University Press, 2017.
Eltis, David/Richardson, David, *Atlas of the transatlantic slave trade*, New Haven/London, Yale University Press, 2010.
Faine, Jules, *Philologie créole. Études historiques et étymologiques sur la langue créole d'Haïti*, Port-au-Prince, Imprimerie de l'État, 1937.
Frajzyngier, Zygmunt/Curl, Traci S., *Reflexives. Forms and functions*, Amsterdam/Philadelphie, Benjamins, 2000.
Gadet, Françoise, *Le français ordinaire*, Paris, Colin, 1997.
Gadet, Françoise, *La relative française, complexe et difficile*, in : Kriegel, Sibylle (ed.), *Grammaticalisation et réanalyse. Approches de la variation créole et française*, Paris, CNRS Éditions, 2003, 251–268.
Gadet, Françoise/Ludwig, Ralph, *Le français au contact d'autres langues*, Paris, Ophrys, 2015.
Gast, Volker/van der Auwera, Johan, *What is « contact-induced grammaticalization » ? Examples from Mayan and Mixe-Zoquean languages*, in : Wiemer, Björn/Wälchli, Bernhard/Hansen, Björn (edd.), *Grammatical replication and borrowability in language contact*, Berlin/Boston, De Gruyter, 2012, 381–426.
Gautier, Michel, *Grammaire du poitevin-saintongeais. Parlers de Vendée, Deux-Sèvres, Vienne, Charente, Charente-Maritime, nord Gironde, sud Loire-Atlantique*, Mougon, Geste, 1993.
Gentner, Dedre/Markman, Arthur B., *Similarity is like analogy. Structural alignment in comparison*, in : Cacciari, Cristina/Gentner, Dedre (edd.), *Similarity in language, thought and perception*, Turnhout, Brepols, 1995, 111–147.
Goodman, Morris F., *A comparative study of Creole French dialects*, La Haye, Mouton, 1964.
Große, Sybille, *Sprachkontakt in Paraguay. « ndaje » als modaler bzw. evidentieller Marker des Guaraní in Spanischvarietäten Paraguays*, in : Schlaak, Claudia/Busse, Lena (edd.), *Sprachkontakte, Sprachvariation und Sprachwandel*, Tübingen, Narr, 2011, 231–256.
Gumperz, John J./Wilson, Robert, *Convergence and creolization. A case from the Indo-Aryan /Dravidian border in India*, in : Dil, Anwar S. (ed.), *Language in social groups. Essays by John J. Gumperz*, Stanford, Stanford University Press, 1971, 251–273.

Haase, Martin/Nau, Nicole, *Einleitung : Sprachkontakt und Grammatikalisierung*, in : Haase, Martin/Nau, Nicole (edd.), *Sprachkontakt und Grammatikalisierung*, Schwerpunktheft Sprachtypologie und Universalienforschung 49/1 (1996), Berlin, Akademie-Verlag, 3–8.

Haspelmath, Martin/APiCS consortium, *Chapter 87 : Reflexive constructions*, in : Michaelis, Susanne Maria/Maurer, Philippe/Haspelmath, Martin/Huber, Magnus (edd.), *The Atlas of Pidgin and Creole Language Structures*, Oxford, Oxford University Press, 2013, 346–349.

Hall, Robert A., Jr., *Creole languages and genetic relationships*, Word 14 (1958), 367–373.

Hazaël-Massieux, Guy, *Les créoles. Problèmes de genèse et de description*, Aix-en-Provence, Publications de l'Université de Provence, 1996.

Hazaël-Massieux, Marie-Christine, *Textes anciens en créole français de la Caraïbe. Histoire et analyse*, Paris, Publibook, 2008.

Heine, Bernd, *On polysemy copying and grammaticalization in language contact*, in : Chamoreau, Claudine/Leglise, Isabelle (edd.), *Dynamics of contact-induced language change*, Berlin/Boston, De Gruyter Mouton, 2012, 125–166.

Heine, Bernd/Kuteva, Tania, *World lexicon of grammaticalization*, Cambridge, Cambridge University Press, 2002.

Heine, Bernd/Kuteva, Tania, *Language contact and grammatical change*, Cambridge, Cambridge University Press, 2005.

Hopper, Paul J./Traugott, Elizabeth C., *Grammaticalization*, Cambridge, Cambridge University Press, 2003.

Hunnius, Klaus, *Zur Frage der syntaktischen Entlehnung*, Romanische Forschungen 87 (1975), 64–81.

Jarvis, Scott/Pavlenko, Aneta, *Crosslinguistic influence in language and cognition*, New York/London, Routledge, 2008.

Jaubert, Hippolyte-François, *Glossaire du Centre de la France*, Paris, Chaix, ²1869.

Johanson, Lars, *Contact-induced change in a code-copying framework*, in : Jones, Mari C./Esch, Edith (edd.), *Language change. The interplay of internal, external and extralinguistic factors*, Berlin/New York, De Gruyter, 2002, 85–313.

Johanson, Lars, *On copying grammatical meaning*, Sprachtypologie und Universalienforschung 58 (2005), 75–83.

Johanson, Lars, *Remodeling grammar. Copying, conventionalization, grammaticalization*, in : Siemund, Peter/Kintana, Noemi (edd.), *Language contact and contact languages*, Amsterdam/Philadelphia, Benjamins, 2008, 61–79.

Kleiber, Georges, *La sémantique du prototype. Catégories et sens lexical*, Paris, Presses Universitaires de France, 1990.

Klimenkowa, Alla, *Sprachkontakt und lexikalische Innovation in der karibischen Kontaktzone. Die Beispiele « bozal », « cimarrón » und « criollo »*, Hamburg, Buske, 2017.

Kriegel, Sibylle, *Diathesen im Mauritius- und Seychellenkreol*, Tübingen, Narr, 1996.

Kriegel, Sibylle, *Les constructions pronominales dans deux textes du latin tardif*, in : Cortès, Colette (ed.), *Problèmes de classement des unités lexicales. Cahier du C.I.E.L. 1996–1997*, Paris, Université Paris 7, 1999, 135–156.

Kriegel, Sibylle (ed.), *Grammaticalisation et réanalyse. Approches de la variation créole et française*, Paris, CNRS Éditions, 2003.

Kriegel, Sibylle, *Code copying in Indian Ocean Creoles : the post abolition period*, in : Chamoreau, Claudine/Léglise, Isabelle (edd.), *Dynamics of contact-induced language change*, Berlin/Boston, De Gruyter Mouton, 2012, 265–284.

Kriegel, Sibylle, *Créoles et français : quelques différences dans la valence verbale*, in : Aslanov, Cyril (ed.), *L'impact du contact entre les langues : des interférences structurelles aux convergences typologiques*, numéro thématique des Travaux Interdisciplinaires sur la Parole et le Langage 31 (2015). <https://tipa.revues.org/1306> [dernière consultation : 12.06.2018].

Kriegel, Sibylle/Ludwig, Ralph, *Le français en espace créolophone : Guadeloupe et Seychelles*, Romanistisches Jahrbuch 69 (2018), 56–95.

Kriegel, Sibylle/Ludwig, Ralph/Henri, Fabiola, *Les rapports entre créole et bhojpouri à Maurice : contact de langues et actes identitaires*, in : Hookoomsing, Vinesh/Ludwig, Ralph/Schnepel, Burkhard (edd.), *Multiple identities in action. Mauritius and some Antillean parallelisms*, Francfort et al. Lang, 2009, 203–252.

Kriegel, Sibylle/Ludwig, Ralph/Salzmann, Tabea, *Reflections on discourse ecology and language contact. The crucial role of some scalar terms*, in : Ludwig, Ralph/Mühlhäusler, Peter/Pagel, Steve (edd.), *Linguistic ecology and language contact*, Cambridge, Cambridge University Press, 2019, 179–213.

Labat, R. P. Jean-Baptiste, *Nouveau voyage aux isles de l'Amérique*, 8 vol., Paris, Delespine, 1742 ; ¹1722.

Lefebvre, Claire, *Issues in the study of Pidgin and Creole languages*, Amsterdam/Philadelphie, Benjamins, 2004.

Lehmann, Christian, *Thoughts on grammaticalization. A programmatic sketch*, vol. 1, Cologne, Institut für Sprachwissenschaft, 1982.

Lehmann, Christian, *New reflections on grammaticalization and lexicalization*, in : Wischer, Ilse/Diewald, Gabriele (edd.), *New reflections on grammaticalization*, Amsterdam/Philadelphie, Benjamins, 2002, 1–18.

Ludwig, Ralph, *Kreolsprachen zwischen Mündlichkeit und Schriftlichkeit. Zur Syntax und Pragmatik atlantischer Kreolsprachen auf französischer Basis*, Tübingen, Narr, 1996.

Ludwig, Ralph, *Zur Entwicklung der französischen Sprachkultur : Konversationstradition, Kanonbildung und interkulturelle Offenheit*, in : Röseberg, Dorothee/Thoma, Heinz (edd.), *Interkulturalität und wissenschaftliche Kanonbildung. Frankreich als Forschungsgegenstand einer interkulturellen Kulturwissenschaft*, Berlin, Logos, 2008, 163–188.

Ludwig, Ralph, *Synonymie, analogie et métaphore : rhétorique et cognition au 18e siècle*, in : Vallenthini, Michèle/Vincent, Charles/Godel, Rainer (edd.), *Classer les mots, classer les choses. Synonymie, analogie et métaphore au XVIIIe siècle*, Paris, Classiques Garnier, 2014, 19–44.

Ludwig, Ralph, *Diachronies française et créole. Rapports épistémiques*, in : Ayres-Bennett, Wendy, et al. (edd.), *Nouvelles voies d'accès au changement linguistique*, Paris, Classiques Garnier, 2018, 143–177.

Ludwig, Ralph/Bruneau-Ludwig, Florence, *Langue(s) et communication en Guadeloupe : vers une approche écolinguistique*, Cahiers de linguistique 38 :2 (2012), numéro spécial *Construction des connaissances sociolinguistiques. Du terrain au positionnement théorique*, ed. Françoise Gadet, 139–166.

Ludwig, Ralph/Mühlhäusler, Peter/Pagel, Steve, *Linguistic ecology and language contact. Conceptual evolution, interrelatedness, and parameters*, in : Ludwig, Ralph/Mühlhäusler, Peter/Pagel, Steve (edd.), *Linguistic ecology and language contact*, Cambridge, Cambridge University Press, 2019, 3–42.

Ludwig, Ralph/Mühlhäusler, Peter/Pagel, Steve (edd.), *Linguistic ecology and language contact*, Cambridge, Cambridge University Press, 2019.
Ludwig, Ralph/Pfänder, Stefan, *La particule « là » en français oral et en créole caribéen : grammaticalisation et contact de langues*, in : Kriegel, Sibylle (ed.), *Grammaticalisation et réanalyse. Approches de la variation créole et française*, Paris, CNRS Éditions, 2003, 269–284.
Ludwig, Ralph/Schwarze, Sabine, *Ein erneuter Blick auf Entwicklungen der französischen Sprachkultur. Zur Vernetzung von sprachlicher Normierung und literarischer Kanonisierung im 18. und frühen 19. Jahrhundert*, Romanistisches Jahrbuch 62 (2012), 98–136.
Luron, Jean-Baptiste, *Comment qu'y causont ? 13 leçons de parler rural*, Sury-en-Vaux, A à Z Patrimoine, 2007.
Matras, Yaron, *Language contact*, Cambridge, Cambridge University Press, 2009.
Matras, Yaron, *Contact, convergence and typology*, in : Hickey, Raymond (ed.), *The handbook of language contact*, Oxford, etc., Wiley-Blackwell, 2010, 66–86.
Matras, Yaron, *Grammaticalization and language contact*, in : Narrig, Heiko/Heine, Bernd (edd.), *The Oxford handbook of grammaticalization*, Oxford, Oxford University Press, 2011, 279–290.
Matthews, Stephen/Yip, Virginia, *Contact-induced grammaticalization. Evidence from bilingual acquisition*, Studies in Language 33 (2009), 366–395.
McWhorter, John, *Linguistic simplicity and complexity. Why do languages undress*, Berlin/New York, De Gruyter Mouton, 2011.
Meillet, Antoine, *L'évolution des formes grammaticales*, in : Meillet, Antoine, *Linguistique historique et linguistique générale*, Paris, Champion, 1921 (réimpression Genève, Slatkine reprints, 1982), 130–149.
Michaelis, Susanne Maria/Maurer, Philippe/Haspelmath, Martin/Huber, Magnus (edd.), *The Atlas of Pidgin and Creole Language Structures*, Oxford, Oxford University Press, 2013.
Montgomery-Anderson, Brad, *Grammaticalization through language contact : the periphrastic passive in Chontal Mayan*, Journal of Language Contact 3 (2010), 84–100.
Mufwene, Salikoko, *The founder principle in Creole genesis*, Diachronica 13 (1996), 83–134.
Mufwene, Salikoko, *L'émergence des parlers créoles et l'évolution des langues romanes : faits, mythes et idéologies*, Études créoles, nouvelle série 1 (2015), 11–37.
Osam, Kweku E., *Reflexive marking and related functions in Akan*, Journal of Asian and African Studies 64 (2002), 141–151.
Pakendorf, Brigitte, *Incipient grammaticalization of a redundant purpose clause marker in Lamunxin Éven : contact-induced change or independent innovation ?*, in : Robbeets, Martine I./Cuyckens, Hubert (edd.), *Shared grammaticalization*, Amsterdam/Philadelphie, Benjamins, 2013, 259–283.
Palacios, Azucena/Pfänder, Stefan, *Similarity effects in language contact. Taking the speakers' perceptions of equivalence seriously*, in : Besters-Dilger, Juliane, et al. (edd.), *Congruence in contact-induced language change. Language families, typological resemblance, and perceived similarity*, Berlin/Boston, De Gruyter, 2014, 219–238.
Parkvall, Michael, *The simplicity of creoles in a cross-linguistic perspective*, in : Miestamo, Matti/Sinnemäki, Kaius/Karlsson, Fred (edd.), *Language complexity. Typology, contact, change*, Amsterdam/Philadelphie, Benjamins, 2008, 265–285.
Parkvall, Mikael, *Out of Africa. African influences in Atlantic Creoles*, London, Battlebridge, 2000.

Posner, Rebecca, *Creolization as typological change. Some examples from Romance syntax*, Diachronica 2 (1985), 167–188.
Raible, Wolfgang, *Bioprogramme et grammaticalisation*, in : Kriegel, Sibylle (edd.), *Grammaticalisation et réanalyse. Approches de la variation créole et française*, Paris, CNRS Éditions, 2003, 143–161.
Raible, Wolfgang, *Metaphors as models of thinking*, in : Horn, Fabian/Breytenbach, Cilliers (edd.), *Spatial metaphors. Ancient texts and transformations*, Berlin, Edition Topoi, 2016, 21–44.
Reuland, Eric/Schadler, Dagmar, *Approaching body part reflexives*, 2010. <http://www.africananaphora.rutgers.edu/images/stories/downloads/general/approaching_bprs_in_african_lang_report1%20fin.pdf> [dernière consultation : 17.09.2017].
Ringbom, Håkan, *Cross-linguistic similarity in foreign language learning*, Clevedon, Multilingual Matters, 2007.
Robbeets, Martine I./Cuyckens, Hubert (edd.), *Shared grammaticalization*, Amsterdam/Philadelphie, Benjamins, 2013.
Rosch, Eleanor, *Human categorization*, in : Warren, Neil (edd.), *Advances in cross-cultural psychology*, vol. 1, New York, Academic Press, 1977, 1–49.
Schladt, Mathias, *The typology and grammaticalization of reflexives*, in : Frajzyngier, Zygmunt/Curl, Traci S. (edd.), *Reflexives. Forms and functions*, Amsterdam/Philadelphie, Benjamins, 2000, 103–124.
Schlieben-Lange, Brigitte, *L'origine des langues romanes : un cas de créolisation ?*, in : Meisel, Jürgen (ed.), *Langues en contact : pidgins, créoles*, Tübingen, Narr, 1977, 81–101.
Simone, Raffaele, *The search for similarity in the linguist's cognition*, in : Cacciari, Cristina (ed.), *Similarity in language, thought and perception*, Turnhout, Brepols, 1995, 73–78.
Stolz, Christel/Stolz, Thomas, *Funktionswortentlehnung in Mesoamerika. Spanisch-Amerindischer* Sprachkontakt *(Hispanoindiana II)*, Sprachtypologie und Universalienforschung 49 (1996), 86–123.
Stolz, Thomas, *Sprachkontakt, Sprachwandel und « Grammatikalisierung » als Faktoren bei der Hispanisierung von indigenen Sprachen in hispanophonen Einflußzonen*, in : Michaelis, Susanne/Thiele, Petra (edd.), *Grammatikalisierung in der Romania*, Bochum, Brockmeyer, 1996, 81–100.
Sylvain, Suzanne, *Le créole haïtien. Morphologie et syntaxe*, Wetteren, De Meester, 1936.
Thomason, Sarah G., *Language contact. An introduction*, Edinburgh, Edinburgh University Press, 2001.
Thomason, Sarah G./Kaufman, Terrence, *Language contact, creolization, and genetic linguistics*, Berkeley, University of California Press, 1988.
Tomić, Olga M., *Discreteness of grammaticalization as a resolution of language conflict in language contact*, Folia Linguistica 26 (2009), 255–272.
Trask, Robert Lawrence, *Historical linguistics*, London, Arnold, 1996.
Valdman, Albert, *Haitian Creole. Structure, variation, status, origin*, Equinox, Sheffield, 2015.
Van Name, Addison, *Contributions to Creole grammar*, Transactions of the American Philological Association 1 (1869/1870), 123–167.
Vosniadou, Stella (ed.), *Similarity and analogical reasoning*, Cambridge, Cambridge University Press, 1989.
Wischer, Ilse, *Sprachkontakt und Grammatikalisierung. Zum Einfluß des Altnordischen auf die Entwicklung der englischen Sprache*, in : Haßler, Gerda (ed.), *Sprachkontakt und Sprachvergleich*, Münster, Nodus, 2001, 75–88.

Index

à cause que 6, 75–76, 79–83, 80–83, 88–93
Abbé Grégoire 204
Acadie 10, 231, 234–236, 243–245, 248–250, 252, 254–255, 257–258, 260, 262, 264–267, 269, 270, 272, 297
adjectif 9, 19, 21, 24–26, 30, 36–42, 60, 76–77, 231–234, 236–248, 250–252, 254–255, 257–259, 261, 263–265, 269, 282, 289
adjectivation 21, 24–25, 30, 33, 41
adverbe 9, 25, 231–266, 269
allemand 8, 109, 122, 124, 165–178, 180–183, 185–186, 211–213, 215–216, 234, 241
Alliance Française 196, 201–202, 206
alphabétisation 141–145, 148, 162, 170, 182
alternance codique 209, 211, 214–216, 221–224, 226–227
ancien français 1–2, 4–5, 11, 13–15, 19–23, 25–30, 32–43, 47, 60, 62, 64, 71–73, 77–78, 80, 93–95, 115, 130, 134–135, 138, 331–332, 334–335, 342
arabe 199, 203
Ausbau 3, 242
auxiliaire 7, 141–142, 152, 158–159, 238, 307

baron 5, 19–27, 30, 33–35, 38, 41–43
Belgique 6, 11, 42, 91–92, 131, 142, 166–167, 169, 173, 184, 186
ber 5, 19–21, 23–31, 34–43
berrichon 10, 299, 303–319, 327, 332–333, 341–343
Bibliothèque bleue 143–144, 162
bilinguisme 4, 8, 170–171, 173, 176, 181, 185–186, 321

cacologie 119
chanson de geste 5, 19–20, 22–23, 26–27, 29–31, 33–37, 39–41, 43, 52, 174
classe de mots 231, 233, 235, 237–239, 241, 263–264
contact de langues 9, 209, 273, 277, 323, 328–329, 345–346

contexte promoteur 6, 97
continuum variationnel 263
convergence 273–274, 299, 302, 320–329, 332, 336–340, 342–343, 346
Corpus Historique du Substandard Français 7, 15, 141–142, 164
correspondance 8–9, 146–147, 149–152, 154, 196, 209–212, 214–215, 221–223, 226, 272–273, 279, 281–282, 293–295
créole 4, 9–10, 263, 266–269, 299–304, 306–311, 314–320, 322, 326–334, 336–347
créolisation 9–10, 270, 299–302, 307, 315, 319, 322, 324, 326–327, 329, 339–340, 342, 347

délatinisation 6, 54
diachronie 1–2, 6, 8, 61, 64, 69, 75–76, 87, 97, 98, 112, 165, 168, 170, 231, 242, 265
dialecte 2–5, 9–10, 45–46, 58, 68, 124, 131, 133, 151, 167, 169, 178, 185, 265, 299–300, 302–304, 312, 319, 322, 324, 327–328, 331–333, 335–336, 338–340
diffusion du français 3, 7, 193, 194, 196, 198–202, 204, 206, 272

écriture 7, 35, 42, 52, 61, 68, 141, 143–144, 151, 161, 180, 226, 242, 289
écriture peu-lettrée 7, 141
élaboration linguistique 3, 8, 10, 51, 68, 242
émergence 3, 6, 10, 75–76, 78, 87, 93, 97–99, 107, 110, 112, 173, 229, 300–301, 319–321, 326–329, 333, 337–338, 340
Empire ottoman 196–197, 203–204
enseignement 8, 122, 124–125, 148, 167–169, 179–181, 183, 185–186, 193, 196, 199–201, 213, 286, 234
évolution sémantique 26, 38
expansionnisme linguistique 196, 206

finlandais 209–211, 213–216, 220–221, 226
Finlande 8, 209–216, 219, 221, 223
formule épique 22

français des 18ᵉ et 19ᵉ siècles 141
français du Midi 7, 135, 141–143, 147–148, 153–154
français médiéval *voir* ancien français
français grand-ducal 165, 168
français québécois 9–10, 231, 237, 265, 271–273, 279, 293
français régional 6–7, 119, 121, 128–131, 133–136, 150, 169, 173, 335
franco-italien 19–20, 31–33, 35, 37–38, 40–42
francophonie 1, 3–4, 123, 137, 166, 185, 198, 202, 205, 210–211, 265
francoprovençal 7, 119, 121, 124, 126–127, 129, 132–134
Frantext 1, 78–82, 99–101, 104–110, 112

Genève 7, 121–124, 126–128, 130, 132–135, 137
Geste francor 5, 19–21, 31–33, 34–42
grammaire comparée 244
grammaticalisation 76, 235, 299, 302, 307, 310, 322, 326–330, 333–336, 338–340
graphie 7, 59–60, 77–78, 120, 123, 141, 150–153, 155, 157, 218, 282–284, 286, 288–292, 294, 313

hébreu 199, 203

idéologie linguistique 3, 7–8, 119, 123, 126, 130, 137, 193, 195–196, 198–202, 204–205
in situ voir question *in situ*
interrogation 6, 97–103, 105, 107–108, 110–112
italien 3, 9, 31, 33, 35, 37, 42, 50, 54, 124, 167, 169, 184, 198, 232, 242

jugement des locuteurs 76, 89, 92–93

langue nationale 8, 141, 160, 178, 199, 204, 213, 274, 324
langue véhiculaire 4, 9, 181–183, 185, 211, 214, 226

latin 1, 3, 6, 45, 47, 50–51, 54–59, 61, 64–68, 148, 157, 168, 170, 174–175, 180, 185, 210–212, 234, 239, 242, 301, 312, 316, 319, 340
latinisation 68
lettre 7, 9, 141–142, 146–149, 151–152, 154, 157–161, 202, 209–216, 218, 220–226, 279–281, 283–286, 290, 335–336
Levant 8, 198, 200, 205
locution conjonctive 6, 75–80, 84–86, 89–91
Louisiane 235–236, 243–245, 249–250, 253–254, 257, 262–267, 272
Luxembourg 6, 8, 52, 91–92, 165–186

malgré que 6, 75–94
-*ment* 10, 231, 234, 238, 240–246, 248–266, 268–269
métalinguistique 1, 6, 75–77, 80, 84, 100, 133, 216, 235, 272, 276, 288
migration 173, 184, 277
modification attributive 241–242
moyen français 5, 10, 20–22, 24, 27, 30, 36, 38, 45–47, 50, 55, 60–61, 65, 69, 79, 111, 128–129, 302, 315, 340
multilinguisme 165, 167, 209, 211, 213

norme 4–7, 13, 45, 49, 53, 68, 75, 86–87, 92–93, 119, 124, 130, 135, 141–142, 150–151, 157, 160, 166, 168, 243, 250, 271, 274, 277, 282, 293–294, 296, 298, 326

occitan 7, 133, 141–142, 148, 151–153, 156–158, 160, 312
occlusive 152, 156
orthographe 9, 36, 60, 120, 150, 157, 160–161, 214, 271, 282, 292

Palestine 8, 193–194, 196–199, 202, 204–206
Paris 1–2, 46–47, 50, 67, 79–80, 89, 119–125, 142, 144–145, 175, 183, 272–273, 275, 278–279, 281, 286–287

peu-lettré 7, 141–146, 150, 162, 277, 295
picard 14, 45, 47, 54, 58–60, 65–68
plurilinguisme 7, 167, 192, 209–211
poitevin-saintongeais 10, 64, 299, 303, 311–312, 314–319, 327, 332–333, 335–336, 340–341, 343
politique de diffusion 193–197, 204–206
Poulain de la Barre, François 7, 119–137
pronom personnel sujet 61–62, 64

Québec 9–10, 87, 89, 231, 236, 243, 254, 257, 264–265, 267, 272, 275, 277–281, 283–284, 286, 312
question *in situ* 6, 7, 97–102, 105–112, 114
question partielle 6, 97–99, 101

r roulé 153, 159
Reclus, Onésime 202
Réforme 121, 124, 291
réseaux sociaux 271, 293–294
re-standardisation 47, 68–69
Richelet, César Pierre 7, 123, 126–132, 135–137

sibilantes 152, 154–155
sociolinguistique historique 193–194, 206, 209–210, 276–277, 297
standardisation 3–4, 13–15, 17, 45, 47–48, 50, 68–69, 72, 214, 242, 262

suédois 8, 209–216, 218–225, 227
Suisse romande 119–122, 124–125, 127–129, 131–133, 135–138
système casuel 27, 29, 31, 33–34

traduction 5, 45, 47–55, 57–58, 62, 67–69, 130, 177, 195, 218, 223, 255, 313–314, 334, 341
turc 199

usage 2, 5–6, 9, 21, 25, 38, 45–46, 48–49, 55, 65, 67, 69, 75–79, 84–90, 92, 94, 99–100, 110–111, 122, 124, 127–130, 134, 136, 144, 151, 157, 168–169, 176–177, 194–195, 202, 210, 225, 231–232, 237, 243–245, 255, 261–262, 265–266, 271–279, 284–285, 287–288, 291, 293–294, 328, 332, 334–335, 339

variation morphosyntaxique 142
Vasque de Lucène 5, 45, 47–57, 59, 61–65, 68–71
Vaugelas, Claude Favre de 45, 48–49, 85, 88, 119, 122, 125, 133, 135

wallon 170–171, 173, 185, 191

www.ingramcontent.com/pod-product-compliance
Lightning Source LLC
Chambersburg PA
CBHW061930220426
43662CB00012B/1864